21世纪普通高等院校文科示范教材

语言学概论

主　　编　张树铮
编写人员　张树铮　郭昭军　赵红梅　李巧兰　王　利

WUHAN UNIVERSITY PRESS
武汉大学出版社

图书在版编目(CIP)数据

语言学概论/张树铮主编．—武汉：武汉大学出版社，2012.9(2023.8重印)
21世纪普通高等院校文科示范教材
ISBN 978-7-307-09858-9

Ⅰ.语…　Ⅱ.张…　Ⅲ.语言学—高等学校—教材　Ⅳ.H0

中国版本图书馆CIP数据核字(2012)第118307号

责任编辑：胡国民　　责任校对：刘　欣　　版式设计：马　佳

出版发行：**武汉大学出版社**　(430072　武昌　珞珈山)
(电子邮箱：cbs22@whu.edu.cn　网址：www.wdp.com.cn)
印刷：武汉中科兴业印务有限公司
开本：787×1092　1/16　印张：19.25　字数：344千字　插页：1
版次：2012年9月第1版　2023年8月第5次印刷
ISBN 978-7-307-09858-9/H·899　定价：38.00元

前　言

语言是人类最重要也最常用的交际工具，所以，弄清语言和言语交际的基本原理，掌握观察和分析语言的基本理论和相关的基本知识，对语言运用及语言的学习和研究都是非常重要的。因此，“语言学概论”一直是高校中文专业的基础课程，各种教材也出版了不少。本书是我们借鉴同类教材的一些优点，结合我们学习和讲授这门课程的经验体会，并适当吸收语言学界近些年来的一些研究成果编成的，希望给使用者提供一本适于教学与自学、内容深浅合宜的新教材。

“语言学概论”课通常在大学二年级开设，学生们已经在大一学过“现代汉语”和（或）“古代汉语”课，对于汉语已经有了一定程度的了解，对相关的语言学知识、术语等也有一定接触。“语言学概论”课应该在此基础上深入一步，比较系统地讲授语言的性质、功能和结构，语言发展、变异的机制和规律，以及语言研究的一般方法，使学生掌握语言学的基本理论和基础知识，从更宏观、抽象的角度进一步认识语言和语言学，为进一步学习和研究语言、运用语言打下理论基础。但这门课又不同于在大学高年级时开设的对语言理论作深入、专题研究的“普通语言学”或“语言理论”选修课，因此，我们在内容安排上既要联系学生们已经掌握的知识基础，以求深入和提高，但也不过分求深求新，仍以基本理论和基础知识为主。我们在教学中深深体会到，如果某一学科的基础打牢了，那么学生再去接触一些比较专门、比较新颖的理论和方法，就不是什么困难的事情；如果基础不牢，掌握深入和新颖的理论和方法就会遇到很大的困难，甚至会走偏了方向。

在编写中，我们注意了内容的系统性，但又不求面面俱到；重基础，同时注意吸收新而稳妥的理论观点；根据教学和自学的特点，注意条理和层次的清晰，概念交代清楚；每章后都附有若干道具有一定启发性的思考题；书后附有阅读书目，为学生的课外阅读和深入学习提供一些比较经典或是适于初学的参考书。我们的目标是力争做到科学性与适用性的统一，以基础性为主而兼具前沿性。

限于我们的学力和编写时间，本书肯定还会有一些不足乃至错误之处。我们真诚希望使用本教材的老师和同学们给我们提出宝贵意见，以便将来做进一步的修订，共同为语言学的教学与研究做出贡献。

目　录

第一章 绪 论

第一节 语言学是研究人类语言的科学

一、语言学的研究对象和分类

语言学是以人类语言为研究对象的一门科学。

语言是人类区别于动物的最主要特征之一。语言的本身构造复杂，语言的运用灵活多变，不同语言之间差别巨大；语言的作用又非常重要，人类通过语言来传递信息和情感，进行社会交际；人类正是靠语言交际组成社会并不断发展的。语言研究是社会科学研究的重要方面。

语言学研究的范围涉及语言本体及其应用的多个方面。根据具体研究对象和研究手段的不同，语言学可以划分为若干个分支。

从宏观上看，语言学首先可以分为普通语言学和个别语言学。普通语言学又称理论语言学，以人类语言的普遍现象为研究对象，从宏观上概括语言的一般性质和规律。本书所讲述的内容就属于普通语言学的范畴。个别语言学（或称语别语言学）以某个具体的语言为研究对象，研究该语言的特点和规律。如研究汉语的汉语语言学、研究英语的英语语言学、研究阿拉伯语的阿拉伯语语言学等。普通语言学是建立在对各个语言了解和研究的基础之上的，个别语言学的研究可以为普通语言学提供素材，而普通语言学根据世界语言普遍规律所得出的理论则会为个别语言的研究提供理论指导。

语言学不仅研究现代的人们使用的语言，而且还研究古代语言及其发展变化。根据研究对象的时间因素，可以分为共时语言学和历时语言学。共时语言学研究某个时间断面中的语言状况，如对现代汉语的研究，对唐代汉语的研究，等等。历时语言学研究语言的历史发展，如研究汉语从中古到近代的变化，近代到现代的变化等。如果以现代作为时间的参照，那么可以将语言研究分为对现代语言的研究和对古代语言的研究。对现代语言的研究如对现代汉语的研究、对现代英语的研究、对现代日语的研究等①。对古代语言的研究叫做历史语言学。历史语言学与历时语言学虽然都研究古代的语言，但是两者所指有所不同：历时语言学通常侧重于研究古代语言的历时的发展变化，而历史语言学通常既包括对历史上某个时期的语言状况的研究（即历史上的共时的研究），也包括对不同历史时期语言的发展变化的研究。对历史上某个时期语言状况的研究往往要结合其前后的语言变化，所以历史上的共时研究通常也结合着历时研究，因此历史语言学和历时语言学的所指也常常不作细分。

语言是一个系统，但内部可以区分出若干个要素或者说子系统，可以分别进行研究，由此形成若干个研究的分支，如语音学、语义学、语法学、词汇学等。其中，以世界语言中各要素的共同特征与规律为研究对象的属于普通语言学的范畴，如普通语音学、普通语法学等；以某个语言中各要素的特征与规律为研究对象的属于个别语言学的范畴，如汉语语音学、英语语音学、法语语音学等。

随着语言学的发展，语言研究中不断采用新的研究手段，或提出新的理论。根据研究手段或主要理论框架，还可以有种种语言学分支或流派。如主要根据声学实验对语音进行物理属性研究的实验语音学，主要根据数理计算来研究语言的计算语言学，主要根据结构主义理论对语言进行研究的结构主义语言学，主要根据生成语法理论对语言进行研究的生成语言学，主要从认知心理方面对语言进行研究的认知语言学等。

除了研究语言自身系统之外，语言学还研究语言与社会及其他学科的关系、语言在社会中的使用。由此，可以将语言研究分为语言本体的研究、语言与其他学科的交叉性研究和语言应用的研究。前面所说的都属于语言本体的研究。语言与其他学科的交叉性研究，如社会语言学研究语言与社会的关系，文化语言学研究语言与文化的关系，心理语言学研究语言与心理的关系等。语言与其他学科的交叉性，实际上反映了语言本身的多方面属性。对语言应用的研究称为应用语言学。应用语言学的范围很广，如语言教学（包

① 对现代语言的研究不叫做“现代语言学”，是因为“现代语言学”通常指现代的语言学，区别于古代的语言学。

括第二语言教学）、语言规划（包括语言政策、语言规范等）、语言文字计算机处理研究、法律语言学、经济语言学等。

二、语言学的科学性及其与其他学科的关系

语言学是一门科学，相对于其他社会科学来说，语言学的科学性表现得比较突出。

语言学研究的对象是客观存在的语言事实。不管是现代的语言还是古代的语言，都是客观存在的语言现象。尽管不同话语表达的意义是带有主观性的和千差万别的，但是传递出来的语言信息却是能被别人共同理解的，这是因为，人们在说话和听话的时候，都是使用共同的语言材料和规则来表达和接受的，这些共同的材料和规则以及由此生成的话语都是客观存在的语言事实。语言研究的对象是客观的、明确的，而不是主观性很强的对象或推论。因此，语言研究得出的结论有客观的检验标准，这就是看是否符合客观的语言事实。不管是用归纳的方法还是用演绎的方法，得出的结论应该能够很好地解释说明语言事实，能够运用所得的规律生成合格的话语；否则，如果不符合语言事实，就难以为人接受，就需要加以改进。这也迫使语言研究必须尊重语言事实，努力追求研究的科学性。

在研究的方法和手段上，语言学既继承传统的研究方法，又非常注意从其他学科、特别是自然科学中吸收有价值的观点和方法，来开拓自己的研究领域、丰富自己的研究手段、提高研究的科学性。例如，历史比较语言学借鉴生物进化论的理论，提出了语言谱系的学说，这一学说虽然存在着一些缺陷，但对于语言间亲属关系的研究产生了相当大的影响。实验语音学利用声学实验的方法来研究语音，使原来不可捉摸的语音变成了可以测定的物理量。计算语言学则根据数学统计和计算机数据库的理论和方法，对语言进行定量分析，比单纯的定性分析大大提高了研究的精确度。计算机的检索技术也被广泛应用于语言研究当中，极大地提高了语言研究的效率和精度。同时，语言研究的一些理论也对社会科学其他学科产生了重要影响。例如瑞士语言学家索绪尔的符号理论、系统理论为其他一些学科的研究提供了理论参照；结构主义理论则被多个学科广泛吸纳，成为20世纪最有影响的社会科学理论之一；美国语言学家乔姆斯基的语言理论对其他学科也产生了很大影响。

语言学与其他学科也有密切的联系。

文学是以语言为第一要素的，语言是文学表达的基本形式，文学研究历来重视作品语言的表达效果，而语言研究也以文学语言作为语言使用的高级

形式。对古代的文学作品来说，语言研究的结果更是直接帮助人们理解其中的形式和语句内容。如《诗经》，通过对古代汉语音韵、文字、训诂的研究，我们才可以了解其韵律、字句含义和文字字形。

古代的历史文献都是使用古代的语言文字记录下来的，对古代语言文字的研究可以为历史研究奠定文本理解方面的基础；反过来，历史上的语言文字与当时的社会文化密切相关，对历史的研究也有助于对古代语言文字的研究。比如释读甲骨文，既需要古文字和训诂学的基础，也需要古代历史的知识基础。

语言是人类精神文化的主要记录者和传播者，同时它也打着文化的深深的烙印。语言研究需要参考社会文化研究的成果，例如词语的意义、形成和演变，某些文字符号的形成，往往跟文化背景及其变化有关；而保留和渗透在语言中的这些文化因子，对文化研究来说也是重要的备用材料。

语言是心理活动的重要参与因素和表现形式，由于对人的思维机制还不能直接进行观察，所以心理学中关于思维科学的研究往往需要通过语言来进行观察，而心理学的研究成果也对于语言研究产生积极影响。如心理学和生理学研究中关于大脑皮层语言区（分为说话中枢、听觉中枢、书写中枢、阅读中枢）的发现，就对研究语言有关功能的机制很有参考意义。

哲学家历来关注语言问题，特别是关注语言中的词语所指与客观事物的联系。20世纪以来，语言哲学成为哲学中的一个重要方面。如剑桥学派和牛津学派都重视语言分析，牛津学派甚至把语言分析看做哲学的首要任务。他们的研究也为语言提供了一些新的视角，特别是对语用学的研究提供了很多理论参照。

计算机的智能化研究与自然语言的研究有密切关系，只有弄清自然语言的理解和生成机制，才能够让计算机来正确理解和生成自然的人类语言。如何突破这一瓶颈，需要计算机学界和语言学界以及相关的心理学界的共同努力。当然，计算机科学的发展对于语言研究也有很大促进作用，这在前面已经提到了。

语言学与逻辑学、社会学、民族学等学科也有密切关系。

三、语言研究的目的及其应用

语言研究的直接目的，就是认识语言的性质、机制和规律。尽管人们从小开始就能够使用自己的母语，但是这只是经验性的使用，并非理性的、科学性的把握。比如，一个没有受过语言教育的人，可以凭直觉的语感判断某个说法是否可说，但往往会说不出其中的道理。语言本身是由许多个单位组成的非常复杂的并且是经常变化的一个系统，同时又与人的认知心理、社会文化等有着非常密切的联系，因此，认识语言的机制和规律并非易事，需要不断地研究，以逐渐达到深入和全面。

语言又是人类的特有能力，与人自身的机能特别是思维能力紧密结合在一起。一方面，在语言交际的过程中，从说到听（理解）都需要思维的参与；另一方面，人的思维也离不开语言，语言是我们了解思维奥秘的重要渠道。所以，对语言的研究既可以帮助我们认识人类的语言能力，也可以帮助我们认识人类的思维及相关机能，是人类认识自身能力的一项重要活动。

掌握了语言的机制和规律，我们就可以更为能动、更为有效地使用语言，从而有利于社会的运行，推动社会进步。在当今社会进入信息时代的形势下，为了使作为信息最主要媒介的语言更准确、高效地为社会服务，对语言的研究尤其具有重要的意义。我们可以根据语言的规律提高母语运用能力（包括说话、书面语的写作能力以及阅读理解能力）；可以更为科学、有效地进行语言教学，包括母语教学、第二语言的教学、聋哑人语言教学等；可以进行语言规划，提高全社会的语言水平，提高社会的信息交流效率。

语言学的研究成果还可以促进相关领域的研究和应用，这在上面已经提及。事实上，由于语言的使用遍及各个领域，所以只要有语言的使用，就会有相应的语言问题。比如在科学上，科学术语需要规范和正确的翻译；在公安方面，语言识别在侦查破案中屡屡建功；在法律上，法律词语的界定和使用、法律文书中语言的使用、法庭辩难中的语言使用，都需要对语言有精准的认识和把握；经济、军事、外交等方面，语言的使用都非常重要。

第二节　语言研究的历史

语言研究有着悠久的历史。回顾这些历史，不仅可以了解语言学发展的进程，还可以进一步了解语言学的性质、研究范围和一些理论观点。

一、历史比较语言学兴起之前国外的语言研究

在遥远的古代，人们便对语言问题很感兴趣。《圣经》中有两段有关语言的著名传说：一是上帝用泥土制成亚当和夏娃之后，教他们说话，让亚当给世间万物命名；二是人们要兴造通天的巴别塔，耶和华怕将来人们无所不能，于是变乱他们的口音，使他们没有统一的语言，并分散到各地，这也就是世界上各种语言各不相同的原因。后一传说说明人们已经意识到了语言对于维持社会统一、促进社会进步的巨大作用。古希腊历史学家希罗多德

（公元前5世纪人）在其所著《历史》中，还记载了一个对哪个民族和语言最古老这一问题感兴趣的埃及法老，他把一个刚生下来的幼儿放在一个荒僻的地方，几年后，这个幼儿看到送来的山羊乳第一次发出了“bekos”的声音，法老便传令查找哪种语言有这个词，最后找到Phrygia语里有这个词，是面包的意思，于是确定Phrygia民族是世界上最古老的民族，Phrygia语是世界上最古老的语言。这种“实验”方法当然是不可取的，但却突出地表现了古人对语言起源等问题的兴趣。

随着社会的不断发展，有关语言的实用问题便产生了。为了正确阅读古代文献，需要对其读音、意义、语法各方面进行解释，正是在这样的现实需求之下，人们开始了对语言的深入探究。公元前4世纪，印度人波你尼（或译班尼尼）在解释《吠陀》（公元前1500年的古梵文典籍）的基础上，总结分析古梵文的语法规律，用口诀体写成《梵语语法》（或译《波你尼经》），共3983句。该书建立了一套比较完整的梵文语法体系，这一体系以及对梵语语音的分析，都对后世产生了重大影响。公元前5世纪到公元前3世纪，对荷马语言的讲解、注释等问题成为学校的重要内容，柏拉图、亚里士多德等哲学家和语文学家也讨论了语言起源、词类划分、语言和思想的关系等问题。从公元前3世纪开始，希腊、罗马人由于学习古代典籍以及语言学习的需要，先后开始了语法的系统研究。希腊人狄奥尼修斯·特拉克斯编写了第一部希腊语语法著作《希腊语语法》。罗马人也对语法研究饶有兴趣，瓦罗著有《拉丁语语法》，连当时的著名政治家、军事家恺撒都曾著有拉丁语语法研究的书。伊斯兰教兴起之后，为了维护《古兰经》语言的神圣性，一些学者开始了对阿拉伯语的研究。公元8世纪，波斯人西巴维希写出了第一部系统的阿拉伯语语法著作《书》，哈里尔则编写了第一部阿拉伯语词典，并建立了阿拉伯诗律的体系。与此差不多同时，对《圣经》所用的希伯来语的研究也取得了很大成绩。

在语言理论方面，在古希腊学者的有关论述之后，17世纪时法国出现了一种用逻辑去研究语法的“唯理语法”或叫“哲理语法”。这种把语法范畴和逻辑范畴简单等同的做法，自然是错误的。18世纪，许多哲学家和科学家更热衷于语言起源的问题。如英国经济学家亚当·斯密、法国作家卢梭、法国哲学家孔狄亚克等都对语言起源问题有专书论述或在其著述中专门加以讨论。

随着基督教在世界范围内的传播，特别是在文艺复兴时期之后大航海时代的到来，人们接触到了世界上更多的语言。由于语言知识的增加和对语言认识的深入，人们不仅出于实用的目的研究语言，而且对语言本身的起源和分化等问题也产生了浓厚的兴趣，并由此开始了广泛搜集世界语言材料的活动。德国著名学者莱布尼茨（1646—1716）提出，应该从对已知的语言进行比较开始，然后一步步追溯到最古老的语言。因此，他多方请人帮他搜集世界上各种语言的材料。俄国女皇叶卡捷琳娜二世（1762—1796 年在位）赞同莱布尼茨的计划，鼓励别人向她提供各地语言材料。在她的支持下，俄罗斯学者编成《全球语言的比较词汇》，包括了二百多种语言的数百个词，其他国家的一些学者也非常注意搜集世界各地语言的资料。这些新的趋势，为 19 世纪历史比较语言学的兴起和发展创造了很好的条件。

在 19 世纪历史比较语言学兴起之前对语言进行的研究，一般被称为语文学（philology）。其特点是，语言研究的目的主要是为各种经典的理解和教学服务，语言研究是经学的附庸。这个特点在中国古代的图书分类中表现得尤其清楚：在经、史、子、集四部中，语言文字之学被归在经部。

二、中国古代对语言文字的研究

传统的中国语言文字研究，是以书面文献作为研究对象的。每个汉字都有形、音、义三个方面，所以形成了文字学、音韵学、训诂学三门分支，又总称为“小学”。

早在春秋战国时期，就有一些哲学家讨论了“名”和“实”，也就是名称和事物之间的关系问题。从语言学的角度来看，其中影响最大的是荀子。他在《荀子·正名篇》中说：“名无固宜，约之以命，约定俗成谓之宜，异于约则谓之不宜。”这与现代语言学关于语言符号与其所指为约定关系的基本观点完全一致。与此同时，在对古代文献（主要是《春秋》）的解释中也涉及一些词汇、语法和语音现象的分析。

大约在秦汉之间，我国第一部词语训释专书《尔雅》① 出现。西汉时期，对先秦经典的释读促成了训诂的兴盛。西汉末年，扬雄编纂成了世界上第一部方言专书《辅轩使者绝代语释别国方言》（后简称《方言》）。东汉中期，许慎编成了我国第一部字典《说文解字》。东汉末年，刘熙编成了解释词语得名理据的《释名》。上述四部书，都是训诂学和文字学的经典。

东汉时期，反切注音的方法出现，表明人们开始对汉语的语音有了初步的分析。从三国时期开始，出现了按韵编排的韵书。南朝齐梁之间，沈约等人发现了汉语有四个声调“平上去入”。隋朝，陆法言编纂了对后世影响巨大的韵书《切韵》，每个字都用反切注明了读音。唐末五代时期，沙门守温

① 该书相传为西周初年周公所编，但不可信。

发明三十字母（即汉语的三十个声母）。至此，汉语语音的声母、韵母、声调的分析框架就基本齐全了。五代宋初之间，出现了用表格形式表现声母韵母拼合的韵图，形成了音韵学中所谓的“等韵学”。由于先秦韵文与后代读音的差异越来越大，宋代就开始了对上古语音的研究（称为“古音学”）。陈第在《毛诗古音考》中指出：“时有古今，地有南北，字有更革，音有转移，亦势所必至。”第一次明确提出了语音变化的观念，对后人的古音研究提供了坚实的理论基础。到了清代，顾炎武、江永、段玉裁、王念孙、江有诰、钱大昕等人对汉语上古音的研究取得了很大成绩。清朝后期，陈澧著有《切韵考》，开始了对中古音的研究。

以古音研究的成果为基础，训诂学和文字学在清代也达到了一个高峰。王念孙王引之父子、段玉裁、戴震等人，利用“因声求义”的方法，打破文字形体的藩篱，寻绎音义相同或相近的词语，从而在古代汉语词汇的训释等方面取得了超越前人的突出成就，对《说文解字》等字书的研究也形成高潮。清朝末年，甲骨文被发现，对甲骨文字的释读成为古文字学的新热点，并促进了金文、战国文字及篆书等的研究。

三、19 世纪以来的语言研究

19 世纪历史比较语言学的诞生，被认为是语言研究历史中的新起点。自此之后，语言研究进入语言学（linguistics）阶段，语言成为人们独立研究的对象。

在过去的时代里，尽管欧洲各种语言的关系被人关注，但是由于地缘接近，难以确定相同或相近的语言现象是出于同源还是相互影响的结果。后来，由于发现远在亚洲的古老梵语与古希腊语、拉丁语非常接近，人们确信它们一定有着共同的来源。由此，学者们开始对语言进行比较以确认其亲属关系。经过拉斯克（丹麦）、波普（德国）、格林（德国）、施莱赫尔（德国）等人的努力，历史比较语言学逐渐建立并完善。其中，由于语音对应规律的发现，使得原先语音并不相同的词语也能够确定其同源关系，并且能够排除表面上看起来语音相同的非同源词。因此，语言间亲属关系的确定就建立在了可靠的基础之上，语言学由此成为真正的科学。

正在历史比较语言学逐渐成熟并蓬勃发展的时候，曾经为原始印欧语研究作出巨大贡献的瑞士语言学家索绪尔转向了普通语言学的研究。他逝世后，他的学生为他整理出版了讲稿《普通语言学教程》。这部著作影响巨大，语言研究由此出现了重心的转移。在索绪尔区分共时和历时等理论指导下，语言研究的重心由历史研究转向共时研究。20 世纪初的美国，在对印第安语言进行的调查研究中，以描写语言结构形式为主要特征的结构主义语言学派（又称描写学派）兴起。特别是布龙菲尔德，他的《语言论》等著作总结了这一学派的基本理论和方法。同时，这一学派的先驱人物萨丕尔等人，也非常重视研究语言与人类心理、社会和文化的联系。结构主义语言学派对20世纪语言学的发展产生了深远的影响。

19世纪末20世纪初，波兰学者库尔德内等人首先提出了“音位”的概念，此后，音位学成为语音研究的一个重要领域。50年代之后，美籍俄罗斯人雅格布逊等人系统提出了区别性特征的概念，影响很大。同时，语音研究与声学、生理学、心理学、医学等逐步结合起来。

20世纪50年代到60年代，美国学者乔姆斯基创立了转换生成语法（后只称生成语法）理论，从研究的对象到研究的范式，都迥异于传统的结构主义学派，因此被推崇者称为“乔姆斯基革命”，对语法和语音、语义的研究都产生了重大影响，成为国际语言学界的重要派别。与此同时，对英国学者弗斯、韩礼德等人的系统功能语法等理论也有较大影响。

60年代以来，语言学在不断扩大自己的研究领域。社会语言学、语用学、语义学等新的语言学分支形成并迅速发展。语言学与其他学科特别是计算机科学的结合既拓展了自己的研究范围，又为语言的本体研究带来新的理论参照和方法。应用语言学由此得到长足发展，一些新的理论和方法不断涌现，如认知语言学、语言类型学、非线性音系学等。

1898年，中国第一部语法专著、马建忠的《文通》（一般称之为《马氏文通》）出版，标志着中国现代语言学的成立。20世纪20年代之后，汉语语法学、修辞学、音韵学、方言学在借鉴西方现代语言理论和方法的基础上取得了较大成绩。少数民族语言的调查研究也逐步开展。50年代，结合提高人民群众文化水平和推广普通话活动，语法研究和方言调查研究受到高度重视而得到迅速发展。经过“文化大革命”时期的学术停滞之后，自1978年以来，语言学研究恢复生机，传统的语言文字研究得到加强，又广泛吸收西方新的语言学理论和方法，并努力挖掘汉语特点。20世纪七八十年代，结构主义占据主流地位。90年代之后，理论和方法更趋多元，生成语法、功能语法等纷纷登场；近些年来，认知语言学、语言类型学、语料库语言学等理论和方法得到更多重视。同时也开辟了一些新的研究领域，如社会语言学、语用学等，结合文化、结合计算机中文信息处理对语言进行研究也成一时热点；古代汉语和现代汉语、共同语和方言的结合研究，形式和意义、功能的结合研究，都蔚成风气。

中国是一个语言资源非常丰富的国家。56个民族有80种以上（一种说法是100多种）语言；汉语是世界上作为母语使用的人数最多的语言，内部方言众多，分歧严重。中国语言学的研究大有可为，并且可以为普通语言学的研究做出贡献。

思　考　题

1. 你觉得可以从哪些方面来研究语言？你对哪个方面更感兴趣？

2. 为什么说语言学是一门科学？

3. 学术界也有人不赞同把语言研究的历史分为语文学和语言学两个阶段的观点。你觉得这两个阶段有无联系？有无必要区分？

4. 语言的应用需不需要语言理论的指导？

第二章 语言的符号性

语言是一种音义结合的符号系统，是人类最重要的交际工具和重要的思维工具。语言自身的构造和特点是语言性质的基础，而语言的功能体现着语言的价值，也反映着语言的特性。本章先来观察语言作为一种符号的性质和构成，下一章将讨论语言的功能。

第一节 语言是一种音义结合的符号

一、符号及其特点

（一）什么是符号

符号也叫记号或标记。《现代汉语词典》释“符号”为“记号，标记”，而“记号”则是“为引起注意，帮助识别、记忆而做成的标记”①。这里解释的实际上是“符号”一词的日常用法。从符号学的角度看，符号是指经过约定用来代替另一事物的某种物质形式。比如在交通中，我们用红、绿、黄三种灯光代表“停止通行”、“可以通行”、“等候”三种命令，红绿灯就是一种符号。在足球比赛中，裁判用黄牌表示警告，用红牌表示将队员驱逐出场，红黄牌都是符号。军队、警察或某些部门工作人员所穿的制服是一种符号，代表穿这种制服的人的身份。数学中用“+”表示前后项为相加的关系，“×”表示前后项为倍数关系，“+”和“×”是数学符号。国

① 中国社会科学院语言研究所词典编辑室：《现代汉语词典》，商务印书馆 2007 年版，第 421、644 页。

旗是一个国家的符号，在体育比赛的电视转播中，有时候用文字标出是哪个国家，有时候直接用国旗代表这个国家。

符号形形色色，对符号的理解和使用也有广义和狭义的不同。以上所说属于狭义的理解，这些符号都是经过人们有意识地约定的。再比如，卖货人怕顾客买商品后出门调换成假的来索赔或要求退货，便在自己货物的包装袋上暗地画条短线之类。这种标记是自己规定的，但可以起到识别的作用。这是一种暗记。有些记号是明记，如各种商标，就是标明厂家及品牌的标记，再如画幅上署名或钤上印章，也是明记。暗记和明记尽管都是个人自己制定的，但如果其制定符号的方式得到别人的认可，就应该属于经过了约定。

广义的理解，则是把一切具有代表某一事物作用的物质形式都称作符号，而不管它是否经过约定。比如街道上一般的路灯只有照明的作用，而没有指示交通的作用；但是，有路灯的地方肯定有人迹，那么，路灯就可以作为村庄或城市街道的符号。清朝时男人留着辫子，那么，男性的辫子便成为清朝的一种符号。又比如，我们常常用白宫代表美国政府，用克里姆林宫代表俄罗斯政府，那么，这里的白宫、克里姆林宫便可以说是一种符号。春回大地，野草露出了萌芽，萌芽也可以说是春天的一种符号。这些广义的符号与狭义的符号有许多不同，我们在下面再作讨论。下面我们所说的符号一般指狭义的符号。

一般将符号分为两类：语言符号和非语言符号。这里说的语言符号既包括一般的语言，也包括记录语言的符号——文字，还包括人工语言符号，如数学符号“+、−、×、÷、>、<”等，逻辑符号“∪、∩、∈”等。这些人工语言符号尽管不是文字，但是在语言中都有相应的读法，如“≤”在汉语中读作“小于等于”，相当于文字的一种简便形式，并且多数具有国际通用的特点。非语言符号如上文所举的红绿灯、国旗、商标等。这些非语言符号，有的有专门的称名，如红绿灯；有的没有专门的称名，如有些商标只有图形、没有文字（如美国通用汽车公司别克系列汽车的徽标为三个盾牌形图形），也没有专门的称名。

（二）符号的一般特点

一个符号可以分析为三个方面的要素：物质形式、所代表的意义和两者之间的关系。我们可以从这三个方面来观察符号的一般特点。

1. 物质性

凡是符号（包括广义的符号），都是以一定的物质形式存在的。只有它具有能够让人可感觉到的物质形式，才能起到符号的作用。采用声音形式，由听觉器官来接收的符号即听觉符号，如语言、汽车喇叭、警笛、军号、古代军事上用的鼓声等。采用实物或图形，由视觉器官来接收的符号即视觉符号，如国旗、红领巾、红绿灯、普通的文字、图画等。也有采用其他物质形式的，如盲文是刻或压在纸上，视力正常的人来看是一种视觉符号，但盲人是用触摸的方式来"读"的，对他们来说是一种触觉符号；味觉、嗅觉等都有可能成为符号的物质形式。现代科学技术利用电波等作为符号的传播媒介，但还是要转为普通人能够感觉到的物理形式才能被人接收、理解。

各种各样的物质形式是符号所指意义的载体，符号学上称为"能指"。没有能指，意义无所依附，也无法传达，也就没有符号。

2. 指代性

符号都是用来代替其他事物的，它所代替或指称的对象即意义内容，符号学上称为"所指"。所指可以是实物或具体的动作、行为，也可以是抽象的概念、性质、关系等。如果没有所指，那也不成其为符号。比如随手拿一束玫瑰花，那这束花就只是花而已；如果两个陌生人相约以手拿玫瑰花作为接头的暗号，那这束花就是一个符号，代表要见的人的身份。

狭义的符号是经过约定的，所以符号的所指是确定的。而广义的符号是未经过约定的，因而一个物质形式到底表示什么意义、表示几种意义，往往是因人因时因情境而定的。比如，看到初春地里的小草，文学家想到的是春天到来了，农民想到的也许是该除草了；街头矗立的路灯，行人看到的是光明、是愉快，而鼠窃狗偷之徒看到的可能是恐惧。

3. 约定性

符号的能指具有什么样的所指，这是由人们的约定赋予的。也就是说，能指和所指之间本来没有必然联系，是人们规定了以某种物质形式代表另一种事物，这样两者之间才具有了能指和所指的关系。比如路边的红灯，如果没有约定，那么它只是一只彩色的灯，什么也不代表；但人们规定它代表"停止通行"的交通指令时，它才有了这样的意义。同样的所指，其实可以用不同的能指来作为物质形式，比如陌生人接头时既可以约定手持玫瑰花，也可以约定手持一本杂志或是其他什么容易辨认的东西。另外，如果一个人不知道这种约定关系，那么这种约定也不起作用。比如一个偏僻乡村的没有文化的老太太第一次进城，红绿灯对她来说是没有意义的。再如作为接头标记的玫瑰花，在不知内情的外人看来也仅仅是玫瑰花而已。

广义的符号并非如此，所谓的"符号"和所指之间有意义上的联系。比如用白宫代表美国政府，这是因为白宫是美国政府所在地；用扎辫子的发式代表清朝男性，是因为这是清朝男性的典型特点；用萌芽代表春回大地，是因为植物萌芽与春回大地有因果关系。所以，广义的符号其实并非典型的符号。与其说它们是符号，不如说这只是符号的扩大的用法。

二、语言是一种符号

（一）语言符号的能指和所指

语言用人发出的不同声音来表示客观世界和主观世界中的万事万物，它也是一种符号。比如汉语普通话中用“rén”的声音表示“有语言和抽象思维、能制造和使用工具的高等动物”（人）这一意义，用“shān”的声音来表示“地面形成的高耸的部分”（山）这一意义。语音是语言符号的物质形式，语义是语言符号的意义内容，两者结合在一起就构成了语言符号。

语音是声音，由人的发音器官发出，听话人用听觉器官接收，是一个“口—耳”相传的过程。语言属于听觉符号。

语义是语言所指称的客观和主观的事物、现象、关系等，与所指称的对象相联系。心理学的实验表明，代表某个实物的词语在人们的心理中能够引起与实物同样的反应。比如，我们看到杨梅后口中会有酸的感觉，而听到“杨梅”这个词时同样也会有酸的感觉。成语“望梅止渴”的典故，说的就是曹操利用了这一特点来帮助士兵克服暂时的干渴①。成语“谈虎色变”也是同样的道理。语义在语言中具体表现为词义、词素义、词组义、句子义等。

（二）语言是人类最重要的符号

与其他符号相比，语言是最重要的符号。首先，其他符号（包括文字符号）都是建立在语言的基础之上的。其他符号的能指和所指都需要由人用语言来约定，如红绿灯用三种颜色分别表示三种交通指令，是人们通过语言来指定的，并通过语言传达给所有人。其他符号的所指，一般是语言意义，或者说，其他符号多数是语言符号的替代物，比如红绿灯可以说是代替人在指挥交通。文字是记录语言的，就更是以语言为基础了。其次，语言也是使用最广泛、体系最复杂、所指最全面的一套符号，而其他符号除了文字之外，往往只有单个的符号或是少量的符号，所表达的意义也是比较简单的。不过，非语言符号既然存在，就一定有其存在的价值。非语言符号可以对语言符号起到辅助的作用，并且能够克服语言符号本身的一些先天不足，从而更好地进行交际。比如在篮球比赛中，裁判员用哨声和手势来进行裁

① 《世说新语·假谲》：“魏武行役失汲道，军皆渴，乃令曰：‘前有大梅林，饶子，甘酸可以解渴。’士卒闻之，口皆出水，乘此得及前源。”

判，其中，哨声可以比人的语音更响亮，而手势是视觉符号，传播得远，可以让距离较远的球员以及观众更清楚地明了裁判员的判决。

三、语言符号的特点

语言作为一种符号，既有一般符号的特点，也有其特有的一些特点。这些特点，是语言系统内部各要素的特点及其发展变化的基础。

（一）语言符号的任意性

语言符号的任意性也就是语言符号的约定性，指语音形式和语义内容的结合没有必然的联系，某一意义内容用什么样的语音来表示是由社会约定的，意义对语音形式没有决定作用。这个问题我们可以从两个角度来说明。

1. 语言的多样性说明语音与语义的结合没有必然性

从不同语言来看，同样的意义在不同的语言中用不同的语音来表示，同样的语音在不同的语言中表示不同的意义。比如“人”，现代汉语普通话用 rén 来表示，英语用 man 来表示，日语用ひと（hito）来表示，藏语用［mi^{12}］来表示。再如汉语中的 tú（图）和英语中的 two 读音相似，但表示不同的意思。这些都说明，语音和语义是没有什么必然联系的。

从同一语言来看，同一个意义的语音形式在不同时期可能不同。比如眼睛，在古代汉语中称为“目”，而后代称为“眼”。即使是在同一时期，同一意义也可以有不同的称说。如汉语中“父亲”、“爸爸”都指同一对象，方言中还有“爹”、“大”等说法。如果语音和意义有必然联系，那么就不会出现一义对多形或形式变化的情形。

2. 语言内部的理据性以音义结合的任意性为前提

在同一语言内，后起的词语一般是以已有词语为基础孳生的。如汉语的“子”、“字”（《说文解字》：“乳也，爱也。”）、“孳”读音相近，意义上有联系，一般认为是同一个词“孳乳”分化的结果；再如“（门）把手”，因为它是手把之处，所以叫做“把手”。这都反映了构词的理据性。不仅构词有理据性，语音和语法的一些变化也都有一定的理据性。比如汉语的“我”在隋唐时期读作 nga（上声调），而现代读作 wǒ；再如同一个词在不同的方言中也常有不同的读音，如“心”在普通话中读为 xīn，而在粤方言中读为 sam（阴平调）。同一个字（词）在不同的时期、不同的方言中有不同读音可以用语音演变规律来解释，这是语音差异的理据。从理论上说，任何词包括语音和语义都有其理据，都不会是随意的、乱来的，这是人类理性认识的结果。那么，理据性与音义结合的约定性是什么关系呢？首先，音义结合的任意性是基础。新词的产生其实可以有多种途径，比如可以借用外语，也可以利用内部原有材料组合，怎样组合，也会有多种选择。比如“供人临时雇用、多按时间或里程收费的小汽车”，借用英语词就是“的士”（taxi），汉语自造的词则有两种：出租汽车、计程车，前者着眼于“供人临时雇用”，后者着眼于“按里程收费”，各有理据，但都合理存在。而都合理的情况，恰恰说明哪一个也都不是唯一的、必然的结果：正因为语音和语义的联系不是必然的，所以才会容许根据不同的理据来称说。可见，同一语言内部，音义结合的任意性是基础，而理据性则是相对的。其次，音义结合的任意性是语言的通则，而理据性只限于一个语言内部。人类尽管有基本相同的认知心理，但由于新事物与原有事物有多种多样的联系，各语言的原有面貌各不相同，文化背景也各不相同，所以在各自理据的基础上产生的语言符号也各不相同，并没有通用于各种语言、各个词的理据规则。其实，这正是世界语言多样化的内在原因。此外，社会的约定有时候并非完全按照理性来进行，比如汉语中“邮政编码”的简称有“邮编”和“邮码”两种，“码”就是编码的意思，“编”则意义不清，应该说“邮码”更合乎理性，但实际上却是用“邮编”的人更多。

因此，音义结合的任意性说明的是语音形式与语义内容两者联系的根本性质，而造词的理据性说明的是新词与原有词的理性联系。理据性是建立在任意性基础之上的，是相对的。当然，对于学习和研究一种语言来说，理据性并非是毫不重要的，恰恰相反，理据性反映的是不同语言的文化背景、认知特点和语言特性，是人类理性的体现，向来是语言研究的重点内容之一。

古时候人们不懂得语言中的词语与客观事物之间的这种联系的约定性，而是把词语与其所指代的人或事物等同起来，由此产生了语言崇拜、语言禁忌等现象。

（二）语言符号的线条性

语言符号的线条性是指语言符号的单位是以线性的方式呈现的。说话时，发音是一个音一个音地依次发出，从语音和语义结合的最小的使用单位来说是一个词一个词相继出现。扩大开来，则是一个个句子按顺序排列，一段一段的话按顺序排列，连续的话语形成所谓语流。记录语言的文字符号表现得更为清楚：文字是一行一行（或一列一列）排列的。说话时，语音只在时间纬度上展开；写作时，文字只向一个空间方向展开。

语言符号的线条性是受限于发音器官的特性或者说是声音的特性而形成的：发音器官只能逐个发音，不同的声音如果同时出现也会使人难以准确分辨。这与一些视觉符号可以在空间上多向展开显然不同。线条性对语言形式产生了重要影响。这对语法结构的影响尤其重大，它要求语言必须把在三维空间中的所指按照一定的规则安排成线性的形式。比如，甲、乙、丙三人排成一队齐步向前走，但用句子来表示，就必须有先有后，说成是“甲、乙、丙”，这样就产生了语序的问题。由于各种语言的特点不同，所以语序也就有所差异。比如用笔写字，使用笔和写字是同时的行为，但汉语说是“用笔写字”，而英语则说成 write by a pen（写用笔）。我们接收话语时也是按照顺序依次来接收的，然后通过语法规则来反向还原其真实图景。在语音上，相邻的音会相互影响，产生同化、异化等变化，这也是与语言的线性特征相关的。

（三）语言符号的社会性

语言是离不开社会的，对此我们在后面几章还会有进一步的论述。这里仅从符号的角度指出一点：语音和语义的结合是由社会来约定俗成的。荀子早在两千多年前就指出：“名无固宜，约之以命，约定俗成谓之宜，异于约则谓之不宜。”（《荀子·正名篇》）有时候我们听到别的语言中有的词语觉得很怪异，比如我们看到英语中不区分哥哥和弟弟，都是 brother，不区分姐姐和妹妹，都是 sister；更有甚者，不区分伯父、叔父、舅父、姑父、姨父，都是 uncle，不分伯母、叔母、姑母、姨母、舅母，都叫 aunt。我们会觉得不可思议：怎么不区分长幼和父系母系亲属及有无血缘关系呢？知道了语言的社会性就可以明白，这其实是不同社会所作的不同约定。语言符号的社会性还表现在：个人必须遵循社会的约定，而不能违反社会的约定，即荀子说的“异于约则谓之不宜”。比如社会把“山”的意思说成 shān，那么一个人不能随便把“山”叫做 tān 或 hǎi。

（四）语言符号的稳定性和发展性

语言符号是为整个社会所约定并为社会服务的，这种属性决定了语言符号具有较强的稳定性，不能随意地、频繁地更动。如果社会共用的交际符号变动不居的话，则社会的交际就会受到不必要的干扰而难以正常进行。这也是我们平常往往觉察不出来语言在发生变化的原因。

但是，语言的稳固性并不等于说它没有发展变化，实际上，语言是一个开放的系统，会随着社会的发展而发生变化，变化是语言生命力的源泉。比如社会上出现了什么新的事物，就要求有新的名称也就是词或固定词组来指称它，这样语言中就增加了新词语。社会对外开放，吸收进来外国的新事物、新概念，同样要求语言中相应地出现新词语。语音和语法也会发生一定的变化，只不过变化较慢而已。

稳定性和发展性看起来是相对立的，其实两者是相辅相成的。稳定性和发展性都是为了适应社会的需要而产生的。稳定性是基础，发展性是补充。

然而稳定性是相对的，发展性是绝对的，语言正是在缓慢然而坚定的发展中不断地吐故纳新，从而满足不断发展的社会要求。

（五）语言符号的生成性

语言可以利用有限的词语根据一定的规则构造出无数的各不相同的句子，也可以用原有的构词材料根据一定的规则构成新词语。比如，汉语中以“红”为构词材料，可以跟其他构词材料一起构成600多个词语，以“白”为构词材料，则可以构成1800多个词语。再如根据“主语+动词+宾语”的格式，可以造出“我吃香蕉”、“他喝可乐”、“猫捉老鼠”等无数的句子来。这是语言符号与其他符号（记录语言的文字符号除外）形成鲜明对照的一个特点，其他的符号只有少量个体或元素，只能表示比较单一或简单的意义，没有生成性或生成性很弱。比如红绿灯在没有故障的情况下只有三种状态：①红灯亮，黄绿灯不亮；②黄灯亮，红绿灯不亮；③绿灯亮，红黄灯不亮。

第二节　语言是一种符号系统

所谓系统，是指由若干部分有机组成的整体。语言就是这样的一种系统。

一、语言的构成

（一）语言的构成要素

语言是一种符号，由能指和所指结合而成，所以，语言可以分为语音和语义两大部分。语音可分为音素、音位、音节等元素。语义可以分为义素、义位、义丛、义句等元素。语言实际上是以一些语音语义的固定结合体及其组合来表达语义、完成语言的功能的。语音和语义的固定结合体是词汇单位语素、词、固定词组，这些词汇单位表达的是固定下来的语义，它们的组合（句子）则表示各种临时组合的意义。词汇单位的组合和其本身的构成都有一定的规则，这就是语法。语法规则不仅控制词汇单位的组合，还赋予其一定的语法意义。这样，语义就包括词汇单位的意义和它们的组合意义（即语法义）两部分。

随着符号学研究的深入，语用的概念被提出来并运用到语言研究之中。从语言学的角度看，语用实际上就是语言符号在使用中与语言环境（语境）相互作用的问题。同样的意义，说话人在说话时，会结合当时的语境对说话的方式和内容作出一定的调整；同样的话语，听话人在接收话语时，也并非单纯按照字面意义来理解，而要结合语境来理解。

（二）语言的基础

在语言的诸多要素中，基本词汇和语法规则是最能反映一种语言基本面貌的，被视为语言的基础。

之所以说基本词汇和语法规则是语言的基础，首先是因为它们是人们进行日常语言活动最不可缺少的要素。语法规则是组词造句不可缺少的规则，自不必说；从词汇方面来看，非基本词汇并非全民共同使用，比如行业词语“隔行如隔山”，并非人人都须掌握的；再如书面语词在日常生活中也很少使用。有了基本词汇和语法规则，就可以进行正常的日常交际。

其次，基本词汇和语法规则的基础性地位，还表现在它们最为稳固、最能保留本民族语言的特点。基本词汇是与人们日常生活密切相关、全民共同使用、构词能力也很强的词语，这些词语一般有悠久的历史，只要社会生产方式和生活方式不发生大的变动，这些词语没有必要也一般不会轻易改变。特别是在封建社会及其以前的历史阶段中，基本词往往具有很强的稳固性，不易受社会变动及外来文化的影响而变动。而与之相对的一般词汇，如书面语词、行业语词、与社会政治文化密切相关的词语，则变化比较快，容易接受外来文化的影响。语法也是比较稳固的一个要素，社会的变化和文化的变化对语法影响很小，因而能够保留本民族语言语法的特点。

语言的另一要素是语音，语音的变化虽然也比较缓慢，但它毕竟比基本词汇和语法规律的变化要快得多。例如汉语中一大批基本词汇（如“人、手、眉、月、天、大、小、高、一、二、三”等）从3000多年前的甲骨文时代一直使用至今，语法特点数千年来也没有太大的变化，而汉语的语音则发生了很大的变化。不同方言之间语音差异最为明显，而基本词汇和语法差异相对来说要小，也说明了语音的稳固性不如基本词汇和语法规则。此外，就不同语言之间的比较来说，如果脱离与语义的联系来看语音，那么各个语言所具有的音素往往是有同有异的。所以说，只有基本词汇和语法规则是一种语言的基础。

历史上日本和朝鲜都曾大量吸收中国文化元素，它们的语言也受到了汉语的巨大影响。日本语和古代的朝鲜语都使用汉字，语言中来自汉语的词汇（包括日本和朝鲜用汉语语素新造的词）都占到了一半以上，这些所谓的“汉字词”也都是根据汉语的读音（主要是吸收汉语中古时期的读音并加以音系上的改造）来读的，但是，这并没有改变日语和朝鲜语的基本面貌。因为，日本语和朝鲜语中从汉语中吸收的词语主要是所谓“文化词”，包括书面语词、中国古代文化特有的一些词语、从中国传到古代朝鲜和日本去的佛教词语等，而它们语言中的大部分基本词和语法构造都与汉语很不相同；它们所吸收的汉语读音也主要是用在这些汉语来源的词上。例如日本语中的汉字有两种读音：一种是“音读”，即照汉语读音去读，如“山”读 san，用在汉语来源的词上；另一种是“训读”，即照日本语的固有读音去读，如“山”读 yama，用在日本语固有词中。

所以，我们在判断一种语言是否独立、观察一种语言的特点的时候，首先要看这种语言的基本词汇和语法特点，以及体现在基本词汇上的语音特点。

二、语言的系统性

（一）语言是由子系统构成的一个复杂系统

如上所述，语言内部的构成要素有语音、语义、词汇、语法。这些要素有机结合，就构成了语言这样一个大的系统。而在语言使用的时候，还会加入语用的因素。

1. 语言各要素在语言系统中的地位

（1）语音是语言的物质形式（或称作“物质外壳”），是意义的载体。各种意义最终都是以一定的语音形式来呈现的，也就是说，所有的句子都是通过发音器官发出声音显现出来的。语音的主要特点体现在词语的读音上，但也有一些语音特点是在词语组合时才能体现出来，如连读的音变、语调等。

（2）词汇是语言当中的固定单位。它是语音和语义结合的单位，是句子的组成元素，多数词在交际中也可以单独构成句子。语法规则也主要体现在词的构成及变化和词的组合上。人们把词汇比作语言的建筑材料，如果说语言是一幢楼房，那么词汇就是一块块的砖瓦。各种词典的编纂也说明了人们对于词汇的重视。

（3）语法是语言的结构规则。词语的组合和词的构成都是有一定规则的。以句子来说，只有按照句法规则把词语组织起来，别人才能正确地理解。这就好像光有砖瓦，那只是材料一堆，只有按照一定的规矩进行正确的垒砌，才能建成高楼。

（4）语义是语言传达的信息内容。说话的目的就是说话人要把有关信息传递给听话人，所以，语义是语言活动的中心：说话人围绕准确和恰当以表达一定的语义并选择词语和组织句子，最终以正确的语音形式发出话语；而听话人则接收语音形式并理解语义。语音形式、词汇材料和语法规则归根结底是为表达语义而服务的，比如同样的语义，我们既可以用汉语表达，也可以用英语表达；既可以用汉语的普通话来表达，也可以用汉语的方言来表达；既可以选用某些词语，也可以选用另外一些词语；既可以采用某种句式，也可以采用另外的某种句式。

（5）语用是语言在具体运用中与语境的相互作用。一般所说的语言是指语言的规约性的形式和用法，有稳定的形式和内容；而语用则是语言形式和内容在具体语境中的规约性和非规约性的总和，特别是指其非规约性的一面。规约性的内容是基础，非规约性是与语境作用的结果。所以，我们把语音、词汇、语法、语义（不包括语用义）等看成语言系统内部的可以做静态分析的要素；而把语用视为语言在运用时与外部的具体语境相结合的一种动态的要素。

以上所说可以图示如下：

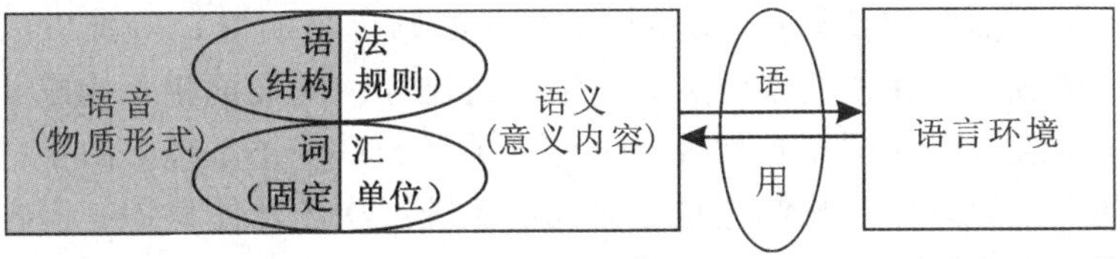

需要补充说明的是，语法规则似乎是潜在的东西，但实际上也必然外显为一定的语音形式。比如语序，看起来似乎只是词语次序的问题，但在语音上肯定会有表现，这就是哪个词（或语素）的读音在前、哪个在后的问题。有时候这种前后次序不同还会导致语音上发生一些特殊的变化，比如汉语普通话中，“美好”发作［mei^{214}_{35} xau^{214}］①，而“好美”发作［xau^{214}_{35} mei^{214}］（请注意两字在前与在后的声调变调不同）。再比如我们可以用停顿来表示语法关系的亲疏，“一加二……乘以三”是（1+2）×3，而“一加……二乘以三”是1+（2×3）；反过来看，也就是语法关系的亲疏可以反映在语调上。至于内部屈折、附加词尾等方法②就更离不开语音形式了。

2. 各要素分别有各自的子系统

语言的各个要素尽管是紧密结合在一起的，但是仍然有各自相对独立的内部的系统，相对于语言这个大系统来说，也就是各自有各自的子系统。

（1）语音系统。语音系统的元素数量相对较少，一般分为元音和辅音两大子系统，各由若干个音位组成；元音和辅音又可结合成为音节，构成更

① 右上角“214”表示原读214调，右下角的“35”表示变调为35。下同。

② 详见本书“语法”章。

高一级的使用单位；音高、音长、音强等因素则构成了语音的超音段成分。

与人的发音器官特点、发音习惯相关，语音的系统格外整齐。比如汉语普通话的21个辅音声母中，6种发音部位有塞音或塞擦音，在发音方法上它们都有不送气和送气对立，都没有浊的塞音或塞擦音，呈现出非常整齐的状态。与没有浊塞音、塞擦音相应，也没有浊的擦音（r声母其实不是严格的浊擦音）。再如英语，各发音部位的塞音或塞擦音都没有不送气和送气的对立，但有清辅音和浊辅音的对立，相应地，擦音也有清音和浊音的对立。

（2）词汇系统。每种语言中的词语有数千到数十万之多，看起来似乎是一盘散沙，但它也有自己的内部系统。词语之间有分工、有联系、有层级，各个词语都是作为系统内部的一员而存在的。比如亲属称谓词是表示人的社会关系的词语中的一个子类，汉语中根据辈分（祖、父、同辈、子、孙等）、血亲与姻亲（如哥哥与嫂子）、性别（如哥哥与姐姐）、长幼（如哥哥和弟弟、伯父和叔父）、父系与母系（如姑母与姨母）等加以区分并相互联系、构成一个完整的亲属关系网络。再比如，同义词相互构成同义关系的一个子系统，反义词相互构成一个反义关系的一个子系统。由于词语数量众多、词义包罗万象，我们还缺乏对词汇系统层次的总体认识，但在各个子系统的研究方面已经取得了很可观的成绩。

（3）语法系统。语法包括词法和句法两部分。词法是词的结构和变化的规则，句法是用词语来构成句子的规则，词法和句法内部又可分若干子系统。各种规则相结合，构成了语言的语法系统。

（4）语义系统。语义是语言的意义内容，而意义的范围涵盖着客观世界和主观世界中的万事万物；这些万事万物都是有联系的，反映这些事物的语义之间自然也是相互联系的。如果我们说自然和社会、客观世界和主观世界构成了一个人类观念中的大系统，那么它们在语言中的反映——语义自然也会构成一个系统。只不过这个系统太过复杂，所以对语义系统性的研究只能算刚刚起步。微观的语义系统研究已经取得了一些成绩，如对语义场的研究（详见本书“语义”章）。

此外，如前所说，语用是语言系统与语言环境互动的产物，其系统性如何，还有待于进一步研究。

（二）系统内符号的价值由系统决定

当一个符号处在系统之中的时候，它的意义和价值就会受到系统的影响和制约。也就是说，一个符号总是与其他符号有着种种的关联，这种关联决定了这个符号的地位。比如英语中一个部位的清塞音或塞擦音其实有不送气和送气两种读音：处在s后面时读不送气音（如student中的t读［t］），其他位置一般读送气音（如 ten 中的 t 读［t‘］），两者位置并不冲突，也不能区别意义，所以英语中的不送气清音和送气清音被视为一个音位；而汉语中的同部位不送气清音和送气清音可以出现在同样的位置上（如“胆”［tan²¹⁴］和“毯”［t‘an²¹⁴］），两者有冲突（表示不同的意义），那就必须被视为两个独立的音位。再如汉语同辈亲属中，既区分性别，也要以自己的年龄为参照来区分长幼：哥哥—弟弟，姐姐—妹妹；而英语中只区分性别，不区分长幼，比如一个 brother 就对应于汉语的“哥哥”和“弟弟”两个词。汉语父辈亲属中，父系男性亲属及其配偶也区分长幼，女性亲属则不区分：伯父—叔父，伯母—叔母，姑母、姑父（不区分长幼）；母系亲属中的所有父辈只区分性别，不区分长幼：舅父、舅母，姨母、姨父。而英语中所有父辈亲属只区分性别，不区分父系还是母系，也不区分长幼，伯父、叔父、舅父、姑父、姨父都是 uncle，伯母、叔母、姑母、舅母、姨母都是 aunt；同辈亲属只区分性别，不区分长幼，哥哥弟弟都是 brother，姐姐妹妹都是 sister。一个人在亲属称谓系统中的地位在不同的语言中、在不同的亲属关系中就不一样。比如对于同辈亲属来说，一个人在汉语中就有“哥哥”、“弟弟”之别（一个人也可以同时具有“哥哥”和“弟弟”的身份：对年幼于自己者是哥哥，对年长于自己者是弟弟），而在英语中一个人就只有一种身份 brother。对于处于父辈地位的人来说，假如是男性（女性与此类似），就要看与对方是父系亲属还是母系亲属、是血亲还是姻亲、父系血亲关系还要看长幼：伯父、叔父、舅父、姑父、姨父，各自不同；而这些在汉语中看来身份不同的人在英语中只有一种地位：uncle。

注重语言符号的系统性，就要把看起来孤立的一个语言符号放到系统当中，通过它与系统的关系、与其他符号的关联来确定这个符号的性质和地位。

（二）语言符号间的关系

语言符号间的关系有多种，其中基本的关系有如下三种。

1. 层级关系

语言单位是分层级的，上一级的单位由下一级的单位构成，但它也是更上一级单位的构成成分。或者说，语言的结构是一种层级性的结构。比如汉语的“我们”一词由两个语素“我”和“们”构成，“我们”处于上层，“我”和“们”位于下层；而“我们学校”这个结构中，“我们”和“学校”都处于下层；在“我们学校的老师”这个结构中，“我们学校”则和“的”、“老师”一样，都属于下层的单位；在“我们学校的老师很优秀”这个结构中，“我们学校的老师”又成了下层单位，如此等等。语言单位就是这样层层叠垒起来的，因而能够组成各种各样、非常复杂的结构。反过来看，一个较大的语言单位则可以进行层层的分析，直至分析到最小为止，这样，再复杂的语言结构也都是能够理解的。

2. 组合关系

一个语言单位在交际中单独使用的情况很少，一般是与其他单位结合起来使用。而两个单位总是要发生一定的关系才能进行组合，没有一定关系的两个单位不会进行组合。比如在上面的例子中，“我”和“们”是词根和词缀的关系，“我们”和“学校”是修饰限定和被修饰限定的关系，等等。再如在一般的语境下“学校”和“月亮”不会直接发生关系，两者不能构成一个结构单位，那么“学校月亮”就不是正常的语言结构。语言单位之间在组合时发生的关系就是组合关系。

组合关系反映的是一种动态的关系，也就是说，一个语言单位只有在与其他单位组合的时候才会发生组合关系。同时，组合关系的类型和条件又是有限的，这些条件决定了两个单位能否直接构成组合关系。比如，一般的句法关系主要有主谓、动宾、偏正、补充、并列等几种，但两个词语能否进入这种关系则有许多限制，包括句法上的以及语义上的。如汉语普通话中能够做“吃”的宾语的词语一般应具有“食物”和“固体”的语义特征，反过来说，具有“非食物”、“非固体”语义特征的名词（如“石头”、“粥”）就不与“吃”发生组合关系①。

3. 聚合关系

聚合关系也叫做类聚关系，是指具有某种共同特征、在一定环境中可以替换的语言符号之间的关系，也可以说是一种同类之间的关系。一个符号一般具有多个方面的特征，所以一个符号可以构成多个系列的聚合，与不同系列的符号构成聚合关系。比如“石头”在名词、可以作宾语这一特征上可以与“人”、“桌子”、“公鸡”、“精神”等具有聚合关系，在非生物这一特征上与“桌子”、“楼房”、“土块”等具有聚合关系，在“坚硬”这一特征上与“钢铁”、“玻璃”、“骨头”等具有聚合关系，如此等等。再比如汉语普通话中的辅音声母 b [p]，从发音部位来说与 p [pʻ]、m [m] 同为双唇音具有聚合关系，从发音方法来说与 d [t]、g [k]、z [ts]、zh [tʻ]、j [tɕ] 同为不送气音具有聚合关系，与 p [pʻ]、d [t]、t [tʻ]、g [k]、k

① 有些在正常语句中不能组合的词语在否定句或虚拟的情态中可以组合，如可以说“不能吃石头”、“我梦见我吃石头”。“否定句”、“虚拟情态”其实也是一种条件限制。

[k‘] 同为塞音具有聚合关系，从与韵母的关系说与其他声母都有聚合关系（都是位于一个音节开头的辅音），如此等等。

一个语言符号与其他语言符号的各种聚合关系存在于静态的备用状态当中，所以上面我们说一个语言符号可能构成多个系列的聚合关系，这些聚合关系反映了这个语言符号的多方面属性；但当处在一个具体语言环境之中的时候，聚合关系就表现为一种选择关系，也就是可以出现在同样语言环境中的语言符号，说话人选用哪一个的问题。比如在回答“张三喜欢打什么球”的问题时，“张三喜欢打”的后面，可以是“篮球”，也可以是“乒乓球”、“羽毛球”、“台球”、“网球”等。这些球类都可以出现在“打”的后面，具有聚合关系，选用哪一个，就要看说话人认为张三实际上喜欢打什么了。

组合关系和聚合关系有着密切的联系。组合关系是在语言符号组合的时候体现出来的，根据语言符号线条性的特点，我们可以说这是一种“横向”的关系；聚合关系反映的是一个语言符号与其他静态的语言符号具有共同特征的问题，而在实际的语言使用时（也就是符号组合时）是同类选择的问题，我们可以说这是一种“纵向”的关系。组合关系是显性的，凡组合在一起的几个符号之间必定有某种组合关系；而聚合关系是隐性的，尽管具有聚合关系的符号可能有好多个，但最后选定、出现在实际的语言结构中的只能是其中的一个，其他未被选定的并不出现在实际的语言结构中。比如我们说“张三喜欢打乒乓球”的时候，尽管“乒乓球”与“篮球”、“网球”、“羽毛球”、“台球”等有聚合关系，但我们在大脑中已经把其他球排除掉了，只剩下出现在实际句子中的“乒乓球”。语言符号就是这样通过组合和聚合生成一个又一个的符号组合体，最终用来进行交际。

第三节 语言的存在形式

一、语言和言语

（一）语言具体存在于人们所说的无数的话语之中

语言是一种复杂的符号系统，是一个民族必不可少的交际工具，但是，语言存在于何处？在一种有文字的语言中，我们很容易被文字迷惑：有词典收录语言中的词汇，有语法书记录语法规则，有语音书记录语音系统，于是，语言似乎很完整、很清晰地展现于这些语言学的著作或教科书中。但这显然是不正确的，没有哪一本词典能够把实际存在的词语搜罗穷尽，没有哪一本语法著作能够把一种语言的语法规则解释得全面、透彻、详尽，如果有，那语法学的研究就无需继续进行了。如果我们的语言是一种没有文字的语言，或者假定我们是一个文盲，或者回想我们幼儿期不识字时对语言的使用，又或者假定我们是在几千年前、还没有专门的语音、词汇、语法研究的中国，那么，人们所掌握并使用的语言又在哪里呢？答案只能是：我们的语言在我们的大脑记忆中，具体则表现在人们的使用也就是具体的话语当中。不过，每个人大脑中存储的语言知识（比如词汇量）肯定是有差异的、难称全面的，那么，作为一个整体系统的语言，就只能说是通过无数具体的话语来体现的。人们所说的语言系统，包括语音系统、词汇系统、语法系统等，都是从这些具体的话语中总结、归纳、概括出来的。先有了具体的话语，然后才会有对语言规律性、系统性的认识和概括。人类语言的历史是非常悠久的，最少的估计也有十几万年，最长则达百万年，而人类对语言规律性的认识则只有短短两千多年的历史，这也说明语言其实是一种客观存在的“自在之物”，其系统性和规律性是内在的、隐性的。人们只能去认识它，而不能主观地规定它。

（二）语言和言语的概念

在语言学中，语言和言语两个概念是有区别的。语言就是我们上面所说的音义结合的符号系统，如上所说，它是一种抽象之物；而言语是指人们对语言的运用和语言运用的成果，用通俗的话说，就是说话和所说的话。说话是一种行为，而所说的话是具体的语言作品；或者说，说话是动词性的，而所说的话是名词性的。为了区分言语的这两种含义，我们通常把作为行为的言语称为言语活动，把作为作品的言语称为话语或言语作品。我们平常都使用汉语来说话，也就是说，都使用一种语言；但我们所说的话形式各种各样，内容千差万别，而这些具体的话语都属于言语的范畴。

（三）语言和言语的关系

语言是一种系统性的工具，而言语是对这种工具的具体运用及其成果。语言是由若干元素和规则构成的一种工具，我们使用语言的时候，是结合具体的交际需要来调动语言的各个要素组成实际的话语。工具本身和对这种工具的使用（言语活动）及其产生的结果（言语作品）当然是不同的。从这个意义上也可以说，语言是一种静态的系统，而言语则是动态的使用。

语言是概括的、抽象的符号系统，而言语是语言的具体的存在形式。从人们对语言的感知来说，人们只能听到或说出各种各样不同的话语，也就是具体的言语；而语言是从具体言语中抽象出来的符号系统，这种系统的元素和规则舍弃了具体话语的含义和形式而经过了概括。比如我们说“人”这个词的词义是“具有语言和抽象思维、能够制造和使用工具的高等动物”，就是经过了高度概括的，实际的言语中“人”这个词一般是指具体的某个人或某些人们，如“这个人”、“那个人”、“张三这个人”、“李四是个好人”、“来开会的人”等。具体词的读音是各不相同的，但我们可以从中概括出语音的辅音系统、元音系统以及组合规则等来构成语音系统。反过来看，语言的元素和规则是有限的，而运用这些元素和规则说出来的具体话语却是无限的。所以我们说，语言是抽象的，而言语是具体的，语言存在于言语之中。没有语言也就没有言语，比如语言中没有某个词语或某个说法，我们就不会使用它们；同样，没有言语也就没有语言，比如说某种语言的人因为某种原因都不说这种语言了，那么这种语言也就死亡了。

因为语言是概括的、抽象的符号系统，所以它不与具体的语言环境相联系，而言语总是与具体的语言环境密切结合在一起的。说话时一定会有具体的语言环境，它有具体的内容、特定的目的以及与语言环境相适应的表达方式，并且，具体语言环境中的非语言因素还可以对言语内容起到补充或解释的作用。也就是说，言语是结合着非语言因素来传递信息的，我们对言语的理解也需要结合语言因素与非语言因素。比如，人们在说话时常常会伴随着手势，这些手势会对话语内容起到辅助作用；如果没有看到这些手势，那么对说话人所表达意义的理解就会有一定欠缺。又比如话语中的代词“这”、“那”、“你”、“我”、“他”等，只有在具体的语言环境中才能明确其具体所指。而语言是抽象的符号系统，不与具体的语言环境相联系。比如，不管“他”在具体的语言环境中是指张三还是李四，“他”从语言的角度说都是指“自己和对方以外的某个人”（《现代汉语词典》）；不管说“我跑得很快”的人是一个儿童还是一个径赛的运动员，这里的“快”都是与“慢”相对的，尽管儿童的“快”与运动员的“快”完全无法相比。

日常的话语或非语言学领域中人们有时会混淆语言和言语的差异。比如，当我们谈论某位作家的“语言风格”的时候，一般是指他的“言语风格”，因为他使用的语言是跟别人一样的语言。再比如，“他使用了讽刺性的语言”中的“语言”其实也是“言语”，因为只有汉语、英语、法语等，而没有“讽刺性语言”和“非讽刺性语言”。不过，即使在语言研究的范围之内，也有语言现象和言语现象交织在一起的情况。比如语言交际的基本单位是句子，具体的句子属于言语的范畴；但是句子也是语法结构的单位，是用一定的词语根据语法规则组织起来的，所以语法研究也要研究不同类型句子的结构规则，研究句子结构中语法成分与语用成分的结合。再比如语义单位中的“义句”（句子的含义），如果不结合具体的句子、具体句子的语言环境，也是不可能完全说清的，所以，“义句”已经是骑在了言语的门槛上。

二、口语与书面语

（一）在有文字的语言中，语言有口语和书面语两种形式

口语就是人们口头使用的有声语言，我们一般说的语言就是指口语。它以声音作为物质载体，人们通过听觉器官耳朵来接收（即所谓“耳治”），广泛应用于人们的日常生活之中。在没有文字的语言中，口语是唯一的语言形式。

书面语是以文字为物质载体的语言形式，人们通过视觉器官眼睛来接收（即所谓“目治”）。书面语的使用同样广泛，像各种书籍、报刊上的文章、信函、网络上的文章、帖子、文字聊天的内容等，都属于书面语。不过书面语的接收有一个限定条件，这就是以识字为前提，因此，即使在有文字的语言中，书面语的使用也只能限于认识文字的人群之中。但随着教育的普及，文盲的比例已经很小，所以绝大部分的人是同时使用口语和书面语的。比如我们通过书面语的阅读来学习知识，通过书面语来了解信息，用书面语跟别人交流信息（如书信）。在当今的信息时代中，绝大多数的社会信息和科技信息是通过书面语来传递的。

（二）口语和书面语的关系

口语和书面语有密切的关系，但也有一些差异。

1. 与书面语相比，口语是第一位的，是书面语的基础

口语的重要性可以从以下几个方面来看：首先，从两者关系看，一般的书面语是口语的记录，先有口语，后有对口语的记录。书面语作为口语记录的最典型情况是秘书或文书人员对会议发言或领导人讲话的记录（特别是速记）或口授的文件。而一般的书面语似乎是直接写出来的，如我们写文章是直接落笔写出来一句句的话（使用计算机时则是直接敲击键盘转换成文句），但如果仔细想想就明白，我们是先在脑子中形成要说的话，然后才用文字把它表达出来的。其次，从使用来看，尽管书面语很重要，但人们最离不开的还是口语。没有文字的语言中不用说，只有口语而没有书面语；即使是在有文字的语言中，我们使用最经常、最不可缺少的还是口语。在日常生活中，如果只用“笔谈”，这样的生活是很难正常进行的。可以说，如果没有书面语，也就不会有现代社会；但如果没有口语，那就连起码的社会生活也无法维持。同时，口语也是书面语丰富和发展的源泉，书面语的变化常常要落后于口语，许多新的词语和说法是先在口语中形成，然后才在书面语中反映出来的。

2. 书面语比口语更规范、更丰富，对于口语具有强大的反作用

书面语尽管以口语为基础，但是它并不是口语的简单的记录，而是对口语进行了加工和规范，并对口语产生着巨大的影响。口语中由于语言环境的影响以及边想边说的特点，往往存在着一些不够规范、精练、准确的问题，如口误、语病、重复、用词欠妥、口头禅等问题。如果谁能真正能够“出口成章”，口语像书面语那样规范、标准、精练、准确，那就要被誉为具有极好的口才，即便如此，这种人的言谈也不会是完全达到书面语的水平的。书面语的写作可以从容思考，反复推敲、修改，因而书面语的语言能够去除口语的一些瑕疵，从而表达得准确、精练、规范。同时，书面语中还有一些从古代或外语中吸收进来的口语一般不用的词语或表达方式，比口语有更丰富的词汇和表达方式，所以能够比口语更典雅、表达更多样化，能够比口语更好地表达思想。可以说，书面语不是口语录音的文字转换，并非口语的完全被动的记录，但却是口语的更忠诚的记录。书面语是语言的高级存在形式。书面语的这些优点，也会反过来对口语产生影响，有些书面语的词语、表达方式以及读音也会在一定程度上影响到口语。比如，读书多的人常常会在日常口语中掺杂一些书面语中的词语和说法。因此，书面语也是口语发展和丰富的重要来源。现代汉语普通话的语法以“典范的现代白话文著作”为语法规范，就说明了书面语对于语言规范的重要性。

3. 口语和书面语有许多不同的特点

①物质载体不同，口语是听觉符号，而书面语是视觉符号。②口语不需要专门的学习，从幼年起即可掌握使用，而书面语需要专门的学习才能掌握使用。③使用领域有别，口语主要用于日常的面对面交际，而书面语主要用于书面交际和文化教育、科技和社会运行中。④口语不能保存，只能靠口口相传来传向远方或留至后代；而书面语虽然即时使用不如口语方便，但能够扩大语言使用的空间和时间，便于传得远、传得久。⑤口语与具体的语言环境结合紧密，常常有非语言手段（如手势、表情）相辅，语调等语音手段也能传递一定信息；而书面语与具体的语言环境结合不如口语紧密，也缺乏非语言手段和语音手段的支持，主要靠文本本身来传达信息。⑥书面语更为规范、标准，有一些口语一般不用的词语和表达方式，这是书面语与口语在内容上的不同。

4. 书面语具有一定的独立性

书面语虽然以口语为基础，但是它一旦形成之后，就具有一定的独立性，并非完全亦步亦趋地跟随口语。由于上面所说的书面语与口语在使用领域存在着分工，所以两者就可以各安其所而较少相涉，相对独立性就有了基

础。比如汉语的文言文，一般认为在先秦时代与口语还是比较贴近的，但汉代之后文言文的词汇和语法与口语距离越来越大，尽管口语在不断变化一直演变为近代汉语、现代汉语，但文言文基本保留汉代以前的特点，一直作为正式的书面语使用到白话文运动兴起之前。这种言文分离的状态不仅是文言与白话如此，即使在白话文成为标准的书面语之后，方言区的人们的所说和所写仍然是有距离的：口语是方言，而书面语并非方言，而是普通话的书面语，只不过普通话书面语与方言口语的差距要大大小于现代汉语与先秦汉语而已。书面语不仅在词汇和语法上有别于口语，某些词（字）的语音也会与口语不同。比如汉语普通话的“说”在口语中读 shuō，而在书面语词“游说”中读 shuì；“血”在口语中读 xiě，而在书面语词中读 xuè。汉语中口语读音与书面语读音有别时，口语读音称为“白读音”，书面语读音称为“文读音”。

正因为书面语与口语有别，所以从语言研究的角度来说，学者们更看重反映人们日常使用、反映语言现实的口语。不过，书面语也是一种语言的存在形式之一，从社会生活和文化生活来说，书面语的使用是人们语言生活的重要组成部分。所以，书面语也是语言研究的重要内容。只是需要注意口语和书面语的区别，不要把口语和书面语的不同现象混为一谈。比如，像汉语中“同桌的你”这样的说法就只能出现在书面语中，而口语中的人称代词前一般不能再加修饰成分。

思考题

1. 为什么说语言是一种符号？语言符号与非语言符号有什么共同点、不同点？
2. 语言符号的任意性与理据性是否矛盾？两者关系如何？
3. 语言各要素的作用如何？
4. 为什么说基本词汇和语法规则是语言的基础？
5. 语言符号之间有怎样的基本关系？
6. 语言和言语的关系如何？
7. 是不是只有书写出来的才是书面语？广播的新闻是不是书面语？人们的口中有没有书面语？
8. 谈谈口语和书面语的关系。

第三章 语言的功能

第一节 语言是人类最重要的交际工具

一、语言是交际工具

(一) 传递信息是语言的基本功能

人们为什么要说话？通常来说，我们说话时总是要告诉对方什么事情的。也就是说，说话是为了传递信息。

所谓信息，一般指消息中有意义的内容。《现代汉语词典》释“信息”为：“①音信；消息。②信息论中指用符号传送的报道，报道的内容是接收符号者预先不知道的。”在语言交际中，一般的话语是传递听话人所不知道的新信息的。但这个所谓的“新”信息听话人究竟是否知晓，发话人并不十分确定。例如：

弟弟：高考分数线刚公布，我过重点线了！
姐姐：(a) 是吗？那太好了！
(b) 啊，妈妈已经告诉我了。

从姐姐的反应来看，如果答话是 b，姐姐已经知道了弟弟高考的成绩，弟弟说的对她来说是旧信息；如果答话是 a，姐姐可能不知道弟弟高考的成绩，弟弟说的对她来说是新信息，但也有可能姐姐已经知道结果，但为了让弟弟高兴而故作不知道。无论哪种，弟弟都是以为姐姐不知道才讲这个话的。可见，从说话人的角度说，他要传递的是他估计对方不知道的信息。

语言所传递的信息应该做比较广义的理解，不仅是字面上的信息，还有字面之外的丰富信息。例如《孟子·梁惠王下》中记载了齐宣王与孟子的对话：

> 孟子谓齐宣王曰："王之臣有托其妻子于其友而之楚游者，比其反也，则冻馁其妻子，则如之何？"王曰："弃之。"曰："士师不能治士，则如之何？"王曰："已之。"曰："四境之内不治，则如之何？"王顾左右而言他。

齐宣王"顾左右而言他"，表面上是没有回答孟子的问题，实际上同样透露出丰富的信息：他自愧国家治理得不好（四境之内不治），但又无法顺着前面的逻辑去说废掉自己（弃之、已之），只好岔开话题。汉代的赵岐注释说："王惭而左右顾视，道他事无以答此言也。"可见，这种"王顾左右而言他"的说话，同样也传递了信息。

实际上，即使平常看起来是"废话"的寒暄，也往往是有其交际意义的。比如有的寒暄是进入正题之前的铺垫，有的是避免气氛的冷清，还有的是为了削减陌生人之间的戒惧感，等等。

语言交际的功能是多方面的，但传递信息是最基本的功能。比如发号施令，让别人去做某事，我们是在传递有关命令的信息；传情达意，我们是在传递有关情感的信息；协调行动，我们是在传递行动的信息，如此等等。

（二）语言交际的过程由交际双方共同完成

除了极个别的情况，说话并不是单纯由说话人进行的，而是由说话人和听话人共同完成的一个过程。整个过程可以图示如下：

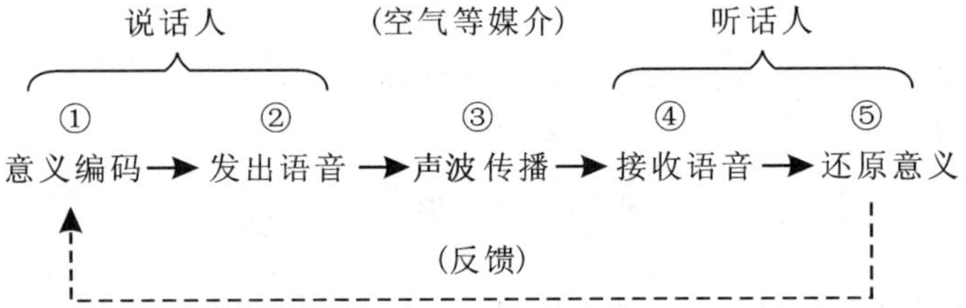

说话人在大脑中先将要表达的意义内容根据语言的规则编码为正常的语言形式，然后通过发音器官发出声波；声波通过空气进行扩散后达到听话人的听觉器官，听话人将接收到的声音信号在大脑中进行解码，还原其意义。

对于语言交际来说，以上五个环节每一个都是必不可少的：如果没有对意义的正确编码，那么发出的声音就是令人不解或费解的；如果没有语音的发出，则听话人无法接收到信息；如果声波传播不到听话人（比如距离太远），或是听话人不能接收语音（比如严重的听力障碍患者），那么听话人也无法接收到信息；如果只是听到语音，而不能正确还原意义（比如听一种我们不懂的外语或是方言），交际仍不能成功。

随着科学技术的进步，语音不仅仅借助于空气传播，人们还可以将声波转化为电波，通过电线或无线广播发送，使远方的人也能够听到声音；也可以通过录音机把声音保存下来让异地的人听到。但无论怎样传输和保存，最终必须通过还原为声波，接收者才能听得到话语。

如果说话是连续进行的，那么说话人还会根据听话人所反馈的信息做出适当的调整。比如我们通过对方的回应话语或是表情动作等观察听话人对我们所说的话是否理解、是否接受，然后决定下一步说什么、怎么说。

二、语言是最重要的交际工具

人类可以利用多种方式来进行交际，言语交际是最重要的一种，语言是最重要的交际工具。

（一）人类的非语言交际

1. 手势、身势和面部表情

手势、身势和面部表情在交际中都能传递一定的信息。与语言相比，手势、身势和面部表情属于可视的形象，与语言采用听觉信号（语音）不同。

用手势来进行交际或用来辅助语言交际是很常见的。极端的例子是聋哑人使用的手语，聋哑人由于不能正常接收语音信号而无法利用语言来进行交际，因此手势是他们最重要的交际工具。一般人也常用手势来传递信息，如用挥手表示否定、告别等意义，招手表示对对方的召唤，用手指示方向、表示数量等，交通警察在路口用手势指挥交通，体育裁判员在运动场上用手势辅助裁判；手势可以辅助说话，如可以加强语气，表示强调，表示指示，帮助说明形状、动作、性状等；还可以代替语言当中的一些词夹杂在话语当中，如："我们一定要把这些问题……（用手势作砍削状，表示消除、解决）!"

身势最为人熟知的例子是大多数民族用点头表示肯定，摇头表示否定；不过也有少数国家（如印度、保加利亚）则恰好相反，点头表示否定、摇头表示肯定。

面部表情主要表示情感信息。面部包括眼神的变化非常丰富，常常是不由人的意志控制而自然流露的，比如紧张时面部因充血而红涨、肌肉抽搐，愉快时肌肉松弛、嘴角肌肉上引等。这些反应往往比话语本身更能反映人的真实态度。善于控制情绪的人则会有意识地控制表情，不让面部表情流露出真实反应或做出虚假的反应。汉语“不动声色”、“察言观色”和“声色俱厉”等成语，都说明了“色”（主要指面部表情）与“言（声）”在交际中具有配合作用；而“使个眼色”，就可使人心领神会而去采取行动。

身体其他部位的其他动作也常常透露出一定的信息，如手足无措表现了紧张、慌乱，用手托腮、目光直视表示注意力集中等。甚至交谈对象之间的距离也与双方的关系和态度有关，比如距离远近与双方关系的亲疏相关，而说话时有意靠近则表示亲近，“促膝交谈”反映的正是亲近的谈话场景。

2. 其他交际工具

人类除了利用身体的动作外，还经常利用其他方式来进行交际。例如，交通中使用红绿灯，用不同的颜色表示不同的通行指令。学校利用铃声表示上课、下课时间。军队利用冲锋号指挥士兵发起冲锋，古代则是擂鼓出兵、鸣金收兵。秘密工作者会利用一些特定的暗号来进行联络，如窗台放一盆鲜花，表示平安无事；如果没有鲜花，则表示出现敌情。军队、警察或一些执法部门、服务部门所穿的制服，在进行公务活动时体现着身份，也具有交际的意义。在一些民族中，不同的鲜花代表着不同的含义，有人称之为“花语”，如红玫瑰代表爱情，康乃馨代表母爱，水仙花代表尊敬，蝴蝶兰代表初恋，等等，送对方不同的花朵代表着不同的情意。

在人类进入文明社会之后，在语言基础上产生的文字是语言之外最重要的交际工具。后面有专章专门讨论文字问题，所以这里就不多涉及了。

（二）语言在交际工具中的重要性

1. 语言是其他交际工具的基础

除了面部表情以及身体的一些无意识的动作之外，人类的其他交际方式一般是由人们通过语言约定的。比如窗台上到底放盆鲜花代表什么含义，是需要事先约定的，而约定的工具正是语言。如果没有事先约定，则其交际意义别人无法得知，也就无法起到交际作用。比如一个从来不知道红绿灯为何物的人，红绿黄三种颜色的灯光对他来说可能是毫无意义的，起不到交通指令的作用。只有别人告诉了他红绿灯的含义，他才会按照红绿灯的提示来行走。

2. 语言的交际功能最强

其他交际方式尽管在交际中有着重要的作用，但与语言相比还是处于次要的、辅助性的地位。因为除了经过在语言基础上编排的聋哑人手语比较复杂之外，一般的身势都只能表示比较简单或含混、模糊的信息，单独使用的话只能进行简单的交际。这一点在我们与聋哑人交往的时候就会充分地感受到。而语言可以表达的内容无所不包，天文地理，自然、人文，具象、抽象，物质、精神，真实、想象，无不可以通过语言来表述、描写，这是其他交际手段无法望其项背的。

同时，语言交际又是最简便的方式，尽管掌握一门语言也是需要经过努力的，但对于一般人来说，母语是每个人在幼年就习得的一种工具，并不需要特别地学习，也无需特别地约定，随时都可以与他人交谈。因此，语言交际又是人人使用最普遍的方式。至于文字，同样可以表示复杂的思想内容，但是，一是它需要以语言为基础，二是它需要经过特别的学习，对于文盲来说，他们就无法用文字作为交际工具。

语言还是最方便的交际工具。发音的主要器官口部，主要是进食用的，不吃饭的时候就处于闲置的状态。而人利用说话来进行交际，可以不影响手部的工作而随时随地进行。

因此，我们说，语言是人类最重要的交际工具。

三、语言是人类特有的交际工具

（一）动物也有一定的联络手段

群居的动物之间也有一定的联络手段，以维持群体活动的需要。

动物最常用的有声联络方式就是鸣叫。声音可以传播到较远的空间，所以能够发出声音的动物往往以不同的鸣叫声音传递一定的信息。如大雁群体迁徙中间休憩的时候，雁群要派出一只雁担任瞭望任务，如果发现情况，就会通过鸣叫通知其他大雁以便迅速起飞转移。汉语成语“一犬吠影、百犬吠声”，说的就是狗因为听到别的狗叫声以为发生了什么情况而跟着吠叫的现象。

古书中有一些关于人识鸟语的记载，其实应该是能够通过鸟的不同叫声对鸟进行判断的人。据说孔子的女婿、他的学生之一公冶长就因为识鸟语而惹祸入狱。《战国策·楚策四》还记载了一个善射者更羸只用弓虚发而“射”下一只雁的故事，原因在于他听到雁“飞徐而鸣悲”，知道大雁“疮痛……而惊心”，所以只用拉弓的声音，就把这只“惊弓之鸟”吓下来了。这都说明鸟类的鸣叫确实能传递一定的信息。

动物也用一定的表情或动作来传递一定的信息，虽然难比人的表情动作那么丰富。例如猫发怒时会睁大双眼，嘴里往往还会发出一定的声响，表示威胁对方。比较有趣的是，蜜蜂可以通过舞蹈来传递蜜源方向和距离的信息。担负侦察任务的工蜂回到蜂巢后，如果舞蹈飞翔的路线是一个一个的小圆圈（科学家称之为“圆圈舞”），表示附近有花蜜；如果飞翔的时候尾巴不断摇摆，并且飞成∞形（∞形摇摆舞），表示比附近更远的地方有花蜜。如果∞形摇摆舞的速度比较慢，而尾巴摆动的次数多，就表示距花蜜的距离比较远；如果速度比较快，而摇摆的次数少，则表示距花蜜的距离比较近。∞形摇摆舞还能传递花蜜的方向：如果∞形舞两个半圆交叉的地方是一道垂直线，蜜蜂沿垂直线飞舞时头向上，表示花蜜在朝着太阳的方向；头向下，则表示花蜜在背着太阳的方向。如果两个半圆交叉的地方是斜线，那么不同方向的斜线同地平面所形成的夹角，就是表示花蜜在偏离太阳的同样夹角的方向。

（二）动物的交际手段与人类语言的不同

尽管人们常说“人有人言，兽有兽语”，也有“鸟语花香”之类的说法，但是，动物的交际手段与人的语言有本质的差异。这主要体现在以下几个方面：

1. 单位的明晰性

人类的语言音节分明，有许多个固定的表义单位，句子的界限清晰可辨；而动物的鸣叫等联络手段无法区分出明确的单位。至于像鹦鹉之类经过训练之后可以模仿人的一些简单话语，只是说明某些动物的发音器官也具有发出类似人类语音的能力，它们并不理解这些发音的意义，也就是说，它们并不是由此就掌握了语言。

2. 意义的复杂性

人类的语言可以表达非常复杂的意义，传递非常复杂的信息；而动物的交际手段只能表达非常简单的信息。

3. 系统的复杂性和生成性

人类的语言是一套非常复杂的系统，从语音方面来说，由数十个音位组成成百上千个音节；从词汇方面来说，每个语言都有从数千到若干万个的固定词语；从语法方面来说，每种语言都有比较复杂的语法规则。同时，语言又是一个具有强大生成能力的系统，可以用一定数量的语音和词语组成无限数量的句子来表达各种各样的意义。而动物的交际手段都比较简单，只能发出简单的一些叫声，更没有词汇和语法，也谈不上生成的问题。

4. 获得的习得性

就个体的语言能力而言，人掌握语言和掌握什么样的语言，都是在后天的语言环境中习得的。生活在中国的汉族人从小习得汉语，而生活在美国的华裔从小习得英语；极个别因故生活在非人环境中的儿童如印度的“狼孩”

则不会说话，只会像狼那样嚎叫。而动物的种种交际手段都是先天遗传的，即使在独居的环境中长大，它们也会有这样的本能。

所以，语言是人类特有的交际工具，是人类区别于动物的重要特征之一。所谓的"兽语"、"鸟语"之类说法，只是一种拟人化的表达。

第二节 语言是重要的思维工具

人类以具有语言和思维为特征来区别于其他动物，这两项特征的并列并不是偶然的，这正好说明了两者存在着密切联系。

一、思维简介

（一）思维释义

思维是人的大脑对客观现实的反映活动。人们接触到客观世界的人、事物和现象，在感觉和知觉的基础上以记忆中的知识为媒介，进行分析和综合，以概括事物的本质特征、求得事物间的联系。

1. 思维具有客观性

尽管思维是人的主观活动，但是思维的内容都具有客观的基础，是客观世界在人的大脑中的映射。客观存在的具体事物自不必说，就是一些看起来纯粹主观的抽象概念，如"范畴"、"玄虚"，也都是人们对客观世界的某些现象或性质的一种概括，因而能够反映客观现实。当然，人对客观现实的反映，有些是正确的，有些则是不正确的、扭曲的。比如神魔故事、灵魂等概念，是在远古时代先民对梦境等现象不能科学解释而想象出来的。这就好像我们站在哈哈镜前会看到一个变形的自我一样，但变形的图像仍然是客观现实的映像。

2. 思维具有概括性

人的思维不论是知觉、记忆还是组合判断，都是经过概括的。抽象的概念是经过高度概括的；即使是对具体事物，人们也是要进行特征的提炼、分类，建立起与其他事物的联系。比如见到一只章鱼，我们会抓取其主要特征（体圆、八爪等），将其归类（水中生物或鱼类）、比较（与其他水中生物的不同），等等。

3. 思维具有间接性

人们无需直接经验，就可以通过对象与其他事物的联系而进行推断。比如，我们不能直接感觉到地球的自转，但通过与太阳的相对位置关系，我们可以判断出地球或太阳有一方在转动。再如警察可以通过命案的一些线索来推断出凶手和作案过程。

（二）抽象思维和具体思维

根据不同的标准，思维可以分为多种类型。我们这里只介绍根据思维内容所进行的分类：抽象思维、具体思维。

抽象思维也就是运用概念来进行判断和推理的思维活动。抽象思维是一种高级的思维形式，它脱离开了具体的感知内容，能够概括事物的本质属性和相互联系，因而能够更深入地认识客观规律。

具体思维可分为形象思维和动作思维，是利用表象或动作来进行的思维活动。例如有些黑猩猩会利用树枝伸到白蚁洞中，等白蚁爬满后取出来吃上面的白蚁。这说明黑猩猩能够认识到白蚁的习性，并能利用树枝做工具来完成获取白蚁的工作。具体思维受限于经验和表象，不能对事物进行更抽象和深入的认识。

在幼儿阶段，思维主要以具体思维为主。随着语言水平的提高和知识积蓄的增加，抽象思维逐渐发展起来。不过，成人的思维尽管以抽象思维为主，但也仍然使用具体思维。比如机械人员常常要用到动作思维，而文学艺术工作者则常常用到形象思维。下面我们讨论的主要是抽象思维。

二、语言在思维中的作用

人的思维究竟是怎样进行的？由于人的大脑是所谓的“黑箱”装置，思维机制目前还不能由直接的观察来获得，而只能通过输入和输出两端来进行分析。此外，人在有意识地思索的时候，也能够自省到一些思维的过程。脑科学、心理学的一些进展也对揭示人类思维的秘密不断提出新的见解。就人们已有的对思维的认识来看，语言在其中起了重要的作用。我们可以从以下几个方面来看语言在思维中的作用。

（一）抽象思维过程中以语言为工具

1. 概念以词、固定词组为形式

抽象思维以概念为基本的思维单位。人们在认识过程中抽象出来的事物的共同特点形成概念，但是概念必定有其固定的形式，这就是语言中的词或固定词组。例如，“人”、“民族”、“中华人民共和国”、“市场经济”都表达一个概念，前两个是词，后两个是固定词组。没有固定形式的意识，很难成为概念。比如每个人都是有不同的特点的，但真正经过概括形成概念的是语言当中的一些词或固定词组（如：人、男人、女人、白人、黑人、黄种人、老人、青年、儿童等）。没有词或固定词组，抽象思维活动就无法进行。

2. 判断、推理过程中语言的作用

思维的基本过程是运用概念进行判断和推理。推理，是以一个或几个判断作为前提，推出新判断（结论）；也可以说，思维活动就是一系列的判断过程。概念是有语言形式的，那么，运用概念来进行判断，判断是否也采用语言的形式（如判断句）呢？对此还没有一致的回答。

我们在独自思索问题时有时会不由自主地说出声来，这说明思维时是伴随着语言的。有实验表明，即使思考问题时不出声，发音器官的肌肉仍然有细微的动作，与说话时发音器官的肌肉动作类似。这也是思维时语言参与的重要证据。人们把思维时不出声的语言形式称为内部言语，以区别于正常的说出来的语言形式外部言语。一般认为，内部言语可能不像外部言语那样具有完备的语法形式。

但是，另外的一些事实却又让人怀疑语言在思维过程中的作用。一个突出的问题是聋哑人的思维，按照一般人的理解，聋哑人是不具有语言的，但他们在日常生活方面具有与正常人相似的思维能力，那么他们的思维是怎样进行的呢？另外，有一些病例报告反映，在人的语言功能受到损害或抑制时，人们仍然能够进行思维。再比如，有的在长期野外孤独生活的人，其语言能力大大退化，但其一般的思维能力似乎并没有太大影响。这似乎又说明思维不必以言语作为工具或与语言没有直接的关联。

思维的机制包括聋哑人的思维机制毕竟尚不清楚，所以种种复杂的现象使得人们很难对思维过程和语言的关系形成定论。不过，一般认为，起码对正常人来说，语言在思维过程中起着重要的作用。

（二）抽象思维的成果主要由语言表达

如果说由于人的大脑是“黑箱”装置因而思维过程难以直接观察的话，那么思维结果的输出则是显而易见的过程。抽象思维的结果主要是由语言来表达的。

1. 抽象思维的结果为语言形式

抽象思维的结果即思想（想法、观点等），不管其形成过程是怎样的，最终的思想为语言形式。正如马克思所说，语言是思想的直接实现。我们常常会有这种经验：有时候我们仅仅有一个模糊的解决问题的方向，但具体为什么应该这样去做，一开始并不是十分清楚，这时候，我们也不可能说清楚这件事情的解决方案。经过进一步的思考，我们梳理清楚了头绪，思考成熟了，我们也就能够清楚地阐述这个问题及其解决方案了。这说明，尽管思维的过程中我们还有许多现在还不能很清楚地解释的环节，但思维的进程是向着清晰化走的，而最终是把思维的过程和结果变为清晰的语言形式。

2. 思想的表达主要采用语言形式

形成思想之后，可以采用不同的表达方式来表达思想。比如，美术家可以用图画（线条和色彩）的形式来表达思想，舞蹈家可以用舞蹈（形体和节奏）的形式来表达思想。但是，最普通的表达方式还是语言，因为只有语言才能够把复杂的道理表达得清晰、准确，才能够阐释深刻、抽象的规律。从接受的角度来看，语言也是使思想最容易为人接受的方式，比如自然科学和社会科学的理论著作都采用语言表达的方式。而其他表达方式在表达思想的时候往往是模糊的，具有不确定性。比如我们在看一幅画时，如果没有文字介绍，则对画面的理解会因人而异。所以，思想的其他表达方式往往需要语言的帮助。

相比于抽象思维，人们对形象思维和动作思维的了解更少。不过普遍认为，掌握了语言的成人即使是在进行形象思维和动作思维时也离不开语言。

三、语言与思维的关系和区别

语言和思维既有密切的联系，又有许多不同。

（一）语言与思维的相互依存、相互促进

上面我们已经说到，思维离不开语言；实际上，语言更离不开思维。如果没有抽象思维，词义就很难形成；如果没有抽象思维，词与词之间的联系就无法建立，也就无法组成句子；如果没有抽象思维，话语也不能被理解。从根本上说，如果没有抽象思维，也就没有语言。前面提到的鹦鹉学舌，之所以只是学舌而不能说它掌握了语言，就是因为鸟类不具有抽象思维能力，而只能根据声音印象来机械地“学舌”。

从发生的角度看，语言和思维应该是共生的。在高等动物具有的具体思维的基础上，人类最初产生了简单的语言，而语言符号的确立为抽象思维的产生和发展奠定了基础；抽象思维的发展又进一步促进了语言的发展。两者相互促进，同时也带动了人类思想的交流，从而促进了人类智慧的迅速提升，促进了生产力的提高。通常把能够制造使用工具作为人类区别于动物的重要标志，而实际上语言和思维的产生和发展才是人类区别于其他动物并获得高度发展的根本所在。

从人的个体发展来看，掌握语言的能力和思维发展的能力也是相互促进、共同发展的。当幼儿会说话之后，词汇量迅速增加，能够与大人和其他儿童进行交流，能够学习、理解更多的事物和道理，抽象思维水平也不断提高。随着不断接受教育和广泛接触社会，一个人的知识水平越来越高，通过掌握大量的词语（也就是大量的概念），再加上认知方法的培养和锻炼，对

抽象事物和事理的认知、分析和判断能力就会越来越强。

（二）语言和思维的不同

语言和思维毕竟是属于不同范畴的，它们也存在着很多不同。这些不同主要表现在：

（1）性质不同。思维是人的认识活动，是人对物质世界和精神世界的一种主观认知过程；而语言是思维的重要工具，工具与认识过程自身属于不同的范畴。

（2）职能不同。思维是人类认识客观世界的方式，而语言在社会中的作用主要是传递信息，两者的主要功能不同。

（3）思维没有民族性，语言有民族性。不同民族的语言有很大的差异，无论是语音，还是词汇和语法，都各不相同，以至于不同语言之间一般不能通话。而人类的思维有着共同的规律，不同民族思维规律是一致的，所以，对同一现象会得出基本相同的认识。这一点，在自然科学的研究中表现得尤为突出。正因为如此，人类的思想才能够跨越语言的界限而传播，不同地区的人们通过吸收其他民族所创造的优秀思想而进步。思维没有民族性，这也是不同的语言能够进行转换（翻译）的基础。

上文多次提到，由于思维的复杂性和特殊性，对思维的研究还有许多重要问题需要解决，人们对思维的机制所知还很少。因此，语言与思维的关系的确切状况现在还不能完全确定。

第三节　语言的社会性质与功能

语言是社会的交际工具，与社会有着密切的关系，是一种重要的社会现象。同时，它又具有不同于其他社会现象的一些特点，是一种特殊的社会现象。

一、语言的社会功能

语言对于社会的维持和发展来说是至关重要的。具体来说，语言在以下几个方面发挥着无可替代的作用。

（一）维持社会组织的正常运行

一个社会必须具有信息的传递系统，才能组织协调行动，维持正常运行。无论是经济生产还是军事、政治、法律，离开语言都是不可设想的。社会越是发达，规模越是庞大，对组织协调的要求越高，语言所起的作用也就越大。随着现代科学技术的发展，人类进入信息社会，作为信息主要载体的语言地位更为重要。由电波、网络技术等辅助，语言跨越千山万水，其传播能力有了极大的提升，这也大大提高了社会运行的效率。比如，国家领导人可以隔着数千里通过电话了解某灾区的受灾情况和救援情况，直接指挥、组织救援。在国际社会中，人们通过语言的沟通（包括翻译）来维护国际的和平。

在信息的沟通中，除了一般的沟通外，还有能够代表民意影响决策者的舆论。舆论一般是民众自发形成的，但也有些是某些人或某些集团宣传鼓动的结果。这些舆论会影响甚至决定政局的变化，历来为执政者或某些社会集团所重视。

（二）协调社会关系

人与人之间、组织与组织之间、集团与集团之间等，存在着种种的关系，比如合作关系、敌对关系等，人与人之间还有情感关系。这些关系的建立和维持，当然有利益、亲情、道德等方面的基础，但在其中起黏合剂或润滑剂作用的，主要是语言。礼貌语言表达的敬意、恰切说理的说服力、感情话语的亲和力，都可以拉近距离、增进情谊、消除误解、化解纠纷；而驳斥、指责甚至中伤、污蔑的话语，则会成为攻击对方的利器，恶化关系，或是拉开与对方的距离。在日常生活中，一句问候、一声感谢，常常会营造和谐温馨的氛围；一声真诚的道歉也会融解对方的不快，化干戈为玉帛；一句幽默的话，能使紧张的气氛松弛下来；像看起来毫无新信息可言的寒暄，也能够促进交际双方的关系而具有交际意义。“良言三春暖，恶语三九寒”，语言在人际交往中，虽是“虚言”，但能产生重大的影响，起到其他实物或行为起不到的作用。

（三）记录传承文明成果，促进社会进步

语言可以把人类的经验和发明传播开来，流传下去，从而使人类不断在前人积累的基础上前行，加速社会的发展进步。在文字出现之前，语言对文明成果的记录和传承主要是通过口耳相传的形式来进行的；在文字产生之后，由于它可以把语言记录下来，既便于保存，也便于传到远方，所以文字在文明传承方面发挥了更大的作用。即使在现代，有声语言仍然是即时近距离传播的主要工具。比如我们在学校学习文化知识，教师用语言给学生讲解。再如学习汽车驾驶的技术，教员肯定不能只做示范，而是必须要进行讲解，在学员试驾时要给以语言的提示、提醒。

以上主要是从与社会正常运行紧密相关的三个方面讲述了语言的作用，实际上语言对社会的作用不止这几个方面。可以说，语言是组成一个社会的必要条件。世界各地的不同民族所处的社会发展阶段不同，但没有哪一个哪怕是处在原始社会的民族（部落）是没有语言的。有人说，如果没有语言，社会在很短的时间内就会崩溃，这并非夸大之词。

二、语言是社会现象

为什么说语言是社会现象呢？我们可以从以下几个方面来观察。

（一）语言的功能是为社会服务，语言不能脱离社会

语言是一种交际工具，通过传播信息而为社会服务。语言的这一功能决定了它从属于社会，只有在社会的交际中才会发挥它的功能，才会有自己的价值。脱离了社会，语言也就失去了存在的价值。

1719 年，英国小说家笛福出版了长篇小说《鲁滨孙漂流记》。主人公鲁滨孙在去非洲的途中船只遇难，漂流到了一个无人荒岛，从此他在这个岛上独自生活了 28 年。长期的孤独，使他失去了说话的机会。开始，他自言自语，对动物讲话，对天地絮语；后来，他习惯了不言不语，甚至想说话也觉得困难起来，这样，他就不再说话了。只是多年后，他救出一个奴隶后，才又开始了语言生活。他为这个奴隶取名为“星期五”，并教他学说英语，两个人开始了简单的对话，他的语言能力也逐渐得到了恢复。这个故事是根据一个人的真实经历改编的。而在中国，也有一个真实的鲁滨孙：山东的刘连仁。他在抗战期间被日本侵略者掳掠到日本做苦工，后来逃到深山中，独自生活了十几年后才被人发现，回到了中国。当他刚被救出的时候，说话很困难，好多话都不会说了，后来回国后才慢慢恢复了语言能力。这些经历有力地说明：人只有在社会中才需要语言，哪怕是两个人组成的小社会。语言脱离了社会，就像是船离开了河海，不仅功能无从发挥，而且会慢慢消失。

（二）语言由社会约定俗成

语言不仅服务于社会，而且受社会的制约和影响。第二章中已经谈到，一种语言究竟用什么样的音来表示什么意义，是由社会约定俗成的。一种语言采用什么样的语音系统、词汇系统和语法系统，也是由社会约定俗成的。比如汉语是所谓的“孤立语”，语法上缺乏形态变化，主要靠语序和虚词来表示各种语法意义，这是汉语的先民约定俗成的结果，此后被一代一代的汉语使用者所继承采用。而印欧语言属于所谓“屈折语”，词形的变化非常复杂，这也是印欧语的先民们约定俗成的结果。有些语法特点尽管后世有所变化，但这种变化也同样是社会约定俗成的结果，也就是社会接受、认可的结果。

语言的这种约定俗成性质，还表现在个人对语言的习得和使用要受社会制约。个人习得什么语言或取决于他所生活的社会语言环境，生活在什么样

的社会语言环境中他就会习得什么语言。一个人即使掌握了几种语言或方言，他在使用时也只能根据不同的社会语言环境来决定使用哪种语言或方言，比如一个人兼通汉语和英语，在中国使用汉语来交际，而在美国则使用英语来交际。在使用某种语言的时候，也只能采用社会上通用的语音、词汇、语法。个人在语言使用上的特点主要表现在表达手法上，而基本的语音、词汇和语法规则还是共通的。当然，语言也有发展变化，并且，语言的变化和创新总是先由个人开始的，特别是一些有较大社会影响的个人（如政治领袖、文学家、艺术家等）的话语常常会成为流行的时尚。也就是说，个人的言语有可能会对语言产生影响。但是，即使是个人的少量的语言创新也需要得到社会上语言使用者的普遍认可才能进入到语言中来。个人的言语，有些被社会普遍接受，就进入了语言，成为一种新的语言现象；有些不被普遍接受，就只是个人的偶尔一用而不会被认可为新的语言成分或现象。

社会对语言会产生许多影响，表现在多个方面。这一点在后面我们会做进一步的分析。

（三）语言交际是社会活动

不仅语言自身离不开社会，语言的使用也必定属于社会活动。只要是使用语言，就肯定有两个及其以上的人参与，就是一种集体性的交际活动。不仅完成语言交际活动需要有多个人参加，还要求参与语言交际的各个人都遵循共同的语言规则，这样才能正确理解语言所传达的意义内容。同时，语言交际都是在一定的社会背景下进行的，语言交际的方式、内容及其对言语内容的理解都离不开这一社会环境，否则交际就不会成功。说话时要根据说话的对象（如长幼、尊卑、性别、职业、民族、国籍、与自己的关系亲疏等）、说话的目的（如命令还是请求、告知等）、说话的场合（如公开还是私密、公务还是酒席、喜庆还是悲伤等）、说话的时间等因素来决定自己采用什么样的方式，讲什么样的内容，而上述因素正是参与语言交际的社会因素。这就说明，语言的具体使用也是与社会因素密切结合在一起的。

（四）人只有在社会中才能学会语言

一般的儿童从一岁左右开始咿牙学语，到三岁左右就可以初步掌握母语的发音和语法规则。这种状况与人在青年之后学习一门外语所需要花费的时间和难度相比，是很令人惊讶的。那么，幼儿在智力发展还不是很充分的年龄阶段为什么能够这么快地学会复杂的母语呢？对此，学术界主要有三种观点：第一种观点强调后天学习对语言获得的决定性影响；第二种观点以美国语言学家乔姆斯基为代表，否定环境和学习对儿童语言获得的影响，主张人类具有先天的语法（语言）规则系统，通过简单的语言素材就能够生成复杂的语句；第三种观点以瑞士儿童心理学家皮亚杰为代表，认为语言能力是人的认知能力的一个方面，而人的认知结构的发展既非后天环境强加，也非先天具有，而是主体和客体相互作用的结果。这三种观点对于解释儿童的语言获得各有短长，迄今仍无定论。

不过，无论人类是否具有先天的语法规则系统，不可否认的事实是，人只能在一定的语言环境中学会说话并且只能学会别人教（主动教或无意教）给的语言，而不管其父母的语言如何。比如一个从中国抱养的幼儿生活在美国的英语家庭中，他只能学会英语。个别因为特殊原因而生长在非人环境中的儿童，则不会说话。其中最著名的例子是1920年在印度一个山村所发现的一对“狼孩”。她们一直被狼抚育，被人们发现时大的约七八岁（被取名为卡玛拉），小的约两岁（被取名为阿玛拉）。两人的生活习性都与狼相似，不会说话而只会像狼那样嚎叫，白天睡觉，晚上活动，不吃素食而只吃肉，吃肉时不用手拿而是放在地上用嘴撕咬。此后人们还发现过熊孩、豹孩、猴孩、猪孩等，情况与狼孩类似。这都说明，脱离社会，人就不能掌握语言。

三、语言是一种特殊的社会现象

社会现象有许多，历史唯物主义将其分为经济基础和上层建筑两大基本领域。经济基础是社会一定阶段的生产力所决定的生产关系的总和，而上层建筑是建立在经济基础之上的意识形态及与之相适应的制度、组织和设施。语言作为一种社会现象的特殊性，在于它既不属于经济基础，也不属于上层建筑，而是为全社会乃至不同的社会共同使用的一种交际工具。

（一）语言为全民所共同创造

语言是原始的人类在长期的生产和生活中创造并逐渐完善发展起来的，不是哪一个人或哪些人的独立创作。语言这样一个复杂的符号系统，如果没有任何依傍，不可能由某个原始圣贤独立创造出来。上帝或某个神创造语言的说法只是一种神话。近代有一种人工语言——世界语（Esperanto），是由波兰医生柴门霍夫在1887年设计的，但它是在现有语言（印欧语言）的基础上设计的，并非凭空而来；并且由于世界语并没有任何民族以之为母语，所以只能是一种辅助性的语言。

不仅语言的创造是全民共同完成的，语言的发展也是全民共同推动的。上面谈到，个人的创新需要经过社会的接受才会进入语言系统当中；其中，社会影响比较大的人的创新更容易为社会广泛接受。实际上，语言中不少新成分也来自民间，像口头流传的一些俗语词也会进入大众流通领域，很难确定其“始作俑者”是谁。例如近年来，汉语中流行一种“被+动词（特别是不及物动词）或名词、形容词”的格式，表示被人强加的一种状态，如“被就业”、“被冠军”、“被和谐”等，就是先在网络上流行，然后进入平面媒体进而进入口语的，谁先使用的这种说法难以查考。其实追究这些新现象的创造者并无多大意义，因为关键在于社会的广泛接受，这些新现象在语言中能否立足其决定权在于社会大众。

（二）语言为全社会共同使用

语言作为交际工具，是需要交际双方共同使用才能完成其交际功能的。所以，交际双方，不管是友好的还是对立的，有共同的语言，才能进行沟通，争取自己的利益。如果语言不通，则如同“鸡同鸭讲”，沟通就无法进行，也就达不到交际的目的。因此，在一个社会当中，不分阶级、阶层、党派、团体，都会使用共同的语言。比如在中国的汉族地区，不管属于哪个党派、哪个阶层，都使用汉语来进行交际。

在使用同一语言的社会内部，语言是跨阶级、阶层的。在一些情形下，语言还是跨民族、跨国家的；不同的民族使用同一种语言的情形还是不少见的①。比如在现代的中国，汉族、回族和满族都使用汉语，而英国、美国、澳大利亚、加拿大的大部分地区都使用英语。在使用多种民族语言的国家或地区，往往有一种语言为通用的语言，用于各民族之间的交际，这种通用语言也是跨民族的。如中国以汉语的普通话为国家通用语言；而在非洲的一些国家，部落众多，语言复杂，没有形成本国的通用语言，便往往以原宗主国的语言（主要是英语、法语）为国家的工作语言。

（三）语言比特定的社会形态更长久

尽管对于语言起源的问题有种种的观点，但语言起源非常古老是不争的事实。18 世纪至 19 世纪，人类学家在世界上发现了许多个还处在原始社会阶段的部落，但他们都有完善的语言。这说明，人类语言的历史非常悠久，早在原始社会时期已经产生了，那时候的社会还属于原始共产主义阶段，当然也就没有阶级，语言是全社会共同使用的。

人类社会已经经历了原始社会、奴隶社会、封建社会、资本主义社会和社会主义社会等不同的社会历史阶段。随着生产力的发展、生产关系的变更，社会的上层建筑发生了许多的、（有时候是）很剧烈的变动。但是，语言的基本面貌的变化却是非常缓慢的，并不紧随着经济基础和上层建筑的变化而急剧变化。例如中国的社会状况在 20 世纪发生了几次大的变化：1911

① 也有同一民族使用不同语言的情况，如我国的瑶族分别使用勉语（瑶语）、布努语（属苗语支）和拉珈语（属壮侗语族侗水语支）。

年的辛亥革命推翻封建的清王朝，建立了中华民国；1949 年共产党推翻国民党统治，建立了社会主义的中华人民共和国；1978 年开始的改革开放，改变了此前近 30 年的经济发展模式，社会面貌发生了巨大变化。但是，这个时期的现代汉语的基本面貌包括语音系统、语法规则和基本词汇，并没有发生大的改变。也就是说，语言具有超时代、超社会发展形态的稳定性。这与前述的超阶级、超党派的特点是一致的，都是语言为全民共同使用的交际工具这一特点所决定的。

（四）阶级、阶层和社会的发展对语言有一定影响

社会的各阶级、阶层尽管使用社会共同的语言，但仍然在语言的使用上有各自的特点。这是由他们各自的经济地位、政治地位、思想意识、生活方式等造成的。同一个所指的对象，因为评价不同，会有不同的称名。比如中国的抗日战争期间，汉奸们称日本兵为“皇军”，而一般的中国人称之为“日本鬼子”、“鬼子兵”，说话人的政治立场就直接反映在了称呼上。又如知识阶层的话语中多用书面语词、文雅语词和一些较书面的表达方式，而文化水平较低的人的话语中则多用俚俗词语；青少年喜欢用时髦词语，而老年人常用一些旧时的用语。再如，信仰某些宗教的人使用的汉语，会常常带有一些与宗教有关的词语。社会的变化也会给语言以影响，其中最明显的是反映在词汇上。如倒买倒卖货物的行为，在计划经济时期被视为违法，称为“投机倒把”。在“文化大革命”期间，“红卫兵”、“造反派”、“走资派”、“反潮流”、“一打三反”等词语都反映着当时社会的主流意识和政治色彩。

各阶级、阶层都认为自己的语言特色才是正常的、正确的，并试图推广自己的“语言”，排斥另外的“语言”。例如“绅士”们认为“下苦力”的人的话语太粗鄙，而后者则认为前者的话语太做作。不过，由于各阶级、阶层在社会政治、经济、文化等方面的地位不同，影响力也就不同。社会的主流话语通常带有在社会上占主导地位的阶级、阶层的特点。

阶级、阶层对语言的这些影响在使用中尽管也是非常重要的，但相对于语言系统本来说只是占了很小的比例，并且这些成分对于社会成员来说一般也是能够理解的，所以，并不能由此否定语言的全民性。

四、语言的文化性质与功能

（一）语言是文化的组成部分

一般认为，文化是人类创造的物质产品和精神产品的总和。对文化这一概念的使用有三种广狭不同的用法：广义的文化包括物质文化和精神文化，只要是人类经过有意或无意制作而形成的物质的和精神的东西都是文化，与

自然的存在物相对立；狭义的文化指精神文化，包括语言和文学艺术及其他一切社会意识形式；而最狭义的文化只指科学、教育、文学、艺术、卫生、体育等，与世界观和政治思想、道德、法律等意识形态相区别。上面所说的社会也包括在广义的文化范畴之内，但与文化相对而言时，社会指处在某特定区域和时期、享有共同文化的人们的生活共同体，更多地指政治层面及与之密切相关的内容，而文化侧重于指政治之外的精神层面的内容。

世界上不同的民族或国家在长期的历史进程中发展出了不同特色的文化。我们每个人都生活在一定的文化环境中，一方面文化熏陶、塑造着每个人，另一方面每个人又都作为这个社会的一分子参与传承和发展着文化。一个人从出生、成长一直到死亡，都离不开文化。

文化的要素主要包括精神文化、语言及其他符号、社会关系和社会组织、物质产品。可见，语言是文化的重要组成部分。每个民族都有历史上传承下来的语言，语言是这个民族最突出外显的特征之一。同时，语言又是其他精神文化的主要载体，如哲学、宗教、文学、艺术、伦理道德、价值观念等，主要依靠语言来记录和传承。如果没有语言，其他精神文化以及高级的物质产品都无法产生或制造出来。从这个意义上来看，语言是其他文化要素的基座。下面我们具体讨论一下语言的文化功能及其与文化的相互关系。为了叙述的方便，下面所说的文化都不包括语言在内。

（二）语言的文化功能

对于文化来说，语言发挥的功能表现在以下几个方面。

1. 通过语言构成的概念系统是人类文化创造的基础

文化作为人类创造的物质产品和精神产品，其基础是人类高度发达的思维能力。正如前面说到的，人的思维能力与语言是密不可分的。正是有了以语言为形式的概念，才能形成判断和推理，进而来认识客观世界以及主观世界。

语言系统中对事物的分类还是人们认识世界的一种中介。语言中的词语系统是历史上形成的概念体系，后人在认识事物时都会以语言中既有的这种分类体系为参照。比如从色谱来看，人眼可以感觉出来的颜色是一条连续带，但是不同语言中却划分为不同数量的颜色词。汉语中一般认为七种基本色：赤（红）、橙、黄、绿、青、蓝、紫（不包括黑和白以及介于两者之间的灰），而有的语言中却分为五种、四种或者更少。那么，这种颜色词的系统就成为我们观察自然界颜色的基本分类框架，遇到非典型的颜色我们就会把它归到我们语言中的分类当中来。再如有的语言当中只有各种树的名称，而没有总括的“树”的词（概念）。我们看到一种树时会首先判定它是树，然后再分辨是哪种树；而在没有“树”这个词（概念）的民族中，看到一种树就会直接分辨它为哪种树。也就是说，既有的凝固在语言中的分类框架会对我们认识事物、归类概括进而判断它们之间的相互联系产生直接的影响。所以，在科学研究中常常需要设立新的概念或对原有的概念进行重新限定。不过，即使是新的科学术语仍然是采用了语言中的词或词组的形式。

如上所说，我们通常是透过语言来观察世界的，所以语言会对人们的观察产生积极作用或是干扰作用，但是，这并不是说语言能够决定我们的世界观。我们对世界的认识既借助于语言，又不完全依赖于语言。比如在汉语的许多方言中没有“橙”这个颜色词①，遇到橙色的事物会把它归到相邻的颜色中去。比如橘子的颜色，有人归为“红”，称为“橘红”；有人归为“黄”，称为“橘黄”。不同的称名，正说明人们能够清楚地辨认出，橘子的颜色既非典型的红，也非典型的黄，而是介于红和黄之间的。再比如同样是使用汉语，有人观察问题是唯心主义的观点，有人是唯物主义的观点。人们的认识也是在不断发展的，原有的词语系统和对词的认识也会随之发生变化。比如磷火，过去称为“鬼火”，是一种迷信的说法；改称“磷火”，就去除了迷信色彩。再比如，现在我们仍会说“日出”、“日落”，但这并不影响我们知道其实是地球自转。因此，科学的世界观是可以超越语言的障碍而帮助人们更加接近客观真相的。萨丕尔—沃尔夫假说所谓的“语言决定论”，认为语言决定世界观的说法，是夸大了语言在认识世界中的作用。

2. 语言是精神文化的主要承载形式、精神文化和物质文化的反映形式

精神文化的大部分内容是以语言为其承载形式的。比如各种思想观点，直接表现为语言（或它的文字形式）。如儒家思想，就是通过孔子以及后代“大儒”的言论传达出来的。文学是语言的艺术，语言是唯一的形式。哲学、宗教、道德、法律、科学、教育等以语言为主要表达形式。社会上人的组织如政府、公司、学校、教会、军队等当然是以人为主体的，但这些组织的宗旨、法规、纪律等都是语言的形式，也就是说，这些组织是以语言为纽带结合在一起的。只有少数的精神文化产品如某些艺术门类（如舞蹈、绘画、音乐）是非语言形式。

物质文化是以各种实物来呈现的，所以不依赖于语言。但是，凡是物质文化产品，都会有相应的称名反映在语言中。比如“长城”、“兵马俑”、

① 汉语中早就有“橙黄”一词，但很晚才有“橙”色的说法。《汉语大词典》和《汉语大字典》都引毛泽东的词为例。“橙”本指橙子，指颜色是用物品作代表，如“桃红”、“天蓝”之类。

“计算机”、“手机”，都对应着相应的物质文化产品。所以，语言既反映着精神文化，也反映着物质文化，也就是说，语言是文化的全方位反映物。

正因为如此，我们说语言是文化的载体，承载着一种文化的多方面信息。学习掌握语言，自然也就会在潜移默化中学习到这些文化知识。所以，各国都很重视对外推广自己的语言，这一方面是为了提高本国语言在世界上的地位，让更多的人使用以增进国际之间的沟通，另一方面也是一种文化推广工作。如果一种语言消失，那么它所负载的母体文化也就会在很大程度上被削弱以至消失。法国著名小说《最后一课》描写了法国人对母语的情感，表现的不仅是对母语命运的担忧，更是对民族文化面临灭绝的忧虑。

3. 语言是精神文化的主要传播形式

这里说的传播，既包括一地向外地的横向的传播，也包括由上一代向下一代的纵向的传播（即传授）。

精神文化的横向传播，主要是通过语言的形式。比如一部小说的流传，再如政府文件的公布传达。这不仅因为上面所说的，语言是精神文化的主要承载形式，也是因为语言是最便利的传播载体。即使是前面提到的社会组织，也是通过语言来传递有关组织宗旨、规则等的。当然也有通过非语言形式来传播的精神文化，比如音乐、绘画、舞蹈等。

文化的横向传播经常会超越民族或国家的界限，即跨文化传播。一个社会（民族、国家或地区等）所创造的精神文化如果代表了社会发展的要求，或是这个社会本身有某些方面的优势（如政治或军事上的优势），其文化就会向外扩散，产生跨文化传播的现象。跨文化传播是推动人类社会整体向前发展的重要因素。比如中国的儒家文化传播到东亚各个国家，西方的现代科学传播到世界各地，都推动了当地的文化和社会的发展。在现代传播手段非常发达的当今世界，跨文化传播更为迅捷和经常。比如通过电视或互联网，我们可以即时了解世界各地的发展变化。跨文化传播也是以语言形式为主，只不过往往需要经过语言的转换（翻译）。即使现代技术已经可以通过图像来直接展现事件的过程，但与之相配的语言（以及记录语言的文字）仍然是必不可少的。

文化的纵向传播以语言形式为主就更明显了。知识、技术等的传授，在文字出现之前只有口口相传的形式；在文字出现之后，文字把语言记录下来，可以单独代替语言进行传播，但口语形式的传授仍然是必需的。

4. 由语言而衍生出一些独特的文化现象

语言不仅记录文化，而且还由于它的使用而衍生出了一些文化现象。比如汉语粤方言区中“八”与“发”谐音，于是“八”就成了吉利数字。选日子，选车牌号、电话号码等，带“八”的最受欢迎。与此相反，“四”与“死”谐音，带“四”的号码便成了不受欢迎的对象。汉语北方方言中“鸡”与“吉”谐音，“鱼”与“余（馀）”谐音，所以过年或婚宴时一定要吃鸡吃鱼。电影《黄土地》中，主人公因为家里贫穷，婚宴上买不起真鱼，便用木刻的鱼代替——当然，这种鱼是不能真吃的。因为“倒”与“到”同音，所以很多人家过年贴“福”字时故意倒贴。这些例子实际上反映的是一种文化现象——语言崇拜，就是认为语言符号不仅仅是符号，而且与它所代表的事物有直接联系，因而认为语言符号具有与实物同等的力量。当然，有些由语言而衍生的文化现象与语言崇拜无关。比如美国在1944年本来准备设立“元帅”（Marshal）这项最高军衔，但也在授衔之列的陆军参谋长马歇尔（George Catlett Marshall）即加以推辞，理由是其姓氏与“元帅”同音，于是美国设立的最高军衔称为General of Army（汉译“陆军五星上将”）、General of Force（汉译“空军五星上将”）、Fleet Admiral（汉译“海军五星上将”）。再如古汉语的语序是修饰限定成分在前，被修饰限定成分在后，所以相当于修饰限定成分的姓氏在名之前；而古印欧语的修饰限定成分一般在后，而被修饰限定成分在前，所以印欧语民族的姓氏在名之后。

5. 语言能够保留一些已经消失的文化信息

相较于文化，语言的变化要慢得多。所以，当一种文化现象已经在社会中消失的时候，受其影响而产生的语言成分有可能还在使用。这样，这些语言成分就成了保留历史文化的活化石。比如前面提到的“日出”、“日落”的说法，明显留着“地心说”的痕迹，虽然我们都清楚并非是太阳在升降。1982年我国取消了农村人民公社的体制，原来的一个大队恢复称村，原来的大队办公室（原称大队部）改为村委会办公室，但至今30年过去，仍有人习惯地称村为大队，称村委会办公室为大队部。再如汉语中并列性成分并列时是按先尊后卑的顺序排列的，如“君臣”、“干群”、“官兵”、“师生”、“父子”、“母女”、“男女”、“夫妻”等，其中的“男女”、“夫妻”是带有男尊女卑色彩的。尽管现在的社会是男女平等的，但也没有人、也没有必要说成“女男”、“妻夫”。在各种词语中，地名应该算是保存古代文化信息最多的一类名词。如城市名“北京”、“南京”都标志着它们曾作为国家首都的历史，“苏州”、“广州”、“徐州”、“青州”、“福州”等都曾是古代州府所在地，“府右街”、“按察司街”、“筐市街”等街道名则记忆着城市街道以及城市的历史。

（三）文化对语言的影响

语言既是文化的载体，也是文化的产物。一种语言总是在一定的文化中产生和发展的，或者说，文化是语言成长的土壤。因此，语言总是会受到孕育它的文化的影响。下面从三个方面简略地观察一下文化对语言的影响。

1. 文化的特点影响语言的特点

一种文化的特点表现在很多方面，这些特点都会在语言中打下烙印。比如不同文化特有的一些事物、观念会在语言中形成本民族特有的一些词语。爱斯基摩人生活在北极圈内，雪对他们来说特别重要，他们的语言中有30个以上关于不同形状的雪花的词。古代中国人形成的一些特殊观念，在汉语中表现为“仁”、“道”、“侠”等词。不同民族神话传说不同，也形成了特有的一些词，如古希腊罗马中关于神话人物及事迹的词，汉语中关于“龙”、“凤”、“龙宫”、“王母娘娘”等词。不同民族对待某些事物的情感态度，还形成了词语的色彩的不同。汉语中“狗”带有贬义（如“狗腿子”、“走狗”），而在西方国家中，狗是宠物，因而“狗”不带有贬义，甚至带有褒义，如英语中 doglike 意为“忠实的”。

2. 文化的变化影响语言的变化

文化是在不断变化的，这些变化肯定会映射到语言中来，从而使语言也发生变化。比如政治制度的变革，使得官职、行政部门的名称会发生变化；政治形势的改变，也会造成政治方面的词语发生变化。其他方面的变化，都会使语言有相应的变动。如在20世纪70年代，我国青年人结婚时，男方要送给女方所谓的“三大件”，指手表、缝纫机和自行车；改革开放之后，人民生活水平普遍提高，80年代到90年代的“三大件”是电视机、洗衣机和电冰箱，名称还叫“三大件”，但实际所指却是明显的两个层次。进入21世纪以后，民众的生活水平又上新台阶，这时候聘礼已经不叫“三大件”，而是变成了房子、车子（轿车）、票子（钞票）。

3. 文化的交流影响语言的交流

任何的文化都不会是完全封闭的，文化之间的交流是文化发展的必要途径。文化的交流必然会导致语言的接触，由此产生两种结果。一种是借用和输出，即一方直接借用外语的成分为我所用或受外语影响而产生新词，而另一方则产生输出。其中最常见的就是词汇的借贷，由此产生外来词。如英国英语中大约有将近70%的词语为外来词，主要是法语、斯堪的纳维亚语、拉丁语等，这是盎格鲁-撒克逊文化在历史上与不同文化接触交流的结果。再如汉语汉代之后曾随着通西域和佛教传入大量吸收过包括中亚语言、梵语等外语的词语，同时也向朝鲜、日本、越南等东亚和东南亚地区输出了大量汉语词，而在近代则大量吸收了来自西方语言的词语。另外一种是扩散和吸收，一方的一些语言特征影响到另一方，导致另一方的语言特征与之趋同。

这种现象更多地发生在相邻的文化体之间。例如越南语本来是没有声调的，但是在汉语影响下也产生了声调，成为一种声调语言。在当今世界，随着现代化交通和通讯手段的发达，文化交流越来越频繁，语言的交流和相互影响也更加突出。

与文化功能相比，语言的交际功能是更基础、更重要的功能，语言的文化功能是附丽在交际功能之上的。如果没有交际功能，文化功能也就无从谈起。

思　考　题

1. 为什么说语言是最重要的交际工具?

2. 语言在思维中具有怎样的作用? 聋哑人如何思维?

3. 怎样看待语言在现代社会中的作用?

4. 语言的社会约定性和语言创新的关系如何?

5. 语言是怎样影响我们对世界的认知的?

6. 什么是语言的功能中最基本的功能?

7. 通常把语言视为民族的基本特点之一，但如何理解像回族和满族使用汉语、瑶族有三种语言这样的现象?

第四章　语言的起源和发展

第一节　语言的起源问题

一、语言的起源与人类起源及其发展相关

许多事实表明，人类的语言具有悠久的历史。已知的世界上的所有民族（部族）都是具有发达的语言的，即便是还处在原始社会发展阶段的部落。世界语言的多样性，也可以说明人类语言的产生一定是在遥远的洪荒年代。那么，人类语言到底有多么久远？现代的人是以具有语言和思维以及能够制造和使用工具来区别于其他动物的，但原始人是否有语言以及抽象思维？

一种观点认为，语言是与人类的形成同时产生的。这种观点认为，猿人过的是群居的生活，集体的渔猎活动和制造工具，都需要有社会的交际工具，如果没有语言，这一切都是难以完成的。如果从能够直立行走的南方古猿算起，那么就有了约 400 万年的历史；如果从制造工具的能人（介于南方古猿和直立人之间的一种人科成员）算起，则有约 200 万年的历史；如果从直立人（猿人）算起，也有几十万年的历史。

另一种观点认为，语言的产生要比人类的形成晚得多。这种观点认为，语言的产生依赖于两个方面的条件：一是思维的足够发达，二是发音器官的完善。从后者来看，原始人类的发音器官（特别是喉头）还不能发出音节分明的声音来，直到智人（包括早期智人以及晚期智人）阶段（距今 10 多万年至 1 万多年）人的发音器官才与现代人近似了。因此，语言的历史最多有 10 多万年。

需要指出的是，人类的直立行走对于发音器官的完善具有重要意义。四肢爬行的动物，发声时头部仰起，口腔与气管呈直线，气流直呼而出，这种状态在口腔中不易形成阻碍，无法发出复杂的声音，像兽类的叫声就是如此。而人直立行走之后，口腔与气管形成一个直角，气流容易在口腔中受到一些节制，人们就可以通过口腔不同部位的变化来控制气流从而发出不同的声音。同时，喉头受地心引力影响不断下移，嘴和声门间的空间（咽腔）扩大了，发音能力有了进一步提高。经过不断的进化，人类才有了如此完善的发音器官，为语言的形成奠定了生理基础。

语言的起源问题还与人类起源的多元或一元有关。由猿到人的变化是在世界的不同地方独立发生的还是在某一个地区最先发生？语言是在不同地区分别起源的还是由一种最早的语言扩散到各地然后分化成不同种类的？目前，古人类学家多数认为人类起源于非洲东部。大约在距今200万年至180万年左右，非洲的能人走出非洲，进入亚洲和欧洲，由此形成亚洲和欧洲的古人类。1987年，美国柏克莱加州大学的一些科学家，选择了来自世界各地的147名女性（后来扩展到4000人），利用她们生产婴儿的胎盘进行不同种族婴儿胎盘的线粒体DNA①研究，结果发现，全人类的线粒体DNA基本相同。由此推定，现代各种族居民的线粒体DNA都是一个共同女性祖先的遗传。由此，美国生物分子学家提出一种假说，即所谓的“新夏娃理论”：大约在距今15万年左右，非洲的某个原始人部落发生了基因的突变，于是人的大脑产生了语言和抽象思维系统。这个部落的人们凭借聪明的大脑击败了其他的落后部落，后来在10万年前第二次走出非洲，在亚洲和欧洲将当地的土著直立人打败，最终形成现代人的一统天下。如果按照这种假说推论，人类的语言就应该都来自10多万年前的非洲语言。不过许多古人类学家对此还有异议，比如中国所发现的许多猿人化石反映出其体质特征与现代的中国人人种有继承的关系，因此认为现代人是远古猿人独自进化的结果，与非洲人无关。也有学者认为作为现代人祖先的非洲人走入亚洲和欧洲后，并非完全消灭了土著人，而是与他们杂交融合，由此形成不同的人种。

由上可见，语言的起源还是个未解之谜。人类起源的研究毕竟有化石可以作为线索和证据，而语言历史的有关资料和比较研究至多能上推到万年之内。所以，语言起源之谜的破解，还需要古人类学、脑科学、生物学等相关

① DNA即脱氧核糖核酸，是由四种脱氧核糖核苷酸经磷酸二酯键连接而成的长链聚合物，为生物遗传信息的载体。线粒体DNA是线粒体基质中含有的环状DNA分子，由母系遗传。

学科研究的进一步发展。

二、关于原始语言的不同假说

尽管证据有限，但这并不妨碍人们对语言起源和原始语言的浓厚兴趣。人们对原始语言提出了各种假说。

劳动号子说认为，语言起源于劳动中呼喊的号子。因为现在的劳动号子中常见的是齐喊“杭唷杭唷”，所以也叫做“杭唷杭唷派”（也有的称为“唷、希呵理论”）。有些劳动需要集体协力（如现在的人力打夯、拉纤），齐喊号子可以统一众人用力的节奏。这种观点是“劳动创造语言说”的具体延伸。劳动创造语言说认为，劳动提出了产生语言的需要，同时，劳动使人直立行走，改变了发音器官，所以说劳动创造了语言。这种说法指出了劳动为语言的创造提出了需要和提供了条件，但还是从语言之外的角度来谈的。劳动号子说把这种观点延伸到语言内部，具体提出伴随劳动的号子是最早的有语音形式的语言成分。不过劳动号子内容一般比较简单，似乎很难由此衍生出指示各种事物、动作、性质的名称。

手势说认为，语言来自于手势语。人类最早用手势来进行交际，必要时辅之以简单的声音，后来声音成为主要的交际工具，手势退而成为辅助手段。不过，手势固然是人类一直到现在仍然使用的交际工具，但这种观点并没有真正解决有声语言的起源问题。手势是一种视觉形象，而语言是一种听觉形象（声音），语音无法由手势转换而来，两者不存在直接的继承关系。

摹声说认为，人类最初通过模拟自然界的声音来为事物命名，由此产生最早的一批词。各种语言中确实都有少数用摹声方法造出来的词，一种是象声词，如汉语中狗叫声“汪汪”、猫叫声“喵喵”（可以比较英语的 miaow）、风声“呼呼”、水流声“哗啦”等；一种是摹声法造的其他实词，如汉语中“猫”（古音同“苗”），就是用猫的叫声来称呼猫。现代人的幼儿时期遇到不知道名称的动物时，也常常用其叫声来称呼它。人类的幼年时期就存在利用摹声法造的词也是完全可能的。不过，能够发出声响的事物毕竟是很有限的，一种语言中的摹声法造的词就更有限，所以，如果说摹声词是人类原始语言的基础，还是令人怀疑的。

感叹说认为，语言起源于感叹，人们有强烈的情感时会情不自禁地发出声音，由此产生最早的词语。感叹词是人的情感的自然流露，人类最初阶段表示感叹时会发出声音是可能的。但感叹词并不表示概念，其读音也常常比较特殊、含混，保留较多非语言化的特征（这一点与象声词有类似之处），与表示概念的普通词之间还有很大距离。并且，感叹词只是个人情感的发泄，并不能起到一般的交际作用。所以，感叹说要成立是比较困难的。

上述关于原始语言的不同观点，只是一些猜测，当然不会得到学术界的普遍认可，但反映了人们探索原始语言的努力。总的来看，除手势说外，这些假说都有一个共同点，都以当今语言中比较接近于自然的、比较具象的成分为原始语言的初始成分。人类思维的发展、认知的发展总是由具象到抽象、由近及远的，所以上述猜测不能不说各有其合理因素。但这些猜测使用的并非科学的方法，也没有足够的证据支持，不能解决语言起源和原始语言的问题。所以，1886 年法国语言协会曾经订立了一条规则，不接受讨论语言起源问题的论文或报告。20 世纪中叶之后，随着人们对其他灵长类动物的研究、心理学、声学等领域一些与语言起源有关的研究的进展，语言起源问题重新开始在科学的基础上提出来进行研究。

第二节　语言发展变化的原因和规律

一、语言总是处在不断的发展变化之中

发展变化是事物运动的普遍规律，世界上不存在固定不变的事物。语言也一样，自它产生之后，就一直处在不断的发展变化之中。

从宏观上说，语言有分化，有统一、融合，有发展，有死亡；相互之间有接触、影响。从微观上说，语言的要素有历时演变，有共时变异。

例如，汉语自古至今就发生了巨大的变化。我们只要去看看古人写的文章，就会发现古今词汇和语法有很大的差异，即使我们能认识古文的一段文字，但并不能很好地理解它们的意义。其实，古今语音的变化同样也很明显。比如用普通话去读古代的诗词，会发现许多句子不押韵了，像“远上寒山石径斜／白云生处有人家／停车坐爱枫林晚／霜叶红于二月花”一诗，首句的“斜”就不与“家、花”押韵了，这说明古今读音发生了变化。

即使是在共时状态之中，语言也在不断地发生着变化。其中，词汇的变化最为明显。新词的不断涌现和旧词的不断衰亡就是最显著的现象。现代汉语中每年都出现成百上千的新词语，同时也有一些词语逐步退出一般的使用领域。如“知青”、“上山下乡”、“万元户”等，对年轻人来说就变成了“古语词”。语法方面也不断有新现象出现，如汉语中十几年前出现了程度副词修饰名词的用法（如“很青春”、“很贵族”、“很中国”），近几年则出现了“被”加在不及物动词甚至是名词、形容词前的用法（如“被出线”、“被先进”、“被冠军”）。

在共时的变化之中，有些变化只是在一定的语言条件下发生，一旦环境改变，变化也就消失了。这种变化属于临时性变化。比如汉语中语气词“啊”在不同的前一音节后面有不同的读音“呀、哪、哇”等，其实是受前一音节末尾一个音的影响而产生的变化，条件改变，其读音跟着改变。不过，如果临时性的变化固定下来，不再因条件而改变的时候，它就成了历史性变化。“后门”本义为“房子或院子后面的门”，因为一般人要走前门进入房子或院子，所以“后门”偶尔用于比喻句中，比喻非正常的、非光明正大的途径；后来这种比喻用法逐渐固定下来，“后门”就增加了“比喻通融、舞弊的途径”的意义，这就成了历史性变化了。再如“苹（果）”字原来写作“蘋”，读“频”，但它在“果”字之前受“果”声母的影响韵尾-n变为-ŋ（即读为“平”），这属于语流音变中的同化现象，还是临时性的变化；后来因为“蘋”字在口语中主要出现在“果”字之前，这种同化就逐渐固定下来，“蘋”字就只读“平”不再读“频”，字音发生了历史性的变化，字形也写作“苹”。临时性变化不一定都能固化为历史性变化，但临时性变化确是历史性变化的主要源头。

语言的变化是绝对的，不变是相对的。语言正是在不断地变化之中保持着自己的生命力，能够在不断变化的社会之中担负起社会最重要交际工具的任务。

二、语言发展的原因

任何事物发展变化的原因都有其内部原因和外部原因两个方面。语言发展的外因是社会因素的变化，内因是语言系统内部的矛盾运动，两者结合，推动语言不断地发展变化。

（一）社会的发展变化是语言发展演变的推动力量

语言是社会的交际工具，其基本职能就是为社会交际服务。社会发展了，对语言就会提出新的交际要求，而语言就会做出调整，或者创造新的成分，或者使旧的成分增加新的功能。下面从四个方面进行分析社会对语言发展的推动作用。

1. 社会的发展进步促使语言发展变化

人类社会是在不断发展的，由低级到高级，由简单到复杂，由落后到先进。由于社会生产力的提高，生产关系的改变，科学技术的发展，人类思维能力的不断提高，以及社会生活各个方面的变化，新事物、新概念不断产生，人们的思维也越来越细致缜密，社会的这些变化，都会向交际提出新的要求，而作为社会交际工具的语言，必然会反映这些变化，不断地丰富词汇，改进语法，才能适应社会交际的需要。比如科学技术的发展，出现了许多科技术语；创造的新产品，也使语言当中增添了许多新名词。如现代通讯技术的发展，出现了“电报”、“电话”、“电视”、“手机”、“座机”等一大批新词。

2. 社会的分化导致语言分化

语言的分化指一种统一的语言分化形成不同的方言或不同的语言。一种语言分化成不同的语言实际上是方言差别进一步扩大的结果。总的来说，语言分化的特征是随着社会的分化而分化，语言在什么样的情况下分化是由社会历史条件决定的。

在一个统一的社会里，或由于政治、经济的原因，或由于交通的原因，可能形成地域上的不完全分化。在这种不完全分化的社会里，各地之间缺乏足够的交流，语言的发展，包括新成分的出现、固有成分的改变或消失，不大容易波及其他地区；这样，就出现语言的初步分化，产生地方变体——地域方言。方言形成以后，如果社会仍然处于不充分统一的状态中，方言就一方面保持自己的特点，一方面又服从自己所从属的语言的发展趋势，继续作为该语言的方言。几千年封建社会中的汉语方言就是这种情况。

如果社会完全分裂成几个各自独立的社会，那么各方言就可能失去约束，不断地扩大自己的特点，并进一步发展成独立的语言。例如拉丁语随着古罗马帝国的解体，它的各个方言就发展成今天的法语、意大利语、西班牙语、葡萄牙语、罗马尼亚语等独立的语言。再如现代的东欧国家捷克斯洛伐克原讲捷克语，后来分裂为两个国家，捷克仍然讲捷克语，而斯洛伐克则将自己的语言称为斯洛伐克语，其实斯洛伐克语只是捷克语的一种方言而已。在独立的两个国家中，捷克语和斯洛伐克语的差异会越来越大。

3. 社会的统一促进语言统一和语言融合

语言的统一指几种方言统一为共同语；语言的融合指几种语言统一为一种语言。

随着社会的发展，原来一个地方割据的、不完全统一的社会可以完全统一起来；原来几个独立的社会也可以统一为一个社会。这时候，原来的地域方言的分歧就会妨碍人们在全社会范围内进行交际，不利于社会的完全统一和对统一的巩固，这就要求有共同语来作为全社会共同的交际工具，各地方言也会向共同语靠拢，最后形成完全的统一。

语言的融合也是由于社会的统一造成的。在一个多民族、多语言的社会中，有的民族后来放弃了自己的民族语言而改说社会中占主导地位的语言，原有的语言消亡，这就是语言的融合现象。中国南北朝时期北魏的统治民族鲜卑族主动放弃鲜卑语而改说汉语，等到隋朝建立的时候，鲜卑语已经消失，也就是融合到汉语中了。

4. 社会的接触引起语言的接触并推动语言的发展变化

不同社会的联系、交往、接触也必然导致语言的接触、交流，语言之间的接触、交流会推进语言的发展。其中最突出的是双方借用对方词汇的现象。如中日两国人民的长期交往使日语吸收了很多汉语的词，汉语里也有好多词来自日语。中国和西方语言的接触使得汉语里增加了许多来自西方语言的外来词，如“咖啡”、“白兰地”、“哔叽”、“的确良”、“基因”等，同样西方语言中也吸收了一些汉语词，如“丝”、“瓷器”等。关于语言接触以及分化、统一、融合的具体讨论见下文。

（二）语言系统内部各要素的相互影响和语言演变

一个系统，其内部各个要素之间存在着相互制约的关系，一种要素的变化，必然要影响到另一种要素的变化。如果系统之间没有关系，互相独立，那就不成其为系统了。语言是由语音、词汇、语法等要素构成的一个符号系统，系统内部的各要素之间，以及这些子系统内部的各成分之间，都有互相联系和互相制约的关系，各自既具有相对独立性，又是一个统一的整体，相互之间呈现一种平衡的状态。如果某一因素发生了变化，就破坏了原有的平衡，其他因素也要相应地变化以达到新的平衡，这样就引起了语言的变化。

古英语、古法语有复杂的变格、变位系统，现在都大大简化了。这种语法面貌的改变大都是语音弱化和脱落的结果，是由语音演变引起的连锁反应。古汉语词语结构以单音节为主，而现代汉语的词语结构是以双音节为主。这种词汇系统的变化，与词汇的精密化发展有关，同时也与语音系统的变化有关。在古汉语中，语音系统比较复杂，单音节词可以依靠这些复杂的语音形式相互区别；后来，语音发生了较大的变化，声母和韵母都大大简化了，作为语义形式的语音区别减少，这样，原来的平衡就被打破了。为了达到一种新的平衡和统一，汉语大量采用了双音节词的形式。如中古汉语中“剑”和“见”不同音，而现代汉语中它们同音无别，但说成双音节词“宝剑”、“看见”两者就不会混同了。发展到今天，双音节词已在现代汉语中占了主导地位，使汉语系统内部的各要素达到了一种新的平衡。

词义的变化也会导致语法格式的变化。如汉语中“了”、“着”、“过”本来是实义动词，常常在其他动词作补语，随着其词义的虚化，于是出现了一种新的语法形式——动态助词。再如“把”字句、“被”字句的形成，也都与其中的动词“把”、“被”语义的虚化、弱化有关。

语言各子系统内部各要素之间也有相互制约的关系，在某个成分发生变化后，也会引起系列连锁反应。例如一个词的词义发生变化，往往引起“左邻右舍”的连锁反应。如“精”与“粗”是一对反义词，本义指好米和糙米。当“精”引申为“少而好、最好、精粹、精华”等义用来形容兵甲、布帛、文字、语言和思想后，“粗”也就引申为泛指东西粗糙、粗劣了。“快”本来指迅速，后来产生出“（刀、斧、剪等）锋利”的意思，于是和“快”处于反义关系中的“慢”在北方话的一些地区中也逐步产生出和“锋利”对立的“钝”的意思，出现了“刀慢”之类的说法。英语的“meat”原指任何种类的菜肴，后来由于“food”（食物）、dish（盘菜）的介入，就缩小了意义范围，只指肉类荤菜。

语法中的聚合规则和组合规则也有密切的联系，一方面的变化往往引起另一方面的变化。例如拉丁语有丰富的形态变化，词与词的关系可以通过词形变化表现出来，词序不占重要地位。比方“女孩儿爱母亲”这样一句话可以有各种词序（matrem——母亲，宾格；puella——女孩儿，主格；amat——爱）：

（1）Matrem puella amat.

（2）Matrem amat puella.

（3）Amat puella matrem.

（4）Amat matrem puella.

（5）Puella matrem amat.

（6）Puella amat matrem.

由于音变的结果，拉丁语中原来表示格的变化的词尾在法语里由弱化而脱落，原来由聚合规则表示的词与词之间的语法关系改由词序、虚词等组合手段来表示。上面这句话的意思在现代法语中的词序只有一种：

La fille aime la mere.

这是聚合规则的变化引起组合规则变化的一个典型例子。

总之，语言是社会的交际工具。语言随着社会的发展而发展，社会提出要求，语言必须满足社会的要求。但是语言如何满足要求则是语言本身所决定的，受语言本身的规律所支配。即语言如何发展，那是由语言系统内部各种因素的相互关系所决定的，外部因素通过内部因素而起作用。语言系统内部各要素的相互影响是语言发展的内部因素，决定着每一语言发展的特殊方向。

三、语言发展演变的一般规律

语言的变化多种多样，各个语言的变化也很不相同，但还是存在着一些共同的规律和特点，其中最重要的是渐变性和不平衡性。

（一）渐变性

语言发展的渐变性指语言的发展变化不像社会变革那样产生突变，而是通过语言中新质要素的逐渐积累和旧质要素的逐渐消亡来实现的。以语言中变化最快的词汇来说，说其快，主要是指新词源源不断地产生，而旧词不断消亡。实际上词汇的变化也是渐进的、缓慢的。新词最初都是一些非常用词，与一般人的生活关系不大，所以最先只有少数人开始用，然后才能慢慢地为人所知，扩大使用范围、增高使用频度，最后才在词汇中扎下根来。旧词的消亡也不是瞬间即逝的，也是经过频度降低、范围缩小，最后才逐渐退出使用领域的。与此同时，关系到日常生活的基本词汇很少变化，所以对于一般的使用者来说，往往察觉不到词汇中的变化。

语言发展之所以具有渐变性特点，主要是由它的社会功能所决定的。首先，语言是社会成员共同使用的最重要的交际工具。作为社会成员相互联系的桥梁和纽带，每个成员无时无刻不在使用的交际工具，它存在于群众之中，存在于不间断的使用之中，人们需要语言就像需要空气和水一样。这种性质决定了语言的发展只能是渐变的，而不允许会导致社会交际混乱的巨大变动。其次，一种语言经过千百年的演进，能够基本适应社会的要求，也没有必要做出巨大的变动。尽管随着社会的发展，日益增长的交际需要会对语言提出发展变化的要求，但这种要求所涉及的只是个别的、局部的调整，并没有哪个社会的剧烈变革要求大幅度地或是彻底地改变语言。正如中国封建社会的政权更替，并没有立即引起语言的更换。再如前面提到的捷克和斯洛伐克在分裂为两个国家后，语言也随之分成了捷克语和斯洛伐克语，但这种巨变只是名分上的变化，只是把原来的不同方言认定为不同的语言而已，并没有影响到语言的实质面貌。

语言发展的渐变性，使得语言既能不断发展以满足人们新的交际需求，又能维持稳固的基础保证交际的顺利进行。

（二）不平衡性

语言发展的不平衡性指一种语言各个要素的发展的速度或方向具有不一致性，呈现出复杂性、多样性。语言发展的不平衡性可以从以下几个方面来观察。

1. 语言各个要素发展不一致

语言系统内部各个组成要素发展变化的速度不一样，有的发展变化快，有的发展变化慢。在语音、词汇和语法这三个要素中，词汇发展变化最快，而语音和语法发展变化则相对较慢，它们的变化速度是不平衡的。社会生活中新事物的产生，旧事物的消失，人们观念的改变，是经常在发生的。这些都随时在语言的词汇中得到反映，表现为旧词的消亡、新词的产生和词义的发展。例如，随着人类登月计划的实现，英语中就有“deep space”（外层空间）、“moonwalk”（月面行走）等新词；随着月球卫星的发射，产生了“perilune”（近月点）和“apolune”（远月点）等新词；随着美国民权运动的发展，产生了“sit-in”（静坐抗议），“black studies”（黑人学）、“Afro”（非洲发式）、“Black panthers”（黑豹党）等新词语；女权运动的发展也产生了一些新词，如“sexism”（性别歧视），用“chairone”或“chairperson”代替重男轻女的“chairman”（主席），等等，哪一种语言都有这种类型的新词。如近 20 年来，随着计算机网络进入人们的生活，现代汉语中增加了很多有关的新词语，例如“网吧、网卡、上网、网民、网虫、网瘾”等，而同时期的语音就没有发生什么变化。

这种不平衡性不仅仅是体现在语言的三要素之间，就是其中某一要素，其内部各成分的发展仍然具有不平衡性。例如语法的发展，其内部同样具有不平衡性。英语动词过去一般有八种形态变化，但是现在绝大多数动词都只有五种形态变化，而动词 be 仍然保留了八种变化形式。同样是动词，在发生形态变化时，大部分都是规则变化，例如过去时在后面附加词尾 ed，但是仍然有很多动词具有不规则变化形式，在词的内部发生屈折变化，例如：come ~ came，speak ~ spoke，make ~ made，等等。形容词也有这样的情况，比如比较级和最高级的规则变化是分别附加词尾-er、–est，但是 good 和 well 的比较级是 better，最高级是 best，其形态变化方式是异根。在语音系统内部，同样的语言现象由于所处的条件不同，其发展也是不平衡的。例如汉语的中古音有［m］、［n］、［ŋ］三个鼻辅音，它们既可以充当声母，也可以充当韵尾。但后来在韵尾的位置上［m］消失，变读［-n］，而在声母的位置上［ŋ］消失，变读零声母，［n］则在声母和韵尾的位置上都保持不变。这样，原来功能相同的这三个鼻辅音，在现代汉语中就变得不整齐了。

2. 语言在不同地域的发展速度和发展方向不一样

同一种语言现象，在有的地区发生变化，在有的地区则不发生变化；在有的地区是这样变化，在有的地区则是另一种变化，其结果是形成地域方言或亲属语言。

例如古代汉语的比较句中是把比较的对象放在形容词的后面，例如

“季氏富于周公”、“苛政猛于虎”、“子贡贤于仲尼”。这种句式在普通话口语中一般不用，而是用介词“比”引出比较的对象放在形容词前面，例如“我比他高”、“我比他跑得快”；但在今天的粤方言中却保留了这一句式，例如“猫比狗小”，在粤方言中是“猫细过狗”。这是语法发展的不平衡性在不同地区的表现。

语音发展的这种不平衡性特点在不同地区表现更为明显。例如古代汉语音系中的塞音韵尾［-p、-t、-k］在现代汉语方言中的变化：

广州（粤方言）：　-p、-t、-k
南昌（赣方言）：　-t、-k
苏州（吴方言）：　-ʔ
北京（北方方言）：完全消失

粤方言中完整保留，赣方言中部分保留，吴方言中混一为喉塞音，而北方方言中则完全消失（少数地区读喉塞音）。这典型地反映了汉语各个方言发展速度上的差异。

语言的各个要素在发展演变中各有其规律性，请参见本书下文有关部分的讨论。

第三节　语言的历时发展

语言的历时变化既包括一种语言作为一个整体的发展变化，也包括语言内部各个要素的发展变化。各个要素的发展变化请参见本书有关章节，本节主要讨论语言整体上变化的几种情况。

一、语言的分化

（一）语言的不完全分化——方言

1. 什么是方言

顾名思义，方言就是地方话。英语 dialect 一词来自古希腊语 dialêktos，也是指一个地方居民的话。人们很早就认识到，不同地方居民所说的话存在差异，在交际上有或多或少的障碍，“方言”就是对这一现象的概括。

但是，不同地方语言上的差异，有些是属于不同语言的问题（如汉语和藏语），有些是属于同一种语言内部的差异。这两种情况既有量的差异：沟通的程度如何——属于语言内部的差异对于不同地区的人来说沟通程度一般较高，而不同语言之间一般不能沟通或是沟通程度较低；更有性质上的不同：两种语言在基本面貌、历史来源以及使用者的民族成分等方面都有很大不同。从使用上来说，方言实际上是作为语言的下位概念使用的，所以，简单地说方言就是地方话并不准确。

在一个存在方言的语言里，语言只是一个总称，具体的存在形式就是一个个的不同的方言。比如汉语，每一种方言（当然也包括普通话）都是汉语，或者说都属于汉语，但汉语并不等于其中的任何一个或几个方言，汉语是所有方言的总称。所以，方言实际上是一种语言的具体存在形式，我们将方言定义为一种语言的地域变体。

方言和有亲属关系的语言其实并没有截然的界限。不能简单地以能否通话作为划分方言与语言的标准，有些方言之间不能通话（如汉语的粤方言和北方方言，又如壮语的南北两大方言），有些不同的语言之间可以相互通话（如俄罗斯语和白俄罗斯语）。确定一个地方的话是独立的语言还是某种语言的方言，往往要结合一些历史的和社会的因素以及书面语状况。同一国家、同一民族、有共同的文字和书面语的地方话，一般会被认为是方言；相反，则被认为是不同的语言。如藏语有三大方言：卫藏方言、康藏方言、安多方言，相互之间差异很大，不能通话，但是，由于民族相同，历史来源相同，使用共同的藏文，所以仍属于同一语言。是否同属一种语言还与说这种话的人的民族认知有关。荷兰和德国的接壤处，两国的居民双方能够通话，但是，荷兰一方的居民认为自己说的是荷兰语，而德国一方的居民认为自己说的是德语，各自向各自的标准语言靠拢。

2. 方言的形成

方言是语言不完全分化的结果。

地理是方言形成的重要因素，不同地区的人们所说的语言，在相对孤立的状态中发展，由于社会或地理的原因，发展速度有快有慢，久而久之，各地之间的语言面貌就会呈现出许多不同的特点，这样就形成了不同的方言。方言形成中地理因素的背后，实际上是社会交往的程度问题。距离较远或是交通不便，各地的人们及其语言都缺乏足够的联系，由此造成其独立性增强、特异性增加。地理因素还表现在各地自然地理条件不同及与此有关的生产和生活方式不同，由此形成了一些各地独有的方言词语。如汉语粤方言地处亚热带，冬季很少下雪，因而“冰”、“雪”不分。如北方说的“冰柜”，粤方言称为“雪柜”，“冰棍”称为“雪条”。

社会因素也是方言形成的重要因素。处于同一社会中的人们，交往较多，向心力较强；而不同社会中的人们交往较少，缺乏语言的联系纽带，因而也造成方言差异的形成。例如美国英语本来是欧洲的操英语的人在 17 世纪的时候带过去的，但美国独立，与英国分属两个国家，相对联系就较少，两国的英语就开始了独立发展的道路。一方面，美国英语保留了 17 世纪以前的一些英语特点而英国的英语却变化了（如 near 中的 r 原来在英语中是发音的，美国英语现在仍然发音，而英国英语现在不发音）；另一方面，又独立发展出一些新的特点，这样就使得美国英语和英国英语有了一定的差异。再如中国大陆的普通话和台湾地区的国语，都是从 1949 年前的国语发展来的，但由于60 多年的两岸政治分离，也造成了两者现在的一些差异。如大陆称软盘、硬盘，而台湾称软碟、影碟；大陆读“期”为“欺”，而台湾读“期”为“骑”。其他一些社会文化因素也会造成方言的差异，如宗教信仰、民俗文化、居民成分、与外民族关系等，这里就不详述了。

较大规模的移民，也是方言形成的一个因素。移民带着原有的语言来到新的地区，与土著语言不同，同时又失去了原居住地语言的联系，因而独立地发展，由此形成了既不同于当地土著语言又不同于原居住地语言的方言。如汉语方言客家话就是这样形成的。客家人的祖先原来居住在中原地区、华北一带，由于历史的原因，从东晋到明朝初年间，曾有过三次向南方的大迁徙。现在客家人主要聚居在广东东北部、江西南部和福建的西南部，他们说的汉语成为汉语的一种独特方言。上面提到的美国英语的形成也与移民有关。

总之，方言的形成是同一语言在各地独立发展的结果。在社会各地交往不便的情况下，方言的分歧会越来越大。如果各地人们交往大大增加，社会一体化程度提高，地理的作用就会减弱，方言的独立性也会变弱，而统一性增强。

（二）语言的完全分化——亲属语言

1. 亲属语言和语系

方言形成之后，如果社会没有维系统一的力量，甚至分裂成若干个社会，方言之间的差异就会越来越大，最终形成不同的独立的语言。

这些由同一个语言分化而来的不同语言，有着共同的来源，被称为亲属语言。如前面提到的法语、意大利语、西班牙语、葡萄牙语、罗马尼亚语等都是从拉丁语分化而来，它们同出一源，都是亲属语言。亲属语言的共同来源，也就是它们在分化之前的共同语言称为母语①，由共同母语分化出来的语言相互之间为姐妹语言。

从历史上看，分化出来的独立语言有可能继续发生分化。这就好像母亲

① “母语”还指自己习得的第一种语言。

可以生育几个子女，然后这些子女又做父母，又繁衍出孙辈、重孙辈一样。不管辈分如何，这些人都有共同的血缘关系，都是亲属。语言也是这样，不管它是从哪一支语言分化而来的，只要追溯上去有共同的来源，就都是亲属语言。英语、德语、荷兰语、瑞典语、丹麦语等语言共同来自古日耳曼语，俄语、保加利亚语、捷克语、波兰语、塞尔维亚语等语言共同来自古斯拉夫语，这些语言各是姐妹语言。但拉丁语、日耳曼语、古斯拉夫语（以及其他一些语言）都来自原始印欧语，所以上述语言都是亲属语言，只不过关系有近有疏而已。所有的亲属语言共同构成一个语言家庭，这就是语系（language family）。如上述语言都属于印欧语系。汉语和藏语、羌语、彝语、壮语、傣语、黎语、老挝语、缅甸语等都属于汉藏语系，也就是说，它们是从共同汉藏语发展出来的。

2. 语言的谱系分类

为了更好地说明同一语系内各亲属语言的关系疏密，语言学家仿照人类区分亲属亲疏的方法，为语系也建立了谱系。同一语系内的语言分若干个语族，同一语族内又分若干个语支，同一语支内分若干个语言，同一语言下可分若干个方言，方言下（有必要的话）还可分出若干个次方言。如汉藏语系的谱系分类如下①：

语系	语族	语支	语言	备注
汉藏语系	汉语			
	藏缅语族	藏语支	藏语、嘉戎语、门巴语等	羌语、白语、土家语等语支未定
		缅语支	缅甸语、阿昌语、载瓦语、库启—钦语等	
		彝语支	彝语、傈僳语、哈尼语、拉祜语、纳西语等	
		景颇语支	景颇语（克钦语）	
	壮侗语族	壮傣语支	壮语、傣语、泰语、布依语、老挝语等	
		侗水语支	侗语、水语、仫佬语、毛南语等	
		黎语支	黎语	
	苗瑶语族	苗语支	苗语、布努语	畲语语支未定
		瑶语支	勉语（瑶语）	

① 关于汉藏语系的范围学术界还有争议，有些学者认为壮侗语族和苗瑶语族不属于汉藏语系。这里所列的是国内学者的一般看法。

印欧语系是世界上最大的语系，下分日耳曼语族、罗曼语族（即拉丁语族）、斯拉夫语族、印度—伊朗语族、凯尔特语族、希腊语族等。

亲属关系确定的语言，在语系中都有自己的地位。例如，英语、德语、荷兰语、卢森堡语等属于印欧语系日耳曼语族西支，而俄语、乌克兰语、白俄罗斯语等属于印欧语系斯拉夫语族的东支。根据谱系对语言进行的归类方法叫做谱系分类法，也叫做发生学分类法。按照谱系分类法给某一语言在谱系中的定位，可以说明该语言与其他亲属语言的亲疏关系。

根据历史比较语言学早期的观点，同一语系的各个语言都是由原始母语经过不断分化而形成的。也就是说，语系是语言分化的结果。原始母语先分化出若干种语言，即属于同一语族的各语言的直系母语；然后继续分化出若干语言，即属于同一语支的语言的直系母语；最后再分化出各个现代的语言。从时间上看，属于同一语支的语言分开的时间较为晚近，属于同一语族的语言分开的时间就更早一些。一般来说，分开时间较晚的语言之间保留更多的共同的特点，而分开时间较早的语言之间共同点就要少一些。所以，谱系分类不仅可以说明亲属语言在分化的过程中的早晚、先后，还可以说明亲属语言在共同特点上的多寡。

语言年代学试图寻找一种可以确定两种语言从原始共同语独立开来的年代的方法，比如根据基本词中两种语言保留的同源词的比例确定两种语言分离的时间。学者们对此做了一些尝试，但还未取得公认的结论。

后来，有些学者认为，语系的形成不仅是同源分化的结果，也有异源靠拢的结果。有些语言本来与某一语系没有同源关系，但是在长期的接触过程中逐渐改变了自己的特点而变得与邻近的语言相似，因此加入到另外的语系当中去了。不过，由于语言的分化发生的时代已经非常久远了（如汉语与藏语的分化有学者认为起码是在3000年以前），限于语言材料，要判定某种语言在谱系中的地位是分化的结果还是语言影响的结果还是非常困难的事情。

二、语言的统一和融合

（一）语言的统一——民族共同语

在一个统一的社会当中，方言的差异毕竟会影响各地之间的交往乃至影响社会的正常有效运行，比如政令的畅通、教育的统一、交往的便利等，都需要社会能有一种通行的共同语。秦始皇统一中国之后，采取了“书同文”的政策，就是先从书面上消除战国时代“言语异声、文字异形”的混乱局面，以利于进行封建统治。

共同语有两种含义：一指民族共同语，是指一个民族内部通行的语言变体，如汉语的普通话；一指族际共同语，一般指一个国家内各民族之间通用的某种语言。有些国家规定了自己的国语或工作语言，如印度是一个多民族国家，宪法规定印地语为国语，英语为工作语言，实际上英语更为通行。我们这里讨论的是民族共同语。

民族共同语是在一种权威方言的基础上经过长期的历史发展形成的。在多方言的国家或民族内，其中占据政治、文化优势地位的地区的方言即所谓权威方言的影响力更大，书面语也往往以此为基础，这使得这种方言为更多的地区的人们所接受，由此在权威方言的基础上逐步形成共同语。历史上中国多次改朝换代，有的时期（如南北朝时期、五代时期）政治中心或游移或多歧，但中原地区是从夏商周以来的传统的政治、文化中心。唐末之后兴起的白话文便以北方方言为基础，并流传至全国各地。即使在南宋时期，尽管汉族的政治中心在今吴方言区的杭州，但一则从皇室到高官多为北方人南迁，二则朝野上下仍以中原为正宗，所以这时期的权威方言仍是中原汉语。到了现代，人们在确定汉民族共同语时，便自然、也只能以北方方言为基础方言。至于普通话确定以北京音为标准音，则是元代以来600多年北京一直是全国政治中心的结果。伦敦方言成为英吉利共同语的基础方言的原因与汉语类似。英国产业革命之后，首都伦敦成为政治和工业的中心，各地居民纷纷迁入伦敦。操各种方言的人杂居在一个城市之中，使英吉利民族共同语在伦敦方言的基础上吸收其他方言的一些成分而发展起来。多斯岗方言成为意大利共同语的基础方言则主要是由于文化的原因。意大利在统一以前，著名的文豪如但丁、彼特拉克、薄伽丘等人已用这种方言写了许多脍炙人口的作品，人们要欣赏这些作品，就得依照多斯岗方言去阅读，因而就得学习这种方言。因此，文化的力量使多斯岗方言在全国的方言中取得了特殊的地位，成为民族共同语的基础方言，而该方言区的首府佛罗伦萨的语音就成为意大利民族共同语的标准音。

民族共同语与方言一样都是一种语言的变体，比如普通话和闽方言都是汉语的一种存在形式。在这一点上，方言和共同语的地位是一样的，它们都有各自的语音、词汇、语法系统，都能够很好地为使用它的人们服务。但民族共同语对方言来说是一种高级形式，一是它的交际功能更强：方言只能在方言区使用，而共同语可以在全社会范围使用；二是它更为完备，有书面语系统，而方言往往没有或没有完善的书面语；三是它的影响力更大，各方言总体上会受共同语影响而向它靠拢。在现代社会中，共同语借助于现代化的传播手段和文化教育的普及，对方言的影响之大更是前所未有。在一个国家内部，随着社会的更加统一，操共同语的人越来越多，方言将会逐渐褪色、萎缩，最终走向民族语言的统一。

（二）语言的融合

一个社会内部如果存在着多种语言，它们之间会产生竞争关系。竞争的结果无非两种，一是继续并存；二是一种语言胜利，成为全社会共同使用的交际工具，而另外的语言失败而消失，原先说失败语言的人改说社会通用的语言，这也就是语言的融合。可见，语言的融合不是几种语言的汇合，实际上是以一种语言取代其他的语言；而对于语言的使用者来说，是一部分人放弃自己的原有语言而转用另一种语言。语言的融合与语言的统一不同，语言的统一是在一个语言的内部发生的现象，而语言的融合是在几种语言之间发生的，这几种语言可以是亲属语言，也可以不是亲属语言。从使用者来说，语言的统一是在同一民族内部发生的，而语言的融合是在不同民族之间发生的。

在语言融合的过程中，究竟哪一种语言能够替代其他语言而成为全社会的交际工具，这是由社会历史条件决定的。各民族在政治、经济、文化等方面的发展是不平衡的，有先进与落后、发达与不发达之分。当两个民族的关系日益密切而逐步发生融合的时候，生产力发展水平比较低、文化比较落后的民族，学习生产力发展水平比较高、文化比较发达的民族的经济、政治和文化，显然有利于自己的发展。政治上是否处于统治地位，也是重要的因素，政治上占主导地位的民族会利用自己的政治力量来推行自己的语言，如 19 世纪后期普鲁士帝国占领了法国的阿尔萨斯地区，强行推行德语教育，这也就是法国著名短篇小说《最后一课》的历史背景；日本在统治台湾期间，也极力推行日语教育。使用人口是另外一个因素，人数众多的民族，他们的语言也不容易被融合，而人数较少的民族，被融合的难度相对较小。例如，我国的香港和澳门，在历史上都被西方殖民统治一百多年，英语和葡萄牙语是官方语言，但是汉语粤方言始终没有被融合，广大港澳同胞始终坚持使用本民族语言，在日常交际中粤方言仍然处于强势地位，这充分反映了广大港澳同胞的爱国之心，同时我们也看到，汉民族人口在当地占据绝大多数，且背靠广大粤方言地区这一事实也是一个重要原因。

从融合的方式和过程来看，语言的融合分为两种情形：一种是强迫（或被迫）融合，一种是自愿融合。强迫融合是统治民族利用行政或是军事的手段，强迫被统治民族放弃自己的民族语言而使用统治民族的语言。例如早期的美国对土著的印第安人在军事上围剿、经济上压榨、文化上排斥，印第安语没有法律上的地位，经过短短的两百年，说印第安语的人就所剩无几了，原先有上千种之多的印第安语绝大多数已经灭绝。自愿融合是经济、文化上处于落后地位的民族自动放弃原有语言，而改说经济和文化上先进的民族的语言。例如汉民族在几千年的历史发展过程中长期处于先进的地位，与汉族毗邻而居或混居的许多少数民族后来改说汉语，也融入到了汉族之中。特别是北魏时期和清朝，统治者都是少数民族，前者是鲜卑族，后者是满族，但他们都主动（北魏）或被动（清朝）地放弃了自己的语言而改说汉语。北魏结束后的鲜卑语和清朝结束后的满语，都融入或基本融入了汉语。

语言融合的结果虽然是某种语言消失了，但消失了的语言也会在胜利语言中留下一些影响，这就是所谓的“底层”。其中，最常见、最顽固的底层成分是一些地名。地名通常是由最初居住在这里的人们命名的，虽然后来的居民也会改换新的地名，但是总有一些地名是保留了原来的名称。美国特别是中西部的许多地名就是来自印第安语的，如“密西西比”、“密苏里”、“阿肯色”、“俄亥俄”、“俄勒冈”等，都属于印第安语留在美国英语中的底层。我国东北地区的有些地名如“哈尔滨”、“齐齐哈尔”、“富拉尔基”等是满语的残留，留下了满族先民在此生活的痕迹。如哈尔滨市的风景名胜区“太阳岛”，其名字并不是纯汉语，“太阳”是满语的音译，原意为“圆鳊花鱼”，音“太宜安”，后来写作“太阳”；“吉林”是满语“吉林乌拉”的简称，原意为“沿江（松花江）的地方”。

（三）世界的全球化趋势和语言统一、融合的趋势

在人类文明发展的漫长岁月里，各个民族（部族）的活动范围都是比较有限的，一般只限于本民族区域或本国及邻国之间。国家之间即使有远距离的接触，但也只限于少数领域和少数人，如西汉时代张骞通西域以及丝绸之路等即是如此。大航海时代之后，西方列强开始了对世界范围内的殖民行动，山川海洋不再是语言融合的不可逾越的障碍。此后语言的融合就成了世界语言变化中的主要趋势。印欧语言迅速扩展了自己的地盘。英语、法语、西班牙语、葡萄牙语被殖民者带到了美洲、大洋洲、非洲和亚洲。像美国、加拿大、澳大利亚成为英语国家，在亚洲和非洲的一些英属殖民地英语也成为当地的官方语言；拉丁美洲成了拉丁语后裔西班牙语、葡萄牙语的天下。现代化的交通运输工具和通讯手段，进一步缩短了空间距离，世界经济和文化的一体化趋势大大增强，地球村的概念也被提了出来。国际政治、经济、文化、体育等活动的交往，人员的跨国界频繁流动，全球讯息的无线即时传播，网络时代的到来，使得语言的传播和交流呈现出了空前频繁、多方位的面貌。在这样的背景之下，语言分化的动力减弱，而融合的推力增强。目前

世界上的语言据估计大约有5至7千种，其中4至5千种为使用人口很少的土著语言，约有2500种语言因为全球化的影响而濒临灭绝，有学者预计100年后世界上90%的语言将消失。这种说法并非危言耸听之论。以我国东北的少数民族鄂伦春族为例，据1980年代末的调查，鄂伦春族有4000多人，约51%的人使用鄂伦春语，这些人主要聚居在内蒙古的鄂伦春自治旗。11年后的调查表明，该旗2000多名鄂伦春族人口中，10岁以下的儿童基本没有人会说鄂伦春语。鄂伦春语已经成为高度濒危语言。

语言是一种民族文化的最主要载体，如果民族语言消失，那么这种民族的文化的继承和发展也会受到很大影响。语言的多样化在很大程度上代表着文化的多样化。然而，语言融合趋势的背后恰恰是文化上的融合趋势，这是无法不面对的客观现实。保护文化的多样性、保护语言的多样性，意义重大，但显然又不能违背民众的自然选择。我们不希望看到老房子被拆，而住在老房子里的住户却想搬出来住新房子，这是文明发展所带来的必然尴尬。在抢救和保护濒危语言方面，语言工作者有义不容辞的责任。

不过也应看到，语言的融合并不是一蹴而就的事情。对于使用人口众多的语言来说，在可以预见的将来并不存在被融合的问题。世界语言的“大同”目前来说还只是一种遥不可及的设想。

三、语言间的接触和相互影响

民族之间的贸易往来、文化交流、移民杂居、战争征服等各种形态的接触，都会引起语言的接触，从而引起语言之间的相互影响。上面谈的语言的融合，也是语言接触的一种结果：语言接触是语言融合的先决条件，如果没有接触，也就没有融合。我们这里主要谈的是语言间的相互影响。语言之间的影响也是语言发展的重要外部因素。

（一）语言成分的借贷

语言之间的相互影响，最常见的是互通有无，借用对方语言的词语。词语是物质文化产品或精神文化产品的语言符号，一个民族在吸收外来文化的时候，可以为外来的事物或概念创造新词来指称（即意译），但更简便的方式是直接借用外语中的称呼（即音译外来词）。西汉张骞通西域之后，西域地区的一些物品传入中土，其中，有些物品汉语用新词来称呼，如“胡瓜”①、“西瓜”、“胡桃”（核桃）等，有些则直接借用外语名称，如“葡萄”、“苜蓿”、“狮（子）”。无论外来词语是意译还是音译，都是在外族语

① 五胡十六国时后赵皇帝石勒忌讳“胡”字，汉臣襄国郡守樊坦将其改为“黄瓜”。

言影响下语言中增添了新词，都是语言接触促进了语言的发展。只要不是十分原始、封闭的民族，语言中都会有大量的外来词，如英语中的外来词约占 70%。

外来词的借入，往往要为适应本民族语言的语音、语法和词汇特点而进行一些调整。比如汉语在借入外来词的时候，首先在语音上要加以一定的改造，使之符合汉语的语音系统特点。如德语的 mark（德国货币单位），本为一个音节，但汉语音译为“马克”两个音节；英语的 club 是一个音节，汉语音译为“俱乐部”三个音节。请注意：汉译的每个音节都有原语言中没有的声调。其次是其语法上要遵从汉语的语法特点。如英语的可数名词有单复数的变化，但汉语音译的名词如“坦克”（tank）、“基因”（gene）、“引得”（Index）等不会有这种形态变化。汉语的“茶”、“菽”两个词借入俄语以后，读 чай，соя，它们不但在语音上有了俄罗斯风味，语法上也有了相应的改变，并且像别的名词一样有格的变化。

两个民族在文化上总是互有短长的，因此词语的借贷是双向的。但是，双方在文化上或政治上的地位如果是不对等的（或在某个方面不对等），那么占优势的民族语言总是以输出为主，而弱势的民族语言则以借入为主。例如汉语在历史上在东亚地区占据文化优势地位，汉语是主要的输出方，日本语曾从汉语中大量吸收词语，日语中的汉语词或用汉语语素构成的词要占到一半以上。到了 19 世纪后期，日本先于中国吸收了西方的现代科学技术和文化，用汉语语素（汉字）翻译了大批西方语言的词语，这些词语大部分被汉语借入，这时候汉语又主要是借入方。如“科学、文化、文明、社会、经济、生产、计划、文学、艺术、物理、化学、法律、反对、反动、反感、反射、反应、证券、政策”等。英国在 11 世纪被法国的诺曼底贵族征服后，长时期受到法语的巨大影响，英语从法语中借用了大量的词语，一直沿用到现在。例如，state（国家），people（人民），parliament（国会），nation（民族），honour（荣誉），glory（光荣），fine（美好的），army（军队），enemy（敌人），battle（战役），peace（和平），vessel（船），officer（军官），soldier（士兵），court（法庭），justice（审判、司法）等都是从法语借入的词。有意思的是，英语中本来有牛（cow）、羊（sheep）、猪（pig）等词，但又借入了法语词 beef（古法语 buef）、mutton（古法语 mouton）、pork（古法语 porc）。由于食肉的统治者喜欢用法语词，因而这些法语词一般指这些家畜的肉；饲养家畜却很少食肉的下层劳动者仍使用英语固有词，这样这些英语固有词和法语词在意义上就逐渐形成了分工：固有词专指家畜，而法语词专指家畜的肉。

借词中还有“出口转内销”的情况：一方从对方语言中借用了词语，但后来又被对方作为外来词借了回去。例如汉语北方话中的“把式”（或写作“把势”，指精于某种技术的人）来自满语 baksi，其实满语的这个词借自汉语的“博士”。再如汉语的“台风”借自英语 typhoon，其实这个词是英语从汉语中借去的。台风是发生在西太平洋和南海海域的强热带气旋，位于西欧的英国本无其词，英国商人乘船到中国福建一带时遇到台风，把当地汉语方言的“大风”借过去当做这种热带气旋的名称，后来汉语又从英语中借来，写作“台风”。澳门又称“马口”（见于“马口铁”一词，旧时多从澳门进口，现称“镀锌薄板”），是葡萄牙人对澳门的称呼（Makau，英文作 Macao）。当年葡萄牙人初到澳门时问当地人这个地方的名称时，恰巧旁边有个妈祖庙，当地人误以为对方问的是这个庙的名字，便回答“妈阁”，葡萄牙人遂以“Makau”称呼澳门，汉译作“马口”。这种借出与借入，反映的也是文化因素的此消彼长。

借用的语言成分主要是表示人有我无的概念的词语，基本词汇（特别是古代就已经产生的基本词）是民族语言中的基础成分，借用的就比较少。即使借用，借词也往往不能完全代替固有词。如日语和朝鲜语历史上由于广泛使用汉语的书面语，所以基本词汇中也渗入了许多汉语词，但其固有的基本词一般能保留下来，与汉语借词有所分工地使用。日语中固有词“大”读 ō（长元音，训读），如“大阪”读“ōsaka”，而书面语词中“大”读汉字音 tai（音读），如“太平”读“taihei”（“平”的罗马字写作 hei，其中的 ei 实际读 e 长音，下同）。朝鲜语中一般说年龄以及和量词结合时用固有数词，钱数、百以上的数、说年月日时用汉语借词，说几个月、说几点时用固有词，说分秒时用汉语借词。我国西南的一些少数民族语言中，数词“一二三”为固有词，而“四”以上的词语多借自汉语，这可能与这些民族原来的数词系统不够完善有关。

语音的系统性较强，因此不易直接借入外语的语音成分。如日语中没有以 ŋ 收尾的音节，汉字词中以 ŋ 收尾的字都读成长元音，如“东京”读作 Tōkyō，“平成”（日本天皇年号）读作“Heisei”。但如果词语的借用数量很大，外语的一些语音成分也有可能会渗透进来。英语在诺曼王朝以前，没有 /v/、/z/、/dʒ/三个音位，后因法语的借词而有了这些音位。现代英语中以/z/打头的词基本上都是法语的借词。我国壮语中本来没有 f 声母，因为大量吸收汉语词而在语音系统中增加了这个音，不过主要用在汉语借词中。

语法也是语言中最为稳固的成分，所以借用也很困难。如朝鲜语尽管吸收了大量汉语词，历史上长期以汉语的文言文作为正式的书面语，但朝鲜语的语法并未受汉语多大影响。语法可以说是语言中最为坚固的底层。朝鲜语和日语在语言的谱系分类中的地位尚无定论，从语法特点看两者相近，都与阿尔泰语系①近似，但两者词汇与阿尔泰语很少有同源关系，并且朝鲜语和日语在词汇和语音上也相差甚远。有学者认为，两者的底层都是阿尔泰语，但后来在词汇和语音上分别受到了不同外族语言的覆盖，由此造成了这种状况。从地理和历史来看，这种推断是不无道理的。当然，语法的局部受外语影响而产生变化也是有可能的。侗语的语序原来是“受限定成分+限定成分”，与汉语相反，如“我的书”原说成［le jau］（书我），借用汉语的助词“的”［tji］之后，词序就和汉语一致，说成［jau tji le］（我的书）了。这种结构在侗语的北部方言中已经成为主要的形式。

（二）语言特征的扩散和吸收

我们观察方言中的一些语音特征或某些词的说法的时候，可以看到，这些特征（不是全部特征）在地理上往往是成片地分布的。这种现象显然不能解释为这一大片地区的人们同步演进的结果，自然地理、行政区划更与语言的内部演进无关，这只能是某项特征传播的结果。其实，在现代的传播条件下，我们更能直接地感受到传播的力量，流行词语就是典型的例子。例如本来只是部分网民使用的词语“给力”，经《人民日报》在标题中使用之后，马上在全国流行。春节晚上一些小品中的经典台词，也很快成为流行语，如“太有才了”、“为什么呢”、“缘分哪”等，都是春节晚会小品中的台词。语言特征甚至能够跨越语言，传播到其他语言当中去。11 世纪前的英语中，受修饰限定的成分一般在修饰限定成分之前（如 book of Tom），但受法语影响，现代英语中受修饰限定的成分也可以放在修饰限定成分之后（如 Tom's book）。再如越南语中本来没有声调，但受汉语的强烈影响后产生了与汉语近似的四个声调。原始的汉藏语系应该是没有声调的，7 世纪时诞生的藏文就没有声调的痕迹，现代藏缅语族的一些语言仍然没有声调或只有简单的声调，如羌语南部方言大都有声调，而北部方言没有声调。为什么现代汉藏语系大部分语言有声调？应该也是在某种声调语言的影响下，声调特征扩散的结果。前面所提到的词汇的借用等情况，也可以说是语言传播的一种表现，但我们这里所说的语言特征的扩散主要指的是一些特征在地理上对

① 阿尔泰语系包括突厥、蒙古、满—通古斯三个语族。我国的维吾尔语、哈萨克语、蒙古语、土族语、满语、锡伯语以及国外的土耳其语、阿塞拜疆语、土库曼语、吉尔吉斯语（柯尔克孜语）等都属于这个语系。

四周产生影响并逐渐推向远方的现象。

既然是扩散，那么对于扩散源来说是扩散，而对周围地区来说则是吸收。一种语言特征是否会扩散，主要地取决于其方言区或语言地区的地位。一般来说，文化或政治中心地区的方言或语言往往被作为模仿的对象，其语言特征容易产生扩散。比如城市语言比乡村语言更有影响力。历史上，中原地区一直是中国的政治文化中心，中原之音被各地书面语作为标准音，有些还渗透到口语读音中去。即使元明时期的首都在北京，但仍宗中原之音。像元代周德清根据北京（大都）为中心的元曲所编写的韵书也称《中原音韵》，其中有些字音有两读，一种读音与现在的北京话及河北地区方言比较一致（如“轴”在尤侯韵），应该是当时的口语音；一种读音与现在的河南地区的读音比较一致（如“轴”又在鱼模韵），应该是当时的读书音。改革开放之后，港台地区的文化产品一时间引领风骚，港台地区人士所说的不标准的普通话也成为模仿的对象，包括一些电视节目主持人也用所谓的“港台腔”。

19 世纪末，学者们提出了“波浪说”，用池中水波向四周扩散的比喻来说明语言特征扩散的特点是波浪式的。这种波浪式的扩散方式有两点特别值得注意：第一点是距离扩散源越近，受影响越大；距离扩散源越远，则扩散的力量衰减，受影响相对较小。这就好像池塘中扔下一块石子的话，离石子落水的地方较近的地方的水波起伏较大，而到了远处水波就比较平缓了。如在山东方言中，靠近河南的鲁西南、鲁南与河南的方言特点比较接近，都属于中原官话；再远一些的地方如济南、淄博虽然与中原官话仍有许多共同点，但差距就拉开了，属于冀鲁官话；更远的山东半岛地区，语音更有特点，属于胶辽官话。第二点是从扩散的中心扩散到边远地区需要一定的时间，因此，当边远地区仍在发生着扩散的时候，扩散中心地区有可能发生了新的变化而改变了面貌。这就好像池塘中水波仍在四周扩散的时候，中心点早已经平静了下来或起了新的波浪。所以，边远地区往往保留着许多在中心地区已经消失了的特征。古人说“礼失而求诸野”，正是同样的道理。仍以山东方言为例，属于中原官话和冀鲁官话的地区古代清声母入声字今读阴平，而胶东半岛的胶辽官话区读上声。有证据表明，古清声母入声字在中原地区最早是读得跟上声比较接近的，那么，胶辽官话读上声应该是早期中原音特点扩散的结果，而中原地区读阴平的特点是第二波的扩散，这一波已经扩散到了山东省的中原官话区和冀鲁官话区，但尚未扩散到胶东半岛的胶辽官话。

语言特征的扩散，主要是通过与邻近地域上的人际交流来传播的，这也是扩散需要时间的重要原因。不过书面语（甚至包括依附在书面语上的读音）也会起到跨空间传播的作用。如现代汉语的书面语受西方语言的影响而产生了一些被称为“欧化”的句式，如：“他力图打起精神，鼓足勇气以至于在所有的场合都显得有些过分紧张和做作”，“目前正在留学或计划去留学的学生”，“困惑了很久的他终于醒悟了”。这些欧化句式主要是在翻译作品中出现并影响到书面语的，口语中一般不会出现。在现代传播条件下，无线电波和网络可以把语音直接送往四面八方，无远弗届。比如一个地处北方山区的人仍然可以直接听到港台人的谈话。普通话现在达到如此的普及程度，特别是许多农村的儿童也能说好普通话，这与电视的普及是分不开的。

语言特征的扩散对语言的发展起了重要的作用。一方面，如它的表面所显露的，它把一种方言或语言的特征传播到其他方言或语言当中，使其他方言或语言的面貌发生改变。另一方面，方言或语言外部的影响也是内部有关因素产生变化的催化剂。语言内部的一些因素存在着变化的可能性，但并不一定会发生变化；如果有外部语言或方言的影响，就会促使这种变化由可能变为现实。如声母［k］、［k‘］、［h］与舌面前元音［i］相接时，两者的发音动作实际上不是十分协调：［k］是舌根辅音，发音时是舌面后部（舌根）起作用，要紧接着发一个舌面前元音，那么就需要迅速将发［k］时的舌面后部降低，再将舌面前部抬起发［i］，显然不如舌面前辅音［tɕ］与［i］相拼时两者都是舌面前部起作用那么简单。不过，两者因不协调而存在［k］变为［tɕ］的倾向只是一种可能性，汉语从上古时代起［k］就可以与［i］相拼，一直未变，直到现代一些方言（如粤方言）仍保持不变，说明两者的不协调只是理论上的。到了近几百年来，多数方言都发生了舌根声母（古见组声母）在［i］前变为舌面前声母（［tɕ］组）的变化，数千年未变的语音结构到了近代汉语时期突然“不约而同”地产生了变化，如果不用外部影响来解释也是说不通的。当今北方方言中许多区分尖团音（如“精≠经”、“清≠轻”、“星≠兴”）的地方，年轻人开始将两者混同，这无疑是受了普通话不分尖团音的影响（普通话中“精＝经”、“清＝轻”、“星＝兴”）。所以说，语言接触是语言发展的重要的语言因素。

（三）混合语和过渡语

混合语是指几种不同的自然语言成分混杂而成的语言变体，中国人一般称其为“洋泾浜语”。洋泾浜本是上海浦西的一条小河（今已不存），鸦片战争后这一带成了外国租界。一些粗通英语的人充当贸易中间人，于是在洋泾浜附近出现了一种语法不准、带有中国口音的英语，被称为“洋泾浜英语”。洋泾浜英语的基本特点是：语音经过当地语言音系的适当改造，语法规则减少到最低限度，词汇的数量比较少，往往要借助于迂回曲折的说法指称事物。如语音上往往用 l 代替 r，比方 room 说成 loom，all right 说成 all light；以辅音收尾的词被加上了元音，如 make 变成 makee，much 变成 muchee。下面是当时的一首口诀：

> 来是“康姆”（come），去是“狗”（go），廿四铜钿“吞的福”（twenty four），是叫“也司”（yes），勿叫“糯”（no），洋行买办“江摆渡”（comprador），小火轮叫“司汀巴”（steamer），“翘梯翘梯”（吃 tea 吃 tea）请吃茶，跑街先生“杀老夫”（shroff），“麦克麦克”（very much）钞票多，“毕的生司”（petty cents）当票多，自家兄弟“勃拉茶”（brother），爷要“发茶”（father）娘“卖茶”（mother），丈人阿伯“发音落”（father-in-law）。

洋泾浜英语的词汇数量很少，大部分来自英语，少部分来自当地语言或其他语言。有些动词性词语后面加-lo，可能就是汉语的“啦”、“啰”，例如 die-lo，buy-lo，say-lo，pay-lo；Wailo（走开）可能是 away 加 lo。常用词中的 numpa one（=number one）表示“呱呱叫”，catchee（=catch）表示“得到、具有”，plopa（=proper）表示“对，好”（you belong plopa? =Are you well?）。用比喻或拐弯抹角的办法来指称事物的典型例子是把“双烟囱三桅汽船”描绘成 Thlee piecee bam-boo，two piecee puff-puff，walk along inside，no can see（三根竹竿，两个吐烟管，走路的家伙在里面，看不见）。语法规则减少到最低程度，并受当地语法规则的影响，如加“量”词（two peicee book=two books），换词序等，英语中数、格、人称、时、体、态等变化都消失了。belong（或 belongey）的语法作用非常广泛，突出的是代替系词，例如：he belongey China-side now（=he is in China），you belong clever in-side（=you are intelligent），买东西问价钱通常说 How much belong?

洋泾浜语是一定社会条件下的产物，只有口头形式，用于和外国人交往的特殊场合。它是两种民族的人们在低水平的语言交往中形成的，没有统一的形式和规范，变体很多。

其实，当一个人的外语水平很低的时候，出现这种语言混合的现象是很自然的。比如我们经常看到在一些反映抗日战争时期的文学作品或影视剧里，日本军官会说一些“你的，八路的干活？（你干八路吗）”一类的话，这些话其实就是一些日汉混合的话。上面句子中第一个“的”，是仿照日语句子主语后的助词“は”添加上去的，“八路的干活”的语序是宾语在前、动词在后，这也是日语的语序，中间的“的”相当于日语中宾语和动词之间的助词“を”。

学习外语的人在学习过程中由于受母语影响而对目的语的规律做出不正确的归纳与推论，由此产生一种混杂两种语言特点的语言变体，这就是过渡语，也叫做中介语。实际上就是一种很不到家的外语。母语对于第二语言学习的干扰被称为母语特征的“负迁移”，有利于第二语言学习的情况则被称为“正迁移”。学习母语之外的语言，必然要经过一个相当长的过程，在这个过程中由错误较多到逐步减少错误，最终掌握目的语。因为它是发生在由母语向目的语靠拢的过程当中的一种现象，所以被称为过渡语或中介语。过渡语的表现尽管因人而异，因语言而异，程度也不尽相同，但也有一些共同的规律，所以得到了学术界的重视。学者们已经对此进行了大量研究，在第二语言教学中过渡语的理论得到了广泛的应用。过渡语和混合语从人的认知规律来说有很大的相通之处，不过一般说的混合语是指混杂程度比较高的状况，混杂程度不高的情况通常不算作混合语。

关于过渡语的理论也被运用于方言区的人学习共同语的过程研究之中。汉语方言区的人在说普通话的时候，由于水平不高，也常常夹杂方言的成分，被称为“蓝青官话”（蓝青比喻不纯粹），或者叫做“地方普通话”。汉语普通话等级测试标准规定了普通话的三级六等，其中的三级（60～69分为三级乙等，70～79分为三级甲等）都是语音、词汇、语法错误比较多的情况，二级（80～92分）的语音仍有一些错误，主要是方音明显。虽然这些都算是普通话，但都不纯，存在明显的过渡语状况。

洋泾浜语这种语言现象的产生与17世纪以后帝国主义的殖民扩张有联系，是语言接触中的一种畸形的语言现象。一般的混合语只是在一定场合临时使用的、过渡的现象，很难说自成系统。并且，它终归属于一种语言，只不过是外族人说的驳杂的一种变体。例如印度民族众多，用前宗主国英国的语言英语作为工作语言，所以英语使用很普遍，但是，毕竟印度人的母语是印地语等其他语言，所以许多印度人所说的英语掺杂有很多的印度语言的痕迹，有人称为“印度式英语”。不管是洋泾浜英语还是印度式英语，它们都应该算是英语而不是汉语或印度的语言。起码可以说是离英语较近，而根本不能算是汉语或印度的语言。不过，如果因为某些原因，这些混合语被广泛使用，并成为后代人的母语，那么这种混合语就有可能取得独立的地位。尽管它也是在向某种外语的靠拢过程中产生的，一旦它取得了独立的地位，那么它就会停止向那种外语靠拢的趋势而独立地发展和完善，成为一种新的语言。这种语言也叫做克里奥尔语（Creole，是混血儿的意思）。

世界上现存最有活力的克里奥尔语是广泛使用于新几内亚的 Tok Pisin 语①。它经过长期发展，已经成型，有自己的文字、文学、报纸、广播，在联合国的大会上曾经用它发言。它的主体是英语，在大约 1500 个词汇项目中，80% 来自英语，有简单而明确的音位和语法规则。Tok Pisin 语的音位数目比较少，每一音位可有好几个变体发音。实词的形态变化已大大简化，因而词序严格。及物动词须带后缀-m，例如：mi driman long kilim wanpelasnek（I dreamed that 1 killed a snake 我做梦杀了一条蛇），其中的及物动词 kili（杀）就带着后缀-m。和一般的洋泾浜语一样，Tok Pisin 语的词汇量比较小，不便于表达细微的意义差别，许多词的意义负担很重，要靠上下文来排除歧义。使用拐弯抹角的比喻说法的场合比较多，比方胡子叫 grass belong face（脸上的草），口渴叫 him belly alla time burn（肚子里直发烧），思考叫 inside tell him，伤心叫 inside bad，知道叫 feel inside，改变主意叫 feel another kind inside，失眠叫 he took daylight a longtime。世界上其他混合语的例子，如西印度群岛上的海地有一种在法语基础上建立起来的混合语，牙买加有一种在英语基础上建立起来的混合语，加拿大北部有一种由法语加上一种印第安土语发展起来的混合语，等等。

我国从宁夏经陇东、青海、川西到云南、贵州，是汉语和各少数民族语言相互接触的一个集中地区，人们称之为“语言走廊”。在这条走廊中有不少夹杂当地少数民族语言成分的汉语，有人称之为“土汉语”，带有混合语的特点。例如，四川阿坝地区的土汉语就是这样的情况。在语音方面，没有声调，韵母中的介音和韵尾也消失了，有些词增加了复辅音和浊辅音。例如，“担保”说成［ten mpou］，“粉条”、“扁豆”中的“条”、“扁”由于失去介音 i 而说成“粉桃”和“板豆”，“光了”中的“光”因失去介音 u 而说成“钢罗”。受当地少数民族语言宾语在动词之前、能愿动词在主要动词之后的特点影响，这种“土汉语”中也有这样的语序，如：头发剃没有（没有剃头发）／牙齿洗没有（没有刷牙）／张三同意常委的请举手（同意张三为常委的请举手）。再如，“我心里不来（我想不起了）”，“他（的）

① Pisin 是 pidgin 的当地读法。

耳朵里不去（他听不进去）”。像这种混杂有不同语言结构特点的土汉语，汉族人是听不懂的。不过，随着当地教育水平的提高，普通话的进一步普及，这种现象应该不会维持太久的。

（四）跨语言交际——翻译和双语

两个语言不同的民族在进行族际交流的时候，面对语言的障碍，需要有兼通两种语言的人来充当跨语言交际的中介，把一种语言所表达的信息转换成另外一种语言的形式，这就是翻译。有的时候甚至还需要多重的翻译。《册府元龟·外臣部》记载，周朝初年，“交趾之南，有越裳国以三象胥①重译而献白雉，曰：‘道路遥远，山川阻深，音使不同，故重译而朝。’”

在民族间接触密切的地区，跨民族交际非常频繁，所以很多人兼通两种或两种以上的语言。这种一个人使用多种语言的现象叫做“双语”。如20世纪著名电影演员奥黛丽·赫本有比利时、荷兰、英国和爱尔兰四国血统，出生于比利时（该国以荷兰语、法语、德语为官方语言，在沿海地区西班牙语和葡萄牙语也流行），精通英语、法语、意大利语、西班牙语、葡萄牙语、荷兰语等多种语言。我国的一些多民族混居地区，双语现象也很普遍，特别是既会母语、也会说汉语的人越来越多。在现代社会中，不同民族之间的交往更是急剧增加，掌握外语成为一个人在社会上立足的重要条件，一般国家都从中学甚至小学开始进行外语教育，以培养公民的外语能力，越来越多的人成为双语人。

语言的翻译和双语是语言间接触和相互影响的主要媒介。外来词就主要是通过翻译吸收进本民族语言之中的。朝鲜语、日语、越南语之所以受到汉语如此大的影响，主要原因是他们的上层官员和知识分子学习和使用汉语的书面语。

在语言融合的过程中，双语是一个必经阶段。不管是自愿融合还是强迫融合，都是操某种语言的人们先学习目的语，成为双语人，然后其后代从小只习得目的语，经过这样几代人的过渡，原来的民族语言因为无人再习得和使用而消失，融合到强势语言之中。

思考题

1. 你觉得研究语言的起源有什么意义？

---

① “象胥”指翻译人员。

2. 怎样看待语言起源于劳动的观点？
3. 语言发展的原因是什么？外因和内因哪个重要？
4. 语言发展的一般规律有哪些？为什么？
5. 语言分化的原因和过程如何？
6. 语言统一和融合有什么共同点、不同点？
7. 语言间的相互影响对语言发展有什么作用？
8. 如何看待语言发展的趋势？

第五章　语言的物质载体：语音

第一节　语音的性质

一、什么是语音

语音是人类发音器官发出来的，用来表示一定意义的声音。自然界发出的声音如风声、雨声、水流声不是语音，动物发出的声音如鸟鸣声、马嘶声、虎啸声、狼嗥声、犬吠声也不是语音，人发出的不表示意义的声音如哈欠声、咳嗽声、呼噜声也不是语音。

语音所表示的意义是语言意义，如词义、句义，而不是广义理解的意义。如咳嗽有医学上的意义，模仿自然界声音的口技有艺术上的意义，笑声有情感上的意义。但是，只有与语言中的意义单位结合、进入语言成为词语的意义才是语音所表达的意义即语义。如风声不是语音，但人们模拟风声形成的象声词（如“呼呼”）的读音是语音；笑声不是语音，但模拟笑声的象声词（如“哈哈”、“嘿嘿”）的读音是语音。

语音是语义的物质载体，在自然语言中，人只有通过语音才能传递和接收语义。

语音同别的声音一样都是由于发音体振动而产生的声波，所以具有物理属性；语音是人的发音器官发出来的，所以又具有生理属性；语音是表示一定意义的，与意义的联系使得它又具有社会属性。从语音的接收、理解来说，除了需要听觉器官之外，还需要一系列的认知过程，所以语音的感知还具有心理属性，只不过对此还缺乏足够的研究，本节只讨论语音的物理属性、生理属性（二者都属于语音的自然属性）和社会属性。

二、语音的物理属性和生理基础

（一）语音的物理属性

处于静止状态的物体是不会发出声音的，声音的产生与物体的振动有密切的关系。但只有物体的振动而没有传播声音的媒介，声音就不会被人们所感知。传播声音最常见的介质是空气，如用手弹拨二胡后发出的声音就是在空气中传播的。此外，固体和液体也可以充当介质，而且固体和液体传播声音的速度更快。比如把耳朵贴在铁轨上可以听到远处火车轮子的声音，再如将半吨重的大钟在水里敲响，声音可以在水中传到35公里之外。各种物体的振动，在空气中产生了相应的振动波（即声波），传到人耳中振动鼓膜，人就能听到各种各样的声音。不同的声音，是由音高、音强、音长和音色四个基本要素来决定的。

1. 音高

音高是声音的高低，是由发音体振动的频率（声波每秒振动的周期次数）来决定的。计算频率的单位是赫兹。一般来讲，在一定时间内振动的次数多，频率就高，声音就高；振动的次数少，频率就低，声音就低。发音体振动频率的高低与发音体的大小、长短、粗细、松紧、厚薄等因素有关。大的、长的、粗的、松的、厚的发音体，振动慢，频率低，发出的声音就低；小的、短的、细的、紧的、薄的发音体，振动快，频率高，发出的声音就高。语音的高低，跟人发音的主要振动体——声带的长短、厚薄、松紧有关。人的声带是不完全相同的。男性的声带变声前（14～16岁）是12～13毫米，成人后为18～24毫米，女性的声带变声前（14～16岁）是10～12毫米，成人后为14～18毫米①。因此，一般来讲，成年男性的声带长而厚，所以声音相对就低（频率在60～200赫兹之间），儿童和女性声带短而薄，所以声音就高（妇女发音频率在150～350赫兹之间，儿童发音频率在200～350赫兹之间）。就同一个人而言，声音的高低是靠控制声带的松紧来调节的。这如同弦乐中的提琴、二胡定弦一样，把弦调紧一点或用手指头缩短振动的部分，声音就高，反之，声音就低。

音高在语言中的作用主要是构成语调和声调。一般的语言中的语调、音高都是重要组成部分，如疑问句在许多语言中都使用升调（音高渐高）。而在有声调的语言中音高更为重要，因为不同的音高能够像元音辅音一样区别

---

① 吴学愚：《喉科学》，上海科学技术出版社2002年版，27页。

意义。如汉语“妈”、“麻”、“马”、“骂”四个词声音的差别就在声调上。

2. 音长

音长是声音的长短，是由发音体振动时间的长短来决定的。发音体振动时间长，音长就长，振动时间短，音长就短。如发［a］的时间长一些，它的音长就长，短一些，它的音长就短。

音长在语言中可以构成语调，在有些语言中元音的音长能够区别意义。比如英语的 ship［ʃip］（船）中的元音是短的，sheep［ʃiːp］（绵羊）中的元音就是长的。

3. 音强

音强是声音的强弱，是由声波振幅（振动的幅度）的大小来决定的。振幅大，声音就强；振幅小，声音就弱。计算振幅的单位是分贝。一般普通谈话时声音的强度大致在 60 ~ 70 分贝，如果振幅达到 120 ~ 130 分贝，那就说明声音太大。在用力相同的情形下，大锣比小锣振动的幅度大，所以大锣比小锣的声音强。

音强在语言中可以构成语调，有些语言还利用语音的轻重来区别意义。如英语的 present［ˈprezent］（礼物）前一个音节有重音，present［priˈznt］（赠送）后一个音节有重音。

4. 音色（音质）

音色是声音的特色，也可以说是声音的本质，所以也叫音质，是由声波的不同形状来决定的。音质的不同可以从音响和声音的产生两方面来分析。

从音响方面来看，声波振动是否规则对音质有着很大的影响。一般来讲，只有音叉①发出的声波振动比较规则并且简单，它属于纯音，除此之外，一般物体振动发出来的音都是复合音。每个复合音都是由若干个不同频率的纯音组合而成的，其中，频率最小、振幅最大的纯音叫基音，其他的纯音都是陪音（又叫泛音）。陪音的频率如果都是基音的整数倍，这样形成的音是乐音；陪音的频率如果与基音不呈整数倍比例，这样形成的音是噪音。简而言之，复合音有两种：乐音和噪音，由发音体规则振动而产生的音叫乐音，由发音体不规则振动而产生的音叫噪音。在复合音中，由于基音和陪音之间的频率和振幅的互相影响，产生了千变万化的复杂波形，进而形成了世界上千差万别的各种声音。语言中的元音都是乐音，语言中的辅音都是噪音或含有噪音成分的音。

从声音的产生方面来看，发声体不同、发音方法不同、共鸣器形状的不

① 这是一种专门器件，它的振动是单纯的振动。

同，都会造成音色的不同。(1) 发音体不同，音色不同。比如胡琴和口琴的声音不同，原因就在于发音体一个是琴弦，一个是簧片。在语音中，元音和辅音的音质不同，原因是元音的发音体都是声带，而辅音的发音体则是口腔中阻碍气流的部位（有些辅音发音时声带同时振动）。(2) 发音方法不同，音色不同。比如同一把小提琴，用弓拉和用手指弹拨发出的音是不同的。发语音时也可以有不同的发音方法，如［k］（汉语拼音 g）和［x］（汉语拼音 h）这两个辅音，主要发音器官都是舌根与软腭，但［k］是用爆发的方法发音，［x］是用摩擦的方法发音，因而声音不同。(3) 共鸣器不同，音色不同。比如大、小提琴，二者的发音体都是弦，发音方法都是用弓拉，但是大提琴的共鸣箱很大，小提琴的共鸣箱较小，音色就不一样，大提琴浑厚，小提琴明亮。发语音时人可以通过调节共鸣器形状来发出不同的音，如［u］和［o］的共鸣器都是口腔，但发［u］时舌面较高，口腔空间比发［o］时小，因而两者声音不同。

音色在任何语言中都是最重要的语音要素，因为音色的不同对于人耳来说是最容易分辨的，细微的差异都可以辨别出来，所以可以充分利用不同音色的元音、辅音来承载语义。

（二）语音的生理基础

语音是由人的发音器官发出来的，发音器官的构造及其各部分的相互协调是语音的生理基础。就语音接收来说，人的听觉器官也是语音能够实现其语言物质载体价值的生理基础。下面只介绍人的发音器官。

我们常说，话是嘴说出来的。实际上嘴巴只是语音的出口（鼻孔也可以充当出口），人的发音器官包括三个部分：呼吸器官、发声器官、共鸣器腔。整个发音器官是非常复杂的装置。

1. 呼吸器官

呼吸器官包括肺和气管。任何声音都是物体受外力作用发生振动而产生的。气流是发音的动力，肺就是气流的动力站，气管是气流出入的通道。肺部呼出的气流，通过支气管、气管到达喉头，作用于声带、咽腔、口腔、鼻腔等发音器官，经过这些器官的调节发出不同的语音。绝大多数语言都是利用呼气发音，但有少数语言（如南部非洲的布须曼语和霍屯督语）的少数音同时还利用吸气发音。

2. 发声器官

发声器官包括喉头和声带。气管的上部接着喉头，喉头是由环状软骨、杓状软骨、甲状软骨、会厌软骨以及与它们相连的肌肉和韧带组成的，自上而下构成一个圆筒状的空腔，空腔的中部有两两相对的韧带褶。上面一对是不能发音的假声带，下面一对是发音时起重要作用的真声带。声带是一对富有弹性的肌肉薄膜，两片薄膜中间的空隙叫声门裂，简称声门。声带可以放松或拉紧，可使声门打开或关闭。在不发音的时候，声带分开，呈倒“V”形，声门敞开，气流自由进出；发音的时候，声带并合，声门关闭，呼出的气流被隔断，形成压力，将声带冲开，不断颤动，产生声音。声带的位置和运动状态参见下图：

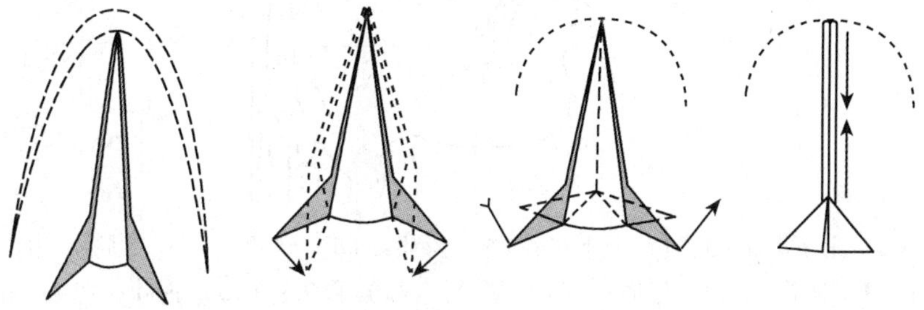

（1）声门大开，正常呼吸状态；（2）深呼吸状态；（3）耳语时状态；（4）说话时状态

3. 共鸣器腔

共鸣器腔包括咽腔、鼻腔和口腔。

口腔、鼻腔、咽腔都是发音的共鸣器。其中口腔最为重要，因为它的构造最复杂、可以调节的方式很多。构成口腔的组织，上面的叫上腭，下面的叫下腭。上腭包括上唇、上齿、齿龈、硬腭、软腭和小古，硬腭在前，是固定的，软腭在后，可以上下升降，软腭后面是小舌。下腭包括下唇和下齿，舌头也附着在下腭上。舌是口腔中最灵活的器官，在发音中起着很大的作用，舌头在发音时的位置、形状、活动方式等都是语音分类的重要依据。舌头分为舌尖、舌面和舌根。舌头的前端是舌尖，自然平伸时，相对着牙齿的部分是舌叶，舌叶后面的部分是舌面，舌面后面的部分是舌根。上腭上面的空腔是鼻腔，软腭和小舌处在鼻腔和口腔的通道上，起着调节气流通道的作用。软腭上升时，鼻腔关闭，气流从口腔通过，这时发出的声音叫“口音”。软腭下垂时，口腔中的某一部位关闭，气流从鼻腔通过，这时发出的声音叫“鼻音”。如果口腔内无阻碍，气流从鼻腔和口腔同时呼出，这时发出的音同时在口腔和鼻腔中共鸣，叫“鼻化音”。上下唇可以闭合，也可以打开，可以呈扁平状，也可以呈圆拢状，这些变化都可以调节气流。在这些发音器官中，有些如唇、舌、软腭、小舌和声带等是能够自由活动的，叫做

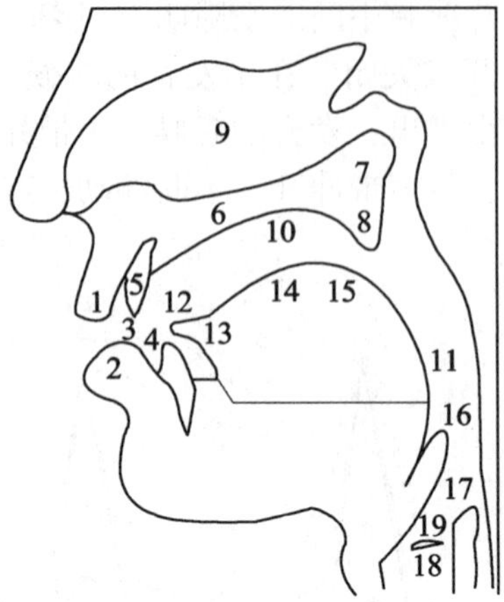

（1、2）上下唇；（3、4）上下齿；（5）齿龈；（6）硬腭；（7）软腭；（8）小舌；（9）鼻腔；（10）口腔；（11）咽腔；（12）舌尖；（13）舌叶；（14）舌面前和舌面中；（15）舌面后或舌根；（16）会厌软骨；（17）食道；（18）气管；（19）声带

主动发音器官；有些如上齿、齿龈、硬腭是不能活动的，叫做被动发音器官。在发音的过程中，一般都是主动发音器官接触或靠近被动发音器官进而发出各种各样的音。咽腔主要起共鸣作用，喉壁也可以摩擦气流发音。

三、语音的社会属性

人可以发出各种各样不同的声音，但是有些音算作语音，可以区别意义，有些音不区别意义甚至不能算作语音。因此，分析语音不能只从语音的自然角度进行，必须要与赋予它意义的社会联系起来。语音的社会属性可以从两个方面观察。

（1）语音与语义的结合，是由社会决定的。语音之所以称之为语音，就是因为它能够表示一定的意义，而一定的音表示什么语义，也就是语言的音义结合，是由社会约定俗成的，其间并无天然的联系。这一点在第二章已经讲过了，这里不再多说。

（2）一种语言（或方言）的语音系统也是由社会约定俗成的。世界上各语言的语音各不相同，主要是两个原因造成的：一是同样的音表示不同的意义，如［ɑi］在汉语中表示“哀挨矮爱”等意思（声调有别），而在英语中表示“我”（I）、“眼睛”（eye）等意思。这是由社会约定俗成的，上面已经提到。二是不同的语言有不同的语音系统，包括有些音我有彼无或彼有我无（如汉语中有 zh、ch、sh 而英语没有，英语有［ð］、［θ］等音而汉语普通话没有），也包括语音结构不同（如英语和汉语中都有 s、t，英语中两者可以连用如 study 而汉语不允许）。不同的方言也各有语音系统，彼此差异或大或小。不同的语言为什么语音系统不同？古人曾经从地理、人种等方面去解释，但都不合理。不同人种的发音器官基本相同，事实上不同种族的人完全可以发出同样的语音（如美国的黑人和黄种人都可以说好英语）；地理因素也无法解释不同语音系统的异同。这些差异只能是不同语言社会约定俗成并继承和发展的结果。

语音的社会属性对于一个人的发音和接收语音都有重要影响。一个人在社会中学会一种语言（母语）之后，发音习惯和听音、辨音能力都会受到影响。母语中存在的音无论在其他母语的人看起来是易发还是难发，他都能容易地发出来；无论是其他母语的人听起来差别多么细微的两个音，他都能很清晰地分辨。比如说汉语北方话的人难以分辨英语的［t］和［d］，说英语的人难以分辨汉语的［t］和［t‘］，但对以其为母语的人来说都是区分得很清楚的。这不是说不同语言的人的发音和听音器官有差异，而是受母语影响的结果。至于将听到的某个音与具体意义联系起来，就更是受其母语影响了。比如听到［ni］这个音，日本人会理解成“二”或是助词に，中国北方人会理解成“你”、“泥”等。

第二节　音　　素

一、什么是音素

人们从听感上最容易分辨出来的语音单位是音节，但音节并不是最小的语音单位，在发音时只要把每个音节稍微说慢一些就很容易地分析出它里面的最小的语音单位——音素。音素是从音质（音色）角度划分出来的最小的语音单位。也就是说，一个音素的音质是单一的、保持不变的，如果音质发生了变化（哪怕是很小的变化），就不是一个音素而是几个音素了。因为语音的长短、高低和强弱都依附于音质，所以，音素只是根据音质的不同而划分出来的而不管声音的高低、强弱和长短的差别。以汉语 pǔ tōng（普通）两个音节为例，它们就可以分析为“p、u、t、o、ng”5 个音素。

需要注意的是，语言学上的音素是概括的，舍弃了各个音的一些细小的差别。比如，在日常生活中，同一个人在不同时候发同一个音素 i 的时候，由于每次发音时的嘴唇开合的程度、舌位的高低、时间的长短等可能略有不同，但这些差别是非常细小的，人们在感知语音时对其是忽视的，因此，发出来的音素仍是一个 i。

二、国际音标

人发出的语音转瞬即逝，为了把语音记录下来，便于分析和研究，这就需要一套精细和完备的记音符号，即音标。拼音文字、汉语拼音都可以起到记音的作用，但现成的文字符号首先是用于书面语的，标音并不严格，所以需要更精细的标音符号；其次，任何一套拼音文字都只是用来记录一种语言的（汉语拼音只用来记录普通话，不是记录方言的），因而不具有通用性。比如我们难以用英文来记录汉语，也难以用汉语拼音来记录英语。所以，我们需要有一套完备的、可以准确地记录世界上各种语言语音的通用的音标符号。

现在国际上通行的是 1888 年国际语音协会公布的国际音标（后来经过多次修订）。国际音标使用时一般要加方括号“［］”，以区别于字母。与别的音标相比，国际音标具有很多优点：首先，国际音标的制订原则是“一个音素只用一个音标表示，一个音标只表示一个音素”（一音一符、一符一音），即音素和音标呈一一对应的关系，所以，标音非常准确。其次，国际音标形体简单易识。它采用比较通行的拉丁字母的小写形式为基本形式，补充以拉丁字母的合体形式（如［æ］、［œ］、［Œ］）、大写形式（如［A］、［E］、［G］）、倒写形式（如［ɯ］、［ə］、［ʁ］）、变形形式（如［ɛ］、［ŋ］、［ʃ］），以及希腊字母（如［θ］、［β］、［Φ］）等。再次，国际音标标音完备，除了一些字母形式外，还有一些附加符号来记录音素的细微差别以及音高、音长、音强等。如送气符号，在音标右上方加小号 h，如 $[p^h]$，也可以用［‘］表示送气，如［p‘］；圆唇符号，在音标右上方或下方加小写的 w，如 $[s^w]$；鼻化符号，在音标上方加 ~，如［ɑ̃］；腭化符号，在音标右下方加小写的 j，如 $[t_j]$，等等。

国际音标所代表的音在各种语言中都是一致的，我们不能把它和某一种具体语言中写法相同的字母混为一谈。比如汉语拼音方案中的字母 t 和国际音标中的［t］写法虽然相同，但代表的音不同：前者相当于英语 tea（茶）中的 t（送气音），后者相当于英语 study（学习）中的 t（不送气音）。总之，音标是音素的标写符号，字母则是文字的书写符号。

国际音标有严式标音和宽式标音两种用法。严式标音记录语言的实际发音，因而追求记音的精细、准确；而宽式标音只注重区分能辨别意义的语音，有些不区别意义的细微语音差异不加细究而采用较为通用的符号。例如，汉语普通话中“开”用严式标音是［k‘aɫ^{55}］，宽式标音是［k‘ai^{55}］。不过，严式标音和宽式标音之间并没有严格的界限，根据不同的记音需要而定。

三、元音和辅音的区分

音素可以分成元音和辅音两大类。它们的区别主要表现在以下四个方面：

第一，在共鸣腔内是否受阻碍。发元音时，气流在咽腔、口腔中不受阻碍；发辅音时，气流在口腔和咽腔要受到某个部位的阻碍。这是元音和辅音最主要的区别。如发［ɑ］时我们感觉不到气流在哪里受到阻碍，而发［p］（汉语拼音 b）时上下唇先要紧闭，然后再打开。

第二，肌肉紧张状况。发元音时，除声带以外，发音器官的各个部分保持均衡的紧张状态；发辅音时，只有构成阻碍的那个部位比较紧张，其他部位相对松弛，发音器官的肌肉紧张状态是不均衡的。如发［ɑ］时我们感觉不到哪个地方肌肉特别紧张，而发［p］时双唇肌肉紧张，其他部分不紧张。

第三，气流的强弱情况。发元音时，由于气流在共鸣腔内不受阻碍，因此呼出的气流比较弱；发辅音时，由于气流要冲破共鸣腔内某个部位的阻碍，因此呼出的气流比较强。如用手心靠近嘴巴，可以试出发［ɑ］时气流较弱而发［p］时气流较强。

第四，声带是否颤动。发元音时，声带颤动，发出的声音比较响亮；发辅音时，有的辅音声带颤动，声音响亮，有的辅音声带不颤动，声音不响亮。发音时声带颤动的音叫浊音，如［b］、［d］、［m］、［r］，元音都是浊音；发音时声带不颤动的音叫清音，如［p］、［t］、［s］、［f］。可以用拇指和食指捏住喉头部位（成年男性的喉结处），发［ɑ］、［m］时可以感觉到明显的颤动，而发［s］时感觉不到颤动。

四、元音的发音及其分类

所有元音的发音体都是声带，发音方法都是使气流冲击声带发生振动，并且气流经过声带后不受明显的阻碍。因此，所有的元音都是浊音。在汉语普通话中，［ɑ］、［o］、［i］都是典型的元音。

(一) 舌面元音和舌面元音舌位图

1. 元音的发音条件及其分类

发普通元音时，在声带颤动的同时，软腭和小舌上升，挡住通往鼻腔的通路，使得气流只能从口腔出去。元音音质的差别主要是由口腔形状的不同造成的。舌位①的高低、前后以及唇形的圆展都可以引起口腔形状的变化，从而发出一个个音质不同的元音。下面我们就从上述三个方面对元音进行分类：

(1) 根据舌位的高低，元音可分为高元音、半高元音、半低元音和低元音。当舌面抬高，和硬腭的距离达到最小（但不能接触，也不能有摩擦）时，发出的元音就是高元音。当舌面降低，和硬腭的距离达到最大时，发出的元音就是低元音。由高元音到低元音的这段距离可以分为相等的三份共四个高度，除了高元音和低元音外，中间还有两个点，由上往下是半高元音和半低元音。舌位处在高低的中间（也是半高和半低的中间）时，发出的元音叫中元音。例如：汉语普通话里的 [i]、[u] 是高元音，[o]、[e] 是半高元音，[ə] 是中元音，[ɑ] 是低元音。英语中的 [ɛ] 和 [ɔ] 是半低元音。

舌位的高低也与嘴巴的开口度有关：舌位越低，开口度越大；舌位越高，开口度越小。与舌位分四度对应，开口度也分四度，分别叫做闭、半闭、半开、开。与舌位的对应是：闭元音—高元音，半闭元音—半高元音，半开元音—半低元音，开元音—低元音。

开口度越大的元音响度越大。按响度排列的元音序列是：低元音（开元音）>半低元音（半开元音）>半高元音（半闭元音）>高元音（闭元音）。如 [ɑ] 比 [e] 响亮，[e] 比 [i] 响亮。

(2) 根据舌位的前后，可以把元音分为前元音、央元音和后元音。当舌头前伸，舌位在前时发出的元音叫前元音。当舌头后缩，舌位在后时发出的元音叫后元音。当舌头不前不后、舌位居中时发出的元音叫央元音。例如汉语普通话里的 [i]、[e]、[a]、[y] 是前元音，[ʌ]、[ə] 是央元音，[u]、[o]、[ɔ] 是后元音。

(3) 根据唇形的圆展，可以把元音分为圆唇元音和不圆唇元音。嘴唇撮圆时发出的元音是圆唇元音，嘴唇展开时发出的元音是不圆唇元音。例如汉语普通话里的 [o]、[u]、[y] 是圆唇元音，[e]、[i] 是不圆唇元音。从理论上说，前后元音都有圆唇音与不圆唇音相对，但实际的语音系统中，

① 舌位是指舌头隆起的最高点在口腔中所处的位置。

前元音多为不圆唇音，后元音多为圆唇音。这是因为发后元音时舌头后缩，嘴唇圆拢较为自然，而发前元音时情况正好相反。

语言里的元音绝大多数都是舌面起作用的舌面元音，而每一个舌面元音都可以从上述三个方面与其他元音区别开来。如［a］是前、低、不圆唇元音，而［A］是央、低、不圆唇元音；再如［i］是前、高、不圆唇元音，而［y］（汉语拼音的 ü）是前、高、圆唇元音。同时，不同的元音也可以根据上述三个方面与其他元音建立联系。如［o］、［u］、［y］都是圆唇元音，［i］、［e］、［a］、［y］都是前元音。

2. 舌面元音舌位图和标准元音

舌位的最前、最后、最高、最低代表了舌头活动的四个端点，把这四个端点连起来，就形成了一个不等边的四边形，这个不规则的四边形代表了发元音时舌头活动的大致范围。一般就用一个不等边四边形来描写发元音时舌位所处的位置，这就是舌面元音舌位图（如下图）。图中横线表示高低的位置，竖线表示前后的位置（左为前），音标写在舌位点的左边表示不圆唇，写在右边表示圆唇，这样，通过音标的位置就可以知道这个音的舌位高低、前后和圆唇不圆唇。

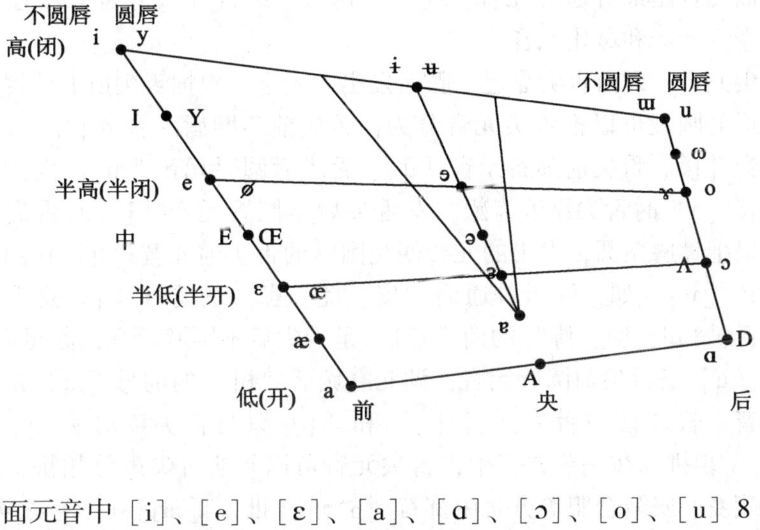

舌面元音中［i］、［e］、［ɛ］、［a］、［ɑ］、［ɔ］、［o］、［u］8 个元音被称为标准元音或定位元音。它们或处在舌位的四个极点（最高、最低、最前、最后），或处在半高、半低，这八个点通常用来作为元音舌位定点的坐标。学习元音的发音首先要学习这八个标准元音，其他元音可以参照这八个元音的位置去发音。比如，前元音中半高［e］和半低［ɛ］的中间就是

[E]；半低［ε］和低元音［a］的中间就是［æ］；照着前高不圆唇元音［i］的舌位高低和前后位置然后把嘴唇圆拢发出的就是［y］；发［u］时把嘴唇展开就形成了舌面后高不圆唇元音［ɯ］。

下面给出八个标准元音的汉语和英语的例子：

音 标	描 写	北京话	英语
i	前高不圆唇	吸［ɕi］	bee［biː］（蜜蜂）
e	前半高不圆唇	雷［lei］	bed［bed］（床）
ε	前半低不圆唇	绝［tɕyε］	hair［hεə］（头发）
a	前低不圆唇	盖［kai］	fly［flai］（飞）
ɑ	后低不圆唇	跑［p‘ɑʊ］	hard［hɑːd］（硬的）
ɔ	后半低圆唇		tall［tɔːl］（高的）
o	后半高圆唇	我［uo］	
u	后高圆唇	土［t‘u］	full［ful］（充满的）

（二）舌尖元音、卷舌元音和鼻化元音

舌面元音是最普通的元音。此外，在一些语言（或方言）中还有舌尖元音、卷舌元音和鼻化元音。

舌尖元音，即由舌尖靠近上腭而发出的元音。根据舌尖所处位置的前后以及唇形的圆展可以把舌尖元音分为：舌尖前不圆唇元音［ɿ］、舌尖后不圆唇元音［ʅ］、舌尖前圆唇元音［ɥ］、舌尖后圆唇元音［ʮ］。发舌尖前不圆唇元音［ɿ］时舌尖靠近齿龈，发舌尖后不圆唇元音［ʅ］时舌尖靠近硬腭。如果把嘴唇撮圆，发出的元音便是圆唇的舌尖前元音［ɥ］和圆唇的舌尖后元音［ʮ］。如：汉语普通话“资、此、思”的韵母［ɿ］是舌尖前不圆唇元音，“知、痴、诗”的韵母［ʅ］是舌尖后不圆唇元音，苏州话“诗”的韵母［ɥ］是舌尖前圆唇元音，湖北麻城话“树”的韵母［ʮ］是舌尖后圆唇元音。普通话中舌尖元音［ɿ］和［ʅ］只与舌尖声母 z、c、s、zh、ch、sh、r 相拼，在一些方言中，舌尖元音可以与非舌尖声母相拼，如山西沁县、武乡、安徽合肥等方言中都有［p‘ɿ］（批）、［mɿ］（米）之类的音。

卷舌元音发音时，在发舌面元音的同时舌尖向硬腭前部翘起，如汉语普通话中的“儿耳二”等的发音。国际音标通常在舌面元音后右上方加［^{r}］表示，如［ə^{r}］、［u^{r}］、［ɑ^{r}］等。这个［^{r}］只表示前面元音的卷舌动作，并不独立发音。汉语普通话中有一个独立的卷舌韵母［ə^{r}］ （也写作

[ɚ])，此外的卷舌元音都出现在儿化韵中，如北京话的“花儿”[xuAʳ]。

上面所谈到的元音都是口元音，即发音时软腭、小舌上升，堵住鼻腔的通路，让气流从口腔流出的元音。发音时软腭、小舌下降，打开鼻腔通路，让气流同时从口腔和鼻腔流出的元音叫鼻化元音。实际上，鼻化元音往往是在口元音的基础上带上鼻音色彩。在国际音标中，鼻化元音的表示方法是在口元音的音标上方加一道波浪线“～”。汉语的很多方言都有鼻化音，如太原话的“韩”[xæ̃]。法语中鼻化元音非常丰富，如“un（一）”[œ̃]、“vin（酒）”[vɛ̃]等。

（三）长短元音和松紧元音

在一些语言或方言中，元音还有长短、松紧的区别，长短和松紧能够区别意义。比如汉语广州话中，“心”读[ʃam]，“三”读[ʃaːm]①。国际音标用[ː]加在元音之后来表示长元音，如[aː]、[iː]，短元音通常不标，或在元音上加[ˇ]表示，如[ǎ]、[ǐ]。

在发音过程中，发音器官肌肉比较紧张的元音称为紧元音，肌肉比较松弛的元音称为松元音。如彝语喜德话“死”读[sɿ²¹]（松元音），“柴”读[sɿ̠²¹]（紧元音）。如果要用国际音标表示紧元音，可以在紧元音的音标下加短横，如[u̠]、[a̠]。

五、辅音的发音及其分类

辅音的不同是由发音部位的不同和发音方法的不同两个方面因素造成的。辅音的发音部位是指发音时气流在发音器官中受到阻碍的位置，发音方法是指发音时发音器官形成阻碍和破除阻碍的方式。我们可以从这两个方面对辅音进行分类和分析。

（一）发音部位

根据发音部位的不同，可以将辅音分为以下12类：

双唇音：上唇和下唇形成阻碍发出的音。如：北京话“马”[mA]里的[m]、“拍”[p‘ai]里的[p‘]，英语bee[biː]（蜜蜂）里的[b]等。

唇齿音：上齿和下唇形成阻碍发出的音。如：北京话“飞”[fei]里的[f]，山西万荣话“追”[pfei]里的[pf]和“吹”[pf‘ei]里的[pf‘]，

① 有些书上“心”标作[ʃɐm]，“三”标作[ʃam]，但说明后者长、前者短。

苏州话“肥”［vi］里的［v］，英语 vain［vein］（徒劳的）里的［v］等。

齿间音（舌齿音）：舌尖和上下齿尖接触或靠近形成阻碍发出的音。如：山东费县话“在”［tθɛ］里的［tθ］，英语 think［θiŋk］（想）里的［θ］和 this［ðis］（这）里的［ð］。

舌尖前音：舌尖和上齿龈或上齿背形成阻碍发出的音。如：北京话“德”［tɤ］里的［t］、“那”［nA］里的［n］、“擦”［ts‘A］里的［ts‘］等。发这类辅音时，舌尖也可以和上齿背接触，但在听感上没有明显的差异。

舌尖后音（卷舌音）：舌尖向上翘起，和硬腭前部形成阻碍发出的音。如北京话“知”［tʂʅ］里的［tʂ］、“吃”［tʂ‘ʅ］里的［tʂʅ］、“狮”［ʂʅ］里的［ʂ］等。这类音在国际音标中用字母加右钩的方法来表示，如［ʂ］、［ʐ］、［ɳ］、［ɖ］。

舌叶音：舌叶和齿龈形成阻碍发出的音。发音时舌面前部向硬腭抬起，除舌叶和齿龈接触外，舌面的边缘也和上臼齿接触。如：英语 ship［ʃip］（船）里的［ʃ］、山西北留话“支”［tʃʅ］里的［tʃ］。舌叶音在英、德、法、俄等语言中普遍存在。

舌面前音：舌面前部和硬腭前部形成阻碍发出的音。如：北京话“机”［tɕi］里的［tɕ］、“欺”［tɕ‘i］里的［tɕ‘］、“希”［ɕi］里的［ɕ］。

舌面中音：舌面中部和硬腭后部形成阻碍发出的音。如：山西黎城话“经”［ciŋ］里的［c］、“丘”［c‘iəu］里的［c‘］、“玄”［çyE］里的［ç］。英语 yellow（黄色的）中的“y”的发音是舌面中音［j］。

舌面后音（舌根音）：舌面后部和软腭形成阻碍发出的音。如：北京话“哥”［kɤ］里的［k］、“科”［k‘ɤ］里的［k‘］、“河”［xɤ］里的［x］。

小舌音：舌根的前部和小舌形成阻碍发出的音。如：湘西苗语“见”［qæ］里的［q］。

喉壁音：舌根和喉壁形成阻碍发出的音。如阿拉伯语［ruːħ］（精神）中的［ħ］。

喉音：声带靠拢或闭合构成阻碍而发出的辅音。如苏州话“拔”［paʔ］里的［ʔ］。

（二）*发音方法*

辅音的发音方法包括形成阻碍和消除阻碍的方式、声带是否颤动、呼出气流的强弱三个方面，辅音可以根据这几个方面的差别分类。

1. 根据形成阻碍和解除阻碍的方式，辅音可以分成如下几类塞音：发音时，发音部位完全闭塞，构成阻碍，气流冲破阻碍，迸裂而出，爆发成声，所以塞音又叫“闭塞音”、“爆破音”、“爆发音”或“破裂音”。如：北京话“爸”［pᴀ］里的［p］、“打”［tᴀ］里的［t］，英语 bag［bæg］（袋）中的［b］和［g］。

擦音：发音时，发音部位相互靠近但不闭塞，并留有一条窄缝，气流由窄缝中挤出，摩擦成声，所以擦音又叫“摩擦音”。如：北京话“伐”［fᴀ］里的［f］、“洒”［sᴀ］里的［s］、“话”［xuᴀ］里的［x］，英语 third（第三）［θəːd］里的［θ］。

塞擦音：发音时，发音部位先是完全闭塞，然后气流把阻塞部位冲开一条窄缝，再由窄缝中挤出，摩擦成声。可见这类音兼有塞音与擦音的特点，前半部分像塞音，后半部分像擦音，前后发音过程紧密结合，形成一个完整的辅音。国际音标用同部位的两个符号（一个塞音符号、一个擦音符号）来表示一个塞擦音，如［ts］、［pf］、［ȶɕ］（通常写作 tɕ）、［ȡʑ］（通常写作 dʑ）。如：北京话“才”［ts‘ai］里的［ts‘］、“猪”［tʂu］里的［tʂ］、“机”［tɕi］里的［tɕ］。

鼻音：发音时，口腔中的发音部位完全闭塞，同时，软腭和小舌下降，打开鼻腔通道，声带振动，气流从鼻腔通过。如：北京话“马”［mᴀ］里的［m］、“泥”［ni］里的［n］，苏州话“咬”［ŋæ］里的［ŋ］。

边音：发音时，舌尖抵住上齿龈，声带振动，气流从舌头的两边缝隙通过。如：北京话“来”［lai］里的［l］，广东台山话“三”［ɬam］里的［ɬ］。

颤音：舌尖或小舌等可以颤动的部位连续颤动发出的音。如：俄语 pyka［ruka］（手）里的［r］是舌尖颤音，法语 larobe（袍子）里的［R］是小舌颤音，德语 die Reise（旅行）中的 r 既可以是舌尖颤动，也可以是小舌颤动。

闪音：舌尖或小舌快速地、轻轻地颤动一次发出的音。如：日语“帰”［kaeɾu］里的［ɾ］。

半元音（通音）：发音时，气流在通过发音部位所形成的阻碍时稍微带有一些摩擦，甚至可以没有摩擦，所以又叫“无擦通音”。如：北京话“一”［ji］里的［j］，英语 yes［jes］（是）里的［j］、walk［wɔːk］（走）里的［w］。

2. 根据发音时声带是否颤动，可把辅音分成清音和浊音两大类

清音，又叫不带音，是发音时声带不颤动的辅音。浊音，又叫带音，是

声带发音时颤动的辅音。一般而言，鼻音、边音、颤音、闪音、半元音等都是浊音；少数语言中有发音时声带不颤动的鼻音、边音，即清鼻音和清边音，国际音标用附加符号［̥］表示清音化，如［m̥］、［l̥］。塞音、擦音、塞擦音通常有清音和浊音的区别，如：［p］、［t］、［k］、［θ］、［f］、［t］、［s］、［ʂ］、［ʃ］、［ç］、［pf］、［tθ］、［ts］、［tʂ］、［tʃ］、［tɕ］等是清音，与之相对的［b］、［d］、［g］、［ɖ］、［v］、［ð］、［z］、［ʐ］、［ʒ］、［ʑ］、［bv］、［dð］、［dz］、［dʐ］、［dʒ］、［dʑ］等是浊音。

3. 根据除阻时送出气流的强弱，可把辅音分成送气音和不送气音两大类

送气音是发音部位解除阻碍（除阻）时呼出的气流较强的辅音，不送气音是除阻时呼出的气流较弱的辅音。国际音标中标写送气音的办法是在不送气辅音的后面加［^{h}］或［ʻ］。最常见的送气音是塞音和塞擦音的清音。如：［p］、［t］、［k］、［ʈ］、［pf］、［tθ］、［ts］、［tʂ］、［tʃ］、［tɕ］等是不送气音，［pʻ］、［tʻ］、［kʻ］、［ʈʻ］、［pfʻ］、［tθʻ］、［tsʻ］、［tʂʻ］、［tʃʻ］、［tɕʻ］等是送气音。送气浊辅音如：汉语湘方言的永兴话中，浊塞音和浊塞擦音分为送气和不送气两套，如“地［di］”和“提［dʻi］”。擦音的气流需要摩擦而出，所以气流一般比较强，通常没有送气不送气的区别。

另外，有些辅音发音时带有一些附加的发音动作。常见的附加音有：腭化音、唇化音、舌根化音、紧喉音、缩气音。

发辅音时舌面前部稍微抬高，略与硬额接触，使辅音带一些［i］的色彩，这样的音叫腭化音。腭化音的表示法可以在辅音右上角或右下角加［j］，如：［t_j］、［p_j］，也可以在辅音后直接加［j］来表示。如［tj］、［pj］。

发辅音时同时圆唇，使辅音带有圆唇音的色彩，这样的音叫唇化音。唇化音的表示法是在辅音下面或右上方加［^{w}］，如［k^{w}］、［t^{w}］。

发辅音时舌根略向后移，稍与软腭接触，使辅音略带不圆唇后元音的色彩，这样的音叫舌根化音。舌根化音的表示法是在辅音中间加上［～］，如［ɫ］。

发辅音前喉部通道闭塞，到发辅音时气流突然冲破喉头的阻碍，形成带紧喉作用的辅音，这样的音叫紧喉音。紧喉音的表示法是在辅音前加喉塞音［ʔ］，如［ʔm］。

通过吸气而产生的辅音叫缩气音。缩气音的表示法是在辅音上加右钩，如双唇缩气塞音［ɓ］。

下面列出辅音表。一般的语言中只会利用到其中的一部分辅音，如汉语普通话中只有 22 个辅音。

辅　音　表

发音方法＼发音部位			双唇	唇齿	齿间	舌尖前	舌尖后	舌叶	舌面前	舌面中	舌面后	小舌	喉壁	喉
塞	清	不送气	p			t	ʈ		ȶ	c	k	q		ʔ
		送　气	pʻ			tʻ	ʈʻ		ȶʻ	cʻ	kʻ	qʻ		ʔʻ
	浊	不送气	b			d	ɖ		ȡ	ɟ	ɡ	ɢ		
		送　气	bʻ			dʻ	ɖʻ		ȡʻ	ɟʻ	ɡʻ	ɢʻ		
塞擦	清	不送气		pf	tθ	ts	tʂ	tʃ	tɕ					
		送　气		pfʻ	tθʻ	tsʻ	tʂʻ	tʃʻ	tɕʻ					
	浊			bv	dð	dz	dʐ	dʒ	dʑ					
				bvʻ	dðʻ	dzʻ	dʐʻ	dʒʻ	dʑʻ					
鼻		浊	m	ɱ		n	ɳ		ȵ	ɲ	ŋ	ɴ		
颤		浊				r						ʀ		
闪		浊				ɾ						ʀ		
边		浊				l	ɭ							
边擦		清				ɬ								
		浊				ɮ								
擦		清	ɸ	f	θ	s	ʂ	ʃ	ɕ	ç	x	χ	ħ	h
		浊	β	v	ð	z	ʐ	ʒ	ʑ	j	ɣ	ʁ	ʕ	ɦ
半元音		浊	w	ʋ						j(ɥ)	(w)	ʁ		

第三节　音　　位

一、什么是音位

如前所述，人们在说话交际过程中发出的语音是多种多样的，但在一定的语音系统中，有些音虽然不同但可以视为一个语音单位，它们之间的差别常被忽视。例如，在汉语普通话中，［a］、［A］、［ɑ］是三个不同的音素，但说普通话的人一般感觉不到“白”［pai］、“把”［pA］、“棒”［pɑŋ］三个词中的主要元音的差别，如果把其中的一个读成另外一个，也不会使人产生误解，只是让人感觉其发音不地道而已。但是，有些音素的差别在一定的语音系统中却让人感觉非常敏感。比如：[p] 和 [p‘] 这两个音素，在汉语普通话中能够区别意义（如“拜”和“派”），所以，说汉语的人对它们的差别是非常敏感的，并把它们看做是两个不同的语音单位。此外，相同的音素在不同的语言里所起的作用也可能不同。同样是 [p] 和 [p‘] 这两个音素，对于说英语的人来说则感觉不到它们的差别，认为 port [p‘ɔːt]（港口）中的 [p‘] 和 sport [spɔːt]（运动）中的 [p] 是同一个单位。由此可见，虽然是不同的语音单位，但说话人只对能够区别意义的音素敏感，即把那些能够区别意义的音素看做是不同的语音单位，而把不能区别意义的音素看做是同一个语音单位。音位就是从能否区别意义的角度划分出来的语音单位。

音位是指在同一语音系统中具有区别意义的最小语音单位。这个定义需要注意的有三点：(1) 音位具有辨义性。不同的音位能够区别意义，如汉语 [i] 和 [y]（汉语拼音 ü）属于两个音位，它们能够区别意义（如“姨”和“鱼”，“机”和“居”）；也就是说，如果两个音能够区别意义，那么它们属于不同的音位。而同一音位内的几个音则不能区别意义，如上面说到的汉语普通话中的 [a]、[A]、[ɑ] 属于同一个音位，相互之间不能区别意义；也就是说，如果几个音相互不能区别意义，那么可以合并成一个音位。(2) 音位是最小的能够区别意义的单位。比音位大的语音单位也能够区别意义，比如 [tA^{51}]（大）和 [tai^{51}]（代）、[tɑŋ^{214}]（党）意义不同，但它们的不同是三个音节不同造成的，不是最小的语音单位，也说明不了 [A]、[a]、[ɑ] 能否区别意义。所以，在判断两个音是否区别意义的时候，要看它们是否构成最小对立，即把它们放到其他语音条件都相同的环境中来比较，看它们能否区别意义。比如 [tan^{214}]（胆）和 [t‘an^{214}]（毯）的主要元音、韵尾和声调都相同，那么两者的意义不同就是由辅音 [t] 和 [t‘] 来区分的，那么这两个辅音就形成最小对立，分别属于不同的音位。而“瓜”读成 [k^{w}uA^{55}] 或 [kuA^{55}] 都不区别意义①，那么 [k^{w}] 和 [k] 可以合并成一个音位。(3) 能否区别意义（即是否一个音位）是就一个语音系统内部而言的。有些音在一种语言（或方言）中能够区别意

---

① 普通话中一般读作 [k^{w}uA]，即发声母时嘴唇即已圆拢发成圆唇的 [k^{w}]；有的方言读作 [kuA]，听起来会跟普通话很不一样。在说普通话时如果读作 [kuA^{55}] 听起来会觉得别扭，不过不会理解成别的意思。

义，而在别的语言（或方言）中可能不区别意义；反之亦是。比如在汉语中［t］和［t‘］是两个音位，而在英语中不区别意义属同一个音位；普通话中［ts］和［tʂ］属不同音位，而在一些东北话中属同一个音位：“子”可以读成［tsɿ^{214}］，也可以读成［tʂʅ^{214}］。因此，不能跨越语音系统（语言或方言）去说两个音能否区别意义。不同的语音系统有不同的音位系统。

音位与语音中另一个常用的最小单位音素不同。（1）两者划分的角度不同。音素是从音色的角度划分出来的最小语音单位，两个音的音色不同就是不同的音素；而音位是从区别意义的角度划分出来的最小语音单位，两个音素必须能够区别意义才能成为独立的音位，不具有区别意义的功能就不能成为独立的音位。音色属于语音的自然属性，能否辨义则取决于语音的社会属性。因此，也可以说音素是从语音的自然属性角度划分出来的最小单位，音位是从语音的社会属性角度划分出来的最小单位。（2）两者包含的语音要素不同。音素只涉及语音的音色要素，而语音中利用来区别意义的要素不只音色，音高、音强、音长也可以作为区别意义的手段。例如汉语的声调能够区别意义，它不能算作音素，但可以算作音位——调位。一般把音素构成的音位叫做音质（音色）音位（即元音音位和辅音音位），把音高、音强、音长构成的音位叫做非音质音位。（3）由于相互不能区别意义的音素要合并成一个音位，所以一个音质音位通常包括几个音素，而严格意义上的一个音素不能再包含其他音素了。

为了把音素和音位相区别，通常把音素写在方括号（［］）内，把音位写在两道斜线（／／）之间。如［a］表示a音素，／a／表示a音位。

二、音位变体

属于同一个音位的各个音素（或非音质成分）就是这个音位的变体。比如普通话的／a／音位是对［a］、［ᴀ］、［ɑ］、［ɛ］几个音的归纳，这四个音都是／a／音位的变体。再如英语的／p／音位包括［p］［p‘］两个音位变体，上文提到的一些东北话中／ts／音位包括［ts］和［tʂ］两个音位变体。音位变体和别的变体一样，都是某一类别的事物的具体存在形式。比如我们说普通话中的／a／，它只是一个概括出来的单位，在具体的语音中只有［a］、［ᴀ］、［ɑ］、［ɛ］，比如在ai中是［a］，在ian中是［ɛ］，在ang中是［ɑ］。

音位变体有不同的出现环境，这也就是所谓的分布。根据分布，音位变体分为自由变体和条件变体两种。

能在同样的语言环境中出现的音位变体叫音位的自由变体。如汉语兰州话中［n］和［l］不能区别意义，“兰”读作［nan］或［lan］都可以，［n］和［l］可以归纳成一个音位 / l /，［n］和［l］是 / l / 音位的两个自由变体。再如，北京话中“王、闻、我、歪”等字开头的音有两种读法：一种是半元音［w］，一种是唇齿半元音［ʋ］，这两种读音在上述字音中可以互相替换①并且不区别意义，所以它们是同一音位的两个自由变体。

出现有一定条件限制、不能在同样的语言环境中出现的音位变体叫音位的条件变体。如普通话中 / a / 音位的四个变体［a］、［ᴀ］、［ɑ］、［ɛ］，就是条件变体。它们的出现条件如下：

［a］——出现在韵母 ai、uai、an、uan 中。概括地说，就是出现在韵尾［i］和［n］之前，并且前面不能再有前高元音［i］和［y］。

［ɛ］——出现在韵母 ian、üan 中。概括地说，就是出现在前高元音［i］［y］的后面和韵尾［n］的前面。

［ᴀ］——出现在韵母 a、ia、ua 中。概括地说，就是出现在后面没有其他音素的情况下；也可以说，是出现在一个音节的结尾处。

［ɑ］——出现在韵母 ang、iang、uang 和 ao、iao 中。概括地说，就是出现在韵尾［ŋ］和［u］之前。

我们也可以用更简单、清楚的表达式来说明音位 / a / 出现的条件：

$$/\,\text{a}\,/\begin{cases}\text{a} \;/\; \text{—i} \sim \text{—y} \;\_\_\; \text{i} \sim \text{n}\\ \text{ɛ} \;/\; \text{i} \sim \text{y} \;\_\_\; \text{n}\\ \text{ᴀ} \;/\; \_\_\; \#\\ \text{ɑ} \;/\; \_\_\; \text{ŋ} \sim \text{u}\end{cases}$$

上述表达式中，“ / ”后面是变体出现的条件；“—”表示变体出现的位置；“#”表示音节的分界：“#”号在后，表示变体出现在一个音节的末尾，“#”号在前，表示变体出现在一个音节的开头；“ ~ ”可以读作“或”，即表示这个符号前后的条件对这个变体来说是相同的；“—”表示“非”，即不允许出现的条件。有了这些条件，我们就可以知道处在这个条件中的音位应该读什么。如 uang 中的 a，后面是 ng［ŋ］，那么应该读［ɑ］。再比如普通话的 / k / 音位：

$$/\,\text{k}\,/\begin{cases}\text{k} \;/\; \#\_\_\; \text{—u}\\ \text{k}^{\text{w}} \;/\; \#\_\_\; \text{u}\end{cases}$$

这个表达式表示 / k / 音位在 u 元音前读圆唇的［k^w］，在其他情况下读不

① 有些人可能主要读［w］，有些人可能主要读［ʋ］，有些人可能随意地读［w］或［v］，从整个语音系统来看两者是自由变体。

圆唇的［k］（“__”前的#表示位于音节的开头，即做声母）。再如英语的例子：

/ p / { p / s __
　　　 p‘ / —s __

这个表达式表示英语中的 / p / 音位，在 s 的后面读不送气，在其他情况下读送气。

这种表达式也可以用来表示语音变化的条件。如古代汉语的平声调在后代分化为两类：阴平和阳平，变化的条件是古声母的清浊：

平→{ 阴平 / 清声母 __
　　 阳平 / 浊声母 __

“→”表示“变为”。这个表达式表示平声在清声母后变为阴平，在浊声母后变为阳平。

条件变体看起来各有各的出现环境，互不相涉，但实际上互换一下位置，也不会混淆意义，也就是说相互不能区别意义，所以还是同属一个音位。如把 üan（冤）读成［yɑn］，听话人也不会理解成别的意思，顶多听起来不是很自然或不很标准，或是听起来像是一种方言。

条件变体比自由变体更为常见。

三、音位的归纳

如上所说，音位并不是完全按照语音的自然属性来划分的，一个音是否独立的音位或者说一个音位包括哪些音，需要根据辨义性来确定。这也就是音位的归纳问题。那么，具体来说，归纳音位时应该根据什么标准来进行呢？

在归纳音位时首先要看两个音是否具有对立的关系。所谓对立，是指两个音素可以出现在相同的语音位置上，但表示不同的意义。如［tᴀ^{55}］（搭）和［t‘ᴀ^{55}］（他）这两个音节代表的意义不同，由于韵母和声调都相同，同处于声母位置的［t］和［t‘］就存在着对立关系。因为有对立关系的音能够区别意义，所以在同一个语言中，人们对有对立关系的音是非常敏感的，它们不能合并成一个语音单位。如果两个音出现在相同的语音位置中而不能区分意义，那么就可以合并成一个音位。同一语音位置上表意不对立的几个音，有两种情况：一种是完全自由的替换，即前面提到的自由变体（如前面提到的兰州话的［n］和［l］、东北话的［ts］和［tʂ］）；一种是一般不会出现在同一位置上，但如果出现也不会区别意义，如在普通话中把［tᴀ］发成［tɑ］，在英语中把［stʌdi］（study）发成［st‘ʌdi］，当地人只是听起来别扭而不会理解成不同意义。

与对立关系相对的是互补关系。互补关系是指两个音素不出现在相同的语音位置上，这些音素是否能归并为一个音位，则要看这些音素在语音上是否相似。如果几个音素呈互补关系并且语音相似，那么这几个音素就可以归并为一个音位，否则就不能归并为一个音位。如普通话中 / a / 音位的四个变体 [a]、[ʌ]、[ɑ]、[ε] 出现的语音环境就是互补的状态，再如英语中 / p / 音位的两个变体 [p] 和 [p‘] 的出现环境也是互补的（均见上文）。这些变体从语音上来看都比较相似：[a]、[ʌ]、[ɑ] 都是低元音，[ε] 是半低前元音，与 [a] 非常接近；[p] 和 [p‘] 都是双唇清塞音。但是，即使几个音出现的语音环境互补，但语音差异太大，也不能将其归为同一个音位。如在普通话中，[tʂ]、[tʂ‘]、[ʂ] 和 [tɕ]、[tɕ‘]、[ɕ] 是呈互补状态的：前者只出现在开口呼、合口呼韵母之前，而后者只出现在齐齿呼、撮口呼韵母之前，但这两组辅音的语音差别很大，因此，也不能把它们归并为同一个音位。

需要注意的是，语音的相似是相对的，并没有一个绝对客观的语音标准。例如说汉语的人会觉得塞音、塞擦音的送气与不送气很不相似（比如 [p] 和 [p‘]），而说英语的人会觉得很相似，这里并没有对错的问题。因此，在归纳音位时常常要参考本地人的语感（有人称为“土人感”）：本地人认为相似或相同的，说明在本地人看来它们之间的差别是无关紧要的，可以归并为一类；本地人认为不同的，则一般不能归并为一类。不过，语感本身也并不是一个非常客观的标准，同是本地人，由于所住的地区、所受的教育程度、个人对语音的重视程度不同等等因素的差异，语感并不见得总是一致。

总体来看，表意对立、分布互补以及语音相似是分析音位时需要注意的重要因素。归纳音位的时候还会考虑到其他的一些因素，如音位的系统性、音位系统的简约性等。由于音位的归纳带有一定的主观性，所以对同一语音系统所归纳出来的音位系统，各家往往有一些差异。如对普通话元音音位的归纳，就有多种说法。其中 [i]、[ɿ]、[ʅ] 三个音素，有人认为可以合并成一个音位（汉语拼音即用一个字母“i”表示），因为它们在分布上互补（[ɿ] 只出现在 z、c、s 后，[ʅ] 只出现在 zh、ch、sh 后，[i] 则不出现在前两类声母后；有人认为三者不能合并，因为语音差别较大；有人认为 [ɿ] 和 [ʅ] 可以合并，因为它们既分布互补，也语音相似（都是舌尖元音），但也有人认为两者语音不相似（两者前后不同）。一般认为，音位的归纳，没有绝对的对不对，只有相对的好不好。

四、音位的区别特征

音位或者音素尽管是所谓的最小单位，其实其内部还可以做进一步分析。如汉语普通话中，[tʂ] 和 [tʂ‘] 都是舌尖后清塞音，其唯一的区别在于前者不送气，而后者送气，也就是说，两者的对立表现在“不送气/送气”这对语音特征上。再如英语中 sip（吸）和 zip（拉链）是靠/s/和/z/的对立来区别意义的，/s/和/z/唯一的区别在于前者是清音，后者是浊音，也就是说，两者的对立表现在“清/浊”这对语音特征上。有些音位的对立则表现在两对或更多语音特征上。如汉语普通话中，/p/和/t‘/在语音特征上的区别不仅表现在发音部位双唇和舌尖上，而且还表现在发音方法的塞和塞擦上。由上可见，音位的对立（或两个音素的区别）并不是表现在所有的语音特征上，而是由其中的一对或几对语音特征不同造成的，语音特征才是可以分析出来的最小的单位。从音素的角度看，一个音素是一束语音特征的集合。例如 [a] 可以看做是“舌面”、“前”、“低”、“不圆唇”四个语音特征的集合，[m] 可以看做是“双唇”、“浊”、“鼻音”三个语音特征的集合。从音位的角度来看，一个音位也是一个语音特征的集合。不过，有些语音特征能够把不同的音位区别开来，这样的语音特征就叫做区别性语音特征；有些语音特征不起区别不同音位的作用，这样的语音特征叫做非区别性语音特征。比如“送气/不送气”在英语中是非区别性特征，而在汉语中是区别性特征。非区别性特征对于音位来说是没有太大意义的，所以，准确地说，音位应该是一个区别性语音特征的集合。

那么，如何寻找音位之间的区别特征呢？首先，应该把各个音位的语音特征先全部描写出来，然后以某一个音位为参照点，将其与其他音位进行比较，最终找出各个音位之间的区别特征。比如，在汉语普通话中，/t/、/t‘/、/k/、/k‘/是四个不同的音位，它们的语音特征分别如下：

/t/	舌尖中	清	塞	不送气
/t‘/	舌尖中	清	塞	送气
/k/	舌面后	清	塞	不送气
/k‘/	舌面后	清	塞	送气

以/t/音位的语音特征为参照点，它与/t‘/在不送气和送气上形成对立，与/k/在舌尖中和舌面后上形成对立，与/k‘/在舌尖中、舌面后和不送气、送气上形成对立，而“清”和“塞”两项因为四个音都相同，所以不具有区别性。经过这样的比较，就可以把各个音位的区别特征找出来了。它们之间的区别特征可以用矩阵图表示出来：

音位 区别特征	t	t‘	k	k‘
舌尖／舌面	+	+	—	—
不送气／送气	+	—	+	—

（“+”表示具有斜线之前的特征，“—”表示具有斜线之后的特征）

可见，音位之间的区别就是通过区别特征展现出来的，而某一音位与其他音位之间的各个区别特征的总和则构成了这一音位的语音特征。比如，在汉语普通话中，／p／与／t／的区别特征是“双唇／非双唇”，与／p‘／的区别特征是“不送气／送气”，与／m／的区别特征是“塞／非塞”，通过这样的比较，可以看出／p／的语音特征就是双唇、不送气、清、塞音。

区别特征的主要作用是区别音位，除此之外，它还可以将不同的音位联系起来形成聚合。音位之间既可以只在一个区别特征上形成聚合（称为单向聚合），如汉语普通话的／l／只在发音部位上与／t／、／t‘／、／n／形成一个“舌尖音”的聚合；也可以同时在两个区别特征上形成聚合（称为双向聚合），如汉语普通话的／p／在发音部位上与／p‘／、／m／形成一个“双唇音”的聚合，同时在发音方法上与／t／、／k／形成一个“不送气塞音”的聚合。图示如下：

／p／　／p‘／　／m／
／t／　／t‘／　／n／　／l／
／k／　／k‘／　／ŋ／

很显然，／p／处于双向聚合中：在发音部位上，与／p‘／、／m／形成“双唇”的聚合；在发音方法上，与／t／、／k／形成“不送气清塞音”的组合。在“双唇”的聚合中，有送气的塞音／p‘／和鼻音／m／与之相配，而与之同处“不送气清塞音”聚合中的／t／、／k／也有同部位的塞音／t‘／、／k‘／和鼻音／n／、／ŋ／与之相配。可见，处于双向聚合中的音位之间具有平行、对称的关系，如果我们知道了其中某一音位的特点，那么，不仅可以推断出与它处于同一个聚合中的其他音位的特点，而且还有助于我们了解处于同一个聚合中的各个音位的历史演变情况。比如，处于同一个聚合中的各个音位，往往会集体演变，而不是“单独行动”。中古汉语中有一个时期存在着与清辅音相对立的全浊辅音，如／p t k／：／b d g／；后来在语音发展过程中发生了“浊音清化”的现象，如全浊辅音音位／d／清化后以声调的平仄为条件，平声与相应的清辅音／t‘／合并，仄声与相应的清辅音／t／合并，而这种音位合并的现象并不是孤立的，而是所有全浊辅音的一次“集体行动”，如／b／和／g／分别变成了／p‘／／p／和／k‘／／k／①，与／d／的变化完全平行。变化的结果，导致现代汉语里已经没有全浊辅音音位了。

以上所说的语音特征使用的是传统语音学的术语。当代语音学家们试图概括出各种语言通用、元辅音共用的语音特征，各家说法不一，这里就不介绍了。

五、非音质音位

非音质音位是由音高、音长、音强等语音要素构成的音位。声调、长短音、重音等所依附的往往不是一个音素而是几个音素（如汉语的声调是整个音节的音高变化），所以非音质音位也叫超音段音位②。

声调是在一种语言中能区别意义的音高变化。如汉语普通话中，“妈、麻、马、骂”四个词的读音不同，是由音高不同造成的。有声调的语言称之为声调语言。汉藏语系的语言绝大多数是声调语言。除此之外，非洲的班图语（中非和南非约150种语言的统称）、越南语（南亚语系）、菲律宾他加禄语（南岛语系）、大部分的美洲印第安语（分布在美洲近千种土著语言）等也是声调语言。非声调语言中的音节也有音高，但不起辨义的作用。如英语中的一个音节读升调或降调意义不变，这里的升调或降调没有音位价值。

声调语言的声调主要有两种类型。一种是像汉语的声调这样，每个音节都有固定的声调，并且声调除了平调外，还有升调或降调或曲折调。这种声调语言被称作升调语言。汉藏语系的语言、越南语等都是这种类型。一种是像一些非洲语言的声调，只有平调，通过高调和低调来变化声调。这种声调语言叫做平调语言。如日语中也有声调，但与汉语不同，日语的声调是通过一个多音节词的不同音节来体现的（即词调），主要有先低后高、先低后高再低和先高后低三种类型。如“かれ”（他）读作kale（有下划线的音节读低调），“あなた”（你）读作anata，“わたし”（我）读作watashi。

汉语类型的声调可以从调型、调值、调类三个方面来考察。调型是指声

---

① 有些k、k‘后来受韵母影响读成了tɕ、tɕ‘（如“巨、群”），那是后起的变化。

② 音段是指有一定时间长度（音长）的语音单位。通常，一个元音或一个辅音即称一个音段。

调升降的型式，如升调、降调、降升调、升降调、平调即指调型。声调的实际音高即为调值，一般用五度标调法。五度标调法将声调的相对音高分成五度，分别是低、半低、中、半高、高，用数字1、2、3、4、5表示。通常用一条竖线表示音高的五个等级，在左边用一条线从左至右把音高的变化情况画在竖线的左边，这条线的高低升降就反映了声调的高低升降变化，也就是这个声调的调值。如汉语普通话的调值：搭［tA ˥］、答［tA ˧˥］、打［tA ˨˩˦］、大［tA ˥˩］。也可以只用数字表示调值。如：搭［tA^{55}］、答［tA^{35}］、打［tA^{214}］、大［tA^{51}］。相同的调型可以有不同的调值。如济南话：兰［$l\tilde{a}^{53}$］~烂［$l\tilde{a}^{21}$］，都是降调，但“兰”为高降，“烂”为低降。有些书上也把调型和调值统称调值。调类是声调的种类，把一种语言里出现的所有调值加以归类，得出的类别就是调类。最简单的方法就是根据调值是否相同来归纳，调值相同的归为一类。如汉语普通话中，把调值相同的字归在一起，形成了四个调类：阴平、阳平、上声和去声。不同的调类也就是不同的调位。

当音长在语言中起区别意义作用时就会形成长短音。如：英语中，beat［biːt］（打）中的i是长音，而bit［bit］（一些）中的i则为短音。因为音长主要体现在元音上，所以通常把不同音长的对立处理为元音音位的不同，如英语的／iː／和／i／被视为两个元音音位。从元音的实际音值来看，音长不同的元音往往也会在音色上略有差异。如英语中的长／iː／实际音值是［i］，而短／i／的实际音值是［ɪ］；广州话长／aː／的实际音值是［a］，而短／a／的实际音值是［ɐ］。所以我们也可以看到有些书中并不把它们标记为长短元音而是标为不同的元音。

音强的变化在印欧语系诸语言表现为重音。当人们说话时用力大一些便会产生重音，重音音节比其他音节更为响亮，其表示法一般是在音节前加“ˈ”。一般来讲，重音指的是词重音，而且，它在各种语言中的表现不尽一致。有的语言中，虽然每一个词的重音位置是固定的，但重音在不同的词中位置可以不同，这种重音属于自由重音。而且当重音落在词的不同位置时，其词汇意义或语法意义会不同，如：英语中，ˈexport（输出）是名词，exˈport是动词；inˈfix（嵌入）是动词，ˈinfix（中缀）是名词。这样的重音具有音位价值，不过单纯靠重音来区别词义的情况并不是很多，与声调（调位）和长短音不同。而在有一些语言中，重音则总是放在多音节词的某个固定位置上，这种重音属于固定重音。例如：芬兰语重音总落在词的第一个音节上，法语重音总放在词的最后一个音节上，波兰语重音总处于倒数第二个音节上。固定重音只是一种韵律特征，不起区别意义的作用。

第四节　音位的组合

一、音节

音节是听觉上最容易分辨的最小语音片段，也是音位与音位组合构成的最小语音结构单位。一般人很自然地感觉到的母语中的最小语音单位就是音节。比如，在汉语普通话中，汉族人听到“wǒzàijiàoshì”这样一段声音，很自然地就会把这段声音分成四个片段，也就是四个音节，写出来就是四个汉字“我在教室”。可见，音节的划分并不需要专门的语音学知识，人们可以直接感觉到音节之间的界限。一个音节可以由一个音位构成，如汉语普通话的“鱼” / y /，也可以由两个及两个以上的音位构成，如汉语普通话的“八 / pa / 、餐 / ts‘an / 、双 / ʂuaŋ / ”。在汉语中，一个汉字通常代表一个音节，如“马”、“出”、“跑”等，只有表示儿化的“儿”不独立为音节，如“小孩儿”中的“孩儿”是一个音节。

音节虽然从直觉上最容易分辨出来，但是至今还没有对音节的定义作出完全一致的解释。比较通行的是“肌肉紧张说”。这种看法认为发音时发音器官的肌肉总是有张有弛的，肌肉每张弛一次就形成一个音节。如：北京话[ɕian]，如果发音时肌肉只紧张一次，就是一个音节，听起来像是“先”，如果肌肉紧张两次，就是两个音节，听起来像是“西安”。我们每发一个音节，发音器官肌肉的紧张是先增强后减弱。其中，肌肉紧张的最高点叫音峰，紧张逐渐减弱的最低点叫音谷，这是与下一个音节的分界处。例如：北京话的“班长 [pan^{55} $tʂɑŋ^{214}$]”这个词，发音时肌肉有两次紧张，因而是两个音节，音峰落在 / a / 和 / ɑ / 上面，音谷在 / n / 和 / tʂ / 之间。在发音的过程中，因为在发元音前的辅音时，发音器官的肌肉紧张程度由弱而强，而元音正好紧接上前面辅音的最高点开始发音，所以，元音总处于音峰的位置。如下图所示：

一般来讲，在一个音节中，根据肌肉紧张的程度，可以把音节分为三个部分：起音、领音和收音。处于音峰位置的音就是领音，领音之前的叫起音，领音之后的叫收音。领音是核心成分，起音和收音是辅助成分，它们可有可无。领音主要由元音来充当，如普通话“马 [mᴀ]”；有时鼻音、边音等辅音也可以充当领音，但这种情况比较少见，多半都是浊辅音，如：厦门话“媒 [hm̩]”、“光 [kŋ̍]”，上海话“五 [ŋ̍]”，山西黎城话“儿 [l̩]”。这种能充当领音的浊辅音叫做“音节辅音”，国际音标的表示方法是在音标的下方加上一个小直杠“ˌ”。以清辅音来充当领音的情况更为少见，多出现在表示情感的叹词中，如英语的 psst［pst］（提醒人注意的声音），在语言交流过程中出现的频率非常低。

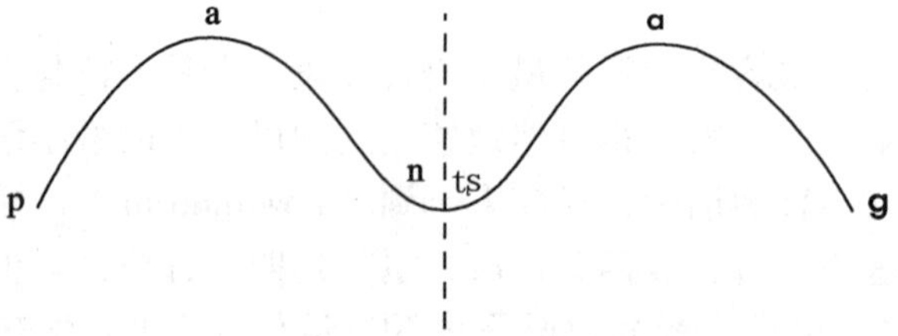

在一般的音节里，元音处于核心地位，辅音则依附于元音，位于其前面或后面。如果用 V 代表元音，C 代表辅音，音节内元音和辅音的组合情况有以下五种基本类型：

（1）V　　如：汉语的“鹅”［ɤ］，英语的“oar”［ɔː］（桨，橹）。

（2）C-V　　如：汉语的“马”［mᴀ］，英语的“do”［du］（做）。

（3）C-V-V　如：汉语的“早”［tsɑu］，英语的“lay”［lei］（放置）。

（4）V-C　　如：汉语的“安”［an］，英语的“egg”［eg］（鸡蛋）。

（5）C-V-C　如：汉语的“本”［pən］，英语的“fun”［fun］（玩笑，有趣的人或物）。

每一种语言都可以根据自己的实际情况增加一些其他的结构形式，如汉语中还有“C-V-V-C”（如“将”［tɕiɑŋ］）和“C-V-V-V”（如“苗”［miɑu］）的结构形式，英语中还有“C-C-C-V-C-C”（如“straggle［strægl］”，迷路）的结构形式。在上述五种基本类型中，（1）、（2）、（3）三种类型以元音收尾，称为“开音节”，（4）、（5）两种类型则以辅音收尾，称为“闭音节”。需要注意的是，由于字母常与实际的发音不一致，所以判断音节是否属于开音节应以音节的实际发音为准，而不应该以收尾的字母为准。如在英语的 nice［nais］（好的）以元音字母结尾，但它已经不发音了，因而应作为闭音节。在各种语言中，大部分语言都同时具有开音节和闭音节，而有些语言只有开音节，如彝语、纳西语等，有些语言有丰富的闭音节，如英语、法语等，而汉语普通话、日语则只有以鼻音收尾的少量的闭音节。

各种语言的音节结构都有自己的特点。比如，汉语的音节由声母、韵母和声调构成。声母是音节开头的部分，韵母是声母后面的部分，它们都由音质音位构成。其中，声母由音节开头的辅音充当，韵母的结构比较复杂：可以分为韵头、韵腹和韵尾三部分，韵头又叫介音，是介于声、韵之间的一个过渡音，通常由元音［i、u、y］来充当，韵腹又叫主要元音，是整个音节的灵魂，大部分的元音都可以充当韵腹，韵尾通常由元音［i、u］或辅音［n、ŋ］（方言中还可以由［m、p、t、k］来充当）。英语的音节结构则与汉语不同，不仅没有声调，而且音节的开头和结尾都可以出现辅音的组合（即复辅音，见下文），如 student（学生）中开头的 st 和结尾的 nt。并且，在一个单词中，如果有两个音节，那么其中一个音节必定有重音，如"prison［ˈprizn］（监狱）"；如果有三个或三个以上音节，那么除了有一个主重音外，一定还有一个次重音，如"proclamation［ˌprɔkləˈmeiʃən］（宣布）"。

二、复元音和复辅音

从语音系统的角度看，一个音节内几个元音的组合叫复合元音，也叫复元音。如汉语［kai⁵⁵］（开）中的［ai］，［tɕia⁵⁵］（家）中的［ia］，［xuei⁵¹］（会）中的［uei］；英语中的［ai］（eye），［kɛə］（care）中的［ɛə］，［meik］（make）中的［ei］等。由两个元音复合而成的复元音叫做二合元音，三个元音复合而成的复元音叫做三合元音。

从发音的角度看，复元音并不是几个元音的简单加合，而是舌位的高低、前后或唇形圆展逐渐变动发出的连贯的一系列元音。比如，［iᴀ］并不是先发一个［i］然后再发一个［ᴀ］，而是由［i］开始迅速滑向［ᴀ］，中间每个舌位都会发音，［i］和［ᴀ］只是起点和终点；［uai］则是由［u］为起点滑向［a］然后再滑向［i］，［a］是折点，［i］是终点，中间都经过了无数个音。在这一系列的音中，各个音的音长和音强都不均衡，起点、折点和终点的音较为清晰。如果发音中只有起点和终点而没有折点，这样的复元音也就是二合元音（如［iᴀ］）；如果发音中有起点、折点和终点，这样的复元音也就是三合元音（如［uai］）。复元音中舌位较低的音比较响亮，如［iᴀ］中［ᴀ］较响亮，［ɛi］中［ɛ］较响亮，［iou］中［o］较响亮。

复辅音是一个音节内部几个辅音的组合。两个辅音组成的复辅音称为二合复辅音，如英语［bɔks］（box，盒子）中的［ks］，［plænt］（plant，植物，种植）中的［pl］和［nt］。三个辅音组成的复辅音称为三合复辅音，如英语［spraut］（sprout，萌芽）中的［spr］、［tekst］（text，课文）中的［kst］。需要注意的是，复辅音只能是一个音节内部辅音的结合，音节之间的辅音相连就不能算是复辅音。如：expend［ikspend］（花费）是"ex"和

“pend” 两个音节组成的 [iks—pend]，其中的 [ksp] 不是三合复辅音。汉语、日语中都没有复辅音，而在印欧语系的语言中复辅音则非常普遍。

有复辅音的语言，其复辅音出现的位置不尽一致。如苗语、彝语的复辅音只出现在起音（声母）的位置上，蒙古语、维吾尔语的复辅音只出现在收音的位置上，英语、俄语的复辅音在这两个位置上都可以出现。如在英语中，last（最后）中的 [st]、thank（感谢）中的 [ŋk]、spring（春天）中的 [spr]、play（玩）中的 [pl]，前两例中复辅音出现在收音的位置上，后两例中复辅音出现在起音的位置上。

复辅音和复元音的性质很不相同。在复元音中，音质的变化是连续的，中间没有明显的、突然转变的界限。在复辅音中，音质的变化是跳跃的，中间有明显的、突然转变的界限，各个辅音都有自己的发音过程。所以，有些人为了区别两者之间的不同性质，把复辅音改称为“辅音群”或“辅音丛”。

第五节　语流音变

一、什么是语流音变

音位与音位在组合的过程中，或者由于相互之间的影响，或者由于说话时语速较快，或者由于其他原因，可能会使得前音或后音发生相应的变化。这种在语流中发生的语音变化就是语流音变。语流音变大致可以分为两种类型：不自由音变和自由音变。只要音变条件一出现就发生音变的现象就是不自由音变，如汉语普通话的上声在其他声调前都要发生变调，在上声前读阳平（35），在非上声前读半上（21）。音变的产生是随语言环境和个人习惯而定的现象就是自由音变，如汉语普通话中，韵尾 [-n] 后面的音节如果是唇音声母，可以变读为 [-m]，如“干部” [kan pu] 可以变读为 [kam pu]，也可以不变。不自由音变不受语言环境的影响，不论说话速度快还是慢都会产生音变。而自由音变则往往要受语言环境的影响，说话快一些，就出现音变，否则音变现象就有可能不出现。

二、常见的语流音变

（一）同化

两个不相同或不相近的音在组合过程中相互影响而变得完全相同或部分相同，这种音变现象叫做同化。发生变化的音叫做被同化音，使别的音发生变化的音叫做同化音。

根据同化方向的不同，可以将同化分为顺同化和逆同化。顺同化是前面的音影响后面的音，使后面的音发生同化。也就是同化音在前，被同化音在后。如英语中的 legs（腿，复数）读［legz］，其中的［s］受其前的浊音［g］影响同化为浊音［z］；looked（看，过去式）读［lukt］，其中的［d］受前面的清音［k］影响同化为清音［t］。再如汉语福州话中，“皇帝［xuɔŋ　ta］→［xuɔŋ　na］”，“皇”的韵尾是鼻音［ŋ］，“帝”的声母是舌尖塞音［t］，受［ŋ］的影响顺势同化为舌尖鼻音［n］。山东一些地方把“亲戚”说成“亲亲”，“戚”的韵母受“亲”影响而同化为［in］。逆同化是指前面的音受后面的音影响而发生同化。也就是被同化音在前，同化音在后。如汉语北京话中，“面包”［mian^{51} pau^{55}］→［miam^{51} pau^{55}］，“面”的韵尾舌尖鼻音［n］受“包”的声母双唇音［p］的影响，同化为双唇鼻音［m］。北京话口语中“蜘蛛”［tʂʅ tʂu］说成“蛛蛛”［tʂu tʂu］，“蜘”的韵母［ʅ］受“蛛”的韵母［u］影响同化为［u］。山东一些地方把“姊妹们”说成“姊们们”，“妹”的韵母［ei］受“们”的影响而同化为［en］。再如英语前缀 im-与 in-意义相同，但只用在以 b、p、m 开头的词根之前，如 imbalance（失衡）、immature（不成熟的）、impatient（不耐烦的），这都是前缀 in-受后面唇音影响发生逆同化的结果。顺同化的发生是因为前一个发音动作结束后，如果较大地改变发音动作不太方便，所以下一个音发音时顺势作出一定的调整以更便利地发音。逆同化的发生是因为人们在发上一个音时会预先为发下一个音做出准备，因此会受后一个音影响而改变前一个音的发音动作。

根据同化程度的不同，可以将同化分为部分同化和完全同化。部分同化是指同化后被同化音变得与同化音相近而不完全相同。如上面举到的汉语普通话“面包”同化的例子中，［n］受［p］影响变为［m］，只是部位相同变得而发音方法仍不同。完全同化是指同化后被同化音变得与同化音完全相同。如上举普通话中“蜘蛛”读为“蛛蛛”，“蜘”的韵母变得与“蛛”完全相同。

根据发生同化关系的两个音距离的远近，可以将同化分为近接同化和远接同化。近接同化是指发生同化的两个音位置上直接相连。如汉语普通话中，“难免”［nan^{35} mian^{214}］读为［nam^{35} mian^{214}］，［n］受紧邻的［m］影响而完全同化为［m］。远接同化是指发生同化的两个音位置上有其他音隔开。如北京土话中，“榆钱儿”［y^{35} tɕ‘ianr˙］说成“榆圈儿”［y^{35} tɕ‘yanr^{214}］，“钱儿”［tɕ‘ianr］里面的［i］受“榆”［y］的同化而变成了［y］，［y］与［i］之间有［tɕ］相隔。

（二）异化

异化是一种与同化相反的音变现象，其目的是为了避免发音的拗口。两个原本相同或相近的音在组合过程中相互影响而变得不同的音变现象叫做异化。在各种语言中，与同化现象相比，异化现象要少见得多。例如，在汉语普通话中，两个上声相连就会发生异化现象：前一个上声调值由 214 变为 35（同于阳平），后一个上声调值不变，如“雨水＝鱼水”，“彩礼＝财礼”等。再如云南箐花话中，两个以送气辅音开头的音节相连往往发生异化，第二个送气辅音常异化为不送气音，如，酒［p‘ʐ̩i］+喝［t‘iɛ］（喝酒）读为［p‘ʐ̩i tiɛ］。

异化也可以分为顺异化和逆异化、部分异化和完全异化、近接异化和远接异化。这里就不举例了。

（三）弱化

有些音在语流中发音变弱、发音器官变得较为松弛，这种现象叫做弱化。如在汉语普通话中，轻声音节就经常发生弱化。在轻声音节中，在声调变得模糊的同时，声母由清辅音往往变成浊辅音，韵母中复元音变成单元音，高元音、低元音和后元音则向央元音靠拢或变成央元音。如：

黄［xuɑŋ^{35}］+瓜［kuA^{55}］→黄瓜［xuɑŋ^{35}ɡuə˙］①

木［mu^{51}］+头［t‘ou^{35}］→ 木头［mu^{51}t‘o˙］

（四）脱落

有些音在语流中消失的现象就是脱落。例如，在汉语普通话中，“豆腐”中的“腐［fu^{214}］”因为读轻声而变为［f］；“东西”中的“西［ɕi55］”因为读轻声而变为［ɕ］，这两例的韵母都脱落了。英语中，“I am［ai æm］（我是）”口语中读“I'm［aim］”，“asked［ɑːskt］（“问”的过去式）”读［ɑːst］，“factory［fæktəri］（工厂）”读［fæktri］，其中都脱落了辅音或元音。

脱落一般是弱化进一步发展的结果。如山东莱西话中把“黄瓜”叫做“黄固”，［ku˙］就是“瓜”［kuɑ］先弱化为［kuə］然后再脱落［ə］的结果。

（五）换位

语流中两个音前后位置互换的现象就是换位。例如老北京话里的“言

① ［ɡuə］中的“˙”表示轻声。

语（说话）[iεn^{35} y˙]”常说成“圆以[yεn^{35} i˙]”，[i]与[y]互换了位置。再如山东方言中有些地方称“脖颈”为“脖拉颈（音埂）”，有些地方说“胳拉绷”；膝盖，有些地方说“波罗盖”，有些地方说“胳拉拜”，这两种说法都是第一个和第三个音节声母的换位：b-l-g 换位为 g-l-b。又如英语中“enmity [enmiti]（敌对）”常读成“[emniti]”，[n]和[m]也发生了换位。

换位并不十分常见，其形成原因还不是十分清楚。可能与语言中的某些换位类型的口误有相通之处。如把“笛子独奏”说成“独子笛奏”，是“笛”与“独”这两个语素发生了换位，这很明显是说话时因为预先要想到下一个词（语素）而在混乱或紧张状态中把该在下面说的词（语素）提前说了出来，原该在前面说的词（语素）给放到了后面①。这个例子也可以看成是语音换位：[ti^{35} tsɿ˙ tu^{35} tsou^{51}] → [tu^{35} tsɿ˙ ti^{35} tsou^{51}]，[u]与[i]互换了位置。说话人误把原该在后面出现的音放到了前面、把原该在前面出现的音放到了后面，这样就造成了换位。

（六）增音

语流中增加了一个原来没有的音的现象叫做增音。例如汉语普通话中“啊”的音变现象：

难[nan]+啊[ɑ]　→　难哪[nan nɑ]
来[lai]+啊[ɑ]　→　来呀[lai iɑ]
走[tsou]+啊[ɑ]　→　走哇[tsou uɑ]
党[tɑŋ]+啊[ɑ]　→　党啊[tɑŋ ŋɑ]

“啊”的增音是“啊”与前一音节连读的结果：零声母的“啊”把前一音节末尾的音素添加在音节的开头，就成了各种不同的声母或韵头。

再如英语中，“athlete [æθliːt]（运动员）”常读为[æθəliːt]，为了避免发音部位过快的变化，在[θ]和[l]之间增添了[ə]。

口语中各种语流音变常常结合在一起。如北京话口语中“根本不是”[kən^{55} pən^{214} pu^{35} ʂʅ^{51}]快说时发为[kəm^{55} pu^{35} ʅ^{51}]：“根”的韵尾-n 同化为-m，“本”脱落，“是”的声母 ʂ 脱落。

---

① 说话时并非说完一个词才去想下一个词的，而是预先在脑子中已有成型的句子，或是一边说前面的话一边思考着后面的话的。

第六节　语音的历史变化

一、语音历史变化的表现

尽管我们平常感觉不到语音的变化，但是语音确实是在缓慢地变化着。这种变化从较长的一段历史时期来看，会看得更清楚。

表音文字的字母是记录语音的，语音的变化在文字上表现得比较明显。例如英语中下列词的变化①：

现代英语		中古英语		古代英语
make	<	makan	<	macian
set	<	setten	<	settan
give	<	given	<	giefan
have	<	haven	<	habban
dog	<	dogge	<	docga
tiger	<	tigre	<	tigras

再如英文元音字母 a、i、u、e、o 的读音，它们在古代即读 / aː /、/ iː /、/ uː /、/ eː /、/ oː /，而现代英语读成了 [ei]、[ai]、[iu]、[iː]、[ou]。它们在词中也往往有多个读音，如 a 分别读作 [ei]（如 game）、[ɑː]（如 basket）、[æ]（如 black）、[ə]（如 an）等。这都是后代演变的结果。

汉字不是表音文字，但形声字的声符也可以给我们提供一些古代读音的信息。根据形声字的造字原理，一个形声字的读音应该与声符的读音相同或相近，具有同一声符的字读音也应该相同或相近，但是，有许多形声字的读音与声符的现代读音相去甚远，同一声符的字读音也往往差别很大。如：

多——移侈眵奓爹

也——他池驰弛地拖施

各——格胳路洛落貉客烙络赂

者——都奢诸褚储著躇暑署屠煮猪赭阇

寺——等持待時特峙诗

这都说明这些形声字产生的时期的读音与现代的读音有了很大差异。

反映古今语音变化的更为直观的例证是诗歌的押韵，如下面一首大家熟

① 中古英语指 12 世纪至 15 世纪的英语，古代英语指 5 世纪至 11 世纪的英语。

知的宋词：

> 大江东去，浪淘尽千古风流人物。故垒西边，人道是周郎赤壁。乱石穿空，惊涛拍岸，卷起千堆雪。江山如画，一时多少豪杰。　遥想公瑾当年，小乔初嫁了，雄姿英发；羽扇纶巾，谈笑间樯橹灰飞烟灭。故国神游，多情应笑我，早生华发（髮）。人生如梦，一尊还酹江月。

有下划线的字都是入韵的字，但照现代普通话来读，韵母有 u、i、üe、ie、ɑ，很不协调。这也说明宋代以来汉语韵母发生了巨大变化。

证明语音变化的材料还有一些。例如，古代用“佛”或“佛陀”、“浮屠”来音译梵语的 buddha，说明现代读 f 声母的“佛”、“浮”古代读 b 声母。古代用“新罗”或“斯卢”来音译朝鲜半岛上的 Sila 国名，说明“罗”和“卢”在古代读 a 韵母。朝鲜语和日本语中汉字的读音（音读）是古代传入的，它们的读音与现代汉语相差较大，除了有它们本身语音系统与汉语不同因而对汉语读音有一些调整之外，更主要的是它们的汉字读音保留了较多的汉语古音特点。例如，“金”，中古音 *kiem，朝鲜语读 kim；“六”，中古音 *liuk，日语读 roku。

正因为语音是变化的，所以才有了各个方言的语音差异以及各个亲属语言之间的语音差异。

以上所说是语音变化在文字、文学等方面的表现。就语音内部来说，语音的变化主要表现为以下三个方面：

（1）音值的变化。指原来的一个音改变了音值。如汉语“鱼”的韵母在上古时期主要元音为 **a，中古时期为 *ɔ，现代为［y］；“知”的声母上古为 **t，中古为 *ȶ，现代为［tʂ］。

（2）音类的变化。音类指音的类别，具有相同语音特征的音可以聚合为一类。如普通话中［ts］与［ts‘］、［s］同为舌尖前音，发音部位上为一类；与［ts‘］、［tʂ］、［tʂ‘］、［tɕ］、［tɕ‘］同为塞擦音；与［p］、［t］、［g］、［tʂ］、［tɕ］同为不送气音；与上述音及［f］、［ʂ］、［ɕ］、［x］等同为清音；与其他位于音节开头位置上的辅音同为声母，等等。音类的变化指同一类音的变化，有分化，有合并，有增加，有消失。

音类的分化是指原属同一类别的音后来变成了两类或更多类。如汉语中古时期的双唇（重唇①）音声母 *p、*p‘、*b、*m 后来分化成了两类，一

① 括号内的名称是传统音韵学的说法。

类仍读双唇音（如：帮滂并明），一类读齿唇（轻唇）音［f］或零声母（如：非敷奉微）。再如汉语中古时期的平声调，后来分化成了两个调类：阴平（如：东真汤歌）、阳平（如：铜门唐黎）。

音类的合并指原来不同的音类后来合成了一类。如汉语中古时期有三类声母：*ȶ（知）、*tʃ（庄）、*tɕ（章），后来在普通话中合并成了一类［tʂ］。再如汉语中古时期*ɔŋ（江）韵母和*ɑŋ（唐）韵母不同，后来两类韵母合并读［ɑŋ］。

音类的增加指语音系统中出现了新的音类。如现代北京话读［tɕ、tɕʻ、ɕ］声母的字有两个历史来源：一类来自古代的*k、*kʻ、*x等（如：机欺希），一类来自古代的*ts、*tsʻ、*s等（如：积妻西），这两类声母各自发生了分化，有些字继续读原来的声母（如：个客河赞参三），两类的有些字合并成一个新的音类［tɕ、tɕʻ、ɕ］（如：机＝积，欺＝妻，希＝西）。

音类的消失指原有的音类在后代的语音系统中消失。如古代汉语有平声、上声、去声、入声四个调类，后来入声调类消失，原来读入声调的字读成其他调，如“郭”读阴平，“独”读阳平，“雪”读上声，“立”读去声。古代的入声同时也是一种特殊的韵母，带有*-p、*-t、*-k韵尾，在后代的北方话的大部分地区这些韵尾也消失了，读成了开音节（如上举四字都以元音收尾）。

（3）组合关系的变化。指音类之间由能够组合变为不能组合或由不能组合变为能够组合。如古代汉语中*ts、*tsʻ、*s声母是可以与i相拼的，但现代的北京话及很多方言中，两者不能相拼。

二、语音演变的规律性

语音变化的一个突出特点是规律性非常强。语音的历史变化是巨大的，但并不是杂乱无章的、随意的，而是根据一定条件按照一定规则来进行的。比较古今的语音状况，我们可以从中寻绎出语音演变的规律。比如“田”和“佃”、“才”和“在”、“奇”和“技”、“牌”和“败”、“藏（收藏）”和“藏（宝藏）”古音的声母都是相同的，读浊辅音*d、*dz、*g等（传统音韵学称为全浊声母）；但在现代的普通话中声母不同，“田才奇牌藏（收藏）”读送气音，“佃在技败藏（宝藏）”读不送气音。我们观察一下这些字的情况，就会发现，这些字读什么韵母的都有，但古代的声调不同：现代读送气音的字古代都属于平声，现代读不送气音的字古代都属于仄声（上声、去声、入声）。再去观察其他古代浊塞音、塞擦音声母（全浊声母）的字，情况也是这样。于是，我们就找到了一条古今语音演变的规律：古代的全浊声母依声调的平仄为条件分化为两类，平声字读送气清声母，仄声字读不送气清声母。即：

全浊声母→{送气清声母／#__+平声　（例字：田才奇牌藏收藏）
　　　　　　不送气清声母／#__+仄声　（例字：佃在技败藏宝藏）

以＊b（並母）为例：

＊b{pʻ／#__+平声
　　p／#__+仄声

这条规律非常整齐，例外极少。再比如中古＊k组（见组）声母的变化：

＊k{k／#__+开口呼、合口呼韵母　（例字：该刚古冠）
　　tɕ／#__+齐齿呼、撮口呼韵母　（例字：皆江居卷）

语音演变为什么会有并且有很强的规律性呢？这实际上反映出语音演变的一个基本特点：在相同的条件下，同类的音会发生同样的变化。简单地说就是：类同变化同，条件同变化同。反过来则是：类不同变化可能不同，条件不同可能变化不同。一个音是一系列发音动作的结果，音的改变也就是发音习惯的改变。当受到某种条件的影响时，是同类的音都受到了影响而不只是一个音；当发音动作调整时，同类的音都会相应改变而不会只改变一个音。所以，语音的变化是整齐的，是被发音生理机制制约下的“齐步走”。在语音的变化过程当中，语音条件有着重要的作用。语音之间的相互影响是语音变化的重要因素，有些音变正是在其他音的影响之下才发生的。比如＊k受韵母中前高元音［i］、［y］的影响而发音部位前移，由舌面后音变为舌面前音。至今有些古代的＊k声母仍保留k读音不变，是因为它们的语音条件与变tɕ的那些条件不同：它们是与非前高元音相拼，没有促使它们发音部位前移的力量。从这个意义上说，语音条件其实也是一种类的标志：同一音类在不同的语音条件下实际上也就成了不同的类。比如，＊k在开口呼、合口呼前为一类，在齐齿呼、撮口呼前为另一类。

语音的演变中还有时间和地点的因素。同样的音类、同样的语音条件，在不同的时间、不同的地点，变化可能不同。也就是说，某个音类再加某种条件，并非必定要发生变化或并非必定要发生某一种变化，在有些地方会变，有些地方不变，有些地方这样变，有些地方那样变；在某段时间内会变，过了这个时间段不变，在某段时间内这样变，在另外的时间内那样变。比如中古汉语＊ts组（精组）声母在i前的变化：

隋唐		宋代	元明		现代	例字
*tsi_1	→	tsɿ				资咨孳孜滋
			tsi_2	→	tɕi（北京）	跻疾集济积脊祭剂
					tsi（郑州）	

（“i_1”表示隋唐时期的 i，“i_2”表示宋代以后新变过来的 i）

上述变化过程请注意三点：（1）ts 和 i 能否相拼在不同的时期表现不同：在隋唐时期是能够相拼的，但后来两者就不能相拼，ts 后的 i 变成了舌尖元音 ɿ；在元明时期，ts 和新变过来的 i 又能够相拼了；到了清代，北京话中两者又不能相拼了，ts 在 i 前变成了 tɕ。（2）ts 和 i 如何变化在不同的时期表现不同：在宋代，是声母不变而韵母 i 变为舌尖元音；在清代，是韵母不变而声母变为舌面前音。（3）不同的地点表现不同：现代北京话中两者不能相拼，而郑州话中仍然可以相拼。

正是由于在不同的地点和时间里同样的语音条件变化不同，所以才造成了源出同一母语的不同方言之间的语音差异以及不同亲属语言之间的语音差异。

三、语音演变的机理

语音变化的规律是在历史比较语言学的研究中由德国学者雅各布·格林①等人提出来的。格林在 1822 年修订出版的《德语语法》中，首次提出了古印欧语言语音演变的规则，被称为“格林定律”（或译“格里木定律”）。他发现，原始印欧语的塞音在古日耳曼语发生了如下的演变：

古希腊语、拉丁语					古日耳曼语			
p	t	k	kw	→	f	θ	x	xw
b	d	g	gw	→	p	t	k	kw
bh	dh	gh	gwh	→	b	d	g	gw

其他语言的清塞音，在日耳曼语中对应于清擦音，如拉丁语 pater，英语 father（父亲）；其他语言的浊塞音，在日耳曼语中对应于清塞音，如拉丁语 duo，英语 two（二）；其他语言的送气浊塞音，在日耳曼语中对应于浊塞音，如梵语［ˈbharaːmi］（我携带），英语 bear（携带，忍受）。不过这些规律还有许多例外。到了 1875 年，丹麦语言学家维纳尔（或译维尔纳）成功

① 雅各布·格林和弟弟威廉·格林都是语言学家，他们共同搜集和编辑了《德国儿童与家庭童话集》，即《格林童话》。

地解释了格林定律中最难解释的一个例外乃是由于古印欧语的重音不同造成的。他的解释被称为维纳尔定律。这大大增强了人们对语音演变规律性的信心。维纳尔提出把老的提法“没有一个规律是没有例外的”改为“没有一个例外是没有规律的”。1870 年代在德国形成的“青年语法学派”，尤其强调语音规律无例外。

语音演变规律的例外，过去也受到了许多的关注。如“鸟”古读“都了切”，今音应读 diǎo，今读 niǎo 是因为避讳同音的表男阴的字；“他”按规律今应读 tuō，今读 tā 是因为常用词保留古音的缘故（“他”中古属“歌”韵，读 *ɑ）。英语中一些不规则动词、名词复数的不规则形式，也往往是因为常用而属于“强式”词，保留了古代形式。20 世纪 70 年代，美籍华人学者王士元提出了“词汇扩散理论”。与以往认为语音演变为渐变的观点不同，他认为音变是通过词汇的扩散来完成的，“语音上突变、词汇上渐变”，即先是某个词的读音发生突变，然后扩散到所有含有该读音的词中，这样就完成了语音的变化。例如英语中以 kn-开头的词（如 knife、knight、know）中，k 和 n 原先都是发音的，后来 k 不发音了，k 由发音到不发音，没有渐变的问题：要么发音，要么不发音，没有中间状态；在这个演变过程中，先是有个别的词 k 不发音，后来慢慢地所有以 kn-开头的词中的 k 都不发音，这样演变就完成了。如果演变的过程因为某种原因被打断，那么就会出现部分词已变、部分词未变的情况，这样就会出现大量的例外。词汇扩散理论对于解释例外有较强的说服力。

我们认为，渐变和突变是语音演变的两种方式，两者并非不能在一种语言或方言的语音演变中共存。在本语音系统内部自发产生的语音变化，是在语言交际和世代传承中自然地无意识地产生的，渐变是主要的演进方式；受外部影响而产生的语音变化，有可能首先由某些词开始，进而扩散到所有词，这也就是所谓的语音的突变。

思　考　题

1. 语音具有哪些属性？
2. 什么是音高、音强、音长和音色？举例说明它们在语音上的表现。
3. 音色的不同是由哪些因素来决定的？
4. 什么是音素？请指出“我在学习”四个音节中共有多少个音素？
5. 元音和辅音的区别何在？
6. 国际音标的优点是什么？
7. 描写下列音素的发音情况：[i]、[u]、[y]、[ʌ]、[ɚ]、[ʅ]、

[p]、[k‘]、[ts]、[r]、[m]、[l]、[ŋ]。

8. 什么是音位？举例说明音位和音素的区别。

9. 归纳音位的原则是什么？请举例说明。

10. 什么是音位变体？条件变体和自由变体各是什么？请分别举例说明。

11. 用区别特征理论给汉语普通话元音设制矩阵图。

12. 什么是音质音位？请举例说明。

13. 什么是语流音变？主要包括哪些音变现象？

14. 什么是同化？请举例说明同化的类型。

15. 从哪些方面可以看出语音的变化？

16. 再找些例子说明语音演变的规律性。

第六章　语言的意义内容：语义

第一节　语义和语义学

一、语义和语义单位

（一）语义是语言形式表达的内容

语言是人类最重要的交际工具。说话者通过一定的语言形式表达自己的思想和感情，听话者接收并理解说话者的思想和感情，从而达到互相理解和沟通的目的。无论是一个词，还是一个句子，总有一定的意义，在交际过程中人们正确地传达和理解这些意义，从而保证交际顺利进行。虽然语言由语音、语法、语义等几个要素构成，但在交际过程中，人们通常更关注语义。语言不同的人互相交流时，并不过多地在意对方语言的语音、语法规则，而以领悟、明白意思为目的。在一般情况下，只要彼此能表达自己的意思、了解对方的意思，实现了语义信息的正确传递，说话的目的就达到了。

语义是同语言形式结合在一起的意义，即语义一定是指附着在一定语言形式之上的意义，换句话说，只有和语言形式相结合的意义才是语义。在实际的交流和交际中，人们也能利用语言形式以外的其他途径实现交流，如手势、面部表情及其他肢体动作来传达一定的思想和感情，比如挥挥手可以表示打招呼或再见，点点头可以表示肯定、赞许、同意，也可以用来招呼、示意，摇摇头可以表示否定、不同意，也可以表示失望、无奈，跺脚可以表示愤怒或着急，皱眉可以表示不满、忧愁、苦恼等。可以说，在语言形式之外，人类可以用各种肢体语言（体态语）表达丰富的情感内容，但是这些肢体动作都不是语言形式，它们所表达的内容也就不能叫做语义。

语义和语言的其他几个构成要素具有密不可分的关系。语义必须依赖语音形式而存在，必须依靠语法规则才能正确地组织起来表情达意。但是在这几个结构要素中，语义却是最基本、最重要的，是语言的核心，无论是语音还是语法都是为语义服务的。语法的作用是组织语义、表达语义，使话语的意思能够得到正确合理的表达和理解；语音是为了负荷语义、区别不同语义而存在的，不负荷任何语义的声音就不成其为语音。如果说，语音是语言的物质外壳，那么语义就是语言的精神内涵。作为精神层面的东西，语义虽然不易观察，不易接触，但它又是与语言反映的主客观世界联系最为直接、密切的，因此又是最易于被人们感知的。

语义，无论是词义还是句义，都具有系统性、概括性、模糊性、民族性等特点。第二节我们将以义位为着眼点，详述语义的这些特点。

（二）语义单位

同语音、语法一样，语义也是一个系统。语义系统是由不同的语义单位组成的，语义单位是包含在语素、词、短语、句子、句群等语言形式中的意义内容的单位，包括义素、语素义、义位、义丛、义句5种。其中，义位是语义研究的核心。

1. 义位

在语素、词、短语、句子、句群这五级单位中，词是能独立运用的最小的语言单位，是最重要的基本的语言单位。传统语义学在研究语义时，着重研究的是词义，词义是词的意义内容，是完成信息交流的基本的语义材料。说话或者写文章，从语义上讲就是将词义组合成句子的意义，再将句子的意义组织起来缀连成一段话或一篇文章的意思。无疑，词义是语义学中非常重要的语义单位。但是，对语言中大量存在的多义词来说，词义是指多义词的哪一个意义呢？考虑到指称多义词各个意义的“义项”是词典学术语，因此，学者们主张采用“义位”（sememe）来指称大致相当于义项的语义单位。那么，从语义学的角度，我们就可以说单义词有一个义位，多义词有多个义位。如“缥缈”的意思是“隐隐约约，若有若无的样子”，就是一个义位。“手头”可以表示“手中所有（指个人的经济状况）”，如“最近手头有点紧”；也可以表示“正在进行的”，如“把手头的工作忙完”。词典中的这两个义项就是语义学中的两个义位。关于义位，本章第二节还有详细的分析。

2. 义素

义素是义位的组成成分，也叫区别性语义特征，它是对义位进行分解后得到的最小的语义单位，是语义的基本要素。义素是义位分解后才得到的，所以它不像别的语义单位有可以直接感知到的语音形式，也就是说义素不直接依附于语音，它是语义深层的东西因而不容易被人们发现和认知。对于掌握某种语言的人来说，义素不可能从语流中察觉到。因此，义素这一级语义单位到现代语义学才开始研究，之前的语文学时期和传统语义学时期都未对此展开过研究。

义位是由一束义素构成的，这束义素把该义位与其他义位区别开来，同时又表明这个义位与其他义位的关系。在对名词性义位进行义素分析时，我们可以得到“客体、动物、植物、人”等义素，在对“亲属”类名词义位进行义素分析时，我们可以得到“长辈／晚辈、直系／非直系、血亲／姻亲、男性／女性”等义素。除了这些表示理性意义的基本义素，还有表示感性意义的附加义素，如褒贬义、形象义、语体义等。

寻找义位的义素构成的方法叫义素分析法，是通过对不同的义位的对比，找出它们包含的义素的方法。这是结构语言学的对比原则在语义研究中的运用，始于20世纪四五十年代。义素分析法的步骤如下，首先，掌握用元语言（人工创制的用来记录语义特征并分析、描写自然语言的语言，也叫符号语言）记录的基本语义特征，即义素，如生命、人类、动物、雄性、施事、受事、领属、主体、单数、复数、可数、不可数等。其次，确定底层语义场及其义位。如“褂子、背心、袄、坎肩”四个义位都属于“上衣”语义场；“陆军、海军、空军”三个义位属于“军队”语义场；“走、跑、退、跳”四个义位属于“下肢运动”语义场。接着是对底层语义场的若干义位进行比较分析。最后，列出义位结构式，可以采用矩阵表、场图、树形图。语言形式可以采用自然语言和符号相结合，也可以用元语言表示。

同词典释义相比，采用公式化、形式化手法展示义位内容的义素分析法将义位的组成成分与内部结构明确揭示出来，并且揭示了同一语义场内不同义位的关系。从理论上讲，义素分析法揭示了义位的结构和义位形成的系统。在实践中，义素分析法对亲属词、军衔词、坐具词（椅子、沙发等）、鞋靴类词、部分车类交通工具等的分析令人十分满意。因此，义素分析法在语言学界尤其是语义学界引起了强烈反响，刚一出现就受到了热烈推崇。但接着，人们发现它的致命问题是：如何用义素分析法分解所有的义位？任何一种语言要满足人们反映和表达广阔大千世界的需要，就要有意义纷繁、数量众多的义位，既然义位是由义素构成的，那么组成义位的义素必然也是数量庞大、情况复杂的。义位数量太大、情况过于复杂，用有限的、可以掌控的元语言分析、描写所有的义位成了似乎根本无法解决的难题。虽然义素分析法与音素分析法有一定的相似性，但语义系统的性质、结构、状况与音位系统有很大不同，义素与音位的区别性特征也有明显区别。

3. 语素义

语素义就是语素的意义内容。我们知道，义位的表层形式对应的是词，词是由语素构成的，为了更好地把握义位，我们还需要弄清楚词的构成成分——语素的意义。单纯词是由一个语素构成的，那么单纯词的义位就是这个语素的语素义。如“肥”的“丰满、肥胖”义既是义位又是语素义；“探戈”指一种交际舞，语素义和义位是同一的。合成词由两个或两个以上的语素构成，那么合成词的义位就与构成它的语素义有着密切而重要的关联。所以，了解语素义对把握义位很重要。语素义或者能提示义位，如“公务员”、“学生”、“奔跑”、“降落”、“美好”、“热烈”等，语素义能起到提示义位的作用，通过语素义可以基本获知义位。还有一种语素义可以凸显义位的附加义，如“笑嘻嘻”、“笑哈哈”、“笑呵呵”、“笑眯眯”、“笑盈盈”等，“笑”后面的语素义不仅使义位相互区别，而且为义位增添了声响、形态等表示形象的附加义。再如，一般认为英语、俄语、德语等语言的词尾，作为语素只有语法意义，但有时词尾语素也可以表示基本的词汇意义。如帕默尔所著《语法》的第一章的标题是 Grammar and Grammars，两个 grammar 的形式不同，前一个 grammar 是单数，指语言中的语法体系，后一个用复数，指社会上各种不同的语法观。可见，这个 s 不仅表示语法上数量意义的不同，也能表示词汇意义。

掌握语素义，有助于快速掌握大量义位。因为任何一种语言，虽然它的义位数量巨大，但构成义位的语素义数量却相对较少；语言中的词增减变化频繁，义位也因之常常发生变动更迭，而语素义则相当稳固，正因如此，新义位才可以很容易地被理解接受并融入义位系统中。

4. 义丛

与义丛相对应的语言单位是词组。也就是说，义丛是词组的意义，是由义位组合而成的。与词组分为固定词组和临时组合的自由词组一样，义丛也可以分为固定义丛和自由义丛。前者如“中华人民共和国”、“釜底抽薪”，后者如“团队合作”、“阳光灿烂的日子”。

5. 义句

义句就是句义，即句子的意义内容，是由义位或义丛组合而成的。语义学并不具体地研究属于言语的句义，而是研究句义的结构。句义一般包含话题和述题两个部分，前者是被说明的对象，后者是对该对象的陈述、说明。如在“小李将要结婚了”这个句子中，“小李”是被说明的对象，“将要结婚了”是对“小李”的介绍说明。一般来说，话题是已知的信息，说话和听话的双方都知道小李是谁；述题是未知的新信息，是听话者不知道或说话者认为听话者不知道的信息，说话者向听话者传递的新信息就包含在述题当中。因此，述题是句义的主要部分，而句义则是语言的意义系统中最大的单位。在现代语义学中，除了对句子进行语法结构的分析研究比较重视之外，句子的语义研究也日益受到重视。

二、语义学

（一）什么是语义学

语义学就是研究语义的科学。语义学是很多学科研究的对象。从研究对象和范畴上，有语言学的语义学、逻辑学的语义学、哲学的语义学、普通语义学。本书只介绍语言学的语义学，下面所说的语义学都指语言学的语义学。

语义学是语言学的一个分支学科，它研究各种自然语言单位如语素、词、短语、句子等的意义及其相互关系，语义的共时和历时演变。语义学包括词汇语义学、句法语义学、语用语义学三个方面。随着语言研究的不断深化，人们逐渐认识到不研究语义，语言的描写和研究就不可能深入全面。

（二）语义学的发展

语义学可以粗略地划分为三个发展阶段，即训诂学（也叫语文学）时期、传统语义学时期、现代语义学时期。

1. 训诂学时期

在西方叫做语文学时期，这一时期主要是注释、训读古书，最早的语义研究就是伴随着这项工作逐渐产生的。在欧洲，希腊的许多古代典籍到公元前3世纪的时候一般人就已经看不懂了，于是有一些学者专门从事校订、评注等整理古籍的工作，他们主要研究典籍的语法问题，也考订词语的意义。这一时期的中国，为了便于人们读懂古代典籍，汉代兴起了注释古书之风，训诂学由此产生。代表性的训诂成果如《诗经》、《周礼》、《仪礼》、《礼记》等书的郑玄注，《尔雅》、《说文解字》、《方言》、《释名》则是汉代训诂学的经典著作。清朝是中国训诂学发展的高峰，戴震、段玉裁、王念孙、王引之、俞樾等学者不仅在训诂实践上取得了重大突破，此时还萌芽了较为明确的汉语语义研究的理论观点。字义（词义）的训释始终是训诂学的重中之重。

2. 传统语义学时期

19世纪初，语义学的发展从训诂学时期进入传统语义学时期。语言研究成为一门独立的学科，有了自己的理论、方法、体系。此时，语言学的一个分支——词汇学所研究的一个重要内容就是语义问题。19 世纪末，法国语言学家布雷阿尔首先使用了“语义学”（semantics）这个术语，并于 1897 年出版了《语义学探索》，从此，语义学开始从词汇学中独立出来。这一时期的语义学之所以叫做传统语义学，是因为此时的语义学和同一时期的语音学、语法学相比，还存在一些严重的缺陷和不足，主要表现在以下几个方面：一是研究对象只局限于词义，而语音学、语法学则把研究对象分解为若干单位，如语音学的音素、音位、音节等，语法学的语素、词、短语、句子等，每级单位都得到了比较充分的研究。二是传统语义学只是单向地研究词义静态的聚合关系，而语音学、语法学既在静态中研究语音、语法单位的纵向聚合关系，也在动态中研究它们的横向组合关系。三是传统语义学不像语音学、语法学那样具有系统性，而只是分散地、孤立地研究个别词义，因而不能准确把握语义系统。鉴于此时语义学发展的诸多局限性尤其是只拘泥于词义的研究，因此，这时期的研究严格地说只能称作传统词义学。

3. 现代语义学时期

20 世纪二三十年代是现代语义学的萌芽时期，60 年代以后是现代语义学的成长和发展时期。这一时期的主要流派有结构语义学，代表是乌尔曼和他的《语义学》。结构语义学最主要的贡献是语义场理论，这个理论使得传统语义学时期分散的语义单位变成了封闭的语义系统。解释语义学、生成语义学也是较有影响的语义学流派。解释语义学认为句法是第一性的，语义是隶属于语法的，语义以句法为基础生成句法表达式，语言学中的语义规则能解释语法的深层结构，帮助认识句子的意义。生成语义学则认为语义是第一性的，先产生语义表达式，再转换为句法表达式，一切句子都是从语义结构产生的。认知语义学是另外一个值得特别注意的语义学流派，它认为语言是认知的工具，语义的产生和发展都与人类的认知息息相关；提出了范畴结构的原型理论。认知语义学认为语义学研究要与心理学、神经生理学、文学、人类学相结合，并且不可忽视语言使用者的经验和文化背景。此外，现代语义学流派还有蒙塔古语义学、逻辑语义学。前者用数学方法描写自然语言，研究自然语义学；后者用逻辑学的形式符号、公式和推理规则研究自然语言的逻辑关系和语义结构。

现代语义学以语义成分分析为基础，使语义研究进入微观层次，同时又结合语义场、句义结构的分析，突破了传统语义学以个别词义为研究对象的局限性，从聚合和组合两个角度对语义进行全面系统的研究。由于现代语义学已经冲破了传统词义学的藩篱，故而语义学的地位得到明显提升，最终成为与语音学、语法学鼎足而立的语言学分支学科。

第二节 词汇语义

语义学研究通常是在词汇和句子两个层面上展开的，在词汇层面上进行的语义学研究就是词汇语义学。词汇语义学的主要任务是研究义素、语素义、义位、义丛等各语义单位的结构及其在语义体系中的关系。

词汇语义学在语义学中占有举足轻重的地位。因为词是语言中最活跃最重要的单位，而词的核心是词义，所以词义的研究在语义学中一直最受重视，结构语义学的首要内容就是词汇语义学。语义学在其发展的每一个阶段，都没有离开过词义的研究。

一、词的基本语义单位——义位

（一）义位是语义系统中最小的自由的语义单位

义位的自由性，是指它借助一定的语音形式，能在语句中独立运用。义素、语素义则不同，虽然它们也是最小的，但不能独立运用，也就是说它们不是自由的，如“观”的“看”义，只是语素义，必须进入“观察”、“观赏”这样的义位才可以运用在语句中；“盘”的“仔细查问或清点”义，也不能单用，只能以“盘问”、“盘查”、“盘根究底”、“盘货”、“盘账”等这样的义位进入语句。义丛虽然也是能自由运用的，但不是最小的。如“欢乐的海洋”可以独立运用，但分解出的“欢乐”、“的”、“海洋”三个义位仍然是可以独立运用的，所以“欢乐的海洋”是义丛不是义位。义素是义位的构成单位，是隐含在义位中的结构部件，必须组合到一起才能以一个义位的形式独立使用。

义位相当于词典中的一个义项，一个单义词在词典里只有一个义项，这个义项就是一个义位。如单义词“告罄”在词典中的“财物用完或货物售完”义，就是一个义位。一个多义词有多个义项，就有多个义位。如多义词“客套”在词典上有“表示客气的套语”和“说客气话”两个义项，就可以说“客套”有两个义位。但是，要注意义位又不等于义项，因为词典里的义项有时可以是一个不自由的语素义，如“毛”在《现代汉语词典》（第5版）中共有8个义项：①动植物的皮上所生的丝状物；鸟类的羽毛。②东西上长的霉。③粗糙的，没有加工的。④不纯净的。⑤粗略。⑥小。⑦指货币贬值。⑧姓。其中的③④⑤⑥几个义项，一般不能单独使用，是不自由的语素义，所以不能视为义位。

相比较而言，义项比义位有更大的主观性，就词典编者来说，一个词有几个义项除了取决于语言中该词的实际运用情况，也取决于词典的规模和编纂宗旨，可以很粗略笼统地合并相近的义项，也可以很细致精确地区分不同义项，如“毛”的第5个义项“粗略”义在《现代汉语词典》的前几个版本中就没有独立出来。

（二）义位的性质

1. 义位的系统性

语言是音义结合的符号系统，这是语言学的基本常识。语言这个符号系统是由许多小系统组成的大系统，从这个意义上可以说，语言是系统的系统。语音的系统性、语法的系统性早已被人们所公认，那么语义的系统性是否存在，如果存在，它是如何表现的，这个问题并不那么容易回答。既然义位是属于语言整体的，那么义位系统自然是语言系统之一，语义的系统性应当是语言系统性的一个重要方面。

义位的系统性，首先表现在一个义位要得到正确的理解和解释，必须考察义位在词义系统中的位置。以下是一个有名的例子。现代法语中“mouton”一词的意义可以和英语词“sheep”的意义相等，但是两者的值（value）不等。“mouton”和“sheep”都可以解释为羊，但是“mouton”还可以解释为羊肉，而“sheep”却不可以，这是因为英语中羊肉由另一个词“mutton”表达。这一例子给予人们的启迪是：词义的价值是相对的，它取决于同一语言中其他词的存在和其他词义的价值。又如，汉语中把虹分成七种颜色，其他语言分六种、八种的都有。在某一种语言中相当于汉语的“红”或“黄”的义位表示的颜色幅度有多大，要取决于该语言中有没有相当于“橙”的义位。再看一个例子。汉语中“沙发”一词是从英语“sofa”音译而成的。汉语“沙发”包括单人沙发、双人沙发、三人沙发等，而英语“sofa”意思是“an upholstered seat for more than one person”，即长沙发（单人沙发英语叫“armchair”，见《朗文当代英语词典》），英语中与“sofa”意思相当的有“lounge”、“couch”，都指长沙发。可见汉语的“沙发”和英语的“sofa”，两者词义的值并不相等。要正确理解“沙发”和“sofa”，必须将它们放入各自的义位系统中，也就是说，它们的意义不仅取决于自身，还取决于系统中其他的义位。

义位系统性的第二个表现是，义位在语言系统中不是孤立的，而是与其他义位一起存在于各种各样的关系当中，如聚合关系（包括同义聚合、反义聚合、多义聚合等）、组合关系、依存关系等。

具有系统的层级结构特点，也是义位系统性的表征。每个义位都可以归入不同层级的类群当中，如就语义场的层级性而言，“车”与“自行车、公共汽车、摩托车、小轿车”等具有上下义场的关系。对语义场内同一个层级的义位而言，它们的地位和重要性并不相同。可以区分为中心成员、次中心成员、边缘成员，如“鸟”这个语义场中，“麻雀”、“鸽子”、“燕子”是中心成员，“鸡”、“鸭”、“企鹅”就属于边缘成员，“鸵鸟”可以算作次中心成员。这也是一种层级关系。语义系统的民俗分类结构（不同于生物学或其他专业领域的科学分类）也体现出义位的层级性特征。有些义位在认知和交际中处于中心地位，具有历史悠久、使用范围广、构词能力强的特点，因此它们就居于分类结构的中心层级，是基本义位、典型层级义位，其余则是非基本义位、非典型层级义位。如“牛、马、狗、鸡、兔、蛇”之于“生物、动物”，就是基本义位；“牧羊犬、导盲犬、警犬、猎犬、宠物犬”等之于“狗（犬）”，就是非基本义位。如“苹果”是“水果”，“苹果”包含“国光、富士、青香蕉、乔纳金”等多个品种，但只有“苹果”可以视为基本义位、典型层级义位。

2. 义位的概括性

概括性是义位十分突出的特点。义位对现实的反映，不是直观的反映，而是经过对同类事物特征的分析、归纳、综合，把客观事物的本质特点、事物与事物之间的区别特征抽象概括出来，进行归类，形成概念。因此，义位不是个别的具体的事物的特征的反映，而是对现实现象的概括反映，是对同一类事物现象共同特征的反映。义位在形成的过程中，舍弃了事物或现象的具体特征，只摄取了某一类客观事物或现象的共同的、本质性特征。如义位“车”只是概括地反映了所有这些具有各种形状、各种型号、各种功能类型的车所共同具有的本质特性——“陆地上有轮子的运输工具”，而舍弃了现实生活中的各种各样的车所拥有的各种各样的具体的特征。正因为义位“车”具有概括性，不仅使“车”这类客观事物同其他客观事物的区分有了可能，而且也避免了给成千上万的车分别起名的必要。同时“车”在语义上所具有的概括性，也使“车”这类事物将来无论再如何花样翻新，只要还具有其基本的本质属性，就仍还在“车”这个称谓的统摄之下，而不必非要随着新式样的出现，而改变“车”的称谓。不只是反映事物对象的名词义位，任何一个义位都是概括的，动词、形容词义位也是概括的。如“跑”是指一种“两只脚或四条腿快速前进”的运动形式，跑步的可以是人也可以是动物，可以快跑也可以慢跑，步幅可大可小，不同的人跑步特点不同，同一个人在不同的时间、地点跑步也不可能完全相同，但这些具体特征在形成义位“跑”和人们使用这个义位交际时都不重要，都可以忽略，人们理解和使用这个义位时依据的是它被概括地反映出来的本质的共同的特征。

义位的概括性是人类抽象思维活动的成果，也是语言作为人类交际工具和思维工具的必然要求。客观现象纷繁复杂，如果每个具体事物都要用一个单独的义位来指称，那语言中的义位将多得难以计数，人们的记忆也将不堪重负。正是因为义位具有概括性，人类才能运用语言中数量有限的词语表达客观世界纷繁复杂、不可胜数的事物，使语言便捷地履行它的交际和思维功能。

春秋战国时期公孙龙的“白马非马”论，难住了当时许多能言善辩的人，成为著名的诡辩。从语义学的角度看，这是无视义位的概括性造成的。固然，“马”的确不等于“白马”，但“白马”因具有马的本质属性仍旧是“马”，马这个义位是比白马更为概括的，是对大千世界中存在的包括“白马”在内的各种颜色、各种特征的马的概括，“马”的意义自然要包括“白马”在内。实际上，“白马”仍然是一个具有概括性的义位，各种“白马”在“白”的程度上会有不同，同为“白马”也会有形体大小高矮肥瘦等个体差异，但这不妨碍我们称其为“白马”。因此，义位的概括性特点并不影响人们对义位的运用，当义位进入使用，进入特定的语境中，它就由概括的变成具体的、特殊的了。

3. 义位的模糊性

1965年，美国数学家扎德发表了《模糊集》的第一篇论文，在数学方面提出了模糊概念，由此引发了有关模糊的一系列学科：模糊数学、模糊逻辑学、模糊语言学等。

义位的模糊性指的是反映在义位中的客观事物、现象的类属或外延在界限上的不清晰或不确定，以及反映在义位中的客观事物、现象在性态上的相对性。

在人类语言中，很多义位表达的概念都没有精确边界，义位的模糊性是所有语言的共性。表示时间的义位，如“早晨”同“上午”，“下午”同“傍晚”，“傍晚”同“夜间”，这些义位之间都不是界限分明的。一种语言内部不同义位之间存在这种边界不清的模糊性，义位模糊性的特点也会造成同一个义位在不同语言之间有不同的边界。如汉语普通话一般认为“早晨”是从天亮到八九点钟，而英语“good morning”可以用于从天亮到中午十一二点，甚至可以用于不管是中午还是下午吃的正餐之前的所有时间，显然这里的“morning”比汉语的“早晨”时限长很多，更主要是它的时限不确定。“稀”和“密”，也是一对模糊的义位。“头发之稀”与“树林之密”

相比，头发要密得多。“美”也是模糊的，且不论审美观念不同，就是审美观念一致了，是否认为美也不易达成一致，几个人同时说“大海真美”时，各人心目中美的程度不一定相同。这是事物性态上的相对性造成的语义模糊。我们无法也没必要给“稀—密”、“美—丑”划定一个含有精确量的标准及界限。正如英国哲学家罗素说的那样：如果要等头上最后一根头发脱落了，才说他由非秃头变成了秃头，那显然是可笑的。

语言中义位的模糊性有些是由于事物的连续性造成的边界模糊，如表示时间、年龄、颜色（如红和相邻的橙黄色）、温度及大多数表性质状态（如高矮、胖瘦、好坏等）的义位，有些是由于类属的模糊不清造成的，如“蔬菜”和“水果”的分类，“蔬菜”和“粮食”的分类，看似界限分明，实则常常交叠难分。比如，土豆属于蔬菜还是粮食呢？我国有些地区既把它当蔬菜，又当主食，有些地区却只当做蔬菜。法语可以说“我吃了土豆和其他一些蔬菜”，看来法国人是把它当蔬菜的；《简明牛津英语词典》指出“vegetable”包括土豆和菜豆，而德国人却不把土豆当做蔬菜；在俄罗斯，土豆被称作“第二面包”，当是作为主食。

义位的模糊性跟义位的概括性有关。由于义位是对事物现象的概括性反映，决定了它只注意被反映对象的核心的本质的属性特征，而忽略其边缘的非本质的部分。因此，那些具有模糊性的义位，尽管其边界是模糊不清的，但其中心区域却是明确的；否则，如果一切都是模糊的，人们将无法借助义位来区分不同的事物，语言因此也就会失去作为交际和思维工具的功能了。应当承认模糊现象并非无所不在，而是往往出现在概念的边缘区域。这个区域可以大一些，也可以小一些，但不能过分，一过分就会出现认识上的错误从而影响交际。如姚明身高两米二十多公分，不管是中国人还是外国人，都认为他很高；零下20度时绝不会有人说天气热；米、面一定是粮食而不是蔬菜；芹菜、白菜一定是蔬菜而不可能被认为是水果。所以，词义的模糊性也不等于没有任何界限。

语言中相当一部分义位具有模糊性，但也有很多义位是精确的，它们反映的对象范围自身是明确的，不同义位所反映的对象范围之间的界限也是明确的。如科学术语一定是精确的，比如数学中的“平方、立方、体积、垂直、平行”等，物理学中的“密度、压强、重力”等，语言学中的“音位、义位、语素、义素”等，化学中的“化合、分解、分子量”等术语都是如此。语言中表示数量的义位如“一、二、三、四”等，“公里、米、毫米、公斤、立方米”等度量单位也都是精确的，此外，“中国、毛泽东、长城、上海”等表示专名的义位也是精确的。

精确和模糊作为义位的特点是矛盾统一的，因此可以相互转化。既可以由精确转化为模糊，也可以由模糊转化为精确。如在“近在咫尺，远在天涯”里，“咫、尺”本都是长度名（周制八寸为咫），是精确的，但连在一起后却变成了一个同“天涯”相对应的模糊义位。再如“退避三舍”，“三舍”本义是精确的：古代行军三十里为一舍，三舍为九十里，但随着时间的推移，古义渐渐被淡忘，“退避三舍”仅仅表示让步或躲避，而不管空间距离是多少，甚至可以表示与空间无关的退让。此时，“退避三舍”成了模糊义位。类似的还有“三寸不烂之舌”、“长命百岁”，英语的“at sixes and sevens（乱七八糟）”、“a couple of days（两三天之内）”“a sheet in the wind（微醉）”“three sheets in the wind（酩酊大醉）”这些都是表示数字的精确的义位转化为模糊义位，这种现象在日常生活交际中大量存在。另一方面，语言中还有许多模糊义位向精确义位转化的情况，如“高、低”是一组通常公认的模糊义位，但在“高血压”“低血压”中，高、低的判定却有较为明确的界限和标准，医学上将成年人的动脉血压超过 140 / 90 毫米水银柱定为高血压，此时它们变成了精确义位；“长、短”在“长期—短期”“长命—短命”中是模糊义位，但在“长波—短波”中却成了精确义位，长波是指波长为 3 千米到 3 万米的无线电波，短波是指波长为 10 米到 50 米的无线电波；“大雨—小雨—中雨”中的“大、中、小”也不再模糊，气象学对此都有明确的规定。当然，这种精确多是源于科学需要采取人为规定的结果，并不是客观对象本身表现出泾渭分明的区别性特征，超过 140 / 90 者为高血压，血压为 139 / 89 的人未必就毫无高血压病症。所以，一般而言，日常生活用语表达科学概念时往往会转变为精确义位，而科学术语用于日常生活时常常会变成模糊义位。可以说，日常生活是模糊义位产生和使用的主要语境，而科学领域是精确义位出现的主要语境。

义位的模糊性是社会交际的必然要求。尽管人们在社交中常常力求提高准确性，但实际上在人与人的交际中，特别是在社会生活而不是在科学研究中，却要承认这种模糊性，而且在很多场合，还要利用这种模糊性达到积极的交际效果。此时，若排斥义位的模糊性而硬要体现语言的精确严密，交际活动可能会无法顺利进行。例如你想与朋友见面，如果你说：“请于明天晚上 8 点过 5 分 35 秒准时来我家！”说得很准确，可对方肯定会被这种通牒式的“命令”所激怒。如果你用模糊语言发出邀请：“明天晚上来我家吧。”对方可能欣然接受。可见，如不善于在社交中灵活地利用模糊语言，不仅不易达到目的，反而会适得其反。文学作品中更少不了模糊语言，如形容姑娘的美，“她美得像一朵带露的玫瑰，身材修长，跑起来像鹿一样快”。如换上具体数字："姑娘的脸呈一个 15 厘米直径的圆盘，3/5 为红色，2/5 为白色，高 1.6835 米……"不仅毫无美感，就连真实感也消失殆尽。所以，有人说没有模糊语言，就没有文学的美。

4. 义位的民族性

语言中的语义，特别是义位，能最明显地反映出语言的民族性。在对同一客观事物或现象进行概括反映的时候，由于不同民族间在文化传统、文化心理等方面的差异，必然会导致认识上的差异或不同。这种认识上的差异或不同表现在语义上，便使语义具有了民族性的特征。在大多数情况下，两种语言间的对应的义位不是简单的一一对应，而是处于错综复杂的联系之中，没有绝对的等同义位。义位的民族性在义位的有无、义位的理性意义、附加意义等多方面的内容上，均有体现。

由于不同的自然和人文环境，两种语言会出现一方有而另一方无的独有义位，带有独特的文化标记，对于无的那一方，就出现了所谓的词汇空缺。如汉语因为地理条件有"笋"、"荔枝"这样的义位，英语、俄语等语言相应的义位则出现空缺。汉语表示特定文化产物的义位如"磕头"英语只能音译为"kowtow"，"华表"只能意译为"ornamental column"，"鬼子"则译为不那么很准确的"devil"。同样，英语特有的 dollar（美元）、jazz（爵士乐）、Senate（参议院），在汉语中也出现词汇空缺。

在义位的理性意义上，不同民族的语言在相应事物的语义表现上，具有明显的民族差异。如汉语的"哥哥"、"弟弟"这两个词的意义是有明显区别的，但在英语中都用"brother"表示，在需要区别时另加"elder"、"younger"区分；韩语同汉语一样，"哥哥"和"弟弟"要用不同的义位表示，但跟汉语不同的是韩语中即使同指"哥哥"，男性和女性所用的义位也不同：男性称哥哥为"형"，女性称哥哥为"오빠"。"姐姐"与"哥哥"类似：男性称姐姐要说"누나"，女性称姐姐说"언니"。汉语"弟弟"和"妹妹"是两个义位，而韩语用的却是同一个义位"동생"，在需要特别区分的时候，在前面分别加上"남（男）"或"여（女）"表示"弟弟"和"妹妹"。

派生义多因相关、相似联想而生，派生义的有无和如何派生能显示出联想的民族个性。如英语的"cat"除了指猫，还引申出"恶妇"、"呕吐"两个意义，汉语则没有这样的引申义。法语的"tete"原义是罐子，法国人觉得罐子和头的形状相似，于是"tete"在法语中派生出"头"这个义位，而汉语的"罐子"，英语的"jar、pot、tin"都没有相应的派生义。几种语言相对应的基本义位派生出的多义词，内部包含的派生义位的量和质也不尽相同。如汉语的“红”有“像鲜血的颜色”、“象征喜庆的红布”、“象征顺利、成功或受人重视、欢迎”、“象征革命或政治觉悟”、“红利”五个派生义位；而英语的“red”派生出与汉语不同的“流血的”、“苏维埃的、共产党的”、“暴力的”、“赤字、亏空的”等义位。英语的“good”有“慈善的”、“虔诚的”、“彻底的、完全的”、“能干的、有能力的”、“强健有力的”、“新鲜的、未腐烂的”、“可靠的、确实的”、“守规矩的、听话的”、“适合的、权宜的”等引申出的义位，都是为汉语所没有的；而汉语的“好”有“合宜、妥当”、“容易”、“便于”、“和睦”、“表示不满意的反话”、“表示结束等语气”、“表示完成或达到”等，这些义位又为英语所无。与汉语“醋”相对应的“vinegar”，在英语中引申出不高兴、坏脾气的意义，与汉语表示男女关系上的嫉妒截然不同。

义位除了基本理性意义上的民族性之外，在义位的附加色彩义上也有民族性特征。例如，在英语中“politician”的基本意义是“从事政治，关心政治，特别是以政治为生涯的人”，它隐含着“不讲原则，当面一套、背后一套，能言善辩，言而无信”的附加义。这种附加意义是通过联想而逐渐发展起来的。由于从事政治的人在竞选时采取各种手段争取选票，经常许下宏愿，而在当选后则把对选民的许诺置于脑后。这种“politician”的表演一再重复，于是人们在使用“politician”一词时就难免引发坏的联想，从而使“politician”逐渐获得了以上所说的贬义。汉语与之相当的是“政客”，因而汉语的“政治家”不能对译成“politician”，只能翻译成“statesman”。这种褒贬价值判断与社会政治文化有关。

还有一些表示动植物的义位也因传统文化的影响带有独特的民族个性。如“梅”这个义位，梅花以其形色高雅、刚毅、圣洁成为中国人的审美对象，历代梅文、梅诗、梅画等层出不穷，中国人一看见这些就会产生美好的联想。而不了解中国文化的外国人就不会联想到“高雅”、“刚毅”、“圣洁”这些文化内涵，只会把它当做普通花卉。又如莎士比亚在《亨利四世》中用过“as merry as cricket”（像蟋蟀一样快活），后来一直作为固定语沿用在英语中。然而，作为秋虫、夜虫、微虫的蟋蟀却唤起了中国古代文人的怜悯和自怜，所以“蟋蟀”在汉民族的传统文化中给人凄清、萧索、烦恼的感觉。早在《诗经》中，蟋蟀的叫声被作为农夫岁末困顿生活的映衬（见《诗经·蟋蟀》），此后蟋蟀几乎都以其凄苦悲凉的形象出现在汉语文学作品中。如“独申旦而不寐合，哀蟋蟀之宵征”（战国宋玉《九辩》）；如“蛩（即蟋蟀）唱如波咽，更深似水寒”（唐杜牧《寝夜》）；又如“蟋蟀秋风起，蒹葭晚露深”（唐苏味道《洛城秋郊》）。因而，“As merry as cricket”

一语对汉民族的文化心理来说是难以理解的。汉语文化中的“龙”、英语文化中的“狗”也都带有各自的民族文化附加义。

受古代典籍文化的影响，许多表示颜色的义位带有特定民族文化的附加义。英语的“blue”有不愉快、淫秽、沮丧等贬义，也有高贵的（blue blood）、忠实的（true blue）这样的褒义，汉语、俄语的蓝色则无此类褒贬义。英语的“green”有嫉妒、缺乏经验这样的贬义，阿拉伯语的绿色因跟生命相联系而带有褒义，汉语的“绿”则不带这类褒贬义。白色在欧洲等语言里表示纯洁、忠心耿耿等褒义，在汉语里则常带贬义。

以上详细论述了义位的系统性、概括性、模糊性、民族性，以义位为基础构成的义丛、义句也同样具有这些性质。如“崭新的跑车”、“他们家刚买了一套大房子”，这两个义丛、义句也具有概括性，虽然相对于“车”、“房子”它们更具体一些，但仍然具有概括性，只是概括的程度低一些，概括的范围小一些：“崭新的跑车”概括的是世界上所有各种款式、各种型号的新跑车的共同特征，并不专指某辆特定的跑车；“他们家刚买了一套大房子”也仍然具有概括性，可用于陈述任何人家买了大房子的事实。“美丽动人的传说”、“帅气的男生”、“如今他已是一个健康活泼的阳光少年”等这些义丛或义句，因“美丽动人”、“帅气”、“活泼”、“阳光”等义位的模糊性也不可避免地具有语义模糊的特点：“美丽”、“动人”、“帅气”、“活泼”如何定义？什么叫“阳光”少年？有无可以判定的标准？表示空间、时间义位的组合，汉语多用从大到小的组合顺序，如“中国北京市海淀区”，英语则采用相反的由小到大的顺序；汉语说1989年12月3日，英语则说3rd December 1989。汉语、英语的语法顺序一般是主谓宾，而日语、韩语则采用主宾谓的序列，显示出义句的民族性。汉语和韩语过去都有用“吃（饭）了吗”作为招呼语的习惯，英语民族则对此难以理解。可见，义句的运用同样负载了民族性。因此，系统性、概括性、模糊性、民族性这几个特点既是义位的性质，也是语义的一般性质。

二、义位的构成

一般认为词义包括概念意义和色彩意义两种，也有观点认为广义的词义包括概念意义、色彩意义、语法意义和语用意义四种，狭义的词义就指概念意义。我们认为这些观点都不很理想。首先狭义的词义因对词义的理解过于狭隘最不足取；将词义二分为概念意义和色彩意义，只看到了词义在词汇层面上的表现，而忽略了词义在语法、语用层面上的客观存在；四分法将概念意义、色彩意义与语法意义、语用意义并列起来，是逻辑上的跃层划分，也不当。综合这些观点的利弊短长，我们采用将词义（义位）三分的做法，将词义（义位）分为语义意义、语法意义、语用意义。三者当中，语义意义是义位的核心，无论是语法意义还是语用意义都以语义意义为基础。

（一）语义意义

语义意义是具有指称和认知作用的意义。当人们不理解一个词语的意思去查词典的时候，词典给出的解释通常就是语义意义，包括传统词汇学的概念意义和色彩意义。本书把传统词汇学中的概念意义（也叫理性意义）改称作基本意义，色彩意义改称附属意义。因为概念意义的“概念”是逻辑学术语，用于语言学有时会混淆“概念”和“词”的区别；理性意义的“理性”是与“感性”相对应的，而“附属意义”不只是感性的（内容详见下文“附属义的类型”）。我们之所以说概念意义是“基本意义”，因为它是义位的基本语义特征，是义位的基础和核心，是人们理解和使用义位的最基本的依据。与其相对应的叫“附属意义”，即它是次要的、从属的，是附着在基本意义之上的意义。

1. 基本意义

语义意义中的基本意义是人们所认识的事物的一般属性或显著特征在义位中的反映，常具有一定的指称对象。通常，当我们不了解一个词的含义，需要借助词典时，词典首先为我们提供的内容就是义位的基本意义。如《现代汉语词典》中“帽徽”的解释是“安在制服帽子前面的徽章”，“合群”解释为“跟大家关系融洽，合得来”。

2. 附属意义

语义意义中的附属意义是义位附属的语义特征，是一个词的基本意义之外的意义。它的作用是表现附加的一些功能、色彩。如“摄衽”，《汉语大词典》解释为“整饬衣襟”，此为基本意义，又说“表示恭敬”，此即附属意义。不少同义词的差别，就体现在附属义的差别上，如“吝啬”、“小气”、“抠门儿”这一组同义词的差别，就是它们之间语体附属义有别。附属义正是义位丰富多样性的一个重要来源。

附属意义的类型，传统词汇学一般认为有“形象色彩、感情色彩、语体色彩”等三种。随着词汇语义学向精密化方向发展，现代语义学对附属义的分类研究更加精细、严密，如有学者提出有六种色彩，包括表情色彩、风格色彩、形象色彩、地方色彩、外来色彩、古奥色彩；有学者提出了色彩义七种说，包括感情色彩、评价色彩、形象色彩、语体色彩、风格色彩、格调色彩、语气色彩。我们这里采纳张志毅、张庆云先生的九种说，分别是属性附属义、情态附属义、形象附属义、风格附属义、语体附属义、时代附属义、方言附属义、语域附属义、外来附属义①，下面予以简述。

（1）属性附属义，指的是义位的次要理性特征，是跟事物的本质属性相联系的，常反映出语言使用者的共同理解和联想，即当我们听到一个词时，头脑里习惯性地联想或伴生的属性或印象。如说到“狼”我们不仅知道它是一种动物（基本意义），还会联想到它的品性是贪婪凶狠（属性附属义）；说到“田鸡”，我们不仅知道它就是青蛙（基本意义），还可以获悉它生活在田间并且味美如鸡这样的信息等（属性附属义）。

（2）情态附属义，表现的是语言主体对基本意义的所指内容所持有的感情、态度和评价，反映的是喜怒爱憎敬谦褒贬等各种主观态度。与传统词汇学所说的“感情色彩”相比，这里的情态附属义包含的感情态度更多、更复杂，既包括各种感情，也包括态度、评价等。如《现代汉语词典》标注的就有喜爱、亲昵、厌恶、讥讽、戏谑、斥责、骄傲、谦虚、客气、尊敬、委婉、褒贬、詈骂等，这些均可视作情态附属义。

（3）形象附属义，指的是通过语素所表现出来的包括形态、颜色、音响、味道等的语义内容。如与“房子”相比，“蜗居”具有像蜗牛壳那样“小而简陋”的形象特征；与“花”相比，“姹紫嫣红”具有鲜艳的色彩形象；与“蝉”相比，“知了”让我们仿佛听到了它鸣叫的声音；“甜蜜蜜”也会让人体味到甘甜如蜜的味道。除此之外，形态形象还包括动态形象（如“蛇行”、“哽咽”等）、嗅觉形象（如“臭烘烘”等）、触觉形象（如“硬邦邦”、“软绵绵”、“滑溜溜”等）。

（4）风格附属义，指义位因表达需要形成的正式与非正式的格调风格。“诞辰”、“照会”、“令堂”等义位都用于庄重庄严的场合而具有正式风格；“混蛋”、“娘们”等义位则具有粗俗随便的特点，常用于非正式场合。

（5）语体附属义，指义位常用于某种特定的文体形式中而带有的某种风格类型。常见的语体类型有书面语体、口头语体。书面语体又可细分为文艺语体、科技语体、应用文语体、政论语体等。

（6）时代附属义，指某些义位所负载的特定时代特征。按时间顺序，义位根据时代附属义可以分为古旧义位、现代义位、新义位等。古旧义位包括历史义位、古义位和旧义位。历史义位指历史上曾经存在过、现在已经消失且无新义位取代的义位，现代多是在叙述历史时才会用到。如“寡人”、“陛下”、“驿站”、“凌迟”等。古义位指曾经在古代出现过，后代已经被新义位取而代之的义位。如“汝（你）”、“吾侪（我们）”、“饮（喝）”

① 张志毅、张庆云：《词汇语义学》，商务印书馆2001年版，第42～64页。

等。这些古义位在现代偶有使用，往往带有或庄重或讽刺或诙谐的色彩。旧义位是那些消失不久的义位，是反映现代早期社会生活的义位。如“洋火（火柴）”、“大学堂（大学）”、“戏匣子（留声机）”等。新义位则是新出现在义位系统中的义位。新义位之“新”有些是出现了新的事物对象，于是人们创造新的义位指称它，如“春运”、“次贷”、“选秀”、“网购”等。有些是出现新的表达形式，如“某某族”指具有共同特点的一类人（“上班族”、“啃老族”、“蚁族”等），“某某门”仿“水门事件”① 而指某种丑闻（如“质量门”、“艳照门”、“泼墨门”等）。

（7）方言附属义也可以叫做地域附属义，指那些来自方言的义位所带有的方言的、地域性的特征。如“瘪三”（吴方言）、“（咋）整”（东北方言）、“煲汤”（粤方言）等。

（8）语域附属义，指义位经常用于某种特定语言领域而带有的相关语域的属性特征。如“配偶”、“裁定”多用于法律领域，“批发”、“收购”多用于商业领域，“特使”、“豁免”等多用于外交领域，这些义位都带有各自语域的特征。具有语域附属义的义位都是那些专业术语（包括行业词语），为了追求独特表达效果或因某种交际目的，各语域的术语越来越多地进入日常交际中，如“DNA”、“骨髓移植”、“祷告”、“轮回”等。随着专业知识的普及和这些词语日益为大众所熟悉运用，其语域附属义逐渐淡化。

（9）外来附属义，从其他语言中借入的义位所带有的外来特征。如“迷你”（mini）、“起司”（cheese）、“汉堡包”（hamburger）、“视窗”（windows）、“MP3”、“古奇（Gucci，意大利的一个著名时装品牌）”、“PS”、“3G”等。有些词语因为常用或一般人不知道其为外来，其外来附属义也就消失或不起作用了。如“葡萄”是西汉张骞通西域时带回的物品，该词属音译外来词，但两千多年过去，葡萄已经在中国大批种植，并繁衍出一些新的品种，现在只有熟悉历史的人才知道葡萄的外来经过，一般人不会认为“葡萄”有外来色彩了。

（二）语法意义

义位的语法意义指义位通过形式手段表现出的语法特征，包括语法类别、形态范畴、句法功能等。如名词性、动词性等属于语法类别，性、数、格、时、体等属于形态范畴，句法功能则表现为在义句中能否充当和充当何

① 水门事件为美国的著名政治丑闻。1972年6月，美国共和党的一伙人为刺探民主党竞选情报，潜入华盛顿水门大厦民主党总部偷拍文件，安置窃听器。这一事件曝光后导致时任美国总统、共和党人尼克松辞职。

种成分的句法功能以及和其他语法类别的义位相组合的能力等。语法意义通常借助词缀、重音、语调、内部屈折、重叠、虚词、词序、层次等语法形式表现出来。

语法意义和语义意义彼此依赖。语法意义要以义位的语义意义为基础，离开语义意义，语法意义无从体现。同样，语义意义也不能离开语法意义独立实现交际功能。在长期语用实践中，语法意义和语义意义有可能互相转化。一方面，语法意义促使语义意义产生。如使动用法常常促使形容词产生动词义位，如“碎”本为零碎、破碎，是形容词性的，频繁的使动用法便有了“使破碎”的动词义，如“碎纸机”中的“碎”。非及物动词也可以因使动用法而成为及物义位，如“退”本义为“向后移动”，后又有了“使向后移动”义，如“退敌”“退兵”的“退”。《现代汉语词典》将“碎”和“退”这两个使动义都独立为一个义项。意动用法也是如此，如“崇”本为“高”义，因常有“认为崇高”的意动用法，于是有了“重视、推崇”的动词义。同时，语法意义也会促使某个语法形式变成一个固定的语义意义。如英语“works”的“工厂”义，“reading”的“读物”义，“surprised”的“感到惊讶的”义，都是从某种语法形式产生出的语义意义。这个过程和结果叫做语法形式的词汇化（lexicalization）。另一方面，语义意义也可以促使语法意义产生。如“被”本为“覆盖”义，引申为“蒙受、遭受”，并可以带谓词性宾语，后来演变成了表示被动的介词性义位。汉语中的“给”、“使”、“之”等都经历了由实词演变成具有突出语法功能的虚词的演化，这个过程和结果就是语法化（grammaticalization）。“着”、“了”、“过”分别表示“持续”、“完成”、“曾经发生”的语法意义，与它们自身原有的语义意义密不可分，现有的语法意义也是语义意义语法化的结果。

（三）语用意义

1. 语用意义与语境

义位的语用意义是指义位在各种语境中，在动态的语用状态下表现出的语义特征。语用意义可以来自小的语用环境，如义位组合这样的语言内部环境中；也可以是大的语用环境，即语言之外的社会文化环境。

2. 语言内语境——义位组合

在小语境中，语言系统中的某个义位，进入语用（如义丛、义句等组合形式）时会表现出一些语义差异。如“斗”表示一种容量单位，它的意义是明确的。但在“斗胆”、“斗大的字”、“斗碗”中意思是形容其大，而在“斗室”、“斗门”、“斗船”中却是形容其小。“传统”在“传统友谊”、“传统美食”、“传统剧目”中具有肯定的、赞许的意思，而在“传统思想”、“太传统”中却有否定的、批判的意思。又如，“车库”、“车棚”、“车头”中的“车”分别表示“汽车”、“自行车”、“汽车或火车”等不同的意义。

3. 语言外语境——社会文化环境

包括历史、文化、传统、习俗的社会语境及交际过程中言语双方的关系语境就是所谓的大语境，也叫宏观语境、社会语境。

交际者的身份以及所处时代文化特征，是一种大语境，它能帮助我们深刻理解义位的语义意义。如《西游记》作者吴承恩所处的时代佛教颇为流行，作者难免受到影响。给孙悟空出生地取名“花果山”，其中“果”除有果实的意思之外，另含有“正果”的含义。佛教的教义主张不论哪一个等级都可以修道，而且能够修成“正果”。孙悟空是由一块仙石变来的，可见只要耐心修道，石块也能成“正果”。同样，孙悟空的名字“悟”、“空”也与佛教紧密相连。

不同场合对义位要做不同理解，交际场合也能催化出语用意义。如用作问候语的“你好”，和吵架时用作反意讽刺的“我不好，你好!”就不同。再如，“死了”在战场上是指战死了，在医院是指病死了，在屠宰场指杀死了；如果在下象棋，则指主帅被将死了；如果在用电脑，则指电脑死机了。这些语义的变化，也只能从不同语境中找到解释。

文学作品的人物关系、故事情节可以构成上下文语境，借助这个语境可以使某个义位获得更加丰富的语用意义。如《红楼梦》里宝玉挨打后，薛宝钗去看望时说：“早听人一句话，也不至今日，别说老太太、太太心疼，就是我们看着，心里也疼。”这里的“人”和“我们”用的不是它们的语义意义，借助语境，我们知道指的是薛宝钗自己。这也是语境提供给我们的语用意义。

此外，民族典籍、民俗文化、宗教文化等也都是构成社会文化语境的重要因素，它们是产生语用意义的基础，也是帮助人们理解语用意义的条件。汉语里很多成语来源于历史典籍，是民族传统文化的缩影，如“仁至义尽”、“破釜沉舟”；有些来源于神话传说，如“精卫填海”；有些来源于寓言故事，如“刻舟求剑”、“拔苗助长”。要正确理解这些成语，就要了解它们产生的语义背景、来源等这些社会文化语境。中国人经常说“我属龙”、“他属鸡”等，这里的“龙”、“鸡”与动物本身无关，其语用意义是表示年龄，因为中国历来就有生肖记年的习俗。在中国传统文化中，龙是神物，封建社会是帝王的象征，这是产生和理解“龙袍”、“龙颜”、“龙子”、“龙床”、“望子成龙”等义位的文化背景。英语中许多习语则来源于《圣经》

故事，如“shake the dust off one’s feet”意为“愤然离去”，源于《圣经》中耶稣对他的门徒们说的话：“And whosever shall not receive you, nor hear your words, as ye go forth out of that city, shake off the dust off your feet。”习语“put one’s hand to”意为“着手去做，设法去做”，源于《圣经》：“no man, having put his hand to the plough, and looking back, is fit for the kingdom of god。”这是宗教文化构成的语境。在汉语社会中，宗教文化不那么浓厚，但也留下了大量反映宗教文化的义位，如有许多佛教词语在文化交融中成了汉语的习用义位：“世界、如实、众生、觉悟、烦恼、出息、本身、方便、因果、绝对”等。

一些义位的使用也深受民族特有习俗的影响，因而也带上了各自民族的文化习俗义。例如，在西方不少语言中，都有以植物、动物、食品类义位代称恋人的习惯。如法国人说“小卷心菜”，德国人说“小白桦”，英国人说“鼠”，塞尔维亚人说“蟋蟀”，奥地利人说“小蜗牛”。汉语中一般不用这种方式。

三、义位的聚合

义位的聚合指义位之间因某种联系汇聚到一起，语义场是对这种聚合的概括。

（一）语义场

语义场是由若干义位形成的系统，是以共性义素为核心形成的相互制约的相对封闭的义位的集合。简单地说，如果若干义位含有相同的共性义素因而聚合在一起，那么这些义位就形成一个语义场。语义场是对外部世界系统性的反映，也是对外部世界的切分。因此，语义场既有客观性，也有主观性。而且，语义场的主观性更值得注意，它能反映出民族因素、个人因素、时代因素的区别和个性。

语义场的理论是现代语义学关于语义义位系统的一个很有价值的理论。最早提出语义场的概念并进行认真研究的是德国和瑞士的结构主义语言学家，如德国的特里尔。

（二）义位聚合的类型

一种语言里的所有义位构成一个总的义场，其中包含着大量的子语义场，这些子语义场彼此之间的义位性质不同，义位间的关系也不同，因而，语义场可以分成若干类型。找出并研究义位间的关系类型，有助于把握各个语义场及语言中的总语义场。

1. 分类关系

处于分类关系的各个义位，标志着同类事物或现象里的各个互有区别的具体对象。最简单的分类义场是二元的，只包含两个义位。如“男性、女性”，“中医、西医”，“软卧、硬卧”，等等。但更多的是包含多个义位的多元义场，如“金、银、铜、铁、锡”，“太平洋、大西洋、印度洋、北冰洋”，等等。

2. 同义关系

具有同义关系的义位有同有异，而且是大同小异。所谓同或者异，是指基本义相同或部分相同；所谓异是指附属义不同或者基本义部分不同。据研究，现代汉语至少有6000个同义义场①。同义义场大多是二元的，如“亲自、亲身”，“界限、界线”等；也有不少是多元的，如“开办、兴办、创办”，“全盘、通盘、全面、整个、全部”等。

3. 反义关系

具有反义关系的义位意义正好相反。义位反义的基础是基本意义中的共性义素相同，个性义素相反或相对。包括极性对立（如胖—瘦），互补对立（如生—死），关系对立（如买—卖）等。

4. 上下义关系

上下义关系指的是义位之间具有类和它包含的种之间的关系，是一种语义包含现象。意义较为概括的、表示泛指的是上义词，意义较为具体的、表示专指的是下义词。如“车：汽车、自行车、马车、人力车”等。上下义关系有的只有两层，有的具有多个上下义层。上义词之下的第一层，是直接下义词，直接下义词之下还可能有自己的直接下义词。除了最末端的底层义位和最顶端的表范畴义位，上下义都是相对的。

5. 序列关系

在一个语义场内，几个义位按照一定的顺序排列，它们之间的关系就是序列关系。很多表示事物现象的义位之间都具有序列关系，如时间序列（如：昨天、今天、明天）、空间序列（如：上、中、下）、数量序列（如：一、二、三……）、次第序列（如：伯、仲、叔、季）、等级序列（如：学士、硕士、博士）、习惯序列（如：酸、甜、苦、辣、咸）等。

6. 多义关系

以上各种聚合关系中，是多个词共居于一个语义场；多义关系则是一个词的多个义位共居于一个语义场。多义关系构成的语义场是以一个核心义位和若干外围义位构成的语义聚合体。核心义位和外围义位之间可以是链条型

---

① 张志毅、张庆云：《词汇语义学》，商务印书馆2001年版，第79页。

或者是辐射型的结构。所谓链条型，指多义词的各个义位具有前后相继的引申关系，如“中心”一词有四个义位：①跟四周的距离相等的位置；②事物的主要部分；③在某一方面占重要地位的城市或地区；④设备、技术力量等比较完备的机构和单位（多作单位名称）。②由①引申而来，③又由②引申而来，④又由③引申而来，即：①→②→③→④。这属于链条型的多义结构。所谓辐射型，指多义词的几个义位是分别从一个意义多向发散引申出来的，互相之间不具有逻辑上的先后关系。如“有心”就属于辐射型的多义结构，它的“有心计”、“有志向”、“有情意、有爱心”、“有意、故意”等几个义位很难说具有前后相继的引申关系。

7. 同族词关系

同族词即具有某个共同语素的若干个词。这是个以共同的语素为纽带构成的语义场。有人称作“构词义场”。其标志是有共同的语素。如汉语以“水”为共同语素的词，《汉语大词典》共收录了“水”字在前的词语700多个，如“水坝”、“水波”、“水草”、“水车”、“水稻”、“水害”、“水花”、“水果”、“水饺”、“水木匠”、“水天一色”等；“水”字在后的词语共600多个，如“泪水”、“开水”、“茶水”、“温水”、“三点水”、“一衣带水”、“以石投水”等。这些以“水”为共同语素的义位都构成同族词关系。

四、义位的组合

（一）义位组合的类型

义位的组合包括两种情况，一是义位的内部组合即语素之间的组合，二是义位外部组合，即义位之间的组合。义位组合的研究重在后者。

义位之间的组合也叫义位搭配，它是深层的语义现象，通常以词语搭配的形式外现出来。义位搭配主要是义位的固定组合或习惯性搭配，有时也指临时的或相对自由的搭配。义位组合可以动态地显现义位的内部关系和义位之间的关系，既反映义位的静态语义特征，也反映义位的动态语用特征。

义位组合可以分为超常组合和正常组合。超常组合往往是文学作品中偶然出现的超越现实、违背常规的义位组合，属于特殊组合。如北岛的诗《结局或开始》中有“我寻找砌在墙里的传说／你和我被遗忘的姓名”这样的句子，其中“砌”与“传说”的组合就属于超常组合。超常组合可以使文学作品尤其是诗歌具有独特、新颖的艺术感染力。正常组合则是日常交际中口语和书面语经常使用的一般组合。按组合出现的频率，正常组合可以分为高频组合、低频组合和中间类组合。如“豪华”跟生活、建筑等搭配属于高频组合，如豪华的生活、豪华的宫殿、豪华别墅、豪华酒店等；与车、船的组合，如豪华轿车、豪华设施、豪华油轮、豪华巴士等为中间组合；而豪华航线、豪华月饼等为低频组合。当然，所谓高频、低频也不是绝对的、不变的，而是相对的、动态的。

（二）义位组合的规则

义位组合要遵循一定的规则，规则既受到语言外部因素的制约，如是否符合客观现实等，也要受到语言内部因素如语音、语法、语义和语用等各方面的制约。

1. 语音规则

语音规则要求义位组合时要音律协调，如单音节义位通常和单音节义位组合，双音节义位通常和双音节义位组合，因此，可以说“网络购物”也可以说“网购”，但不说“网络购”或者“网购物”。并列结构复合词的组合通常是平声在前仄声在后的顺序（仄声中按上去入顺序），这也是语音规则起作用的表现。如“坟墓”、“思想”、“改变”、“将要”等。

2. 语法规则

语法规则决定具有某种语法类别的义位之间互相能否组合，如“不健康”可以组合，而“不桌子”不能组合。

3. 语义规则

语义规则最首要的是义位组合要具有客观现实和逻辑的合理性、可接受性。如“青岛直达济南的轮渡”这个组合就不具有现实性和可接受性，因为两地之间并无水路相通。因此，可以说义位组合是对现实的临摹或者说是现实的直接投射。语用规则以语义规则为基础，语义规则在义位组合中起主导作用。如组合在一起的各语义单位，常具有同一方向这样的语义特征，“收受”、“接受”、“回收”都具有“内向”特征，而“发放”、“散发”、“发售”则都具有“外向”特征；“上涨”“下跌”、“提高”“降低”则呈现出上下向的语义同一性。语义规则还表现在名词受具体语义角色（主宾语表示的身份、年龄、性别、言语社团等）条件制约，需要跟适合角色的动词或形容词组合，如能说“父母养育孩子”，不能说“和尚养育孩子”；能说“小朋友们活泼可爱”，一般不能说“老人们活泼可爱”。

有时，义位组合同时受到语音、语义及习惯等几个因素的影响。如几个形容词共同修饰某个名词时在线性序列的排列上呈现出有序性①，其规则既有语音的要求，如双音节形容词一般出现在单音节形容词的前面，如“漂

① 马庆株：《多重定名结构中形容词的类别和次序》，载《中国语文》1995年第5期。

亮的长大衣”；也有语义的规定，如单音节形容词连用时，一般按照“大小义——质地义——感觉义——度量义——色彩义——形状义”的语义顺序排列，如“大酥薄煎饼”；也有语义、语法的共同作用，如性质形容词和状态形容词连用时，后者一定在前，如“热腾腾的香甜豆浆”。

义位组合也具有民族性，如汉语的“年龄、年纪、年岁”各有自己的组合习惯和规则，英语只用一个“age”表示，就不存在组合的差异。

总之，义位组合是各种规则综合作用的结果。

五、义位的演变

关于词义的演变，长期以来通行的观点就是词义演变包括词义扩大、词义缩小、词义转移三种类型。然而，事实上，词义的演变远比这三种类型复杂得多。现代语义学认为，三分说是从逻辑学视角看待词义演变现象的，而词义演变非常复杂，必须用多种方法尤其是语言学分析方法才能真正揭示词义演变的规律。

词义演变的研究需要从演变的单位、演变的内容、演变的过程等方面详细考察。词义演变单位包括语义场、词位、义位、义素，因此词义演变内容包括：语义场的消亡和新生，语义场的丰化和简化；词位的丰化、简化以及义位的各种变化。

（一）语义场的变化

语义场的变化表现为语义场的消亡和新生、丰化和简化。

从语义场的角度观察义位演变，便于我们从整体上系统地、宏观地把握义位演变过程和规律。由于语义场是对外部世界的系统反映，语义场会同时受语言的和社会的多种因素的制约，因此，随着社会经济文化等外部因素的变化，语义场会随之发生各种变化。

语义场的消亡是指原来有的语义场后来消失了。如表示各种类型马的100多个义位在古汉语中构成了一个特称语义场，如“骄”（六尺高的马）、“騋”（七尺高的马）、“駥”（八尺高的马）、“骊”（深黑色的马）、“骝”（红身黑鬃尾的马）、“骗”（紫色的马）、“駹”（黑马白面）、“骥”（骏马）、“驽”（劣马）等，到了现代汉语中，这些义位不再使用，该义场也就消亡了。

语义场的新生是指语义系统中出现了新的语义场。如表示现代交通工具的“机动车”这个语义场就是新生的，包括“轿车”、“卡车”、“面包车”、“电车”、“摩托车”等。又如表示学位的“博士”、“硕士”、“学士”这个语义场也是新生的。

语义场的丰化是指语义场义位数量增多。如由于春播秋收是农业社会的典型特征，所以汉语表示季节的语义场起初只有“春”、“秋”两个义位。到了春秋时代才进一步有了夏冬之分，此时季节语义场有了“春”、“夏”、“秋”、“冬”四个义位，义位的增多使语义场出现了丰化。

语义场的简化是指原来的语义场义位数量多，区分细致，而到后来义位减少，义位之间的区分粗疏了。如古汉语的“饥”、“馑”、“荒”、“荐”构成的表示饥饿的语义场，如今只有“饿”和“饥饿”两个义位，这里发生了语义场的简化。

（二）词位的变化

词位的变化指一个词义位数量的变化，包括词位的丰化和简化。

词位的丰化和简化分别指词位中新增加或减少了义位。如“网”除了渔网、撒网的“网”义，又有了因特网的“网络”义，就是词位的丰化。据《汉语大词典》，“有功”有“有功劳、有功绩”和“有功之人”两个义位，但“有功之人”这个义位在现代汉语中已经消失，这是词位“有功”发生了简化。又如，“顾”本来有“看”、“照顾”两个义位，现在“看”义不是一个独立的义位，只作为语素义保留在现代汉语中。这是词位“顾”发生了简化。

（三）义位的变化

义位的变化包括转移、转类、虚化、缩小、扩大、深化、贬降、扬升、弱化和强化十种①，下面分别作简单介绍。

（1）义位的转移。指义位由指一事物转指相关的另一事物，如“青衣”由黑色的衣服转而表示戏曲的一种旦角，“兵”从兵器转指士兵。

（2）义位的转类。指义位演变前后发生了词类的转变，如“深交”本指深厚的交情，名词，后变为动词指密切地交往。

（3）义位的虚化。包括语法化和具体意义演变为抽象意义两种情况，后者更常见。语法化，一般指实词演变为虚词或变为纯语法标记，如汉语“被”、“将”、“把”等介词由动词虚化而来，如“被他发现”中的“被”是介词，而“他被发现”中的“被”就成了用在动词前表示被动的语法标记（一般称为助词）了。具体意义演变为抽象意义，如“权”本义为“秤锤”，后引申出抽象的“权力”义。“head”义为“头”，后引申出“上司”的抽象义。

（4）义位的缩小。指义位所指对象或适用范围的缩小。如英语的

① 张志毅、张庆云：《词汇语义学》，商务印书馆2001年版，第290～313页。

“room”，本为空间、地方的意思，后指房间。汉语的“子”在古代本是对男子的尊称，而在“子曰”中专指孔子。

（5）义位的扩大。指义位所指对象或适用范围的扩大。如“中国”原指中原地区，现指包括中原在内的中国政权所辖的全部领域。“洗”（古读“铣”）原本只指洗脚（洗手为“盥”或“澡”），后可用于所有对象的清洗。

（6）义位的深化。指随着人们认识的深入，义位更加合理科学。如“石”，在《说文解字》中指的是山石，实际上，石不仅存在于山，还存在于海河湖泊等，所以《现代汉语词典》中的解释是：“构成地壳的坚硬物质，是由矿物集合而成的。”

（7）义位的贬降。指义位演变出否定的、贬斥的意义。可以是基本意义的贬降，也可以是附属义的贬降。包括贬化（褒变贬、中变贬）、降格（褒变中），共两大类三小类。基本意义的贬化如“爪牙”（原比喻勇士、卫士、武将）、“神气”（原指神妙灵异之气或道家所谓的精纯元气）、“silly”（原指幸福的、神圣的，后指愚昧的），以上为基本意义由褒变贬的；“遭遇”原指遇到，今指遇到不幸的事情，为基本意义由中变贬。基本意义也可以由褒变中，如“人士”原指有名望的人物，是褒义的，现在则出现了中性化，如可以说“吸烟人士、可疑人士、在逃人士、黑社会人士”。附属义的贬降，如“图谋”原指谋划、谋求，附属义为中性，现则带有贬义。

（8）义位的扬升。指义位演变出赞许的、褒扬的意义。可以是基本意义的扬升，也可以是附属义的扬升。包括褒化（贬变褒、中变褒）、升格（中变褒），共两大类三小类。基本意义的褒化如“乖”（本指反常、邪恶、淘气等）、“傲岸”（本指高傲，有贬义）、“minister”（原指仆人，今指大臣），此为贬变褒；“牺牲”（原指祭祀、盟誓、宴飨等用的牲畜、祭品，引申指舍弃，后指为正义的事业舍弃生命）、“升华”（原指升官，后指事物的提高和提炼、由低级转为高级）、“knight（原指男孩，后指爵士）”，此为中变褒。贬变中的，如“执著”（原指固执或拘泥）、“woman”（原指粗俗的女子，今指一般妇女）。附属义也会发生扬升，如“嘴”原指鸟嘴，宋元时期指人时带贬义，到近现代汉语中则贬义消失。

（9）义位的弱化和强化。指义位所指的程度在使用中发生由弱变强或由强变弱的变化。如“病”，古代指严重的病，现在则通指疾病，可轻可重。“饿”，古代为严重饥饿的意思，现在则是一般的饥饿。这些是意义由强变弱。“恨”，原指遗憾，现意为痛恨、仇恨，所表示的情绪义由弱变强。

（四）义位演变的趋势和规律

义位演变总的趋势是从具体到抽象，而且相同语义场内的义位通常会发生相同的引申演变，即同场同模式。这在多种语言中都可以找到证据。如身体词汇常常派生出头脑词汇：英语的“see”（看见）可以表示领会、理解；汉语的“看”也有观察并加以判断的意思。这是视觉动词演化成为头脑动词。表示听觉的动词也可以演化出头脑动词，如英语的“listen”（听）可以表示听从、服从义，汉语的“听”也如此，而且“听”还有治理判断的意思，如“听政”“听讼”。表示感觉、触觉的动词也能引申出头脑动词，如英语的“feel”（感觉）还有认为的意思，汉语的“感觉”、“觉得”也是如此。同场同模式在多个语义场中都有体现。如表示颜色的义位能引申出道德等的评价义位，如汉语的“黑”、“红”、“白”，英语的“blue”、“yellow”等；表示“冷”、“暖”感觉的义位都能用来表示情感态度；表示某种动作的义位能引申出指称作动作的人，如“导演”、“监制”、“教练”、“裁判”等。

第三节　句子语义

一、句子语义的构成

对句子意义的研究是现代语义学的一个重要内容，也是现代语义学最有突破的领域。现代语义学研究句子意义不是研究某一句子的具体含义，而是研究句子的语义整体中可以区分出哪些语义层次和语义类型。类似于词义可以分解为语义意义、语法意义和语用意义，句子的语义也可以进行分解，一般分为词汇意义、关系意义和语气意义。

（一）词汇意义

词是句子的基本构成成分，句子中词的意义因而成为句子意义的重要组成部分。理解一个句子的意义，首先要理解构成这个句子的所有词的意义。如“他昨天刚从北京回来”这句话的意思和“他昨天刚去北京”的意思有所不同，就是因为它们所包含的词不相同。词汇意义的差别可以直接影响到句子意义的差别。

（二）关系意义

词语在组合成句子时总要形成一定的结构关系，由这些结构关系赋予的意义就是关系意义。关系意义一定是存在于某个特定的语法结构中，孤立的词语就没有所谓关系意义。词语之间具有的关系意义决定着句子的意义。因此，理解一个句子的意义，只了解词语意义还不够，还要了解句子中词的关系意义。关系意义包括语法结构关系意义和语义结构关系意义。

1. 语法关系意义

词语在一定的语法结构中形成一定的语法结构关系，由这种结构关系赋予的意义就是语法关系意义。如主谓结构所赋予的“陈述”意义，动宾关系所赋予的“支配”或“涉及”意义，偏正结构关系赋予的“修饰或限定”意义，并列结构关系赋予的“联合”意义等。通常一个语法结构都有一个明确的关系意义。如果一个语法结构存在两种语法关系意义，那么，这个语法结构就有两种不同的意义解释。如“进口彩电”中“进口”和“彩电”存在“支配”和“限定”两种语法关系，因此成了歧义结构。由此可见，语法关系意义会影响句子意义的理解。

2. 语义关系意义

语义关系意义是指词语在组合中产生的语义上的关系，它是一定的现实关系的概括反映。由这种结构关系赋予的意义就是语义关系意义，如“施事”关系义、“受事”关系义、“工具”义、“结果”义、“处所”义等。

3. 语气意义

反映说话人使用句子的目的如述说、发问、请求、抒发情感等，或者表达说话人情绪如喜悦、惊讶、不满、愤怒、犹豫、怀疑、坚决等的意义就是语气意义。语气意义可以通过语调形式表达，也可以通过一些虚词和语气副词来表达。如汉语中的“吗”可以表达疑问的语气，“呢”可以表达疑问或感叹的语气，“难道”表达反问语气，“居然”表达惊讶的语气等。正确理解句子的语气意义也是正确理解句子意义的重要条件。

二、句子的语义结构

（一）话题和述题

句义内的义位和义丛是按照一定的语义结构组合在一起的，这种结构可以叫做句义结构。句义一般都是说话人对某一对象所作的说明，因此句义一般包含两部分：被说明的对象和对该对象的说明。前者叫话题（topic），后者叫述题（comment）。话题是已知的旧信息，是确定的，是说话人与听话人共同讨论的题目。述题对听话人来说，是未知的新信息，是不确定的。

（二）谓词和变元

把句义分成话题和述题两部分，仅仅是句义分析的开始，还可以分解为谓词和变元两个组成部分。一个句子去除时态、语态、语气等情态方面的意义，可以得到一个抽象的命题结构，即述谓结构，包括一个“谓词”和若干“变元”。谓词一般就是句子中的谓语动词或形容词。变元又叫“题元”、“项”、“谓项”、“主目”等，是指与谓词有直接语义关系并受谓词支配的语义成分，一般是名词性的，在句子中常充当主语、宾语等句法成分。述谓结构是逻辑语义概念，是从句子中抽取出来的逻辑语义构架，不是交际中的自然语言现象，只是理论分析的产物。因此，要注意谓词并不等于谓语，变元也不就等于主语或宾语。

述谓结构的中心是谓词，它是变元的联系者。谓词是述谓结构中不可或缺的成分，变元则可有可无。谓词是句义中说明话题的成分，说明话题就是指出话题指称对象的变化、运动、行为或者情感、意愿或者状态、状况等。而谓词正是句义中表述话题的行为、情感、状态等的成分。谓词有的就是述题，大多是述题中的关键部分。一个述谓结构可以有多少种变元以及何种性质的变元，都是由谓词的语义决定的。如“睡觉”只能有一个表示行为发出者的变元；“他睡觉”这样的述谓结构是由一元谓词构成的。再如“写”这个谓词，则要有行为的发出者以及表示写的对象或结果的变元；“我写了一本书”这是由二元谓词构成的述谓结构。可以说，不同类型的谓词决定了句义结构的不同类型。

谓词语义规定了述谓结构的内容，从而也就规定了句子的语义框架。因此，有的句子即使省略了相应的变元，人们也能正确理解句子的含义。如交际双方在谈论喝咖啡，甲说“喝点咖啡吧”，乙说“不喝”。乙的回答虽然只有一个谓词，但甲完全能将“不喝”这个谓词的两个变元——动作的发出者（乙）和承受者（咖啡）补充出来，从而对句子的语义作出正确的理解。这说明句子语义结构对句义的理解起着引导作用。

（三）述谓结构的类型

述谓结构包含四种类型，分别是简单述谓结构、复合述谓结构、从属述谓结构、降级述谓结构。

简单述谓结构通常由一个谓词（或并列谓词）和若干变元组成，其中所有变元都只是名词性成分而不是述谓结构。如“小王生病了”、“水温很低”、“妈妈给我十块钱”等，都是简单述谓结构。

复合述谓结构是由两个或两个以上相对独立的述谓结构按照一定的语义关系复合而成的。所谓“相对独立”，是指复合述谓结构中的若干述谓结构之间不是谓词和变元的关系。如“河水很深，水流湍急”；“春天来了，天气渐渐暖和起来”；“你不想去那就算了”，这些都是由两个互不包含的述谓结构复合而成的，都是复合述谓结构。

从属述谓结构指在其他述谓结构中充当变元的述谓结构。如“妈妈不同意她去国外留学"，"他说你是个好人"，"派你去出差是领导们的决定"，这些述谓结构中都含有从属述谓结构，"她去国外留学"、"你是个好人"、"派你去出差"都是各述谓结构中的从属述谓结构。

在述谓结构的变元中充当修饰或限定成分的述谓结构就是降级述谓结构。如"他不相信我对他说的话"中的"我对他说"，"念了大学的儿子竟然不会自己洗衣服"中的"念了大学"都是降级述谓结构。从属述谓结构和降级述谓结构都是述谓结构，但前者是从述谓结构下降，以变元的身份出现；后者则进一步下降，成为了变元的组成部分。

（四）语义角色

根据谓词和变元之间不同的语义关系，可以把变元分为若干个语义类型，一般称作"语义角色"或"语义格"。变元在句义里的语义类型，是由变元和句义结构中主要是谓词在组合中的关系体现出来的。语义角色能体现谓词在搭配上的某些要求，并以谓词为中心组成句义的框架。

1. 语义角色的类型

语义角色的类型、名称和内容有很多不同说法，常见的语义角色有"施事"、"受事"、"主体"、"经验体"、"受益体"、"工具"、"处所"、"目标"、"来源"等①，下面简要介绍。

施事（agent），也叫行为者，指某一动作的执行者，具有发出动作的意愿，而且有控制自己行为的能力。如"他朗诵了一首诗"中的"他"，"The dog ran away"中的"The dog"就是所谓的施事。

受事（patient），也叫动作承受者，指承受某一动作结果的实体，常经历某种状态的变化。如"她洗了一件衣服"中的"一件衣服"，"The sun melted the ice"中的"ice"都是受事。

主体（theme），指被某一动作所移动或其所在地被描写的实体。如"他递给妈妈一本书"中的"一本书"，"The book is in your bag"中的"The book"就是主体。

经验体（experiencer），也叫经历者，指对谓词所描述的动作或状态可以经历或感受、但不能控制该动作或状态的实体。如"他听到了叫喊声"中的"他"，"Mum felt ill"中的"Mum"都是经验体。经验体与施事的区别在于是否有能力或有意识地控制谓词所表示的动作或状态。

受益体（beneficiary），也叫受益者，指某一动作的受益对象。如"妈妈给家人做了一桌菜"中的"家人"，"He bought me a cup of tea"中的

① 束定芳：《现代语义学》，上海外语教育出版社2000年版，第112～113页。

"me" 都是受益体。

工具（instrument），指执行某一动作、或某一事件出现的媒介。如"他用手机打了一个电话"中的"手机"，"I cooked the meal with an electric cooker"中的"an electric cooker"都是工具。

处所（location），指某物被放置或某动作发生的地方。如"书放在桌子上了"中的"桌子上"，"The man died in his bed"中的"in his bed"都表示方位处所。

目标（goal），指某一事物运动的方向。如"他飞速冲向教室"中的"向教室"，"Peter told the story to his friends"中的"to his friends"即表示目标。

来源（source），指某事物运动的起点。如"他从北京来"中的"从北京"，"we got the news from a local newspaper"中的"from a local newspaper"都表示来源。

2. 语义角色与谓词

从语义上看，一个变元在述谓结构中属于哪一种语义角色，首先取决于谓词的语义，谓词的语义规定着谓词与变元之间可能具有的语义关系。如"站"这个动词只能带施事，不能带受事、受益体、目标；"修改"只能带施事和受事，不能带受益体、方位、来源等变元。此外，一个变元在述谓结构中属于哪一种语义角色，与变元自身的语义有关。如"修改"所带的变元中，具有［+人］义素的变元只能充当施事，而不能充当受事的语义角色。

3. 语义角色与句法成分

语义角色与句法成分有一定的对应关系，如施事的语义角色经常充当句子的主语，受事则常充当宾语。但某一对象有可能担当一个以上的语义角色，如"他拿石头打小张"中的"小张"可以是目标，也可以是受事。

不止一个语义角色能充当主语，但它们充当主语的几率和可能性是有差异的，普遍的倾向是：施事>受事>主题>工具>场所。从左到右，越往左越有可能成为主语。同样，从右往左，如果某一语言允许"场所"作主语，那么它肯定允许左边所有其他的语义角色充当主语。但是，如果某一语言允许"工具"作主语，那它肯定允许左边的语义角色充当主语，但右边的就不一定能作主语。

（五）语义指向

要了解句子的语义结构，需了解"语义指向"。句子中某个成分在语义上与哪些成分发生联系，就是这个成分的语义指向。

语义指向可能与句法结构关系一致，也可能不一致。如"他踢完了球"、"他踢破了球"、"他踢赢了球"、"他踢累了球"中的"完"、"破"、

"赢"、"累"都是所在句子中谓语动词的补语，但除了"踢完"之外，其余三个补语在语义上都没有和"踢"发生联系，也就是说语义都不指向动词"踢"："他踢破了球"中的"破"语义指向宾语"球"，"他踢赢了球"、"他踢累了球"中的"赢"和"累"语义指向主语"他"。

有时，句子中某个语义成分的语义指向还可以涉及句子中未出现的成分，如"小张的要求被客气地拒绝了"中的"客气"语义上当是指向未出现的"拒绝"的实施者。

三、句子间的语义关系

（一）同义关系

两个不同的句子A和B表达相同的意义，我们说A和B两个句子具有同义关系。如"他小时候是个孤儿"和"他小时候就失去了父母"这两个句子的意义是相同的。"他妈妈下岗了"和"他妈妈丢了工作"是同义的。

（二）反义关系

甲乙两个句子意义正好相反。如"他去过南极三次"和"他从没去过南极"两个句子表达的是相反的事实。

（三）蕴含关系

蕴含关系也叫包含关系。如果甲句为真，乙句必然真。通俗地说，句义甲包含句义乙，即甲句的意思中含有乙句的意思。如"我的家人很爱我"和"我妈妈很爱我"，前句为真，后句必为真，即前一个句子蕴含后一个句子的意思，也可以说后一个句子蕴含在前一个句子之中。

造成句子之间蕴含关系的原因，主要是上下义词之间具有的蕴含关系。如"He loves animal"蕴含"He loves dog"，就是因为"dog"和"animal"是下义词和上义词的关系。下义词必定属于上义词，上义词包含下义词的所有特征；反之则不然。因此，可以说上义词蕴含下义词，但不能说下义词蕴含上义词。这是一种单向蕴含，故可以说"He loves animal"蕴含"He loves dog"，但不能反过来说后句蕴含前句：他可能只喜欢狗而不喜欢其他的动物。再如"我的家人很爱我"蕴含"我妈妈很爱我"，因为"妈妈"是"家人"的下义词。但"我妈妈很爱我"并不一定意味着家里其他人也很爱我，所以"我妈妈很爱我"并不蕴含"我的家人很爱我"。

一个句子的蕴含往往不止一个，因为正如我们前面提到的上下义关系是相对的，上位词之上可能还有上位词，下位词之下可能还有下位词。这样就可以形成一个蕴含序列：a蕴含b，b蕴含c，c蕴含d……通过蕴含关系，一个句子可以和若干句义联系在一起，这些若干句义都可以成为这个句子的潜在意义。

如果两个句义具有互相蕴含的关系，那么，它们就是同义关系了。如“小张是老张的儿子”和“老张是小张的父亲”两个句子就是互相蕴含的，故是同义关系。

如果两个句义互相以对方的否定命题为蕴含，它们之间就是矛盾关系。如“张兰是老师”蕴含“张兰不是学生”，同样“张兰是学生”蕴含“张兰不是老师”，则“张兰是老师”和“张兰是学生”两个句义是矛盾关系。

（四）预设关系

预设又称为前提，指的是说话者在说出某个话语或句子时所预设的条件。和蕴含一样，预设关系也是有句义甲就一定有句义乙，或者说由句义甲可以推断出句义乙。但是，蕴含包含在句子的断言范围之内，是句子的基本信息；而预设不在句子的断言范围之内，只是句子的背景信息。如“这个国家有位女总理”和“这个国家有总理”两个句子，后句是前句的前提。再如“他哥哥在美国留学”，前提是“他有哥哥”，也就是说“他有哥哥”是“他哥哥在美国留学”的预设。而根据“他哥哥在美国留学”，可以推断出“他哥哥在美国”，这是蕴含，即“他哥哥在美国”蕴含在“他哥哥在美国留学”中，前者包含在后者的基本信息范围之内。

一般情况下，如果乙是甲的预设，则否定甲时，乙仍然可以成立。“他有哥哥”是“他哥哥在美国留学”的预设，否定后者——“他哥哥不在美国留学”，那么“他有哥哥”依然成立，可以是“他有哥哥但不在美国留学”。而如果乙是甲的蕴含，则否定甲，那么乙可能成立也可能不成立。“他哥哥在美国留学”被否定时，则“他哥哥在美国”这个蕴含可能成立，即他哥哥在美国但不是留学；也可能这个蕴含不成立，比如他哥哥不在美国留学而在英国留学。

思考题

1. 语义和意义两个概念是否相同？
2. 语义的单位有哪些？
3. 义位的性质如何？
4. 义位的构成如何？
5. 义位之间有哪些关系？
6. 义位有哪些演变类型？
7. 句子的语义结构是怎样的？
8. 再举些例子说明句子间的蕴含和预设。

第七章　音义结合的固定单位：词汇

第一节　词汇和词汇学

一、什么是词汇

语言是语音和语义结合的符号系统，这是从总体上来说的，具体来看，语音和语义的结合具有固定的单位，这就是一个个的词语。从语音来看，除了语调之外，所有音位（包括元音、辅音、声调等）及其组合规则都体现于词（或语素）的读音上；从语义来看，最重要的语义单位是义位及语素义，义丛、义句都是义位组合的结果，义素只是抽象分析的结果，而义位对应的就是词，语素义对应的是词的构成单位——语素。所以，语言中音和义的结合并不只是抽象的概括，而且是具体体现在一个个的词汇单位上。如果把语言比作一个人，那么词语就是语言的细胞；如果把语言比作高楼大厦，那么词汇就是构造这些高楼大厦的建筑材料。接触一种语言或方言，首先感知到的除了语音，就是一个个词语。人们学习一种语言，也是从语音和基本的词语入手。

所谓词汇，是一种语言中所有词和语（固定短语）的集合。它包括词和语两部分，词是词汇的中心。固定短语（也叫固定词组）是词与词的固定组合，有三种情况：第一种是几个词组合起来共同表示一个概念。如“商品经济”由两个词组成，“中华人民共和国”由三个词组成，“获得性免疫力缺损综合征”由四个词组成。第二种是成语、惯用语。如汉语的“入木三分”、“走后门”，英语的“come to nothing（一无所成）”、“give a good hiding（迎头痛击）”、“snap sb's nose（气势汹汹地回答某人）”、“have one's heart in one's boots（比喻绝望、沮丧透顶）”、“at sea（茫然不知）”、“break the ice（打破沉默）”、“the apple of Sodom（比喻金玉其外，败絮其中）”。这些固定短语结构固定、表达一个整体的意义，通常不能改变其结构，意义也不能单纯由字面来理解。汉语的歇后语与此相近。上述两种固定短语尽管是由两个以上的词构成的，但与词的性质、作用是相当的。它们都是用固定的语音形式指称一定事物现象的符号，其形式和意义都是固定的，在语言系统中都是固有的且被人们作为一个整体使用，与词一样是语言中的固定单位。词典（包括各种专业词典）通常都会收录这些固定短语。第三种是谚语、格言。如汉语的“一年之计在于春”、“远亲不如近邻”，英语的“All is not gold that glitters（发光的未必都是金子）”。谚语和格言都是一些固定的语句，一般在话语中单独成句，与上述两种情况的固定短语不同。一般的词典很少收录这些谚语、格言。但是，这些谚语、格言都是历史上形成并继承下来并且为现代的人们习用的固定语句，所以也可以视为词汇的成员。

词汇作为语言学术语，是指一个特定的集合概念，即词和语的总汇。因此它只能指一种语言中全部词和语的整体、集合体，而不能用来指称一个一个的词或语。如：“‘梨花’这个词汇也成为入冬以来论坛上的高频词汇。”“虎虎生威、生龙活虎，这些和虎有关的词汇充满着一种力量。”前一句中的“词汇”宜改为“词”，后一句中的“词汇”宜改为“词语”。有时候，一个作家、思想家或其他个人所掌握的词语的总和，一篇文章、一部文学作品或典籍所用词语的总和，习惯上也称为词汇，如可以说“老舍作品中的北京话词汇”、“网络词汇”、“《红楼梦》的词汇非常丰富生动”等。

那么，一种语言比如汉语的词汇、英语的词汇有多少呢？很难准确统计。一般说一种语言的历史越悠久，它的词汇数量就越多；而一种语言中的词汇数量越多，也就表明这种语言越发达。如汉语有文字记载的历史就已经有三千多年，仅《汉语大词典》收录的词语就达 37 万多条。而这并不是全部，学者们不断发现了大量失收、漏收的词语。近代西方最大的《牛津英语词典》收词 41 万多条。不过，人们在实际交际中使用的词汇数量远没有这么多，一般在 8 万左右，如《现代汉语词典》（第 5 版）收词 6.5 万条，《柯林斯 COBUILD 英语词典》收词 7 万 5 千多条，《韦氏高阶英语词典》收词 10 万条。

二、词汇的性质和特点

（一）任意性与理据性

任何语言的词语，特别是意义单一的词，用什么音表什么义在初始阶段大多是任意的。如汉语叫“刀”、“人”、“水”的东西，英语叫“knife”、“man”、“water”，德语叫“messer”、“menschen”、“wasser”，韩语叫“칼”、“사람”、“물”，这都是任意的。若在语言创制之初，汉语、英语、德语、韩语社团分别给它们以别的不同的名称，也未尝不可，因为这些事物和它们的名称之间没有什么必然的本质的联系。这就是词汇的任意性。

但并非所有的词音义之间的联系都是任意的，也有相当多词语，特别是“复合词”、“同源词”，其音义之间具有可解释性，即是有理据的。

复合词是两个以上的语素相互组合，构成一个新的词。两个语素的组合一定有合乎逻辑的联系和关系，而不是毫无道理地胡乱堆砌。如汉语“手工”和英语“hand made”的词义就是“手（hand）和工（made）”的两个语素义的结合，汉语“手帕”和英语“snot（鼻涕）rag（抹布）”的词义也可以从其构成语素上找到解释。

汉语中的同源词，指有相同音义来源的一族词。如汉语的“巠”有“细而长”的意思，这个音义的结合是任意的，但以此为源头，产生了一系列词语，如“经（经线）”、“颈（脖子）”、“径（路径）”、“茎（植物的根茎）”、“泾（直流的水波）”、“迳（小路）”、“胫（人的小腿）”等，这些词读音相同或相近，词义中都含有“细而长”的要素，它们的音义联系是可论证的。

亲属语言之间的同源词，则指从共同母语中继承下来的词。如古汉语中的“爵”和“雀”音同义通。《说文解字》：“爵，礼器也。……器像雀者，取其鸣节节足足也。”“雀，依人小鸟也。……读与爵同。”据今人研究，爵可能是东夷地区鸡彝的演化。“爵”字即取“雀”字之音，上古音为＊tsjakw。“爵”和“雀”的这种关联在汉藏语系的亲属语言中也可以看得到，如广西龙州壮语［tɕok^{7}］① 既表麻雀，也表杯子；云南傣仂语［tsɔk^{7}］既表麻雀，也表杯子；泰语［ka-tɕɔːk^{7}］既表麻雀，也表高脚杯；藏文酒杯为skjogs，喜鹊为skja-ka。这说明这些语言中的这些词来自共同的汉藏母语②。

① 上标的单个数字“7”表示调类。下同。

② 马学良：《汉藏语概论》，民族出版社2003年版，第81页。

由此可见，词汇既具有任意性也具有理据性。

（二）普遍性与民族性

人类所面对的客观世界大体一致，不同民族、不同语言的人群具有的思维能力也基本相同，因此人类在用语言尤其是词语反映客观世界时，表现出了很大的相似性，即语言中的词汇有相当多的内容在各种语言中都存在，如表示太阳、月亮、男人、女人、白天、黑夜、河流、山川、生老病死等这些词语。即使有的事物原来没有后来出现了，各种语言也会创造出词语来表达这个事物。如计算机是新出现的，英语用“computer”表示，汉语则叫做“计算机”或“电脑”。简言之，在语言中有哪些词这一点上，各语言表现出了相当大的普遍性。

但与此同时，词语对客观事物的表达又有某个民族的独特性，反映出民族的差异性。如在表示感叹时，英语民族会说“my god”，汉语说“老天爷（或天）哪”，阿拉伯语说“Allah（真主）”，韩语说“세상에（世上啊，天哪）”或“어머나（妈呀）”。当然，民族性更多地表现在由于不同民族有不同的社会、历史、地理等文化特征，因此词语中就会产生各自独有的文化特征词。如汉语的“梅、竹、饺子、元宵”等；英语社团特有的“White House、Wall Street、Coca-cola、Hollywood、Disney”等。此外，词义的民族性也是词汇民族性的重要表现，请参看第六章第二节关于“义位的民族性”的讨论。

（三）活跃性与稳定性

词汇是语言的几个要素中最为活跃的部分。在词汇与社会生活的关系更加密切时，社会生活的发展变化都会很快反映到词汇中。旧的事物现象消失了，反映它的词语也会随之消失，如“笏、耦耕、凌迟、科举、佃农、红卫兵、工宣队、支左”等；新的事物现象出现了，语言必然会创造新词语来记录反映它，如“网虫”（沉迷网络的人）、“房奴”（为买房而背上高额债务的人）、“拼客”（为了减少花销而一起做事的人）、“裸考”（参加考试时没有任何加分）、“秒杀”（迅速取胜）、“威克”（互联网中的有偿分享者）、“职粉”（职业粉丝）等。这种变化更迭的速度惊人之快而且从未停止过。可以说，社会发展变化越快，词汇的发展变化也就越快。《现代汉语词典》2002 年的第 4 版与 1996 年的第 3 版相比，增加了 1200 条新词新义，而仅仅三年后的 2005 年第 5 版又增加了 6000 个词条，而删去的词条只有 2000 条。可见，词语数量的增加是词汇变化的主流。其他语言也是这样。如《牛津英语大词典》1928 年初版共 10 卷，1933 年第二版就增至 13 卷，到 1986 年又出版了 4 卷《补编》。《新英汉词典》在 1984 年修订版中增加了二十年间出现的4000多条新词、新义、新用法。这都反映了词汇的活跃性。

但同时，词汇的变化也不是无任何限制的。毕竟词汇作为语言这个交际工具的一个要素，要受到语言社团成员的规约，新词的增加、旧词的消亡都是渐进的，不能一蹴而就，而且变化的只是词汇系统中的一小部分，绝大多数的词语千百年来是稳固不变的，这才能保证交际顺利进行。此外，语言的约定俗成的特性，也使得词汇不能任意改变。例如，虽然现代的“铅笔”已不含铅，但人们还是叫“铅笔”；“熊猫”从科学性、准确性角度上讲，应称“猫熊”；虽然人们早已知道大脑才是思维器官，但汉语还是说“心想”、“潜心钻研”、“在心里盘算”。除非汉语社团共同认可，否则要改变这些明显有“错”的词语就会带来交际的混乱和障碍。另一方面，词汇是语言系统的组成部分，其自身也是有系统的，一个词的价值不仅取决于自身还取决于处于同一系统中的其他成员。如英语亲属称谓中不少词语如“uncle”、“aunt”、“sister”、“brother”都不如汉语相应亲属词区分得细，但假如要加入一个新词那么其他词也要随之做出调整，如要区分“哥哥”和“弟弟”，说“elder brother”，就必须要说“younger brother”，说“elder sister”，就必须要说“younger sister”。

三、词汇学及其分类

（一）词汇学

词汇学是以词汇为研究对象的语言学的分支学科。词汇作为语言结构系统的一个要素，也有自己的内部系统和使用规则，存在自己的结构关系。词汇学研究词的性质、词的构成、词的各种关系，研究词汇的类型划分、结构关系、发展规律等。

（二）词汇学的分类

词汇学根据侧重内容的不同，可以分为具体词汇学和普通词汇学、历史词汇学和描写词汇学以及历史比较词汇学等。

具体词汇学是具体研究某种语言词汇特点和规律的词汇学，如英语词汇学、汉语词汇学、俄语词汇学等。普通词汇学则研究词汇的一般理论。

历史词汇学从历时的角度研究词的本义、词的最早形式和它的发展过程等内容。其中，从微观上探求具体的词的来源和发展变化过程的叫做词源学。描写词汇学从共时的角度对某个时期相对稳定的词汇状态进行描写性研究，考察、分析它的构成和组织情况，揭示其组织成员间互相制约、对立、对比、因应等各种关系。

历史比较词汇学运用比较的方法，研究有亲属关系的多种语言、方言的词，以构拟它们在共同的母语中的形式和意义，考察不同词汇系统的词语间的共源关系以及各自不同的发展过程。

第二节 语素和词

一、语素

（一）什么是语素

语素是语言中最小的音义结合体，也是最小的语法单位，其作用就是用来构词或表示词的语法意义。语素本身有的有意义，包括词汇意义和语法意义，前者如“坏蛋”的“坏”和“蛋”，后者如英语 books 中表复数的-s。有的语素本身没有什么具体的意义，但能够起区别意义的作用。比如“小姐”的“小”没有什么实际的意义，所以可以说“老小姐”、“大小姐”等，但它使“小姐”的意义不同于“姐”，因而也有其词汇作用。又如“老师”和“老虎”中的“老”，其作用就是使不成词的语素“师”和“虎”分别成为可以单独使用的词。因此语素最重要的作用在于区别词的意义，包括词汇意义和语法意义。

语素是音义结合体，所以它应该具有语音形式和意义内容，二者缺一不可。如“民工”由“民”和“工”两个语素构成，二者既有固定的读音、也有确定的意义。没有意义内容的语音形式不是语素。如“蜻蜓”中的“蜻”和“蜓”虽然都有读音，但没有意义，所以不是语素，二者结合起来才有意义，因此字典或词典在说明这类字时是用合起来的语素来解释的。没有固定语音形式的意义内容也不是语素。比如“词汇”部分所讲的“义素”就不是语素，例如“丈夫”与“男人”在“已婚”这个义素上不同，但这个语义特征我们也可以表述为“结了婚”、“结过婚”和“已经结婚”等，没有固定的读音，所以不是一个语素。

语素的语音形式可以是一个音节（如“民”），也可以是几个音节（如“克隆”），也可以是一个音素（如英语 teacher 中的-er [ə]），甚至只是一个语音特征（如汉语“画儿”中的“儿”只表示卷舌特征）。语素的意义内容可以是词汇意义，如英语 reader 中的 read 和-er 分别表示主要的词汇意义“读”和附加的词汇意义“者”；也可以是语法意义，如英语 reads 中的-s表示单数第三人称现在时；还可以是没有具体的意义，但可以用来区别意义，如“阿姨”中的“阿”本身没有意义，只是用来区别于“姨”①。

语素可以相互组合构成语素组，语素组是由两个或多个语素临时组合起来构成的结构。一个语素组可能本身就是一个词，也可以只是词的一部分，比如汉语“向日葵”中的“向日”，“合作社”中的“合作”，英语 honey-mouthed（甜言蜜语的）中的 honey-mouth 等。不管哪种情况，语素组的作用都是用来构成词。

（二）语素的分类

语素有不同的分类方法，大体上可以分为三种：语音标准、意义标准和语法标准。

语音标准主要是按语素的音节数来分。有的语素只由一个音节构成，在汉语中就表现为一个有意义的汉字，如：人、民、老、子；再如英语的 clone（克隆）、this（这）、that（那）。有的语素由双音节构成，如汉语的“伶俐、彷徨、玻璃、轰隆、姥姥”，英语的 missa（弥撒）、father（父亲）、paper（纸）。有的语素在语音形式上表现为多个音节，如汉语的“穆斯林（muslim）、哈尔滨（来自满语），英语的 tomato（西红柿）、fremitus（震颤）。如上文所说，还有的语素只是一个音素（如英语的-s）；甚至只是一个语音特征，如汉语“画儿”、“盖儿”、“小刀儿”中的“儿”尽管原来是一个独立的音节，但在现代汉语中已经不独立，而是一个依附于前一音节的卷舌特征，前一音节的韵母加上它后变为卷舌韵母。再如汉语山东烟台方言中，动词可以儿化，相当于普通话中的“动词+了”，如“吃儿饭”即“吃了饭”，这个“儿”由“了”变来，也是只剩下了一个卷舌的语音特征，加在动词上使动词的韵母变为儿化韵，但仍有“了”的语法意义，所以说仍是一个语素。当然，只是一个语音特征的语素是很少见的。

意义标准就是看语素意义的虚实。有的语素意义比较实在，可称为实义语素，如：民、奔、朗、康。有的语素来自于虚词，因而意义比较虚，可称为虚义语素，如：之前、借以、属于、然而。有的语素意义则完全弱化了，看不出明显的意义来，如：第一、国家、斯文、尾巴。

语法标准就是看语素在词当中的功能。语素的作用是用来构词或表示词的语法意义，所以功能标准是最重要的标准。语法功能有不同的内容，所以按这种标准分类也有不同的角度。有的语素可以单说，称为自由语素，如：

① “阿姨”在一些方言中就是“姨”（姨母）的意思，但在普通话中意义不同。《现代汉语词典》：“（1）〈方〉姨母。（2）儿童称呼跟母亲年岁差不多的无亲属关系的妇女。（3）对保育员或保姆的称呼。”

人、看、好、一、我；有的语素不能单说但可以单用，称为半自由语素，如：从、和、了、吗；有的语素则既不能单说也不能单用，称为黏着语素，如：民、观、丽、乎乎。有的语素可以单独成为词，称为成词语素，如：狗、看、好、从；有的语素则只能与别的语素组合后才能成为词，称为不成词语素，如：犬、视、佳、自、员、初。语素在组合成词时，有的位置比较固定，称为定位语素，只能在前的如“阿、第、初”，只能在后的如“子、儿、头、里”；有的位置则比较自由，可称为不定位语素，国（国家～中国）、返（返回～往返）、丽（丽人～美丽）。

语法功能标准中最重要的是看语素在词中所起的作用。根据这个标准可以把语素分为两大类：构词语素和构形语素。构词语素是用来构成新词的，根据其意义的虚实又可以分为词根和词缀两种。词根是自身意义实在的语素，表示词的主要词汇意义，如汉语“读者、阿姨、老师”，英语keeper（看守人）、im personal（无人称的）、un marked（无标记的）。有的语素原来有实在的词汇意义，后来在词中逐渐演变为不表义的成分，如：国家、窗户、忘记、睡觉、质量，这种词可称为偏义词。

词缀是指附加在词根之上的语素，根据与词根的相对位置又可以分为前缀（在词根之前）、后缀（在词根之后）和中缀（插在词根中间）。前缀如汉语“老虎、阿哥、第一、初三”，英语prefix（前缀）、subcategory（次范畴）、uncountable（不可数的）。后缀如汉语“盖子、画儿、看头、记者、选手、作家、黑乎乎、灰不溜秋”，英语 govern er（统治者）、dark ness（黑暗）、hope ful（有希望的）。不同的后缀可以连在一起，如英语 self lessness（无私）、wonder fully（奇妙地）。前缀和后缀也可以同时加在词根上，如英语unlove ly（不可爱的）。不过这种现象在汉语中很少见，像“半自动化”可以算作此类。前缀和后缀在词中的作用不尽相同，比如英语前缀多表示词汇意义，但很少决定一个词的词性，而后缀则带有很强的语法意义，大多能决定词性。相对于前缀和后缀来说，世界上有中缀的语言较少。有的语言中缀插在两个词根中间，如藏语拉萨话中缀-ma-插在两个词根中间表示“非此非彼”，如：sa^{55}-ma^{55}-tʂo^{132}（半农半牧）、ra^{11}-ma^{55}-lu^{132}（半山羊半绵羊，杂种）。而有的语言里中缀可以插在一个词根中间，如南岛语系卑南语中缀-em-插在形容词词根中表示使动，如：kuatis（坏）→k-em-uatis（破坏）；中缀-in-插在形容词词根中表示被动，如：k-in-uatis（弄坏了的）。现代汉语中可作为中缀的只有“糊里糊涂、傻里傻气、古里古怪”中的“里”和“神乎其神、难乎其难、微乎其微”中的“乎”等。

词缀是用来构词的，不过不同词缀的构词能力不同。按照构词能力的大小，现代汉语的词缀大致可以分为三类：第一类完全不能类推，比较（加星号的是不存在的形式）：老虎～＊老狮、盖子～＊掀子、画儿～＊写儿；第二类可以有限类推，如加在姓前的“老”、加在“一”到“十”前的“初”；第三类可以自由类推，如“半—、准—、—性、—化”等，这一类大多翻译自外语特别是英语，这也说明英语词缀的构词能力比汉语强。

在一个词的内部，词根与词缀合起来称为词干，它是词的主干部分。如英语work er、mis lead（误导）、un friend ly（不友好的），加波浪线部分为词根，加下划线部分为词缀。附加在词干之上表示词的某种语法意义的成分就是构形语素，构形语素大多附加在词干末尾，所以称为词尾。如英语：reader s（名词复数）、look ed（动词过去时）、walk ing（动词进行体）、old er（形容词比较级）。词尾在词中的作用与词缀不同，词缀是用来构成新词的，所以有词缀和没有词缀的是两个不同的词，如英语 direct（动词）-director（名词）；而词尾不是用来构成新词，而是用来表示该词的某种语法意义，所以有无词尾都是同一个词，如英语 director（单数）-directors（复数）。有时词缀与词尾可能同形，例如英语-ing 既可能是进行体词尾，也可能是构词后缀，比较：reading（看，词尾）、misleading（误导的，后缀）。

有时同一个语素可能有不同的语音形式。比如英语规则动词的过去时词尾-ed 有［id］、［t］和［d］三种发音，如：needed［ˈnidid］、looked［lʊkt］和 loved［lʌvd］。这种同一个语素的不同语音形式可以称为语素变体。语素变体的出现，有的有条件有的没有，前者叫条件变体，后者叫自由变体。比如上面-ed 就包含三个条件变体：［id］出现在［t］或［d］之后、［t］出现在［t］和［d］之外的清辅音后、［d］出现在［t］和［d］之外的浊辅音后。与此类似，有时同一个语音形式可能代表不同的语素，包括词根和词缀的不同。比如汉语“老”、“子”、“儿”和“头”，既可以是词缀也可以是词根，比较：老王-老汉、胖子-鱼子、信儿-健儿、前头-人头，每组左边是词缀，右边是词根。

二、词和词位

（一）词

语言系统内有种种单位，如语素、词、短语、句子等。其中，词是居于中心地位的单位。词不仅是基本的词汇单位，也是语法的基本单位。语法无论是句法还是词法，都以词为必要的基础，离开词，语法结构就无从谈起。因此，人类语言有时被称为“词的语言”。

那么什么是词呢？词是语言中最小的能够独立运用的音义结合体。

词的独立运用是指在交际中可以独立用来构成词组和句子，这是词最主要的功能。有些词可以单说，也就是单独回答问题，如“人、看、一、我、干净”等；有些可以单独充当句法成分，即主语和谓语、述语和宾语、定语和中心语、状语和中心语、述语和补语等，如“很好（状语）”、“好极了（补语）”、“美事（定语）”等；有些词虽然不能单说或做句法成分，但可以用来帮助组词成句，主要是虚词，如“的、和、从、了、吧”等。

词具有固定的语音形式，一是在单念时有固定的音节结构，就汉语来说就是有固定的声、韵、调；二是前后可以有停顿，但中间不能有停顿。

词也有固定的意义。词的意义既可以是某种概念内容（包括事物、动作和性质等）；也可以是某种关系（如“的”表示修饰限制、“和”表示并列、“但是”表示转折等）；还可以是表示说话人的语气或感情态度等（如“吗”表示疑问、“唉”表示叹气等）。

相对于更低一级的语法单位语素来说，词最重要的特点是可以独立运用；而相对于更高一级语法单位的词组来说，词最重要的特点则是结构上具有凝固性、意义上具有整体性。词在结构上的凝固性表现在，它是语素与语素之间的固定搭配，语素之间结合得很紧密，因此既不能拆开也不能在中间插入成分，否则要么不说要么改变其意义。比较：国家-国和家、改良-＊改得良、关心-＊关了心。词在意义上的整体性表现在，它的整体意义不是组成成分（语素）的字面意义的简单相加。比较：语言≠语和言，白菜≠白的菜，走狗≠走（跑）的狗，（很）眼红≠眼（很）红。

同时，词在结构和意义上的这种凝固性是没有规律的，因而一般是不可预测的。比如在现代汉语中，坏人叫“坏蛋”，而好人却不能叫“好蛋”；“手软”是一个词，而“脚软”却不是。古代汉语的“走”已经演变为现代汉语的“跑”，但今天仍然只能说“走狗”而不能说“跑狗”。可见，什么语素能与什么语素组合、组合后表示什么意义是没有规律的，主要是约定俗成的。即使在现代汉语中复合词在结构关系上与词组和句子基本相同，但是我们仍然找不出一个规律来预测，哪些语素与哪些语素组合形成何种结构关系。比如复合词“地震、兵变”与“席卷、龟缩”都是名词性语素加动词性语素，但前者是主谓关系，而后者是偏正关系。“海啸、人为”与“心虚、性急”都是主谓关系，但前者是动词，而后者却是形容词。正是因为词在结构和意义上具有这种凝固性，所以每种语言都要专门编纂词典把它们收集起来，要掌握一种语言的词也只能是一个词一个词地学习。

从结构上来说，词是由语素构成的，所以词是词法的单位；从功能上来说，词是用来造句的（包括组成词组和句子），所以词又是句法的单位。词既是词汇单位，也是语法单位，其语法作用就是用来构成词组和句子。词可以从内部来研究其构成和变化的规律，也可以从外部来研究它在词组和句子中的作用，前者属于词法部分，后者属于句法部分。所以词既是词法研究的对象，也是句法研究的对象。

（二）词位

正如一个音位往往有变体，同一个词也常常出现不同的形式。比如"谁"，其语音形式有时为"shuí"，有时为"shéi"；"热闹"有时可以表现为"热闹热闹"，有时又表现为"热热闹闹"；"铁"在"铁饭碗"中是"坚固"义，在"铁着个脸"中是"严厉、严肃"义，在"铁脚板"中是"坚硬"义，在"铁的事实"中是"牢固，不可改变"义，在"铁汉子"中是"坚强"义。又如，英语中的"do"，可以有"did，done，does，doing"等多种形态变化。但是，"谁"、"热闹"、"铁"、"do"这些词无论语音形式、语法形式、语义内容怎样变化，我们还认为它就是一个词，是同一个单位。词的这些不同变异形态，统合起来为一个单位，就是词位(lexeme)。"词位"在理解和使用上可以等同于"词"，但用"词位"表明它是一个可能包含有不同变异形态的、统合的单位。

三、词的分类

词具有多方面的属性，因此，对词可以依不同标准进行分类。不同的分类形成不同的聚合。

（一）从音节数量上分

各种语言的词都包含不同数量的音节，如英语的"cat（猫）"只有一个音节，而"teacher"却有两个音节。汉语的词根据音节数量可以分为单音节词、双音节词和多音节词三类。单音节词如"人、手、看、跳、好、美、了、呢"等；双音节词如"书包、报纸、移动、自由、干净"等；多音节词如"辩证法、微波炉、奥林匹克"等。据《现代汉语常用词表（草案）》，该表所收56008个常用词中有单音节词3181个，双音节词语40351个，三音节词语6459个，四音节词语5855个，五音节和五音节以上词语162个。可见，现代汉语常用词中双音节词最多，其次是三音节、四音节和单音节的，而五音节及其以上的常用词数量较少。

（二）从来源上分

1. 传承词

根据词语的来源和使用情况，词汇可以分为传承词和非传承词。

所谓传承词是指从古至今一直沿用下来的词语。传承词的首要特点是固有性，即是本族语言中原本就有的，而一般不是从别的语言中借来的。第二个特点是悠久性，传承词从古至今一直沿用，历史悠久，不是新造词。虽然传承词历史悠久，但至今仍然活跃在现代词汇系统中，而不是已经消亡的或很少使用的，所以使用的活跃性是传承词的第三个特点。如“人、天、火、刀、大、生”等从汉语甲骨文时代到现在三千多年一直在使用；而“坏、吃、了、吗”等词虽然历史短些，但也至少有数百年到上千年了，这些词在现代汉语中仍是重要的基本词语，都属于传承词。有些词虽然是从别的语言中借用过来的，但因为历史悠久，已经没有了外来色彩，如“葡萄”、“琵琶”、“狮子”① 都是汉代传入我国的，已经使用了两千年，应该也算是传承词。

2. 非传承词

传承词之外的是非传承词，包括新词和方源词、外来词这两类特殊来源的词语。

（1）新词。指过去没有而新创造出来的词语。语言发展的各个历史时期都会有新造词以反映新出现的事物现象。如“土改、供销社、样板戏、人民公社”等是 20 世纪五六十年代汉语的新造词；“下海、家庭承包制、万元户、个体户”等是改革之初出现的新词语；“网购、支付宝、版主、网瘾、网银”等新词语是网络高度普及之后的产物。外语中新造词也很多，如英语中的“clone（克隆）、think tank（智囊团）、ecocrisis（生态危机）、internot（因特网盲）、log-off（脱机）、pink collar（粉领）、talkathon（马拉松式辩论、冗长的演讲）”等。狭义的新造词只指利用原有语素按照通常的构词方式创造出来的词，如“股民”就是利用“股”和“民”两个既有语素按照偏正形式构造的一个新的复合词，英语“think tank”也是将“think（思考）”和“tank（箱子、柜）”组合成的新词。广义的新词还包括原有词产生了新的意义和用法，如汉语的“补丁”原指补在破损衣物上的布片，现可以表示弥补电脑软件缺陷的小程序；“触电”原指接触到电流，现又指非影视工作者接触电影、电视工作；“演绎、阳光、眼球、菜单、桌面、病毒、平台”等都在原有词义基础上产生了新的意义或用法。英语的“window”原义为窗户，后指电脑视窗；“mouse”原指老鼠，后引申出鼠标义；“memory”由记忆又产生出计算机内存的新义；“google”原为网站名，现新增了表示搜索的动词义。

---

① 像舞狮已经成为汉民族的独特娱乐形式，同样来自北方或西北方少数民族的乐器“胡琴”已经成为汉民族的“民族乐器”。

（2）方源词。所谓方源词，指来源于方言、进入共同语不久还带有一定方言色彩的词语。由于方源词已经成为共同语词汇的成员，和存在于方言中相应的词不是同一个单位，分别属于不同的词汇系统，名称上也应该区别开来。

凡存在于某个方言中，有不同于共同语及其他方言的特殊含义或特殊构造材料、构造方式的词，是方言词；而来源于方言，成为共同语词汇单位的词，是方源词。如普通话中来自冀鲁官话的“老爹、砸锅、磕巴、念叨”，来自西南官话的“名堂”，来自吴方言的“噱头、晓得、亭子间”，来自粤方言的“阔佬、冲凉、番石榴、煲（汤）”等都是方源词。

某方言的词语能否成为共同语中的方源词，与该方言区经济、文化、政治的发达程度及与其他地方联系的紧密程度有关。如上世纪前半叶，上海的经济和文化发展在全国处于领先地位，以上海话为代表的吴方言就有较大的影响力，其中不少词语进入普通话，成为方源词，如“瘪三、揩油、十三点”等。后来，广东得改革开放风气之先，以广州为代表的粤方言区经济发展迅速，不少粤方言词逐渐扩大影响面，进入普通话而成为方源词，如“茶楼、收银台、酒店、雪糕、高架路”等。

（3）外来词。也叫借词，是从外族语言中翻译或借来的词语。外来词有广狭两义。狭义的外来词只指音译（或存在音译成分）的外来词，而那些完全用本民族语素材料翻译外来意义而造成的意译外来词，如“蜜月、飞机、工程师、火车”等不被视为外来词。我们这里采用狭义的理解。

各种语言的词汇中都有不少的外来词。比如英语、法语、德语等同属印欧语系的语言，相互借用的词语非常多，而且它们还有不少同样来自于拉丁语或希腊语中的外来词，如“nation（民族）”这个词在这三种语言中就是相同的，都来自拉丁语。汉语也有一些词被别的语言借用吸收的情况，尤其是日语、韩语、越南语中就有大量的汉语借词。印欧语中也有吸收汉语词语的情况，如英语的“typhoon（台风）、Jiaozi（饺子）、kongfu（功夫，指武术）”以及早期的“silk（丝）、china（瓷器）”等。汉语从古代就开始吸收外来词，如“骆驼、琉璃、戈壁、袈裟、喇嘛”等是汉代从西域和印度吸收的外来词，“沙发、巧克力、咖啡、蒙太奇、夹克、吉普车、酒吧”等是近代以来吸收的外来词。改革开放至今外来词更是大量涌现，如“艾滋病、基因、可口可乐、托福、脱口秀、粉丝”等。

汉语吸收外来词的手段有三种：第一种是纯粹音译，即一个词的构造材料全是音译而来的，如“扑克、吉他、马达、逻辑、柠檬”等。有些纯音译外来词，通过选用适当的语素而尽可能获得词义的某种提示。这是兼顾意义的纯音译词，既贴近原来的语音，又能显示意义，译得巧妙高明，如“维他命、芒果、可口可乐、托福、香波”等。第二种是半音译，即词的部分构造材料来自音译，其余材料是汉语本身固有的。固有的构造材料是对外来词作某种程度意译的结果。半音译外来词根据意译部分所占地位的不同，又分两类：一是在音译的基础上添加表示词语对象所属类别范畴或基本特征的语素，如“啤酒、太妃糖、吉普车、沙丁鱼、古兰经”等都属于这类，加横线的为表范畴语素。二是对借词一半音译一半意译，如“唐宁街、新西兰、冰淇淋、冰岛”等，加横线者为意译部分。第三种是借形，即借用其他也使用汉字的民族的词的字形，主要是日源外来词。日语曾在古代吸收了大量汉语词，经改造后成为日语中的外来词，不过因为数量众多，使用历史悠久，所以这些汉语词在日语中都不作外来词看待。到了近代，日本在吸收欧美各语言的外来词时，往往利用汉字词进行意译。这些来自欧美、有日语读音、已属于日语词汇系统的意译词，由于利用了古汉语的材料，特别是仍沿用汉字书写，具有浓厚的汉语色彩，在使用汉语的人看起来就像是直接用汉语的材料翻译外语的结果，如“小说、直觉、演绎、保险、经济、革命、分析、阶级、文学、具体、否决、议会”等。中国学习西方晚于日本，借用欧美外来词时往往取自日语，将日语中用汉字词意译的现成词语搬借回来。现代汉语中这种特殊的外来词，其中不少是同古代典籍中出现的词语有一定的渊源关系，但它们的意义同古代汉语相应词语有差别，而且不具有直接衍生关系，因此和古代的相应词语不是同一个单位，宜客观地称作日源外来词。如“文化”，古汉语中指“文治教化”，而日语中用来翻译英语的culture，现代汉语中用的“文化”即culture的对应日语形式。有一些日源外来词并非日本人翻译西方语言的结果，而是日语中自造的词语，如“大阪”（地名）、“佐藤”（姓氏）、“景气”、“人气”，那就更是外来词了。韩语、越南语中也有类似的例子，如“汉城”今称“首尔”，两个地名都是使用韩语的朝鲜（韩国）人自己造的汉字词，“越南”、“西贡”（今称“胡志明市”）都是古代越南人自己造的地名，汉语只是照写字形而已。借形词的特点是字形照用外语（日语、韩语、越南语），而字音则按汉语来读。如“大阪”日语读ōsaka①，而汉语读dàbǎn；“越南”越南语读vietnam，而汉语读yuènán。

（三）从使用领域分

从词的使用领域上，可以把词汇分为通用词语和专用词语。全社会都普

① “ō”读长音。

遍使用的是通用词语，只在某些领域、某些地区使用或只为一部分人使用的是专用词语。专用词语主要指“科技术语”、“行业语”、“方言词语”、“阶层用语”等。

1. 科技术语

科技术语是指某些科学技术领域专用的词语。比如“化合、分解、分子式、惰性气体”等是化学术语；“语法、语素、音位、平仄”等是语言学术语；“声波、光波、比重、放射、加速度”等是物理学术语；“国民生产总值、投资、通货膨胀、资本”等是经济学术语。

2. 行业语

行业语指某种行业或职业领域专用的词语。如“贷款、活期存款、利率、本金”等是银行金融行业的术语；“正点、餐车、卧铺、扳道岔”等是交通运输业的用语；“替身、导演、档期、票房、贺岁片”等是戏剧电影行业的专用词语；“备课、阅卷、观摩课、范文、板书”等是教学常用词语。

3. 方言词语

方言词语是某方言区的人们所使用而其他区域的人一般不使用的特殊词语。方言词有广狭两义：广义的方言词既包括方言词语中与共同语相同的词语，也包括只在方言地区通行的词语。狭义的方言词指那些只在方言地区通行的词语。这里采用狭义理解。如上海话的“白相（玩）、结棍（厉害、强大、多）”，广东话的“返学（上学）、屋企（家）”，武汉话的“胯子（腿）、清爽（漂亮）、拐子（兄长）”等，都是方言词。作为共同语的地域变体，方言与共同语有千丝万缕的联系，方言词常常成为共同语词的来源。此时的地域专用词语，可能会成为彼时的全民通用词语。有些方言词是古代的通用词语，如粤方言中的“行”（走）保留了古代汉语中的用法。

4. 阶层用语

除上述三种专用词语之外，某个社会阶层或帮派使用的词语也具有专用词语的性质。如隐语（黑话）：“胡子（土匪）、佛爷（窃贼）、一方（一万）、米米（钱）、条子（警察）、马子（女友）、凯子（男友）”。此外，随着网络的普及，出现了一些专用于网络交际的网络词语，如“拍砖（批评、反对）、顶（支持）、东东（东西）、恐龙（丑女）、偶（我）、稀饭（喜欢）”等。这些网络词语的使用者多是年轻的网民，因而也可归入阶层词语。这些词语由于数量较少，使用范围也比较小，一般不独立为专门的类。我们把这些词语合称为“阶层用语”。

当然，通用词语和专门词语的分类不是截然对立的。一方面，所有专业、行业、阶层的人都要使用通用词语；另一方面，很多科技术语、行业语、方言词、网络词语甚至黑话也可能转化为通用词语。如“镀金”、“资本”、“投资”等原本都属于科技术语或行业语，有很强的专业性，但现在已经进入通用词语的行列。再如，“卧底”原本是黑话，但现在随着谍战影视剧的热播以及刑事侦探事件的频繁报道，已广为普通百姓所熟知，其黑话的性质逐渐削弱。大量的网络词语也在不断进入通用层面，如“养眼（好看）、美眉（女孩子）、晕（看不懂）、抓狂（受不了刺激）、拍砖（批评、反对）、打酱油（与己无关，旁观）”。方言词有些也可能会变成共同语词，如广东话的“手袋、拍拖、爆棚”等，如今已经成为普通话中的“方源词”，也就是说它们具备了通用词的身份。

（四）从使用频率上分

语言的整个词汇系统数量庞大，但它们在日常交际中出现的频率是不同的。有一些词在人们的交际中经常出现，使用频率很高，可以叫高频词；高频词以外的词统称作一般词。其中包括有些很少被用到、出现频率很低的低频词，还有复现频率居于高频词和低频词之间的中频词。区分词的使用频率对语言教学特别是外语教学有很高的参考价值，在语言文字信息处理方面也非常有用。因此，高频词的研究日益受到重视。

词的使用频率又叫词频，一般采用统计的方法确定。计算机的帮助使得词频统计变得更加容易也更加客观、准确。词频统计有两种方法：一是先确定一定数量的词，然后看它们在语料中所占的比率。一般说来，比率能达到75%～80%的就是高频词。另一种词频统计的方法是，先确定一批语料，然后按照复现次数的高低选取其中一定数量的词。有人统计了英语词频最高的前3000个词，排在前面的有“the、of、and、a、to、in、is、you、that、it、for、are、was、he”等。汉语按照后一种方法统计的高频词大约也是3000个，排在前面的是“的、了、是、一、不、在、有、我、个、他、就、着、上”等。还有统计表明，现代汉语最常用的2000个和4000个词在话语中的复现率可以达到80%和90%，其中前100个词就占了50%的使用度。2000个高频词在各种语言中的使用度出入不大，英语约占78%，俄语约占80%。

高频词具有一定的相对性。首先，高频词表现出强烈的时代性和专业领域的特点。不同时期和不同使用领域的高频词会有所不同，因此，严格说来高频词要分为通用高频词和专用高频词。不过，一般的词频统计所用语料要求具有较广的覆盖面，得出的当是通用高频词。如在一般语言中，虚词大部分属于高频词。其次，词频多少算高，多少算低，这个标准本身也具有任意性和相对性。假定前1000个为高频词，那么第1001个词就被排除在高频词之外了，而它们的实际使用频率相差无几。

词还可以从其构造上进行分类，请见下节。对词的语法分类请见“语法”章。

第三节　构词法和造词法

词的构造可以从构词法和造词法两方面来考察，两者既有联系又有区别。

一、构词法

构词法是指词的结构方式，是从词的结构平面来观察其结构组合项以及项与项之间的联结形式和层次。

词是由语素构成的，语素构成词有不同的模式。

前面说过，按照语素在词的作用可以分为词根、词缀和词尾三种。因为词尾只表示语法意义，而不是用来构词，所以讨论词的构成规则时不必考虑词尾的有无及不同。一个词中除掉词尾剩下的部分叫词干，所以词的结构问题实际上就是词干如何构成的问题。根据语素构成词干的情况，可以把词分为两大类：单纯词和合成词。

单纯词是指词干只由一个语素（词根语素）构成的词。如英语：mouth、kill、black。现代汉语单纯词主要以下几种：单音节词（人、看、好、了）、联绵词（玻璃、伶俐、蜘蛛）、音译词（奥巴马、克格勃、吗啡因）、拟声词（扑通、咕咚、轰隆）和重叠词（姥姥、奶奶、依依）等，这与语素的类型基本一致。

合成词是指词干由两个或两个以上语素构成的词，又可以分为两种：复合词和派生词。复合词是指词干的最外层没有词缀，而是由两个或两个以上词根复合而成。如英语：honeymoon（蜜月）、upstart（暴发户）、newspaper（报纸，日译“新闻纸”）、home-sick（想家的）、offload（卸货）、download（下载）。汉语复合词内部两个语素之间的结构关系与词组和句子基本相同，如：好歹（联合）、夏至（偏正）、漫谈（偏正）、吃香（动宾）、月亮（主谓）、改良（补充）。不过复合词的内部还有一些不同于句法的结构关系，其类型远非这五种基本句法关系所能概括。如“人口”、“谢幕”、“报考”、“落选”等，无论从意义关系上还是表现形式上，都不能简单用上述五种句法关系说明。复合词的不同类型的数量是不同的，其中偏正型最多，而主谓型则最少。

派生词是指词干的最外层包含有词缀，也就是在词根的基础上通过附加词缀派生而成的。如汉语：阿哥、老张、第二、初三、骗子、托儿、念头、编者、慢性、先进性、绿化、自动化、半官方、准军事，英语：predictor（预言者）、removable（可拆卸的）、presentation（出席，名词）。

当一个词包含三个及以上语素时，内部就有层次问题，具体地说就是语素组合的先后顺序。如汉语：[向+日]葵、半[导+体]、[半[自+动]]化，英语：semi[conduct+or]（半导体）、[work+man]ship（手艺）、[tender-heart]ed（软心肠的）。

由上可知，合成词中复合词与派生词的区别不在于有没有词缀，而在于词缀在词干中所处的层次。如汉语“类人猿”一词虽然包含前缀“类”，但这个前缀处在词干的第二层而非第一层（即“[类+人]猿”），所以它不是派生词而是复合词。又如英语 player-piano（自动钢琴）、[micro+chrono]meter（瞬时计）都是复合词而非派生词。

复合词和派生词是由两种不同的构词方法形成的，可分别称为复合法和派生法。不同语言在构造新词时所运用的方法可能不同，比如英语中有大量的前缀和后缀，且其构词能力很强，大多能够类推，因此英语的新词大量采用派生法构成；相对于英语而言，汉语的词缀数量很少，构词能力较小，因此汉语新词产生的主要方法就是复合法，即词根与词根组合而成。

二、造词法

构词法是从静态的角度把词的结构方式描写出来。造词法是从动态的角度考察新词产生的方法或途径，即造词法是新词的产生方法，指创造或发展新词的途径、方法。相同构词方式的词，其造词方法不一定相同。

造词方法到底有哪些，有多种不同的见解。概而言之，不外乎语音、词汇、语法、修辞这几个角度。

（一）语音材料造词法

语音材料造词法是利用语音手段创造新词的方法。

1. 拟声造词法

拟声造词法即通过模拟某种事物现象的声音造出新词。象声词（也叫摹声词、拟声词）都是通过拟声造词法造出来的，感叹词以及一部分名词、动词、形容词也是采用这种方法造出的。如“叮当”、“轰隆”、“哗啦”、“扑通”、“噢哟”、“哎呀”、“嚯”、“呸”、“嗯”、“哼”、“哐啷”、“叽叽喳喳”、“丁零当啷”、“嘟囔”、“嘀咕”、“布谷”、“蝈蝈”、“猫”、“吭哧”等。可以看出，拟声造词法所造出的词的声音只是大体像某种现实的声音，是一种可以增强词的听觉印象，以利于人们记忆和掌握的一种造词方式。

2. 改变元音辅音造词

如“三”读sān，“骖”（同驾一车的三匹马）读cān；“散”读sǎn或sàn，“撒”（散布，散播）读sǎ（中古音读 * sat）。

3. 改变非音质音位造词

汉语中改变声调可以造成新词。这种造词方法在古代使用很普遍，如，“语”是说话的意思，读上声（如“食不语”）；表示告诉的意思读去声（如“语人曰：我不能”），再如“雨（yǔ，雨水）”和“雨（yù，下雨）”，“衣（yī，衣服）”和“衣（yì，穿衣）”，“上（方位词，古读去声）”和“上（动词，古读上声）”等。古代用这种方法造的词在现代汉语中大部分消失了（如上举各例），但还保留了一部分，如“好（hǎo，好事）”和“好（hào，爱好）”，“冠（guān，鸡冠）”和“冠（guàn，冠名）”，“难（nán，困难）”和“难（nàn，灾难）”，“散（sǎn，形容词）”和“散（sàn，动词）”，“藏（cáng，动词）”和“藏（zàng，名词，古代两读声母相同）”等。英语也可以通过改变重音位置造出新词，如record的重音位置不同，分别表示名词、动词。

（二）词汇材料造词法

利用词汇材料造词的方法使用最多，造出的新词也最多。

1. 复合法

把两个或几个不同的语素按照一定关系排列在一起，复合成一个新词，这样造出的词叫做复合词。如“手”和“机”，复合出“手机”；“电”和“脑”复合出“电脑”；“加”和“湿”先复合后再和“器”复合出“加湿器”；“参考”和“书”复合出“参考书”。英语如“haircut（理发）”、“raincoat（雨衣）”、“babysitter（临时照顾幼儿者）”、“blackboard（黑板）”、“mailman（邮递员）”等也都是用复合法造出的。韩语如“야간（夜间）+자습（自习）= 야가（夜自）”；又如，“농지（农地）와 임기（林地）= 농림지（农林地）”。

对于复合造词法，需要注意语素的组合与语素义的组合（即组合后的词义）并不完全对应。虽然，有些组合后的词义就是组合材料的意义直接相加（如“月票”、“斑马”、“健美”、“自来水”、“体温计”等），但有些就比较复杂。一种情况是组合后的词义是组合材料的意义通过比喻产生的新义，如“风云”比喻变换动荡的局势，“爪牙”比喻帮凶，“绊脚石”、“暗潮”、“心腹”等也都如此。而“蚕食”、“鸭舌帽”、“葫芦岛”等则是组合材料的前一半用比喻，后一半直接反映本质对象。还有一种情况是一部分组合材料的意义脱落，如“窗户、妻子、忘记、国家”等，后一个语素义在词义中已不起作用。英语中也有这样语素义模糊或部分脱落的情况。如“table-land（高原）”、“cat-house（妓院）”、“flat-foot（侦探）”等，它们无法根据语素义推知词义；而“gooseberry（醋栗）”中的 goose（鹅）也与词义没有关系。

2. 附加法

将词缀附加到词的主体部分——词根上，形成一个具有词性标志的新词，这样造出的词叫派生词。如“房—房子”、“绿—绿化”、“盖—盖儿”、“姨—阿姨”、“二—初二”等。英语“possible—impossible”、“care—careless”、“happy—unhappy”也都是派生词。派生词在汉语中不多，但在形态丰富的语言中大量存在。

按照词缀在词中的位置，派生词可以分为三个小类，一是词缀在前的派生词，如汉语的“老虎”、“阿姐”、“可悲”，英语的“dis-cover（发现）”、“anti-war（反战）”、“dis-agree（不同意）”、“pre-exist（预先存在）”、“re-arm（重新装备）”等。二是词缀在后的派生词，如汉语的“剪子”、“嘴巴”、“僵化”、“里头”、“傻乎乎”、“绿油油”、“黑咕隆咚”等，英语的如“writ-er（作者）”、“scient-ist（科学家）”、“friend-ship（友谊）”、“develop-ment（发展）”、“free-dom（自由）”、“real-ize（实现）”、“reli-able（可信的）”、“fool-ish（傻气的）”等。三是词缀在中间的派生词，如汉语中含有“里”的“土里土气、稀里糊涂”；马来语加“in”构成的词，“vagila（显示）”变成“v-in-agila（信号）”，“salana（治愈）”变成“s-in-alana（治疗法）”，“mata（死去）”变成“m-in-at（死人）”。上述几种词缀有时可以一起出现，如“un-gentle-man-li-ness（非绅士样的风度）”，就是多重派生词。

不同位置的词缀往往有不同的作用：一般来说前缀在构词中通常只改变词的抽象意义，不改变词的词性。如“proper”变成“im-proper”只是增加了否定义，但词性未变；后缀则除了改变词的抽象意义，也往往改变词的词性。如“care（关心）”变成“careless（粗心的）”，词性、词义都发生了变化；汉语的“绿”和“绿化”，“铲”和“铲子”也是词性、词义都有变化。如果词缀中既有前缀又有后缀，那么派生词就会既改变词的抽象意义，也改变词性。如 happy（快乐的，形容词）—happily（快乐地，副词）—happiness（幸福感，名词），unhappy（不快乐的）—unhappily（不快乐地）—unhappiness（不幸）。

3. 重叠法

重叠法是通过重叠形式构造新词的方法。如“郁郁葱葱、羞羞答答、星星点点、往往、偷偷、堂堂”等。

要注意的是并非所有重叠形式都是重叠法造出的词。第一类，如“猩猩、姥姥、悻悻、脉脉”因为意义不能再分解，本身只是一个语素，不是重叠词。第二类，如“尝尝、走走、好好、人人、场场、刚刚、单单、匆匆忙忙、高高兴兴”等是其原词形的语法重叠形式，它们只是发生了语法意义的细微变化。能够重叠本就是部分动词、形容词、量词、副词的语法特征，形态变化未造成新的词，所以不宜视为不同于原形的新词。第三类，如“爸爸、姑姑、奶奶、叔叔、哥哥”等亲属称谓词和“星星、娃娃、宝宝、乖乖”等一些名词相对于其非重叠形式，也只是在词的附属义上略有不同，也不宜看做是与之不同的新词。

那么，哪些可以算作重叠法造出的新词呢？第一类，如“往—往往”、“偷—偷偷”、“堂—堂堂”，重叠前后的两个词意思完全不同，也就是说重叠后产生出了一个新词。第二类，如“郁郁葱葱、星星点点、羞羞答答”等，重叠前的“郁葱”、“星点”、“羞答”在汉语里是不说的，根本不是词，这些词没有原形，必须以“郁郁葱葱、星星点点、羞羞答答”这样的重叠形式才能成词，所以对他们而言，是重叠法造出了新词。类似的例子还有“骂骂咧咧、婆婆妈妈、形形色色”等。

4. 缩略法

指将语音形式较长的固定语简化、缩略为形式简短的单位，从而构造出一个新词的造词法。如“高等院校—高校”，“初级中学—初中”，“高等院校招生考试—高考”，“奥林匹克运动会—奥运会”，“中国少年先锋队队—少先队”。可以看出，汉语的缩略法就是选取直接成分中较有代表性的音节或语素，而舍弃其余的音节或语素，就得出了缩略词。要注意的是，缩略不同于简称。简称的形式，往往本来就是存在于原固定语中的一个词，这样简称的词谈不上是新造的，如“中国人民志愿军”简称“志愿军”，“清华大学”简称“清华”。有的简称形式是语言本有的存在于被简化的固定形式之外的一个单音词，如“山东”简称“鲁”，“北京”简称“京”等，这样的简称并没有造出新词：“鲁”是以古国名代称，“京”本来就是“京都、首都”的意思。一般来说，简称的都是名词，而缩略的不一定都是名词。如“环境保护”缩略为“环保”。原单位是自由词组而不是固定语的，也不能算作缩略造词法。如“瞿塘峡、巫峡、西陵峡”没有结合为一个固定语，所以“三峡”不是经缩略造出的词。同样，“豪情”也不是对“豪迈的感情”缩略后造出的词。韩语也有用缩略法造出的词，如농부의 마음（农大

的心情）= 농 심（农心），고르고 가지런한 정도（又均匀又整齐的程度）= 균제 도（均齐度）。西方语言使用音素（音位）文字，常用的缩略方式是取固定短语各词的首字母，如“Gross Domestic Product—GDP”，“Acquired Immure Deficiency Syndrome—AIDS”。

（三）语法手段造词

1. 转类法造词

指改变原词的词性而形成另一个新词的造词方法。比如一个词原本表示动作行为，即语法上属于动词，但又引申出表示事物的意思成为一个名词。反之亦然。如“a spy（间谍）”，也可以做动词“to spy（侦察）”；“to call（打电话）”，也可以说“a call（一个电话）”；“a hammer（一个锤子）”，也可以说“to hammer（用锤子敲打）”。这种现象在形态不太丰富的语言中大量存在。现代英语中通过这种方法形成了很多同形的动词和名词。如“peak”可以表示“高峰”和“达到高峰”，“cash”可以表示“现金”和“兑现”；“shelf”可以表示“架子”和“把……上架”；“dog”可以表示“狗”和“跟踪”；“paint”可以表示“油漆”和“涂油漆”；“heat”可以表示“热量”和“加热”。汉语如“锁”、“铲”、“锄”、“锤”等也属于这种情况。以上都是名词转类后形成一个新的动词的例子。而“find（发现）”也可以说“a find（一个发现）”，是动词转类造出一个名词。类似的例子还有“cheat（欺骗）—a cheat（一个骗子）”；“coach（教导、训练）—a coach（一个教练）”；“polish（抛光）—抛光剂”等。这种名词和动词之间的转类造词有时难以分清名词在前还是动词在前，形容词和名词之间也可以这样转类造词。如“black（黑色的）”，转类成名词，可以说“a black（黑人）”；“classic（经典的）”，也可以说“a classic（经典作品）”；“alien（外国的）”，也可以说“a alien（外侨，外国人）”等。

2. 逆序成词

指把原来只有合成词形式没有单纯词形式的词，反向截取其中一个语素再形成单纯词。如英语的“beggar（名词，乞丐）”中的“beg”原来并不成词，后来从 beggar 中截取出来形成动词 to beg（乞讨）。类似的还有“sculptor（名词，雕塑家）”后来截取出“sculpt（动词，雕塑）”，“cobbler（名词，鞋匠）”后来截取出“cobble（修鞋）”等。

（四）修辞造词

修辞造词指通过修辞手段创造新词的方法。用修辞造词法创造的新词不仅数量多，而且造词类型也丰富多彩，用修辞造词法创造的新词呈越来越多的趋势。常用的修辞手法如比喻、借代、仿拟、委婉、夸张都可以用来构词。

比喻造词法，是用比喻的修辞手法造出新词。如“榴莲：一种常绿乔木，果实球形，上有硬刺，犹如石榴；叶子呈椭圆形，犹如莲叶。”“榴”、“莲”两个词素分别以比喻的形式表示出这一乔木的果实的特征，然后意义融合为一个整体，造出“榴莲”一词。再如“旗枪：一种茶，其叶舒展如旗，卷缩如枪。”词素“旗”和“枪”分别表示出该种茶叶的部分特征，然后整合起来造出“旗枪”一词。”又如：“狮子头（一种头部外形像狮子头的鱼）、泰斗、手足、骨肉、风云、心腹、沉浮、罗网、爪牙、禽兽”。

借代造词法，是用借代的修辞手法造出新词。如“布衣”代指平民，“乌纱帽”代指官位，“伯乐”代指善于发现人才的人，“挂彩”代指受伤，“菜篮子”代指蔬菜等副食品，“挂拍”代指乒乓球等运动员结束运动生涯，等等。

仿词造词法是利用语言中原有的词，更换其中的部分词素，仿造出一个新词的造词法。例如：仿“强势”造出“弱势”，仿“自信力”造出“他信力”，仿“小字辈”造出“老字辈”。仿词造词法是能产性很强的一种修辞造词方法。特别是近几年，仿词造词已经成为汉语新词增加的主要渠道之一，大量新词语是由仿词造词方法创造而来，成为一批同素词族。如人们仿拟“酒吧”造出“冰吧、布吧、餐吧、茶吧、迪吧、果吧、画吧、聊吧、木吧、奶吧、棋吧、琴吧、书吧、水吧、陶吧、网吧、氧吧、咖啡吧、休闲吧”等，仿“导演”造出了“导播、导游、导购、导医、导诊、导储”等。仿词造词法顺应了语言系统性的规律，符合人们认知思维中的类推习惯。

利用委婉造词法创造出新词语，如“个人问题”指婚事，“寿木”指棺材，“百年之后”的“百年”婉指人死了，“后事”婉指丧事。“下岗”实际上是“失业”的同义词；“调价”实际上是“涨价”等。

也有些词是用夸张手法创造出来的。如“什锦”，意思是多种原料制成或多种花样的；“千张”，指一种极薄的豆腐干片。此外，“天梯、云梯、云天、云霄”等也都属此类。

正如修辞中有辞格兼用现象，在修辞造词中也有一个词中包含几种修辞格的现象，也就是说共用几个修辞方式创造出一个新词。如“海量”一词，像海洋一样大的酒量，既有比喻，也有夸张。“美眉”既有谐音双关（谐音“妹妹”），也有借代的辞格（以“眉”代指美女）。“泥饭碗、金饭碗、铁饭碗”也都是比喻、借代辞格兼有。

思　考　题

1. 什么是词汇？谚语和格言算不算词汇？
2. 词汇有什么特点？
3. 语素有哪些类型？
4. 固定短语与词有什么同异？
5. 词有哪些类别？
6. 外来词在一种语言的词汇系统中有什么作用？对外来词应该是欢迎还是拒绝？
7. 造词和构词有什么不同？有什么联系？
8. 构词的方法主要有哪几种？
9. 找一些例子看看它们属于什么造词方法。

第八章　语言的结构规则：语法

第一节　语法概说

一、什么是语法

一个北京人和一个广州人，尽管从未谋面、岁数也相差悬殊，但只要说的是普通话，那么都会说：

我家有三口人。/我吃过一次生鱼片。/他没把作业做完。

一般不会说成（加星号“*”表示句子不能成立，下同）：

*我家有三人口。/*我一次生鱼片吃过。/*他把作业没做完。

否则对方会觉得别扭、不好理解。这两个人在用语言交际时，不可能事先商量好要怎么说、不怎么说，那为什么说出来的话会一样呢？唯一可能的解释是：这其中必定有某种双方都遵守的共同的规则在起作用，尽管他们可能没有意识到，然而正是这种规则决定了人们对什么是合格的、什么是不合格的句子的看法大体一致。这种规则就是一般所说的语法。

说同一种母语的人对这种规则可能习焉不察，因为大家平常所说的话大都是符合这些规则的，很少有人经常违背这种规则。但是观察外语学习者所说的话时，就会发现很多很奇怪的、自己从不那样说的句子。比如外国留学生在学汉语时经常出现这样的说法：

见面你/回去韩国/雨越来越下/他的汉语水平比我不高/我的个子比他很高/以前每天吃了四次饭/已经搬家了六个月

有些外国人在中国生活了很长时间仍然可能这样说，可是我们一看这些句子就会觉得不像汉族人说的话。为什么会有这种差别呢？这是因为对于一个外语学习者来说，他的头脑中不存在以该语言为母语的人的那种规则，所以他对于句子合格与否的标准不可能像说母语的人掌握得那样好。通常所说的语感就是指的这种情况，也就是说语感背后是存在着人们普遍遵守的规则的。

语言是一种有规律的结构系统。所谓结构就是小的成分相互组合构成大的单位，以发挥整体的功能。在任何语言中，哪些成分能够相互组合、以什么方式组合、组合后表达什么意义等都是有规律的，不是随意编排的。我们平常说话虽然很少有人意识到或者能够说出这些规律，但对于符合或违反这些规则的句子大体上都能分辨出来。这就好比游戏，任何一个游戏必须按照一定的规则进行，参加游戏的任何一方如果不遵守这个游戏规则，那么游戏就没法玩下去，对于语言来说这个规则就是语法。

语言是一种音义结合的符号系统，语言符号是声音和意义相结合的整体。这种结合体有大有小，小的结合体用来组成较大的结合体，后者又可以组成更大的结合体。语法就是语言中小的音义结合体如何组成大的音义结合体的规则。在这些音义结合体中，最小的是语素（又叫词素），语素可以用来构成词，后者是语言交际中最基本的使用单位。词可以用来构成词组，词和词组加上一定的语气和语调就成为实际使用中的句子。在这些单位中，语素是最小的、不能再切分的音义结合体，所以本身不存在结构问题①。而词、词组和句子都可以由两个或两个以上更小的成分构成，所以就存在着如何组合的问题，也就是组合规则的问题。同时，词和句子是语言交际中最基本的使用单位，语素和词组则是从具体使用的词和句子中抽象出来的单位，而不是语言交际中实际使用的单位②。我们平常说话时一般不会直接用语素来交际，比如可以说“他是一个农民”，而不会说“他是一个农”。一般交际中的话语都是带有一定的语气和语调的，而不是抽象纯净的词组。比如可以说“老王吃了饭了”、“老王吃过饭了”，一般不会只说“老王吃饭”，否则给人感觉好像话还没说完。前者是具体的句子，后者则是把句子中的虚词、语气和语调等零碎的成分排除后抽象出来的词组。这就好比物理学中讲

① 一个语素可以单独分析其语音结构，但这只是语音分析而不是语法分析了。

② 固定词组除外，如“中华人民共和国”、“市场经济”、“朝三暮四”等，都是固定的单位，使用时作为一个整体来使用，相当于一个词。

匀速运动一样，这种运动是不考虑摩擦的，而完全没有摩擦的运动实际上却并不存在。那为什么仍然可以这样讲呢？这是因为在科学研究中排除次要因素的干扰，就可以搞清楚主要因素与结果之间的对应关系。既然词和句子是语言交际中实际使用的基本单位，那么搞清楚了它们的组合规则，一种语言的结构规律基本上就清楚了。所以说语法的中心内容是词的结构规则和句子的结构规则。

词是由语素构成的，语素与语素相互组合构成词有一定的规则。比如汉语中为什么有“火车”一词而没有“车火”一词呢？这是因为在现代汉语中，修饰语和中心语的排列规则是修饰语在前、中心语在后，所以“火车”是车，而“车火”则是火，前者是一种固定的组合表示一种交通工具，而后者则是临时的搭配。按照这个规则，我们就可以理解汉语中“妖人”与“人妖”这两个词的不同，前者是人而后者则是妖（尽管原来也是人，但在说汉语的人的观念中已经不把它看做正常的人了）。再比如汉语中有一条这样的构词规则：一个动词后面加上后缀“儿／子”就可以成为名词，用来转指与该动词所表示的动作行为相关的人或事物，如：盖儿／盖子、套儿／套子、托儿、画儿、包儿／包子、伴儿、戳儿／戳子、刺儿、卷儿、圈儿／圈子、偷儿、弯儿等。总之，语素按照什么方式组合、组合后表示什么意义是有规则的，不是任意堆砌在一起的。很多语言的词在具体使用时形式上还会发生一些变化，以表示不同的语法意义。比如英语的可数名词后面附加-s表示复数，动词后面附加-s表示单数第三人称现在时，附加-ed表示过去时等。法语、德语和俄语等语言的词在使用时形式变化则更为丰富复杂。

词与词相互组合构成词组或句子也有规则。汉语的词在使用时虽然形式上一般不发生变化，但是哪些词能相互组合、以什么方式组合、组合后具有什么关系表示什么意义等却是有规律的，不是主观随意的。比如现代汉语数词和名词一般不直接搭配，中间要加上合适的量词，所以一般不说“一狗、两肉、三夫妻、四观念”等，类似的规则还有很多。下面是学习汉语的外国人所说的句子，都由于违反了某种规则而成为病句。

（1）＊我去北京的时候没去了前门。

（2）＊我的儿子一方面吃饭，一方面看电视。

（3）＊他不但不聪明，反而不认真学习。

（4）＊他接到妈妈的电话，他连忙跑出去。

例（1）错误的原因是“没”与“了”不能连用；（2）“一方面……一方面”只表示并列或相反的两种情况，不表示同时进行的两个动作；（3）“不但……反而”表示转折关系而非递进关系；（4）汉语中前后两个分句的主语所指相同时，后一分句的主语一般要省略。这都说明句子的结构是有规则的，这些语法规则不能违反。

词如何由语素构成和使用时形式如何变化等属于词本身的规则，而词与词如何组合则是词组和句子的规则。一般把前者称为词法，把后者称为句法，也就是说词法就是词的构成和变化的规则，句法就是词构成词组、词组构成句子的规则。语法是由词法和句法两部分构成的，因此可以说语法就是词的构成和变化的规则与组词成句的规则的总和。由于词、词组和句子都是语言中作为音义结合体的基本结构单位，所以概括地说，语法就是语言的结构规则。

说语法是语言的结构规则，并不表示语法只讲形式不考虑意义。这是因为，语法虽然指语言结构的规则，但任何一个形式结构都会受到各种因素的影响，其最终体现为何种形式都是各种因素综合影响和制约的结果，这其中意义可以说是最重要的因素。语言意义与语言形式之间的关系可以从两个方面看：形式不同意义上肯定有区别、意义不同形式上应该有表现。比如汉语中可以说“拿一本书出来”，也可以说“拿出来一本书”，两种说法语序不同意义也不一样：前者可以用于命令（未然），后者则只用于叙事（已然）①。再比如汉语助动词“要”既可以表示某人的意愿，如“姑娘要嫁人”，也可以表示对将来的推测，如“天要下雨”，前者可以说成“姑娘要不要嫁人”，而后者却不能说成“*天要不要下雨”，而只能说“天会不会下雨”。总之，语法是语言中关于各种形式结构最终如何形成的规则和规律的总和。

二、语法的性质特点

跟语言的其他要素相比，语法具有以下几个特点。

（一）概括性、抽象性

语法作为结构规则不是对某个具体语句的说明，而是对无数语句的规律的概括，是从无数的具体的语句中概括和总结出来的，是这些语句的共同规则的反映。比如现代汉语数词和名词之间一般要加上量词，就不是指哪个数词和哪个名词的搭配问题，而是所有数词和所有名词的组合规则。反之，我们从“一个人、两头牛、三碗饭、四斤肉、五堆土、六担柴、七批军火、八次客、九天时间”中，也可以概括总结出“数词+量词+名词”的搭配规

① 陈保亚：《上下文约束变换和语义限制》，载《西南师范大学学报》1991年第2期。

律来。除非是在非常特殊的条件下才会用数词直接修饰名词，如“前面来一人”、“我有一哥们儿”等，这种说法只在非常口语化的、随便的语境中才会偶尔出现①，且只限于少数个体名词，例如一般不说“＊地上有一水”、“＊前面来一狗”、“＊我家有一猪”等。

不但词类的组合规则是概括的，语法中的任何关系和范畴等也是从无数的语言现象中概括归纳出来的。比如汉语中，“一个诸葛亮和三个臭皮匠”、“又哭又笑”和“伟大、光荣、正确”等具体的实词不同、词的数量不同、所用的连词不同，意义当然也毫无关系，但它们都由两个或几个部分构成，各部分都是平等并列的，由此我们可以概括出一种语法关系的类型：联合，这是人类语言最基本的几种语法关系之一。又如“吃了一碗饭”、“死了两个月”、“想了三四回”、“红了半边天”等结构的共同点是，在一个动词或形容词后面附加“了”就表示这个动作或事件已经发生，由此我们可以概括出一条规律：“了”用在动词/形容词后面表示完成或实现。用类似的方法我们同样可以概括出“着”表示动作进行或状态持续、“过”表示过去曾经，等等，这些意义都属于一种体的范畴，由此我们说现代汉语有“体”的语法范畴：“了”表完成体（或称“实现体”）、“着”表持续体、“过”表经历体等。

正因为语法是对无数具体语句背后的规律的概括总结，所以语法具有抽象性的特点。任何语法规则都是从无数具体的语言现象中抽象出来的规律，所以我们可以用一些抽象的符号把这些规律表示出来。例如从“老鼠爱大米”、“狗拿耗子”、“布什推翻了萨达姆”等无数的句子中我们可以概括出汉语的一条普遍的语序规则：主语+动词+宾语，尽管这些句子所用的词不同，意思也不一样。如果用S表示主语（subject）、V表示动词（verb）和O表示宾语（object），那么这条规则可以表示为SVO，这就是一个抽象的规律。这就好比说3的平方加4的平方等于5的平方不是勾股定律，而如果说直角三角形的两个短边长度的平方和等于最长边长度的平方才是勾股定律，因为后者是一个概括抽象的规律（因而可以表示为 $a^2+b^2=c^2$），而前者只是一个具体的特例。也就是说语法的抽象性来源于语法的概括性：因为是概括的，所以是抽象的。

语法的概括性和抽象性在语法研究中具有方法论的意义，它告诉我们在考虑语言现象特别是语法现象时，目光不能局限于某个具体的词语或句子，而要想到其背后必定隐藏着某种概括抽象的规则规律。即使是再细小的现

① 从“一”的变调来看，应该是其后的量词（主要是“个”）省略的结果。

象，也是一类规律或规则的反映，我们所要做的工作就是从这些具体的现象中概括抽象出类的规则来。比如汉语中可以说“很安静”，但是不说“很静悄悄”，表面看来好像是两个具体形容词的区别，实际上其背后存在着很多的规律：首先它说明性质形容词可以受程度副词修饰，而状态形容词（状态词）不能；其次两类形容词在程度上的区别还有其他表现形式，比较：不安静／＊不静悄悄、安静得很／＊静悄悄得很、越来越安静／＊越来越静悄悄、昨天比今天安静／＊昨天比今天静悄悄，等等；最后，不仅是状态形容词如此，所有没有程度义或程度义固定的词语在用法上一般都是这样，比较：很想／＊很喝、很想了几次／＊很想了三次、很喝了几杯／＊很喝了三杯。因此，即使是具体词语的具体用法，我们也可以而且也应该从中概括总结出某种抽象的规律规则来，只有揭示出了这种类的规则，才能看做是语法规律。语法不是个别例子的规律，而是类的规则。

（二）递归性、生成性

语法作为一种规则是从具体的语句中概括出来的，因此虽然任何语言实际说出的和能够说的句子是无限的，但是其中的语法规则却是相对有限的，否则没有人能够学会那种语言，说该语言的小孩也不会到很小的年龄（一般认为五六岁）就能基本掌握该语言。同时，一个语言所包含的结构有大有小，词可以看做最小的结构，而大的结构从理论上来说可以无限复杂，但这些大的、复杂的结构却是由小的简单的结构按照某种规则构成的，而小的、简单的结构也可以按照同样的规则构成大的、复杂的结构。这种简单结构根据某种规则可以构成复杂结构的特点就是语法的递归性。例如“我家房子前面的枣树”是一个复杂的名词词组，但构成规则只有一个，那就是由定语加中心语构成的偏正关系。即：我+家、我家+房子、我家房子+前面、我家房子前面的+枣树。又如“你去我不同意”，也是由同样的主谓关系递归而成的：你+去、我+不同意、你去+我不同意。

正因为语法具有递归性，复杂结构是由简单结构按照某种规则构成的，我们就可以运用有限的规则造出无限的语句，这就是语法的生成性。正是语法的递归性和生成性决定了任何语言都是可以学习的：我们掌握了少量的语法规则就可以说出无数的、从没有人说过的句子，我们也可以按照有限的语法规则来理解无限的、从未听说过的句子。

（三）体系性、民族性

任何语言的语法作为结构规则的总和，都是一个相对独立的系统，其中的规则和手段相互补充、互相配合，共同构成一个完整的体系，以制约着语言系统的运作。例如汉语的名词和代词没有主格与宾格的区别，所以放在动词前后身份不同，比如“我揍你”与“你揍我”意思不一样，这时候要区分谁是主语谁是宾语，就要看语序的不同：在动词前的是主语、动词后的是宾语，如果都放在动词之前就无法区分，比如说成“我你揍”就不知道谁揍谁了。因此对汉语来说，语序的不同可以弥补缺少格标记的不足。英语与此类似，据研究，古英语的名词和代词有系统的格区别，而句子的语序却不太固定，但到了中古和现代英语中，这种格的区分逐渐消失，现代英语的名词已完全没有主宾格的区别，代词中也只有极少数还保留主宾格的区分，与此同时英语的语序逐渐固定为 SVO①。这种格区别的消失与 SVO 语序的固定有密切的关系：因为通过动词前后位置的不同就足以区分主语和宾语，那么主格和宾格的形式区分就没有多大意义了。

与汉语和英语的 SVO 语序不同，日语和朝鲜语的基本语序为 SOV，主语和宾语都位于动词之前，这时就不能像汉英语那样用语序来区分主宾语，而要借助于格助词。比如日语主语之后用助词が（ga）或は（wa）、宾语之后用助词を（o）等，朝鲜语主语之后用助词는（nen）、은（n）或가（ka），宾语之后用助词를（ol）等。语言是一种符号系统，符号的特点就在于彼此能够区别开来，所以添加格助词的方法与语序手段所起的作用是互补的。

上面的例子同时也说明了不同的语言在语法上是彼此独立的，不可能完全相同，这就是语法的民族性。语法的民族性来源于语法的系统性，因为如果一种语言的语法是完全独立、自成体系的，那么它与别的语言在语法上就必然存在着差异，实际情况也正是如此。比如现代汉语有量词，英语没有；英语名词有复数形式，而汉语名词没有，这从英语的 two persons 与对应的汉语“两个人”就可以清楚地看出来。再如汉语的修饰语一般在中心语之前，而英语则有的在前、有的在后，比较：我的书—my book、教室的前面 thc front of the classroom。不但不同民族的语言是如此，即使是同一民族语言的不同方言在语法上也是彼此有差异的。比如汉语的不同方言之间在语法上就不完全相同，例如北京话说“他给我三本书”、“牛比猪大很多”和“他知道不知道我来?”，粤方言分别说成“佢（他）畀（给）三本书我”、“牛大过猪好多”和“佢（他）知我来唔不知?”②，这里既有词汇的不同，也有

① 关于英语名词、代词的格变化和语序的变化，可参考李赋宁编著的《英语史》，商务印书馆 1999 年版。

② 引自袁家骅等：《汉语方言概要》（第二版），文字改革出版社 1989 年版，第 229 ~ 231 页。

语序的差异。因此可以说，不同语言之间完全相同的东西即使存在也是非常少的。当然，不同方言的语法差异总体上而言要大大小于不同语言的语法差异。

语法的系统性和民族性在实践中有很重要的意义。既然语言的语法是成系统的，那么我们在观察一种语法现象时，就要从系统的角度进行分析。比如同一个形式可以表示不同的意义时有什么区别，同一个意义可以用不同形式表示时又有什么条件。语言的形式与意义之间的选择关系一般是互补的，不会完全相同。例如现代汉语（a）“我看过《红楼梦》”这句话，也可以说成（b）“《红楼梦》我看过”和（c）“我《红楼梦》看过”，那么这三种语序在意义和使用条件上有什么不同呢？区别至少有两点：一是话题不同，a 和 c 说的是“我”，b 说的则是《红楼梦》；二是能否独立不同，a 和 b 可以是完整的句子，而 c 则多用于对比，所以给人感觉话还没有说完，应该还有后续小句。因此三者所出现的语境各不相同，a 后面可以加上“很喜欢”之类、b 可以加上“写得真好”之类，c 则可以加上“《三国演义》没看过”等。也就是说三种语序在表义上是各有分工的，而非完全相同①。

语法的民族性则说明，不同的语言在语法上不可能完全相同，语言之间存在差异是正常的现象，没有差异才不正常。明白了这个道理，我们就不能说英语这样汉语为什么那样、英语有规律汉语没有规律之类的话，因为汉语与英语是两种不同的民族语言，没有理由要求它们一定要相同。

三、语法单位

语法是语言中各种音义结合体的结构规则，它的单位就是各种音义结合体。按照从小到大的顺序可以分为五级：语素、语素组、词、词组和句子。

在这五级单位中，语素是最小的音义结合体，所以本身没有结构问题，只能作为成分构成高一级的单位。语素组是由语素组合而成的，其作用是用来构成词，比如：向日葵、食蚁兽、回归线（画线者为语素组）。词是由语素或语素组构成的，其作用是用来构成词组和句子。词组是由词与词组合而成的，其功能则是用来造句。句子从结构上来看是由词和词组构成的，从功能上来看则是用来构成篇章的。因此除了语素以外，其他四级语法单位从内部构成来看都是由更小的单位组合而成的结构体，从外部功能来看则都可以作为成分来构成更大的结构体。也就是说语法单位的大小是相对的，低层次

① 类似讨论可参考曹逢甫的《主题在汉语中的功能研究——迈向语段分析的第一步》，语文出版社 1995 年版。

的单位可以构成高层次的单位，高层次的单位又可以构成更高层次的单位，以此类推，前者叫成分，后者叫结构。

不同层次的语法单位的功能可以分为三种：构词功能、造句功能和表达功能①。在上述五级单位中，语素和语素组都是用来构成词的，构词就是其功能；词和词组都是用来构成句子的，因此造句就是它们的功能；句子则是用来在言语交际中表达相对完整意思的单位，因此具有表达的功能。

语素构成词的规则叫词法，所以词法的最小单位是语素，最大单位是词。词构成词组、词和词组构成句子的规则叫句法，所以句法的最小单位是词，最大单位一般认为是句子（具体地说是单句）。因此词既是词法单位，也是句法单位：从内部构成看它是词法研究的对象，从外部功能看则是句法研究的对象。语法就是词法和句法的总和。

第二节　语法意义和语法形式

一、什么是语法意义和语法形式

语法是语言的结构规则。所谓结构就是由一定的成分按照一定的关系组合而成的整体，也就是说任何结构都包含着成分、关系和整体这三个方面的属性，因此一个结构整体的意义除了与组成成分的字面意义有关外，还与成分之间的关系和整体的功能有关。比如词组和句子的意义就不是其中的词的词汇意义的简单相加。例如“红花”和“花红”由相同的两个词组成，但二者的意义却截然不同：前者表示什么花，后者表示花怎么样。造成这种差异的原因在于，二者成分之间的关系和整体的功能都不同：前者两个词之间是修饰关系，后者则是陈述关系，前者属于偏正结构，后者属于主谓结构。这种在不同成分相互组合形成结构的过程中所产生的意义就叫语法意义。

语法意义大致包括关系意义和功能意义两类。前者指结构内部的组成成分之间的关系，如主谓关系、述宾关系等，后者指某个成分在结构中的作用和功能，如名词作主语宾语，副词作状语等。关系意义很明显是在成分的相互组合过程中产生的。功能意义表面上看似乎是单个成分本身所具有的，实际上也是在组合过程中产生的。因为所谓的功能只有在组合过程中才能体现出来，离开了组合也就无所谓能作什么不能作什么，这就好比男人和女人只有在相互组合构成夫妻之后才能称为丈夫和妻子一样。具体到语言中，比如

① 参见郭锐：《汉语语法单位及其相互关系》，载《汉语学习》1996 年第 1 期。

词类，好像是一个个具体词自身的能力问题，似乎与组合没有什么关系。但是我们知道，词类这个范畴主要是从词的语法功能的角度划分出来的，说一个词属于什么词类不属于什么词类根据的仍然是这个词的具体的组合能力，例如说“战争”是名词不是动词，根据的是它前面可以加上数量词（一场战争、一次战争）不能加上副词（＊不战争、＊正在战争）、后面不能加时体助词（＊战争了、＊战争过）不能加上数量词（＊战争一次、＊战争一年）等。因此，关系意义和功能意义实际上只是两个不同的角度，二者不可能截然分开，它们都是在组合过程中产生的。也就是说，语法意义是在语法单位的组合过程中产生的意义。

语法意义与词汇意义有一定的关系。一般的实词都是表示某种事物、动作行为或性质状态等，同时又都可以作为构成成分用来组成某种结构，所以既有词汇意义，也有语法意义。虚词一般只用于结构中的组合，本身不表示什么具体事物、动作或性质，所以没有词汇意义，只有语法意义。单个实词的词汇意义是其语法意义的基础，因为前者在很大程度上决定了该词的具体用法（即组合特征）。比如名词、动词等是一种语法意义上的分类（即词类），但这种分类与词的词汇意义密切相关，因为名词大多数确实表示人或事物的名称，动词大多数实际上也是表示动作行为。

但是，语法意义与词汇意义毕竟是两种不同性质的意义。第一，词汇意义是单个词语本身所具备的，不是由词语的具体用法（即组合能力）决定的。因为一方面用法相同的词语其词汇意义不一定相同（实际上是常常不同），比如汉语中“桌子”与“打仗”都可以作主语和宾语（如“打仗谁也不喜欢”、“谁也不喜欢打仗”），但一个表示事物、一个表示动作行为。另一方面，词汇意义相同或相近的词语其用法也不一定相同，比如“战争”与“打仗”都指武装冲突，但用法却截然不同，比较：一场战争／＊一场打仗、＊不战争／不打仗、＊战争了／打仗了。所以词汇意义与语法单位的组合没有必然的关系，而语法意义则不同，它是在组合过程中产生的，而不是单个成分本身独立存在的。第二，词汇意义是单个词语自身固有的，具有个体性的特征，而语法意义是语法单位在组合成语法结构时产生的，具体的结构成分可能不同，但抽象的结构关系和功能类型可能相同。比如“你去”、“今天星期一”和“买房不容易”等没有一个词相同，但其中都包含着主谓关系，都属于主谓词组。因此语法意义不是个体的意义，而是一种类的意义，具有类的特征。第三，词汇意义反映的是客观世界或概念的属性，是语言与世界或概念之间的关系，而语法意义反映的则是语言自身的属性，具体地说就是相互组合的语法单位之间的关系，属于语言符号之间的关系。

有些语法意义看起来与词汇意义关系很密切，比如有些语言中名词区分“数”（单数 / 复数，或单数 / 双数 / 复数），这似乎也与词汇意义相关，但实际上它也是在组合中才能体现其语法意义的：单纯就词汇意义来说，“数”的意义并不重要，但在句法结构中，不同的“数”对于其他成分有不同的语法要求。比如英语中，如果作主语的是第三人称单数，那么一般现在时的动词要加-s（如 He likes that school）；主语是单数还是复数，其后的 to be 形式也不一样，如：I am / We are，He is / They are。

明白了语法意义，我们就不难理解语法形式。所谓语法形式，就是指用来表达上述语法意义的各种形式手段。比如“红花”与“花红”结构关系不同，二者唯一的区别就在于“红”与“花”这两个词的排列顺序不同，也就是说二者偏正关系与主谓关系这种语法意义上的对立是通过语序的不同表现出来的，所以语序（词序）就是一种语法形式。又如英语可数名词的复数与单数这种语法意义上的区别是通过在名词后面加上词尾-s 来表达的，因此这种用来表示某种语法意义的词形变化（形态）也是一种语法形式。

语言是意义和声音的结合体，所以语法形式也都有自己的语音表现，区别只在于所用的语音形式不同而已。有的语法形式表现为一个词本身的语音形式变化（即词形变化），而有的则表现为几个词的语音形式之间。比如语序作为一种语法形式就是通过词语之间的语音排列顺序表现出来的。

相对于有某种具体的语音形式而言，没有具体的语音形式也是一种语法形式。比如英语可数名词后面加-s 表示复数，不加-s 就表示单数，那么不加-s 相对而言就是单数这种语法意义的语法表现形式。一般把这种没有具体语音形式的语法形式称作零形式。这种语法形式在汉语中也是存在的。比如汉语篇章中的回指可以用代词，也可以用名词重复，还可以什么也不用，如“我以前有一个哥们，e 叫张三$_1$，他是个无赖。有一回张三$_2$去饭馆吃饭，愣是不给人钱。”其中的 e 是没有语音形式的零形式，与“他”、“张三$_2$”一样都指这个“哥们”。

语法意义是在语法单位的组合过程中产生的，所以作为其表现手段的语法形式也是在语法单位的组合过程中起作用的。表达词与词之间各种关系的语法形式（如语序）不用说，就是表现为词本身的形式变化（如英语动词的不同形式）的语法形式，表面上看似乎是单个词的问题，与词与词的组合没有关系，实际上这种语法形式仍然是存在于词语的组合过程中的。因为词只有在具体使用中为了表达某种语法意义（如时态义）才会发生形式变化，单个词本身并没有什么时态之类的区别，也就不需要表现这种区别的形式。所有词的形式变化及其所表达的意义都是从该词的各种具体组合中归纳出来的，所以离开了语法单位的组合过程就不存在什么语法意义和语法形式。

语法意义也属于语言中的语义，但是，只有通过某种语法形式表现出来的关系意义和功能意义才是语法意义，没有语法形式的意义不能算是语法意义。因为语法本来就是语言的结构规则，如果没有相应的形式标志，就不属于结构问题，自然不能算是语法意义。也就是说，语言的意义不一定都通过语法形式来表达。世界语言中常常有这种现象，在某种语言中用语法形式表示的意义（因而在该语言中属于语法意义），在另外的语言中却用词汇形式来表示。比如英语动词有时态（tense）的语法意义，动词要根据动作发生的相对时间（过去、现在、将来）而选择不同的变化形式；而汉语中表示动作发生的时间不是通过词的形式变化来表示的，而是利用不同的时间名词这种词汇手段或上下文语境来区别的，所以在汉语中没有时态这种语法意义。英语中名词单复数的区别在汉语中也是如此。由此我们可以推断出，并非所有的语法意义在世界每种语言中都有表现。比如俄语等语言中名词有阴性和阳性的形式区别，而在汉语和英语等语言则没有这种不同。而且根据语法的体系性特征，一种语言即使在语法形式上没有区分某种语法意义，也不一定会影响或制约该语言的交际功能，因为它仍然可以通过其他手段来辨别这种不同。比如英语第一和第三人称代词作主语与宾语时有主格和宾格的区别，而汉语的相应人称代词不管作主语还是宾语都用同一个形式，但我们仍然可以通过语序、语境或逻辑来区分谁是主动者谁是被动者。比如“张三打了李四”与“李四打了张三”打人者和被打者不同，“张三住院了，来探望的只有李四一个人”谁探望谁也很清楚，“饭吃完了”这类句子谁也不会认为“饭”是主动者。

不过，对语法形式和语法意义的理解有宽严的不同。语法形式最初只限于指词的形态变化，这种变化所表示的各种语法意义也就成了最早公认的语法意义。后来，重叠、语序、辅助词和语调等也被视为语法形式，它们所表示的各种意义也就成了语法意义了。也就是说，语法形式不再等于传统所说的形态。国内有些学者把词的组合选择也叫做形态（即所谓的广义形态说），这种观点其实没有多大的意义，因为所谓广义形态实际上就是没有形态。

二、语法手段

语法形式是语言中用来表现语法意义的各种方式，这些方式有多种多样。例如英语可数名词 book-books，加-s 表示复数，不加-s 表示单数；汉语“张三的房子”与“张三和房子”意思不同，“的”表示领属关系、“和”表示并列关系；“天晴”也不同于“晴天”，名词在前形容词在后构成主谓关系，相反语序则构成偏正关系，等等。对语法形式进行概括形成的类型就叫语法手段。比如英语可数名词加-s表示复数就是利用附加词尾的手段，汉语“的”与“和”的区别就是利用不同的虚词，主谓关系与偏正关系就是利用不同的语序。

世界上各种语言的语法手段多种多样，但大致上可以分为两大类。一类是综合性手段，即通过词的不同形式变化来表示不同的语法意义，通常把这种词形变化称为形态，所以这种手段又叫构形手段，比如附加、内部屈折、重叠和异根等。一类是分析性手段，即通过词与词的不同组合方式表示不同的语法意义，因为这种手段不是表现为一个词本身，而是体现在词组和句子的组合过程中，所以又叫句法手段，比如语序、虚词、停顿和语调等。

形态手段我们在第三节“词法”部分介绍，句法手段在第四节“句法”部分介绍。

三、语法范畴

语法意义是语法单位在组合过程中产生的意义，把同类的语法意义归纳起来所形成的范畴就叫语法范畴，也就是说，语法范畴是语法意义聚合所形成的类型。比如英语可数名词的单数和复数意义归纳起来就是数的范畴，动词的过去、现在和将来意义归纳起来就是时态范畴，等等。同一个语法范畴一般有两个或两个以上对立的语法意义，并且它们有对应的对立语法形式表现。比如英语可数名词的复数和单数的对立在形式分别用词尾-s和零形式来表示，所以说英语中有数的语法范畴。而汉语的个体名词不管用于单数意义还是复数意义在形式上都相同，没有什么变化，所以汉语名词没有数的语法范畴。

表达语法范畴的手段既有综合性的形态手段，也有分析性的句法手段。下面介绍世界语言中由形态手段所表达的主要语法范畴。

（一）数

数的语法范畴表示人、事物或现象的数量区别，主要是名词（特别是表实物的名词）和代词所具有，有的语言中动词和形容词等也有数的区别。动词的数主要是与动作者（主语名词）的数相对应（即一般所说的主谓一致关系），常常跟人称代词结合在一起。如英语中主语为单数第三人称、谓语动词为一般现在时的时候，谓语动词要加-s。形容词的数主要表现为与被修饰名词的数相对应。如俄语 большой（大，单数）дом（房子，单数）、

большие（大，复数）дома（房子，复数），不仅名词“房子”在形式上有单、复数的区别，形容词“大”也有单、复数形式的不同。

数范畴有的语言表现为单数和复数的对立，即一对多（两个以上），如英语。有的语言表现为单数、双数和复数，即一、二与多的对立。如云南景颇语第二人称代词，单数是 $\mathrm{naŋ}^{33}$、双数是 nan^{55}、复数是 $\mathrm{nan}^{55}\mathrm{the}^{33}$。

现代汉语名词也有可数与非可数的区别（即个体名词与非个体名词），但这种差别不是表现为词形本身，而在于所搭配的量词不同：只有可数名词才有专用的个体量词与之搭配。助词“们”也可以表示复数，但它与英语名词的复数词尾-s并不相同，它是一种词汇手段，只能加在指人名词后面，而且不是强制性的：名词不加“们”也可以是复数，如“全班同学都通过了考试”，名词前面有数量词时后面也不能加“们”，如不能说“＊三个同学们”。因此，不能据此认为汉语名词和代词也有数的语法范畴。

（二）性

性范畴表示名词或代词所表示的事物的性别。性范畴多表现在名词上，名词具有性范畴的语言大多分为阴性、阳性和中性三种，如俄语和德语。俄语中阴性名词以 a 结尾，阳性名词以辅音结尾，中性名词以 o 结尾，如 стол（桌子，阳性）、книга（书，阴性）、окно（窗户，中性）。有的语言只区分阴性和阳性，如法语和意大利语。

代词的性别以第三人称最为普遍，这是因为从语言交际的角度看第三人称所表示的人物不在交际现场，当有必要提到好几个不同性别的第三者时，就需要从形式上对第三人称代词进行区分。例如英语名词的性别已经不显著了，第一和第二人称代词也没有性别的区别，唯有第三人称代词还区分 he（他）、she（她）和 it（它）。汉语的人称代词“他、她、它”只是文字形式上的区别，读音都是 tā，所以不能据此认为汉语代词也有性别范畴。

自然性别的不同是语法中性范畴区分的基础，但语法中的性范畴与自然的性别并非完全一致。首先，有些没有自然性别区分的事物在语法上也区分阴性和阳性，例如俄语中“书”是阴性而“桌子”却是阳性，古英语中“石头”属于阴性，法语中“钢笔”是阴性而“铅笔”是阳性。其次，有些词的自然性别与语法的性范畴不一致，例如德语 das weib（妇女）是中性，中古法语 pape（教皇）是阴性，古英语中太阳是阴性、妇女是阳性，而孩子、妻子则是中性。最后，同一种性别的事物在不同语言中所属的性范畴也可能不同，例如“书”、“匙子”在俄语中是阴性，而在德语中分别是中性和阳性。因此，语法的性范畴与自然的性别并不是一回事。

（三）人称

人称范畴表示动作、行为及其主体与说话人的关系，主要是通过动词的不同形态变化来表示的。一般分为第一人称（说话者）、第二人称（听话者）、第三人称（第三者）。

人称代词一般都区分为不同的人称，如汉语中的“我、你、他”。但这是词汇意义上的区分，所以一般不看做语法范畴。

动词的人称范畴表示动词的动作者是说话人、听话人还是第三者。俄语中动词的人称范畴表现得比较明显，如：я начинаю делать（我开始做）、ты начинаешь делать（你开始做）、он начинает делать（他开始做）。以-ю / у出现的是第一人称形式，以词尾-ешь出现的是第二人称形式，以词尾-ет出现的是第三人称形式。动词的人称范畴常常跟时、体、语气和语态等范畴融合在一起。例如英语中动词 to be（是）要随人称及数、时的范畴而变化，如现在时单数第一人称（I）后用 am，第二人称（you）后用 are，第三人称（he、she、it）后用 is。

（四）格

格范畴表示词在句子中的作用、与其他词的关系，常见于名词和代词。格可以分为句法格和语义格两种，前者只表示主语和宾语等句法功能，如主格、宾格等；后者则带有特定的语义内容，如工具格、方位格等。

格是最复杂的语法范畴之一，在不同的语言里可以有不同的格。如果把世界语言所有不同的格名称加起来，可以有一百几十个。其中最常见的是主格、宾格和属格等。主格表示动作者，在句子中是主语，如英语中的 I。属格（或叫领格）表示修饰关系或领有关系，如英语中的 my。宾格是作宾语的，表示动作的受动者，如英语中的 me。宾格又可以分为两种：（1）对格，表示动作的直接受动者，在句中是直接宾语。（2）与格，表示动作的间接受动者，是间接宾语。俄语中格的变化很复杂，每一个名词都有十二个格，单数六个格，复数六个格，每个格都表现为一种语法作用。如第一格作主语用（主格），只要一个名词用第一格的形式出现，不论在哪个位置上都是主语；第二格表示所属（属格），第四格是宾格，等等。如“рубашка”（衬衣）一词：рубашка 是第一格，рубашку 是第四格。

此外还有其他一些格，如：造格，或者叫工具格，一般表示所用的工具；呼格，表示称呼；夺格，表示离开、原因和比较；部分格，表示部分、一些；方式格，表示方式方法；相关格，表示行为的共同性和相关性；原因目的格，表示原因、目的；时间格，表示时间；主动格，在不及物动词前，表示行为主动者，在及物动词前表示受事；比较格，表示什么跟另一事物的比较，等等。还有的格位是几种格位的混合体。

（五）时

时（又叫时态）是最常见的语法范畴之一，它表示动作行为发生的时间与说话时间之间的相对关系。时一般分为现在、过去、将来三种。现在时表示动作发生在说话时间，过去时表示动作发生在说话时间之前，将来时表示动作发生在说话时间之后。如英语 look（看，现在时）-looked（看，过去时），俄语 увеличивает（增长，现在时）-увеличит（增长，将来时），都是用动词的不同词尾表示不同的时。汉语的动词没有时态范畴，动作行为的时间是通过时间名词、副词或语境来表达的。

（六）体

体也是最常见的语法范畴之一，它表示动作行为进行的阶段或过程，主要是动词所具有的。体的种类比较丰富，常见的有：（1）完成体和未完成体。英语中完成体用“to have+动词过去分词”的形式表示，如 have eaten（已经吃过）。（2）进行体和非进行体。英语中进行体用“to be+动词现在分词”的形式表示，如 to be eating（正在吃）。（3）还有其他一些体，如反复体和一次体，表示动作是一次还是多次的，或表示动作本身的复数；随便体，表示动作的随便性质；迅速体，表示动作的迅速发生；加强体，表示动作的强度；此外还有瞬间体、重复体、开始体、记叙体、结束体等。

汉语中体范畴不是通过动词本身的词形变化表达的，而是通过附加助词或重叠的手段。最常用的体助词是“了”、“着”和“过”。助词“了”表完成体或实现体，表示动作行为的完成或实现，如“吃了饭”；“着”表持续体，表示动作行为进行或状态持续，如“吃着饭”、“开着门”；“过”表经历体，表示过去曾经发生过这种动作行为，如“吃过饭”。另外，动词的重叠表短时或尝试，表示动作只持续很短暂的时间或动作只是尝试的性质，如“看看”、“想想”。不少形容词的后面也可以加“了、着、过”，如“红了、红着、红过”，表示状态的完成、持续和经历（曾经有过）。

（七）态

又称语态，表示动作行为与句子主语之间的关系，常见的是主动态和被动态，有的语言还有中动态。主动态表示动作由主语发出，被动态表示动作由主语承受。英语中动词的被动由“to be+动词过去分词”构成，如 I asked her（我问她）-I was asked（我被（别人）问）。中动态表示一个过程源于主语又影响到主语，例如英语 The vase broke（花瓶破了）。另外还有自动态和使动态、互动态等。自动态表示动作是由主语自动发出的，使动态表示动作是主语的行为致使宾语发生的，互动态表示动作由主语和宾语双方共同进行。如云南省普米语 ʂa^{13}（笑，自动）-ʂu^{13}（使笑，使动），dʐli^{13}（唱，自动）-dʐlɛ^{13}dʐi^{13}（对唱，互动）。

语态的选择是根据语义角色（施事、受事等）与句法功能（主语、宾语等）之间的关系：在主动语态中动作行为的施事由主语来表达，而在被动语态中主语功能是与受事和受益等其他语义角色相联系的。语态在不同的语言中是通过不同的方法表达的，例如中动态在梵语和古典希腊语中用动词的屈折来表示，而在现代印欧语中则通过反身结构来表达。

现代汉语中动词的被动不是通过动词的形态变化来表示的，而是通过附加介词“被”、“叫”和“让”来表示的，如“被／叫／让人打了”。受事作主语不用介词也可以表示被动，如“饭吃完了”。古代汉语中有些动词用不同的声调表示不同的语态，如“伐”读入声表示“伐人”（主动），读去声表示“见伐”（被动）；“食”读上声表示自动，读去声表示使动（后一般写作“饲”）等，类似于形态变化，但这种方法不具有普遍性。

（八）式

式范畴表示说话人对句子所表示的内容的主观态度，一般由动词的形态或助动词来表示。动词的式种类较多，常见的有陈述式、祈使式、虚拟式等。陈述式表示客观地肯定或否定动作行为，祈使式表示请求或命令，虚拟式表示主观的愿望或假设、推测。如俄语 читаешь（你在读）是陈述式，читайте（请你读）是祈使式，两者词尾不同。又如西班牙语 Creo que aprende（我相信他在学习）、Dudo que aprenda（我怀疑他在学习），陈述式用 de、虚拟式用 da。

（九）级

级范畴表示形容词和副词的相对程度等级，一般有原级、比较级和最高级三级，有的语言还有绝对最高级（不通过比较）。级范畴在现代印欧语中可以通过词尾、助词和改变词根等不同方式来表达。例如英语 light→lighter→lightest 是用不同词尾，anxious→more anxious→most anxious 是附加不同助词，而 good→better→best 则是改变词根。

第三节　词　　法

词法的主要内容是词的构成规则和词在组词成句过程中的变化规则，前者称为构词法，后者称为构形法。此外词法还包括词的语法分类（即词类），因为词类既与词的组合特点有关，也与词的形态特点有关。

关于构词法，我们在“词汇”一章中已经讲过了，这里不再重复。这里主要讲一下构形法和词类的问题。

一、构形法

词在组合成词组和句子的过程中，由于表达某种语法意义的需要在形式上可能要发生某种变化，而且这种变化是有规律的。一个词的形式为表示不同语法意义而发生变化的规则就叫构形法。

一个词在具体使用时形式上发生了变化，如果词汇意义不变，只是语法意义变了，那么这种变化就属于构形法的问题。比如英语 book 和 books，后者比前者多了一个-s，加不加-s 都没有改变它的词汇意义（书），只是表示了不同的“数”，而“数”是英语中的一个语法范畴，不同的“数”会影响到其他词的语法变化（如单数第三人称作主语，动词为一般现在时要在后面加-s）。所以这个-s 只是个词尾，它表示的是语法意义，加不加-s 属于 book 这个词的形态变化。

构形法和构词法都涉及一个词的形式，二者的主要区别在于，构词法是不同的词如何形成的问题，而构形法则是同一个词如何变化的问题。也就是说，如果一个语素形式发生变化而成为不同的词，这就属于构词法；如果形式的变化并没有形成不同的词，只改变了其语法意义则属于构形法。而判断是不是不同的词，要看不同形式的词汇意义是否发生了变化：词汇意义发生变化的是不同的词，词汇意义未变只是语法意义有别的则是同一个词。比如英语动词 work（工作）后面加上-er 就变成了名词（工人），二者是两个不同的词，所以-er 是后缀，这属于构词法问题。work 后面加上-ed 后仍是动词“工作”，只是表示“过去时”的语法意义，所以-ed 是词尾，这属于构形法问题。而 work 后面加-ing 则有两种情况：一种是变成了形容词或名词；一种是表示进行体，即正在“工作”。显然，前者的词汇意义发生了变化，所以-ing 是后缀，有无-ing 是两个不同的词；而后者的词汇意义未变，只是语法意义发生变化，所以-ing 是词尾，有无-ing 是同一个词的不同语法形式。

形态变化是一个词内部的变化，因此构形手段属于综合性语法手段。不同语言中词的形态变化规则不同，复杂程度也不一样，重要性也有差异。比如俄语的词形变化就比英语复杂得多，现代英语的形态则比早期英语和中古英语要简单，朝鲜语主要依靠附加词尾来表示一些语法范畴，一个词根后面可以加上多个词尾来表示不同的语法意义。有些语言则缺乏词的形态变化，像汉语就没有严格意义上的形态变化，只有动词、形容词和量词的重叠可以算作一种形式变化，但这种变化缺乏普遍性，不是所有同类的词都能重叠。

因此，构形法在汉语中就不重要，汉语主要通过语序和虚词等句法手段来表示各种语法意义。

下面介绍世界语言中常用的形态手段。

（1）附加。附加是指在词干上增减或变换构形语素来表示不同语法意义的方法。这是最常见的一种构形手段，有形态变化的语言大多主要依靠这种形态手段。

俄语是目前形态变化最丰富的语言之一，如用不同的前缀表示不同的体，用不同的后缀表示动词的时，用不同的词尾来表示名词的性、数、格。英语中名词复数加-s，规则动词的过去时和过去分词在原形后加-ed，进行体后面加词尾-ing等，都属于附加法。

（2）内部屈折。内部屈折是指通过词干内部的语音变化来构成词的不同语法形式，这也是一种常见的构形手段。语音变换可以是元音，也可以是辅音，在有声调的语言中还可以是声调。

英语中有一些不规则的动词，在表示不同语法意义的时候不是采用附加的方式而是改变词根的某个音素（音位），这就属于内部屈折。如 feel（感觉，现在时）—felt（感觉，过去时），get（得到，现在时）—got（得到，过去时），foot（脚，单数）—feet（脚，复数）。

云南景颇族一部分人说的载瓦语中，利用不同的声调表示单数人称代词的主格和宾格，如 ŋo^{51}（我，主格）—ŋo^{21}（我，宾格），naŋ^{51}（你，主格）—naŋ^{21}（你，宾格）。

（3）异根。异根是指用不同的词根来构成同一个词的不同语法形式。也就是说，一个词的不同语法形式是用不同的词构成的，这些词的来源不同，本来不是一个词的变化，但在语言中被当做同一个词的不同语法形式来使用。如英语的 we（我们，主格）—us（我们，宾格），good（好，原级）—better（更好，较好，比较级），bad（坏，原级）—worse（更坏，较坏，比较级），go（去，现在时）—went（去，过去时）。

（4）重音和轻音。在有些语言中，重音和轻音也可以成为表示不同语法意义的手段。有些语言中不同位置的重音也能表示不同的语法意义。如英语中有些词可以利用重音位置的不同来区别词性：'produce（产品，名词）—pro'duce（生产，动词）、'record（记录，名词）— re'cord（记录，动词）。

汉语中利用轻声可以区别不同的意义，其中有些可以表示不同的语法意义。如“妻子”中的“子”如果读轻声，则“妻子”是一个词，如果“子”重读，则“妻子”是一个词组；“地道”中的“道”如果不读轻声，

“地道”是一个名词，如果读轻声，则“地道”是一个形容词。

二、词类

词可以按照不同的标准进行分类，如语音、意义和结构等。但一般说的词类是指按照语法标准进行的分类，具体地说就是根据词的语法功能所划分出来的类型。任何语言的词都可以划分词类，因为划分词类既有必要性，也有可能性。

（一）词类划分的意义

划分词类的目的是为了分析语法结构的需要、因为语法具有概括性和抽象性，所以要说明语法结构的抽象模式，就需要把结构中的成分按照语法特点进行归类。语法组合必须按类来说明，而不能按具体的词来说明。例如，要讲清楚现代汉语类似“一些水、两个人、三本书、四双手套、五吨水、六碗饭、七站路”的结构的构成规律，我们就需要把其中的成分按照语法功能分为三类：数词、量词和名词，然后我们就可以概括出汉语数量名的组合规则：数词+量词+名词。如果没有这三个词类，我们就无法讲清楚其中的规律。

语言中的词划分词类也是可能的。这是因为，虽然任何语言所包含的具体的词的数量都非常大，但是其中很多词在用法上却有很多共同点，也就是在语法功能上有很多共性。比如现代汉语“白、好、漂亮、糊涂、高深”等在词汇意义上完全不同，但在用法上却有很多共同点，比如都能受“很”修饰，都可以用“不”否定，都能放在名词后作谓语，放在名词前作定语，等等。那么根根这些共同点我们就可以把它们归为一类，叫做形容词。

另外，划分词类还有很多应用价值。除了可以很方便地讲清楚语法结构的抽象规则外，我们还可以用词类概念来统辖语言中数量众多的词的用法，收到以简驭繁之功效。因为词类是词在语法功能（即用法）上的共性表现，所以如果某些词属于某个词类，那么就说明它们具有该类词的共同的语法功能。比如我们说在现代汉语中“大力、按时、亲口、事先、一共”等属于副词，那就说明这些词在用法上至少有一个共同点：只能作状语。同时，如果两个词属于不同的词类，那就说明它们至少各有一个彼此不同的语法功能。比如我们说在现代汉语中“突然”和“忽然”分别属于形容词和副词，那我们就知道二者在用法上至少有一个不同：前者可以前加“很”而后者不能。这样在讲解词的用法以及编纂词的用法词典时，对于这些异同我们就可以用词类的概念来控制：属于该类词共性的用法就不需要再分别说明，只需标上其所属词类即可，因为词类标注本身就已经说明了这种共性，我们所要做的只是单独讲清楚它的个性用法。这种既有共性又有个性的用法词典应该是既简明又实用。

(二) 划分词类的标准

划分词类既然是必要和可能的，那么如何划分词类呢？划分词类最根本的标准在于词的语法功能，也就是词的具体用法。不过，词的语法功能在不同的语言中可以通过不同的形式表现出来，所以不同的语言在划分词类时可以选择不同的具体标准。世界语言划分词类可以采用或参考的标准大致可以分为三类：形态标准、意义标准和功能标准。

词的形态包括词的形式标记和形式变化。英语、法语和俄语等语言的很多词本身有形式标记（如某些特定的前缀和后缀），进入句子后也常常发生形式变化（即附加不同的词尾），因此这些词的词性就可以根据这种形式标记和变化来确定。比如英语中后面附加-tion、-ation、ness、ment、-ity 或-er、-ism、-ist、-ics 的词常常是名词，如：abolition（废除）、abbreviation（缩写）、up-to-dateness（新式）、abolishment（废除）、actuality（现实）、abolisher（废除者）、fascism（法西斯）、racialist（种族主义者）、economics（经济）等；附加-able、-less、和-ic 的常常是形容词，如：abolishable（可废除的）、hopeless（绝望的）、academic（学院的）等；附加-ise、-ize和-ify 的常常是动词，如：advise（劝告）、actualize（实现）、beautify（美化）。这些形式之所以能够作为确定词类的一个标志，是因为它们反映了那些词的语法功能。比如在英语中，后加-ation的词只能作主宾语、后加-able的词只能作表语、后加-ize 的词只能作谓语和述语等。

汉语词本身没有形式标志，进入句子后也不发生形式变化，因此形态不能作为划分词类的标准。唯一可以作为参考标准的是一些双音节动词和形容词的重叠形式，前者一般是 ABAB 式、而后者一般是 AABB 式，比如：斟酌斟酌、活动活动（动词）；勾勾搭搭、严严实实、平平常常、客客气气（形容词），因此当一个形容词采取 AABB 式重叠时就会变成动词，因为其用法与动词类似，比如：高兴高兴、舒服舒服、热闹热闹等。不过这种重叠标准缺乏普遍性，因为很多动词和形容词没有重叠形式，比如一般不说：*爱戴爱戴、*避免避免、*查封查封；*安安乐乐、*方方便便、*暴暴躁躁等。

词的意义包括词汇意义和语法意义两个方面。一般语法书中所说的名词表示事物名称、动词表示动作行为、形容词表示性质状态等，就是根据意义来划分的。但是意义至多只能作为参考，而不能作为划分词类的主要标准。这是因为意义相对于形式来说有两个不足：一是意义相近的词其语法功能不一定相同。比较：发生战争／＊发生打仗、进行战争／＊进行打仗；很突然／＊很忽然、突然袭击／＊忽然袭击、经常性／＊常常性、就在刚才／＊就在刚刚、在刚才的几分钟里／＊在刚刚的几分钟里；很干脆／＊很索性、说话干脆／＊说话索性。二是意义是主观的，不具有可操作性。所以上面所举的名词、动词和形容词的说法严格来说并不能算作定义，至多只是对这三类词在意义上的共同点的说明。

除此之外，剩下的标准就是词的语法功能，也就是词的组合能力。词类就是对词与词的组合能力进行考察的结果，在词的相互搭配关系中才能看出词类的不同性质。词类反映每类词能与哪些类词组合，组合起来形成什么关系，这样也就能看出词的与语法有关的类别。所以划分词类最重要、最根本的标准是词的组合能力。

作为划分词类标准的语法功能主要包括三个方面：一是词充当句法成分的功能。比如只能作状语的是副词（如“大力”），只能作定语的是区别词（如“大型”）等。二是词与词相互组合的能力。比如名词前可加数量词，动词前可加“不”、后带“了、着、过”，形容词前可加“很”等。三是词所具有的表示类别作用的功能。比如数词的计数功能、量词的计量单位功能、代词的指代功能、连词的连接功能等。

需要注意的是，某类词的语法功能实际上是根据该类词中最典型的成员概括出来的，并非该类词中的所有成员都具备所有功能。比如在现代汉语中有的名词不能受数量词修饰（如“体育”、“皮肤”和专有名词），有的动词不能受“不”、“没”否定（如“钦佩”、“铭记”、“咬定”），不能后附“了”、“着”或“过”（如不能说“属于了我”、“死着”、“是过”），有的形容词可以带宾语（如“红了脸”、“空着手”、“瞎了眼睛”、“脏了手”、“坏了事”等），有的副词可以作补语（如“好得很”、“冷极了”）①。非典型成员就可能缺少这种或那种功能，这说明词类实际上是一种典型范畴，即典型不典型的问题，而非绝对的是与非的问题。

（三）词类的层级

世界语言划分词类是有层次的，一般分为三个层次：首先，根据某种标准把词分为两大类：实词和虚词，或者叫做开放性词和封闭性词、实体词和功能词等。其次，再根据某些标准把实词和虚词分别分成若干个基本词类，如一般语言都有的名词、动词、形容词、副词、代词和数词等，某种语言独有的词类如汉语的量词和区别词等。最后，在各个基本词类内部再进行分

① 袁毓林：《词类范畴的家族相似性》，载《中国社会科学》1995年第1期。

类，分出若干个次类或小类来，比如名词分为可数名词和不可数名词、动词分为及物动词和不及物动词、形容词分为性质形容词和状态形容词等。

前两个层次分出来的可称为大类，最后一个层次分出来的是小类。小类与大类划分的标准和方法不尽相同：大类主要是根据词的组合特征划分出来的，而小类的划分除了根据词的组合特征外，还可以考虑其语义特征。而且，不同语言之间在小类划分上的差异要比大类划分明显得多。比如，英语中及物动词与不及物动词的划分只需看动词能否带宾语（如 kill、die），而现代汉语则不能只考虑能否带宾语，还要考虑动词所带宾语在语义类型上的不同（如“杀”带受事宾语，“死”带主体宾语）。因为在现代汉语中大多数动词（特别是单音节的）都可以带宾语，包括英语中对应的不及物动词，如“死人了”、“睡地板”、“走大路”等。不过，及物动词与不及物动词所带宾语的语义类型不同：前者可以带受事宾语，后者则不能。

第四节　句　　法

句法是指词组和句子的结构规则。词组是由词与词组合而成的，句子是由词和词组组合而成的，因此句法研究的主要内容就是词与词相互组合的规律。句法研究的最小单位是词（包括复合词），最大单位则是句子。句子分为单句和复句两种，前者是根据句法关系组合而成的，而后者则主要是根据逻辑关系复合而成的，因此句法研究的最大单位实际上是单句，而不包括复句，后者属于篇章研究的对象。

一、词组

词组又叫短语，是由词与词按照一定的规则构成的、具有整体意义的结构体。词组可以分为固定词组和临时词组两类。固定词组在结构上具有凝固性（不能任意拆开和自由扩展），在意义上具有整体性（不是组成成分的字面意义的相加），所以相当于一个词，词典需要收录。例如汉语的成语（如“鸡毛蒜皮”不等于“鸡毛和蒜皮”）、惯用语（比较“走后门”与“走前门”）和英语的习语（idiom）等。固定词组是语言中现成的固定的单位，而临时词组则是词与词临时组合而成的，其作用是用来造句，临时词组加上一定的语气和语调就可以实现为句子，所以作为句法研究对象的词组主要指临时词组。

词组有两种不同的研究角度：一是研究内部结构，即研究词组的构成成分之间的句法关系和语义关系；二是研究外部功能，即研究词组在更大的结构体中的功能和作用。相应地，词组可以从结构和功能这两个角度进行分类。

句法关系是指句法结构内部构成成分之间在结构上的语法关系。任何语言中具体的词组和句子是不计其数、复杂多样的，但其构成成分之间的语法关系却是有限的，归纳起来可以分为五种基本类型，即：主谓、偏正、述宾、述补和联合。各种语言中的基本句法关系是相同的，所不同的只是表现这些句法关系的方式和手段而已。按照句法关系的不同，词组可以相应地分为以下五种基本类型。

（一）主谓词组

主谓词组由主语和谓语两部分构成，主语一般是被陈述的对象，谓语是对主语进行陈述说明的。在汉语中主语一般多为话题，谓语对主语所表示的话题进行说明。如：今天／星期一、我们／上课、经济／发达、这事／我不怪你、熬夜／伤身体、发展经济／很重要、谦虚／使人进步、健康／要紧、头脑清醒／才行、身体健康／很重要、你去／我不同意。

与英语等有形态变化的语言不同，汉语的主语既可以是名词性的，也可以是动词性（如“搞研究不容易”）或形容词性（如“健康是福”）的，谓语部分既可以是动词性或形容词性的，也可以是名词性的（如“这孩子黄头发”）。不过，名词性主语和谓词性谓语是常规的、无条件的，而相反的谓词性主语和名词性谓语则是有条件的。从动词原形的角度看，英语也有动词做主语的情形，只不过其动词采用了不定式或动名词的形式，从而取消了其动词性。如：To get there by bike will take us half an hour / Swimming is a good sport in summer。

世界上绝大多数语言的主语在谓语之前，如汉语和英语，极少语言的主语在谓语之后，如希伯来语和古阿拉伯语。云南佤语的主语和谓语的位置可以互换，不过强调谁谁就放在前面，如：Ex saex（我病）、Saex ex（病我）①。

（二）偏正词组

偏正词组由修饰语和中心语两部分构成，前者修饰、限定后者。偏正词组的修饰语包括两种：体词性偏正词组的修饰语叫定语，谓词性偏正词组的修饰语叫状语，这样偏正词组可以分为两种：定中词组和状语词组。前者如：木头／房子、出租／汽车、红／房子、大型／企业、他的／死、某些人

① 肖则贡：《佤语中的主语和谓语的语序》，载《民族语文》1981年第2期。

的／无知。后者如：才／三月、电话／联系、不停地／说、努力／学习、马上／回家。

汉语的定语可以是形容词性的，也可以是动词性的（如“学习资料”）或名词性的（如“房子的主人”）；状语既可以是动词性的（如“哭着说”）、形容词性的（如“慢走”）和副词性的（如“很好”），也可以是名词性的（如“高温消毒”）。

从世界语言来看，偏正词组的修饰语与中心语的相对语序有两种：修饰语要么在中心语之前，要么在中心语之后。比如汉语，修饰语一律在中心语之前，所以“东方的太阳”不同于“太阳的东方”。而英语，修饰语则有的在前有的在后，如：my father、the front of the room、very good、run quickly。

（三）述宾词组

述宾词组由述语和宾语两部分构成，述语一般表示动作行为，宾语一般表示与该动作行为有关的人或事物，二者是支配与被支配的关系。如：看／小说、喜欢／看小说、爱／干净、希望／小王去、方便／群众。

汉语述宾词组中的述语主要为动词性的，但有的形容词也可以作宾语（如“红了脸”、“繁荣经济”），宾语主要是名词性的，也可以是动词性（如“爱逛街”）和形容词性（如“讨厌不干净”）的。

汉语和英语的述宾词组中，宾语一律在述语之后。有的语言宾语则在述语之前，比如日语和朝鲜语。如：血をはく（吐血）、일을 한다（干活）。

（四）述补词组

述补词组由述语和补语两部分构成，述语表示动作行为或性质状态，补语则是对述语进行补充说明。如：打／死、吃／饱、跑／进来、说／清楚、推得／倒、爬得／上去、晒得／干、搞／不明白、讲得／谁也听不懂、急／坏、气／糊涂、快／得起来、忙／不起来、热得／满头大汗。

英语中的宾语补足语（被动句中是主语补足语）虽然说是补足宾语的，实际上对谓语动词也有“补足”作用。如：“They elected me captain of the team”中的“captain of the team”是elect的结果；“We found everything there in good order”中的“in good order”是find（found）的对象；“I should advise you not to miss the chance”中的“not to miss the chance”是advise的内容。

（五）联合词组

与上述四类词组只由两项构成不同，联合词组是由两项或多项成分并列而成的，它们之间在意义和功能上不分主次、平等并列，各项之间有并列、递进或选择关系。如：天才和傻瓜，北京、上海与天津，我或者你，又唱又跳，讨论并通过，吃、穿、用，看得懂和听得懂，年轻漂亮，伟大、光荣、正确，好得很和差得很。

联合词组的各项之间常用连词连接，如汉语的“和”、“或者”、“又”，英语的 and、or 等。但并不一定非得有连词加以连接，如上面例子中的“吃、穿、用”和“伟大、光荣、正确”。

联合词组的各项在语法地位上是平等并列的，但其排列顺序常常受到其他因素的影响，所以并不总是可以互换位置的，比如“工、农、兵、学、商”。

词组的第二种分类角度是看词组在更大的结构体中的功能。按照功能，词组可以分为三类：体词性、谓词性和副词性。

体词性词组在功能上相当于一个体词，即主要充当主语和宾语。汉语的体词性词组主要包括：定中词组、体词性“的”字词组、体词性联合词组和同位词组等。如：第三者的出现、经济的繁荣、我的、开车的、工业农业、中式西式、他和我、首都北京、老王他们、他们自己、夫妻俩、贪污腐败这种现象。

谓词性词组在功能上与谓词相同，主要作谓语。汉语的谓词性词组包括：述宾词组、述补词组、状中词组、谓词性联合词组、连动词组和主谓词组等。如：杀人、赶走、快跑、学习并借鉴、年轻漂亮、去买菜、他走。

副词性词组在功能上相当于副词，主要作状语修饰谓词性成分。汉语的副词性词组主要包括介宾词组。如：从北京、对这个问题。

二、句子

句子是前后都有较大的停顿、带有一定句调、表示相对完整意义的语法单位。句子是在言语交际过程产生的，是语言交际的最小单位，我们平常所说的一句话就是一个句子。

句子是由词和词组构成的，但句子与词组之间的关系不是组合关系，而是实现关系。词组是静态的备用单位，句子是动态的使用单位。二者的不同表现在以下几个方面：

从语音上看，句子末尾有语调（升调、降调等），而词组没有。比如：他姓王／他姓王？句子中间可以有较长的停顿，可以用语气词来表示提顿，而词组中间只有较短的停顿，不能有语气词。比如：他不想回家／他呀，不想回家。句子中有各种重音和焦点，词组中只有句法重音，没有焦点。比如（下划线表示重读）：我昨天坐船去的上海／我昨天坐船去的上海、我昨天坐船去的上海、我昨天坐船去的上海、我昨天坐船去的上海。

从语法上看，词组内部的语序比较固定，而句子的语序则相对灵活（如可以易位）。比如：他轻轻地走／轻轻地他走了。句子中可以包含语气成分（如语气副词、语气词等），而词组中没有。比如：现在十一点／现在都十一点了。句子中可以有插说成分（插入语、呼语、感叹语等），而词组中没有。比如：喂，几点了？明天据说会下雪。

从语言交际的角度看，实际话语中只有句子，我们所说的每一句话都是句子，词组只是从实际存在的话语（句子）中抽象出来的。

句子是语言交际中最基本的单位。作为交际单位的句子可以分为两种：单句和复句。单句只有一个陈述结构，复句则包含两个或多个陈述结构，且它们之间在结构上相互独立、互不包含。前者如：我是中国人；后者如：我是中国人，他是日本人。这两种句子的构成规律是不同的。单句内部的构成成分之间是由结构关系构成的，而复句内部互相独立的各部分（分句）之间并不存在结构关系，它们是通过逻辑关系和篇章关系等因素组织在一起的。因此，作为句法研究对象的句子实际上只包括单句，而不包括复句。复句中的分句之间不存在句法关系，只存在逻辑和篇章等关系，因此属于篇章研究的对象。

句子可以从不同的角度进行分类。单句按照结构类型可以分为主谓句和非主谓句。复句按照分句之间的关系可以分为并列复句和主从复句两大类，二者分别包含不同的关系类型。按照所表达的语气，句子又可以分为陈述、疑问、祈使和感叹四类。句子的语气类型与句子的用途大致对应，比如陈述句用于叙述事件或说明情况，疑问句用于提问，祈使句用于让听话人做事，感叹句用于抒发说话人的感情。但二者又不是完全对应的，陈述句和疑问句也可以用来让听话人做事，这就是所谓的间接言语行为。比如上级对下级说"这件事你们可以研究研究"，实际是表达上级要求下级研究；冬天的时候开窗户，有人说"外面太冷了"，实际要表达的是要求你关上窗户；对一个丧失人性的人说"你还是人吗？"表面上是疑问，实际上却不需要回答，因为它表达的是说话人的主观态度。

研究句子的结构规律，不但要考虑句子内部的构成成分之间的结构关系和语义关系，还要考虑句子外部的上下文语境对句子的影响，因为各种语境因素会对句子的形式和意义产生制约作用。

三、句法手段

句法关系本质上属于一种语法意义，表达句法关系的语法手段就是句法手段，也就是说句法手段是指表达不同句法关系意义的各种语法形式。常见的句法手段主要有语序、虚词、词形变化和语调等。

（一）语序

语序可以指各级语法单位的内部构成成分的排列顺序，比如词中语素的顺序（如“皮鞋”）、词组中词的顺序（如“穿鞋”）、单句中句子成分的顺序（如主谓宾定状补等的排序）和复句中分句的排序（如因果复句中原因分句和结果分句的顺序）等。这其中既包括类型的顺序，如不同词类和不同句法成分的排序，也包括个体的排列顺序，如某个虚词在词组和句子中的位置等。这些都属于语言中的语序问题。

作为句法手段的语序是指利用词与词之间的不同排列顺序来表示不同的句法关系的一种语法形式。比如在现代汉语中，谓语在主语之后、修饰语在中心语之前，所以“红花”与“花红”语序不同；句法关系也不一样，前者属于偏正结构，后者属于主谓结构。又比如在现代汉语中，区分主语与宾语的最重要依据就是看它们相对于述语动词的位置：在动词前的是主语、在动词后的是宾语，所以“客人来了”与“来客人了”中的“客人”身份不同。

语序虽然直接体现为句法形式，但语序的差别常常带来语义和语用等意义上的不同。比如“客人来了”与“来客人了”，前者“客人”是确定、已知的，而后者“客人”则是未知、不确定的，所以后一句含有意外性。这说明，句法形式不同时意义上常常也有差异。

同时，语序作为一种句法形式又是各种因素综合作用的结果，因此语序问题常常不是表面的词的排序顺序那么简单，其背后存在多种制约因素。比如在现代汉语中，修饰语（定语和状语）要放在被修饰语（中心语）之前，所以数量词组一般放在名词之前（如“十斤鱼”），但有时也可以放在名词之后，比如在商品报账时（如“鱼十斤”）。这两种语序在表义上有什么不同呢？区别在于，“鱼十斤”突显的是数量词“十斤”，而“十斤鱼”则不一定，报账时需要强调的正是每一种商品的数量。因此凡是需要突显数量时，一般都会用“名词+数量词”的语序，比如饭店伙计报菜时说“面条三碗、白酒二两”。

不管是单个词的排序，还是词类和句法成分的排序，两个语法成分 AB 的语序只有两种可能：要么 AB，要么 BA。那么根据这些有限的语序，我们可以把世界语言分为有限的类型，这就是所谓的语序类型。比如动词和宾语的语序：VO 或 OV，汉语和英语属于 VO 型，而日语、朝鲜语属于 OV 型。再比如介词与宾语的语序：前置介词+宾语、宾语+后置介词，前者如汉语和英语，后者如日语和朝鲜语。而且，世界语言的不同语序之间常常有某种联系，比如以 SOV 为正常语序的语言多数使用后置介词，日语和朝鲜语就是如此①。

作为一种句法手段，语序与其他语法手段之间是相互补充的，都是用来表示某种语法意义。一种语言如果构形手段（形态变化）比较发达，那么语序这种手段的作用和重要性就会降低，比如俄语；反之，如果形态手段不发达，那么语序手段就会起重要作用，比如汉语。现代英语跟古代英语词相比词的形态变化已经大大减少，因而语序的作用就非常重要。

（二）辅助词

辅助词主要指虚词，是语言中没有词汇意义、只表示语法意义的功能词。虚词的作用大致可以分为两种：关系和功能，这两个方面都是在组合过程中体现出来的。虚词按照所表示的功能和意义，可以分为介词（前置词和后置词）、连接词、语气词、冠词和助词等。在现代汉语中，虚词和语序一样，是最重要的语法手段之一。同样的实词组合加上不同的虚词，其间的语法关系和语法功能往往不同。如：老师和同学（并列）～老师的同学（修饰）、下雨了（变化）～下雨呢（进行）、你去吗（提问）～你去吧（祈使）。

既然虚词的作用是在与实词的组合过程中体现出来的，那么要研究某个虚词的语法意义和语法功能就必须在词与词的组合中考察，也就是说要考察虚词所在的词组和句子，甚至篇章。比如研究语气词的意义就要看语气词对所在句子的影响，考察关联词的功能就要看它所连接的分句之间的关系等。

（三）词形变化

作为句法手段的词形变化是指利用词的不同形式来表示不同句法功能和句法关系的手段。在形态变化丰富的语言里词在组成句法结构时一般要发生形式变化。词与词在组合时，词在数、性、格、体、时和态等方面前后要协调一致，才能形成合格的句法结构。这种一致关系一般是通过词形变化来表现的。如英语中单数名词或第三人称代词作主语、谓语动词为一般现在时的时候，动词要后加词尾-s 才能形成主谓关系。当两个词组合时必须服从其语法形式上的要求而发生某种词形变化，它们之间才能形成一定的句法关系。如英语中代词作动词和介词的宾语时，必须用宾格形式才能组合起来分别构成述宾关系和介宾关系。

---

① 关于世界语言的语序共性，可参考 Joseph H. Greenberg：《某些主要跟语序有关的语法普遍现象》，陆丙甫、陆致极译，载《国外语言学》1984 年第 2 期。

因此，属于词法范围的词形变化实际也是为表现句法功能服务的，可以看做是表现句法的手段。如名词和代词的格变化，表示的主要是它们在句子中的句法作用（所充当的句法成分）、与其他词的句法关系等，如主格、宾格和属格等。主格形式的名词、代词只能充当主语，构成主谓关系，如英语的“I”；宾格形式只能充当宾语，构成述宾关系，如“me”；属格形式表示领有限定关系，如“your”，只能充当定语，构成定中式偏正结构。这样词的形式本身就体现了一定的句法关系。

（四）重叠

重叠指利用整个词或词的一部分（语素）的重复来表示特定语法意义的语法手段。汉藏语系中许多语言采用重叠的方式来表示某种语法意义。如现代汉语单音节动词AA式、双音节动词ABAB式重叠表示动量小、时间短（如“看看”、“考虑考虑”等），单音节形容词AA式、双音节形容词AABB式重叠表示程度加深（如“慢慢”、“漂漂亮亮”）等）。当然，在现代汉语中不是所有动词和形容词都能重叠。哪些词能重叠、以什么形式重叠、不同重叠形式表示什么意义，这都是有选择有规律的。

（五）语调

语调是句子在语音上的高低、轻重、长短和快慢的变化形式以及句子内部的语音停顿。在各种语言中，语调都能起到表示一定的语法意义的作用。如用不同的语调表示陈述、疑问、命令、感叹等语气，语句的逻辑重音还可以表示强调的内容等。作为句法手段的语调主要表现在停顿和轻重音对句法结构的影响上。

停顿可以区分不同的句法结构层次。如：大/红花～大红/花、穿好/衣服～穿/好衣服、对/老王的意见～对老王的/意见、只关心/自己的孩子～只关心自己的/孩子。

在现代汉语中轻重音常常可以用来区别意义和结构。比较：老子（zǐ）～老子（zi）、妻子（zǐ，妻和子）～妻子（zi，妻），地道（dao，形容词）～地道（dào，名词）。这种区别必然会影响到它们的句法功能。

句子中的重音大致可以分为两类：自然重音和逻辑重音。逻辑重音（下划线部分）一般用来表示对比，虽然对比的成分不一定说出来。比如“《红楼梦》张三看过，李四没看过”，对比的是“张三”和“李四”；“张三《红楼梦》看过，《三国演义》没看过”，对比的则是两本不同的书。又如“小王昨天坐船去的上海”，除了“的”外几乎每个词都可以重读，不管哪个词（用X表示）读重音，都是表示X和非X之间的对比。

四、语法结构的层次

（一）语法结构的层次性

语法结构是由大大小小的语法单位组合而成的，小的语法单位相互组合构成大的语法单位。语法单位的组合过程不是一次性完成的，而是有先有后，有的单位先组合成较小的结构，然后再跟其他单位组合成较大的结构，以此类推，最后成为一个完整的结构体。比如“两所学校的书记”，“两所”先组合，然后与“学校”搭配，加上“的”之后再与“书记”搭配；而“两位学校的书记”的搭配顺序则不同，“学校的”先与“书记”搭配，之后再与“两位”搭配。语法结构中语法单位相互组合的这种先后顺序就叫做层次。

层次性是任何语法结构都具备的属性。即使是由两个成分构成的结构也是如此，虽然这种结构只包含一个层次，如“红花”和“大红”。由三个及以上成分构成的结构的层次性就更明显了，因为其中包含两个或两个以上的层次，如“小／红∥花”。

有时同样的语法成分由于组合顺序的不同，可以形成不同的结构、表示不同的意义。比如“新职工宿舍”，“职工”既可以先与“新”组合成“新职工”然后再修饰后面的“宿舍”，也可以先与后面的“宿舍”组合成“职工宿舍”然后再受前面的“新”修饰，这样就形成两个不同的层次结构“新职工／宿舍”与“新／职工宿舍”，二者的意义也不一样。

在“新职工／宿舍”中，“职工”受“新”修饰，与“宿舍”没有直接关系；而在“新／职工宿舍”中，“职工”用来修饰“宿舍”，与“新”没有关系，而“新”虽然与“宿舍”不相邻却是用来说明“花”的。这说明，在语法结构中相邻的成分不一定有关系，而不相邻的成分不一定没关系。这也很清楚地说明了语法结构的层次性。

（二）层次分析法

层次分析法是一种分析句法结构的方法。分析中每次只找出直接组合的两个成分，然后再分析这个组合单位与其他成分的组合，这样就表现出了句法结构的层次。每一个层次中被切分出来的两个相互直接发生句法关系的成分叫直接成分，所以又叫直接成分分析法。

用层次分析法来分析汉语时，其主要内容有两个：一是对一个语法结构要逐层切分出相互组合的两个直接成分；二是分析每个层次上两个直接成分之间的语法关系。

用直接成分分析法分析英语时，一般不需要特别说明直接成分之间的语法关系。这是因为英语的词类与句法成分之间基本上是对应的，所以确定了两个直接成分各自的词类地位，其间的语法关系基本上就清楚了。而汉语的词类与语法成分之间的关系不是一一对应的，而是交叉对应的，所以直接成分的词类地位并不能决定二者之间的语法关系。这种特点在汉语的词法结构和句法结构中都同样存在。比如复合词“跑车”与“跑步”，词组“学习资料”与“学习文件”，都是由动词性成分加名词性成分构成的，但是前者构成修饰关系后者却构成支配关系。这说明在现代汉语的词法和句法结构中，“动词性成分+名词性成分”可以形成偏正和动宾两种关系。再如，“出租汽车”是有歧义的：既可以是偏正复合词，也可以是述宾词组。

用层次分析法来分析语法结构时是逐层切分的，一直到不能切分为止。那么什么时候才是不能切分呢？这个终点在词法结构和句法结构中不同，词法结构（合成词）是由语素构成的，所以切分的终点是语素，比如复合词“向∥日／葵”；而句法结构（词组和句子）是由词构成的，所以切分的终点是词，比如“大／高∥楼”。

此外，在切分层次时虚词（辅助词）一般不作分析。这是因为，虚词只表示语法关系或语法意义，其本身不能作句法成分。

用层次分析法来分析一个语法结构时，可以有两个方向相反的分析过程：一是把该结构逐层切分为两个直接成分，一直到不能切分为止；二是分析其中较小单位如何两两组合成较大单位，以此类推，最后构成整个结构。前者是由大到小的切分过程，后者则是由小到大的组合过程。如下面左右两图所示：

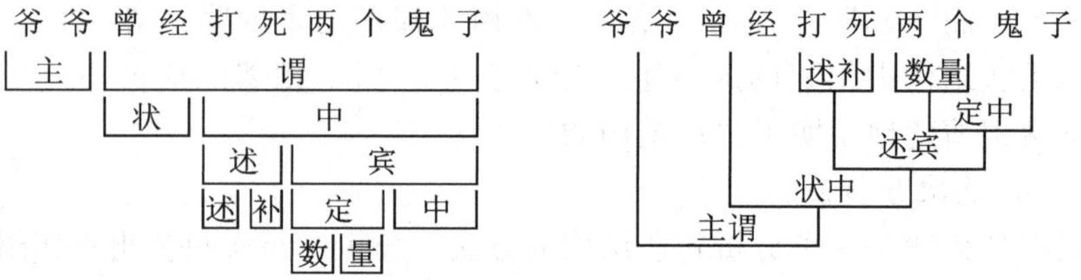

语法结构为什么会有这两种相反的分析过程呢？这是因为，一个完整的语言交际都包含着两个方向相反的过程：发出语言的编码过程和接受语言的解码过程，也就是通常所说的说和听，而切分和组合实际上分别对应着语言交际的听和说这两个过程。

思　考　题

1. 什么是语法？语法包括哪些规则？
2. 语法有什么特点？
3. 什么是语法意义？语法意义和词汇意义有什么不同？
4. 常见的语法范畴有哪些？汉语中有哪些语法范畴？
5. 常见的语法手段有哪些？汉语中有哪些语法手段？
6. 划分词类的标准是什么？
7. 常见的语法关系有哪些？
8. 怎样分析语法结构的层次？

第九章　语言的运用：语用

第一节　语用和语用学

一、什么是语用

（一）语言的运用涉及语言因素和非语言因素

语言是用来进行交际的工具，但在语言运用中，句子的静态意义与其动态使用中的实际意义经常是有差异的，有很多句子不能仅按照字面意义来理解。例如，妈妈对女儿说：“门外有狗。”对此可能会有多种理解：

①这句话只是对妈妈所看到的一个事实的简单陈述。
②妈妈不希望女儿出门，所以以此为借口警告女儿别出去。
③妈妈不喜欢狗，希望女儿把狗赶走。
④妈妈喜欢狗，希望跟女儿出去看看狗。
⑤门外没有狗，而是有个不喜欢的人。
⑥门外没有狗，妈妈只是吓唬女儿，不想让她出门。
……

由此可见，在语言的运用中，说话人并不一定都要把传递的意义用话语直接地表达出来，而是会根据不同情况用不同的方式来表达。听话人也并非只简单理解字面含义，而是会根据话语的字面含义结合具体的语言环境情况对听话人的真实意义作不同的理解。这就说明，言语所传递的信息并非只有字面意义，因此，要想完整地、准确地理解言语的信息，就需要把字面意义与言外之意结合起来。

字面意义是通过句子的语言意义（词义和语法意义）直接表达出来并能够被直接接收理解的；而言外之意都是需要结合语言环境来理解的。下文我们要谈到，言外之意有两类，一类是虽然没有明说，但从句子本身可以推导出来的前提、蕴含等，这些需要根据语境判断说话人所要表达的信息；一类是与语境联系密切、只有在特定语境中才具有的含义。所以，语言的运用实际上涉及语言因素和非语言因素，单纯从语言角度分析不能完整解决语言的使用和理解问题，还需要掌握语言在运用中的特点和规律。语言运用涉及的字面意义（词义和语法意义）分别属于词汇（语义）和语法的范畴，所以语用通常只涉及与非语言因素相关的内容。

（二）对语用和语用学的理解

简单地说，语用是指语言运用的特点和规律。但如何给语用下定义、如何认识语用、语用学的研究对象是什么等还是有待于进一步研究的问题。

1938年，美国哲学家莫里斯在对符号学的研究中首先使用了语用学（pragmatics）这一术语。他认为，符号学有三个分支：符号关系学（句法学）研究符号与符号之间的关系，语义学研究符号与符号所代表的事物之间的关系，语用学研究符号与符号解释者之间的关系。1946年他又修改为“研究符号的来源、用法及其在行为中出现时所产生的作用”。此后，学者们对语用和语用学作出了多种定义。

从语言学角度对语用进行的研究，涉及的方面很多，但都离不开两个主要的问题，这就是意义和语境。语用学要寻找交际中准确恰当地传递和理解语句含义的规律，从这点上来看，语用学研究的对象与语义学是相近的。但是，传统语义学研究的是语言的规约性意义，而交际中语句的含义则是临时的、动态的、主观的、非规约性的，显然不能简单地归到传统的语义学研究之中。而语句的交际含义的使用和理解也都依赖于具体的语言环境，所以，语境才是从语言学角度研究语用的最中心的内容。如何使用语言，实际上是语言与语言环境互动的问题：说话人如何根据具体的语境选择特定的语言表达方式以传递意义，听话人如何根据具体的语境理解话语的真实的具体含义。这应该是人们期待语用研究能够解决的问题。

二、语用学的兴起和发展

（一）语用学与修辞学

语言的使用问题实际上很早就是人们关注的对象，不过以前是从修辞学的角度进行研究的。早在古希腊罗马时期，辩论风行，各种讨论辩论术的著作很多，其中既有逻辑思维方面的内容，也有修辞方面的内容。中国在先秦时期也有了修辞学的萌芽，到后代修辞学更是得到了长足发展。这些都不用多说，但是修辞学的研究与语用学的兴起却没有直接的关系，两者的志趣并不相同。修辞学研究的是如何提高表达效果的问题，其中最典型的是对各种修辞格的研究。从修辞格来看，它们基本上都是非同一般的表达方式，其中有从意义方面进行修辞的，如比喻、夸张等；有从形式方面进行修辞的，如汉语的对偶、顶真。语用学研究的对象则与此不同，语用研究的是语言使用的一般规律，而对于特殊的修辞方式并不特别看重。可以说，修辞也要遵循语言使用的一般规律，只不过是在语言使用一般规律基础上的“文学性”用法①，其目的是使话语准确、形象、生动。换句话说，修辞主要在于如何把话说“好”。而语用学则是研究语言交际的一般规律，包括如何说和如何理解两个方面。从目前研究的重点来看，更在于后一个方面，即如何理解话语的含义。如何说和如何理解其实都属于语言的运用，两者也有密切的联系，所以，随着语用学研究的深入，如何说也将会成为语用研究的重要内容。或许到那时，修辞学有可能会被涵盖在语用学的领域之内。

（二）语用学的兴起

语用学的兴起是与人们对意义的探索密切相关的。自从索绪尔主张严格区分语言和言语之后，语言学的研究中心便主要围绕语言系统内部各要素进行，这在客观上相对减少了人们对有关语言应用的研究热情。而哲学界随着20世纪以来的语言学转向，却开始更多地关注语言问题特别是语义问题。20世纪30年代，莫里斯和卡纳普首先从符号学的角度划分出语用这一领域。20世纪50年代末，英国哲学家奥斯汀创立了言语行为理论。哲学界的这些探索，为语用学的成立打下了坚实的理论基础。同时，在20世纪的六七十年代，社会学家对人们的日常会话进行研究，分析其结构规律，这对语用学的研究也提供了很大的帮助。在这些学术背景之下，语用的研究终于得到语言学家们的重视。20世纪70年代，语用学的专业杂志创刊，各种语用学的学术会议相继召开，相关论文不断发表，这标志着语用学正式成为语言学的分支之一。

（三）语用学的发展

语用学兴起之后得到了迅速的发展并对语言学的其他分支产生了广泛的

① 这里说的“文学性”用法，并不是说只有在文学作品中才出现，口语中不说，而是指这些用法在文学作品中常见，口语中使用较少。

影响。有不少语言学者投入到对语用学的研究当中，对语用学的基本理论问题和不同语言中的各种语用现象进行了比较深入的探讨。在已有的语用学研究中，研究得比较多的是语境、意义所指、言语行为和会话。本章后面主要介绍语境、言语行为和会话的有关语用理论。在语用学不断发展的影响下，语言学其他分支的研究当中也都非常重视语用因素。比如在汉语语法的研究中，提出了“三个平面”的理论，主张语法不仅有句法平面，还有语义和语用平面；在语法研究中，不仅要考察句法，还要综合考察语义和语用两方面的影响因素。

毋庸讳言，语用学的研究尽管取得了令人瞩目的丰富成果，但是需要解决的问题更多。这一方面固然可以归因于它是一门年轻的学科，但更重要的是另一方面，即语用学本身的难度。言语交际中交际的主体（说话人和听话人）千差万别，面对的场景与内容多种多样，并且随着交际的进行而不断变化，语用又与社会文化、心理、逻辑等多方面因素密切相关，因此要认识语用的规律确非易事。这正是语用学兴起较晚的原因，同时也正是语用学方兴未艾的魅力之所在。

第二节　语　境

一、语境的定义与构成

（一）对语境的理解

在修辞研究中，人们就已经重视语句与上下文的关系。1932 年，陈望道在《修辞学发凡》中明确提出“修辞学以适应题旨情境为第一义”，他说：“凡成功的修辞，必定能够适合内容复杂的题旨，内容复杂的情境。”他还具体地提出了“六何”为情境的基本要素：何故，指说话的目的；何事，指说话的事项；何人，指说话的对象；何地，指说话的地点；何时，指说话的时间；何如，指说话的方式。这个“六何”，借用自英国著名作家、诺贝尔文学奖获得者吉卜林（1865—1936）所说的分析问题、解决问题时需要考虑的“6W”（Why、What、Who、Where、When、hoW）。不过，由于语境的复杂性，其后的修辞学研究中对语境并没有展开深入的研究。

“语境”（Context）的概念在西方是由波兰籍英国社会人类学家马林诺夫斯基 1923 年首先提出来并加以分析的。他把语境分为文化语境和情景语境两类，文化语境指说话的社会文化背景，情景语境指说话时的具体情景。后来，英国语言学家弗斯创立了比较完整的语境理论。其他一些学者对语境问题也做了很多研究，提出了一些有价值的观点。

尽管目前学术界对语境还没有公认的确切的定义，但我们可以粗略地认为，语境是指言语交际中对说话人使用语言和听话人理解语言产生影响的言语环境。

在进行言语交际时，交际双方总是处在一定的环境之中的，构成这个环境的因素很多，极而言之是整个客观世界和主观世界。但是，在言语交际中只有很少的一部分因素参与进来，对言语交际产生影响，与当前交谈内容无关的因素不构成语境。这就好比一个人走在热闹的大街上，尽管熙来攘往的人们是客观的存在，但他们只是跟我们毫无关系的路人，不会引起我们的注意，不会影响我们的行动，在我们的眼界里，对他们基本上是视若无物的。当然，他们也都是潜在的“利益攸关者”，都有可能跟我们发生关系，比如其中的某人挡住了我们的路，某人向我们问路，某人与我们发生了磕碰，这个时候，他们就不再是一般的路人，而是与我们发生关系、影响我们的行动或言语的因素了。再举个言语交际的例子，两个人在办公室内谈论一门课程的教学方案，这时外面的天气阴晴雨雪风速风向等，都不会构成这个言语交际的语境。只有当两人讨论结束，准备出门回家时，才会涉及天气问题，这时候天气才成为新的话题的语境因素。因此，我们认为，客观世界和主观世界的万事万物都有充当语境的潜在可能性，但真正在某个具体的言语交际过程中充当语境的因素却是有限的，在一定的条件下是可以把握的。正因为如此，听话人才能够借助于语境准确理解话语的含义，而说话人才能够利用语境因素与言语相结合来传递信息。如果语境完全不能把握，那么它也就无从在言语交际中正常地发挥作用。

那么，语境是怎样被交际双方把握的呢？从听话人的角度看，理解话语时所考虑的语境因素并非漫无边际，而是以话语为线索的。话语的字面内容，触发听话人对与其关联的语境因素的联想，排除掉与字面内容无关的众多因素之后，听话人按其选中的语境因素对话语含义作更准确的理解。例如，A在办公室里别人不在现场的时候对同事B说：“你女儿长得真漂亮！”听话人会围绕这句话的字面含义以及来考虑与此有关的语境因素：（1）说话人A，包括性别、年龄、地位、性格、与说话对方关系以及与“漂亮”有关的本人长相、审美眼光等。（2）听话人B，大致也是上述几个方面。（3）话题内容，包括B的女儿的年龄、实际长相、学习或工作状况，如果是成人还要考虑婚否或交友状况，与A是否熟悉等。（4）其他语境因素，如现场只有两人，工作上以及两人最近都没有特别的事情发生等情况，也是在考虑范围之内的。听话人B会根据上述情况对A的话语了解做出各种判断：闲聊中顺便提及，发自真心地赞扬；有特定目的或无特定目的地通过赞扬来拉近双方感情；通过赞扬开场打算给女儿介绍朋友（如果B的女儿还没有男朋友）；A通过赞扬女儿讥讽B不漂亮或女婿不般配（如果B的女儿已婚），等等。我们可以看出，无论其具体情形如何，在这个过程中只有有限的非语言因素参与，而其他的众多因素对这句话的理解并没有起直接的作用。从说话人的角度看，只要他是经过思考说出的话，那么他在说出口之前也要考量自己要表达的意思与相关语境的关系，从而采用适合于语境的表达形式。修辞学认为，对话语没有评断优劣的统一标准，最恰切地符合语境的话语就是最好的表达方式。人们在言语交际中还非常注意“得体”的问题，所谓的“得体”也就是说话的方式和内容符合语境。

对言语使用和理解产生影响的这些语境因素与具体说出来的言语相结合，共同来传递意义信息。从理解的角度说，只有把语境因素与具体的言语相结合，才能够得到完整的信息内容。所以，尽管语境多指非语言因素，但却是伴随语言因素并与之共同承担传递信息任务的成分，因此，也就很自然地被纳入到了语言研究的范围之中。

在文学等学科的研究中，也常引入语境的概念，指称话语文本之外的背景因素。

（二）语境的分类及其构成因素

具体来看，语境可以分为三大类。

1. 言内语境

言内语境也就是上下文。言语交际是以句子为基本单位的，一般来说，每个句子都会有上下文（除了交际开头的句子只有下文和交际结束时的句子只有上文），句子的含义与上下文在语义上有密切的联系。因此，对一句话的理解就不能脱离上下文。比如一个简单的对话：

> 甲：你昨天下午去哪儿了？
> 乙：超市。

乙的答话一般被分析为承前省略，即：“（我昨天下午去了）超市”。而如果没有上文参照，一个人孤零零地说一个“超市”，我们就无法确定它是什么意思。《红楼梦》中写林黛玉临终前猛然“直声叫道”：“宝玉，宝玉，你好……”由于缺乏上下文，这句话的真实含义便引来书中其他人以及读者的不同解读。

上下文都是通过一定的语言形式表现出来的言语片段，与非语言因素没有直接关系，所以我们称之为“言内语境”。上下文也是具体的、明确的，人们可以通过分析某一句子与上下文的联系来确定它在这一环境中的具体意义。因此，对上下文的研究不是语用学关注的重点。

2. 情境语境

情境语境指言语交际具体场景中的非语言因素，包括时间、场所、人、话题、原因、目的、场合、方式等。时间因素除了具体的时间之外，还包括时令（季节）及其相关的天气等、工作日还是节假日等因素；场所除了具体的处所之外，还包括其相对方位（如左右前后之类）、地理位置、自然环境等；话题即谈话的内容；原因和目的是谈话人的主观因素，对于言语交际的走向有重要意义；场合指谈话的社会环境和情势，如正式的还是随意的，公开的还是私密的，场所往往也与场所相关，如酒席上还是办公室里；方式如一对一交谈还是多人的交谈、通常的交谈还是私密的交谈，面对面交谈还是电话交谈（或网上音频通话）、网上视频交谈，有没有手势、身势、面部表情等语言的辅助手段，等等。情景语境中最重要、也最复杂的是人的因素。交谈人的一切情况，如性别、年龄、婚否、家庭、职业、身份、地位、社会关系、宗教信仰、政治立场、历史、对方具有或双方共有的知识背景、共知的信息等，甚至身体的长相、身高、服饰、发型等，都有可能成为影响话语使用和理解的因素，也就是构成语境的内容。比如《阿 Q 正传》中，阿 Q 因为“头皮上，颇有几处不知起于何时的癞疮疤”，便“讳说‘癞’以及一切近于‘赖’的音，后来推而广之，‘光’也讳，‘亮’也讳，再后来，连‘灯’‘烛’都讳了”。别人无心说到这些忌讳的词，阿 Q 也认为是在讥讽他，于是“便全疤通红的发起怒来”，去骂或打对方。最后因为打骂的结果总是自己吃亏，后来就“渐渐的变换了方针，大抵改为怒目而视了”①。同样的话语，在不同的人口中说出来，其含义也会有所不同；甚至同一个人说的话，随着人们对他的认识的改变，理解也不相同。“狼来了”的故事中，孩子刚开始喊“狼来了”的时候，人们是相信他的，于是认为是一个真实的信息；但后来人们在几次受骗之后认定这是一个说谎的孩子的时候，便不再相信他的话了，当狼真的来了、孩子说真话喊“狼来了”，人们还是将他的喊话理解为骗人的谎话。

情景语境都是非语言因素，是具体的，然而也是复杂多变的，随着言语交际对象的不同和时间、处所的变化以及话题而变化。情景语境是语用研究重点观察的对象。

① 鲁迅：《鲁迅全集》第 1 卷，人民文学出版社 1981 年版，第 492 页。

3. 背景语境

背景语境指言语交际的社会文化背景。参与言语交际的人总是处在一定的社会集团之中的，社会的状况及其变化、不同的文化特点，影响着人们的行为方式，也影响着人们对话语的使用和理解。同样的话语，在不同的社会文化背景之下可能会传递出不同的含义。例如在“文化大革命”初期，“红卫兵”被视为革命造反组织，那时如果说一个人“他是红卫兵”，意味着他是积极革命的人。“文化大革命”结束之后，拨乱反正，“红卫兵”则被视为狂热造反、盲目破坏的形象，如果说一个人“他是红卫兵”，也就意味着他是一个非理性、好斗、不怕乱的人。再比如当别人夸奖自己的时候，如果不表示不同意而是表示感谢，那么在汉语中会被视为没有礼貌，而西方社会中则恰恰相反，被认为是合适的回应，是有礼貌的，因为汉民族认为自谦才是最好的礼貌方式，哪怕表面上是否定对方的观点。事实上，夸奖的人也不会对对方的否认而感到不高兴，恰恰相反，会认为自己夸奖对了，因为对方是一个自谦、懂礼貌的人。

背景语境也不是语言因素。与情景语境相比，背景语境虽然看起来不是具体的现场的因素，但却潜藏在交际双方的意识之中，像空气一样漂浮在交际之中，在言语交际中发挥着作用。不过，对于处于同时同地、具有相同文化背景的人来说，社会文化语境对双方来说是基本相同的，所以往往并不特别关注社会文化语境的问题。当然，交际双方的社会政治观点、立场、地位等的差异，会对言语交际产生影响，但这可以视为情景语境中的人的因素，而不是社会文化背景的问题，尽管与其有关系（比如政治观点的不同当然是因为社会上有不同的政治观点）。而对于不同文化背景的人之间的言语交际来说，社会文化背景就是十分需要关注的问题了。不同国家、不同民族的人在言谈之中要注意不同的社会文化背景，即使是同一个国家同一民族的不同地区，往往也有一些当地的特异风俗，也需要“入境问俗”，以免因为文化差异方面的原因而导致言语交际失误。

二、语境的特点

语境本身是复杂的，所以对语境的研究目前还远远不够。我们这里只谈语境以下几个方面的特点，以加深对语境的认识。

（一）与话语的关联性

如上所述，不可能把世界上的万事万物都看做是某次具体的言语交际的语境，如果所谓的语境无所不包，反而不利于正确认识语境。语境应该只是对言语交际产生影响的环境因素。这种影响，也就是语境与言语交际的联系。如果没有这种联系，那么言语内容之外的因素不成其为语境。从言语交际的实际来说，听话人需要结合话语的字面形式来联系、筛选相关的语境因素；而说话人则需要根据要传递的意义结合相关的语境因素来安排话语。所以我们说，语境与具体的话语具有不可分割的关联。

语境因素与话语的联系有两个方面：一个是与话语内容的联系，一个是与话语形式的联系。这里说的话语内容是指话语要传递的信息，话语形式是说话人所使用的表达形式，两者结合，构成了话语。说话时说话人根据要传递的信息，联系相关的语境，选择一定的形式来表达。而听话人听到话语的字面含义之后，联系相关的语境分析起言外之意，完整地理解对方的信息。比如要借对方一样东西的时候，根据自己与对方的关系以及对方的性格习惯等因素，选择表达方式是直接的还是客气的、祈使句还是疑问句，用什么样的语调等，然后说出话来。假如是疑问句的方式，如“你的自行车今天下午用吗？”形式是疑问句，内容是询问对方的自行车是否用，这是话语的字面含义。对方听到话语后，根据说话人是同事或同学、邻居之类熟人（而不是负责破案的警察），一向说话客气等情况，判定对方并非只是询问，而是想借用自行车，于是就直接回答：“你用吧，我不用。”如此便完成一次交际。

有的时候，言语交际中的一方（甲）因为某种原因对某个问题不发表言论，但另一方（乙）也能够结合语境来分析甲的无语所透露出来的实际含义。例如，乙知道甲的孩子参加了高考，但不知道结果如何，便在两人的谈话中顺便问甲孩子考得怎么样，甲不做声，装作没听见，乙见状也就知道了甲的孩子考得不好，就知趣地不再问这个问题了。在这里，乙显然是通过语境来得出这样的判断的，可是，甲明明没有说话，语境从何而来呢？这里的语境是不是就不关联于话语字面含义了呢？或者说，这里就不算语境的问题了呢？乙是在言语交际中得到有关信息的，当然应该是有语境的。只不过这里的“无语”，表示说话人不愿、不敢或不知道如何说，其实就等同于说“我不愿意提这件事”、“我不知道怎么说这件事”、“无可奉告”等，在有上下文的情况下，它也是一种“语”，也就是一种特殊的形式——“零形式”。尽管听话人不能得知话语的字面含义，但仍然可以通过这样的“无语之语”形式来结合语境、得出真实含义的。这就好比中华人民共和国成立前在国民党统治区内的“开天窗”：报纸在出版前有些新闻或言论被新闻检查机关禁止发表，于是编辑人员故意不用其他稿件填补。读者从这些空白处（也就是“天窗”）仍然可以看出新闻检查机关对新闻自由的压制，有些版面的“天窗”则暗示读者发生了当局所不愿意为公众所知的事情。

（二）主观性

由语境与话语的联系性，也可以知道，世界上的万事万物要对言语交际产生影响，需要说话人和听话人把两者联系起来，而这个联系过程是具有很强的主观性的。

（1）语境因素只有被意识到才能参与到言语交际当中来。语境因素与话语意义的关系有些是比较直接的，比如说到天气便与当时的天气有关，说到汽车便与汽车、交通、油价、驾驶技术、车祸等有关；有些关系则不那么直接，比如汽车与社会的进步、汽车文化、汽车的发明、古代人们的交通工具等。不管是与话题有直接关联的还是无直接关联的因素，都是潜在的语境因素，它们只有在言语交际人意识中被激活才能对言语交际产生影响。换句话说，只有人意识到它们，然后才有可能充当语境因素。如果没有意识到某个因素，说话人不会用它影响自己的说话，听话人也不会用来影响自己对话语的理解。比如 A 并不知道 B 是 C 的亲戚，所以在对 B 谈到 C 时对 C 有所褒贬；后来他知道 B 和 C 的关系时，很是后悔，便不敢再对 C 妄加评论了。

（2）同一话语的语境对听说双方来说有可能是不完全对等的。正因为语境因素需要人的主观认知，而不同的人对具体语境的认知不可能处处完全一致，这样一来，就会出现理解上的偏差或表达上的偏差。例如某中学一次课堂考试，学生甲想让同桌乙提示一下某题的选项代号，乙提示说“哥哥”，意思是让甲联想到 D（弟），而甲却以为“哥哥”是老大，应该是 A。由于两个人联想的方向不一致，因此就出现了不同的理解。再比如甲打电话给乙说：“你女朋友住院了，你赶快来一趟吧。”实际上，乙的这个女朋友是前女友，两人已经分手了，甲并不知道这个情况，所以还这样称说，而乙跑到医院去才知道是弄错了。

当然，在一般情况下，交际双方对语境的把握是基本一致的，所以通常的言语交际都是能正常进行的。事实上，人们在说话时可以对交际对方的相关背景知识进行预判，如果认定对方不具备某方面的知识，会有意避免该因素在话语中起作用，也就是不以之为语境因素；或者是在进入正题之前先介绍相关背景知识。如丈夫偕同新婚的年轻妻子出席一个丈夫同学的聚会时，丈夫会先向别人介绍自己的妻子，以免别人弄不清两人的夫妻关系而产生交流上的障碍或误会。

（三）整合性

言语交际的语境往往会涉及多种因素，语境是由这些不同的因素构成的环境整体。在说话的时候，需要全面考虑与话语内容有关的各个语境因素，如果顾此失彼，在交际中可能会造成问题。同样，在理解话语的时候，也应该全面考虑各个语境因素，如果忽略了其中的某个或某些因素，就不能够准确地、全面地理解话语的意义。

语境的各个因素还有可能是相互不协调的，言语交际时就需要注意各个因素，尽量采用避免冲突的方式，听话人也会综合考虑各种因素而对此作出正确的理解。比如一个人在家里与父亲、儿子、妻子三人谈话，他的角色既是儿子也是父亲，还是丈夫。如果分别对其中一人说话时，他的地位是明确的，用一种什么样的口气和说话方式大致还是容易把握的——虽然也受其他人的影响，比如有父亲在场，对妻子就不能太亲昵，对儿子也不能太严厉；如果说的话是同时对父亲等三人的，采用什么方式就比较难以平衡了。遇到这种情况，常见到的一种方式是尽量简化语境：尽量避免同时对三人说话，而是分别说。比如夜深了，叫他们三人去休息，往往是分头说："爸爸，你早休息吧！""儿子，睡觉去！""你也该睡了。"（对妻子）这样都能照顾到各自的交谈角色，因为只对一人说，另外两人就不再是语境因素。另一种方式是采用一种中性的方式：同时对三人说"该睡觉了，都睡吧"。这种话，对父亲来说，少了一定的尊敬；对儿子来说，少了一定的威严；对妻子来说，少了一定的温情。但因为考虑到语境的因素，再加上口气比较适中，所以三方都能理解而接受：爷爷会意识到有孙子在场，那么儿子的话也不是不敬；而孙子也会意识到有爷爷在场，所以爸爸的话也不是客气；妻子也会意识到上有老、下有小的情况下，丈夫的话也不是对自己冷漠。

（四）可变性

语境并不是像舞台的背景、道具一样，是固定不变的，而是随时处在变化之中。从每句话的上下文来说，每一句话都是上文的下文和下文的上文，也就是说每句话都有其不同的上下文，上下文的关系随着言语交际的进行而不断发生变化。从话语内容上来说，随着言语交际的持续进行，虽然时间、处所等语境因素保持不变，但话语内容却在不断地变化，与之相伴的语境因素自然也在不断变化；原先说过的内容会不断地加入到交际双方的语境当中来。从交际双方来说，交际中的心理活动或情感活动、相互了解的加深或误解的增加，语境也在发生变化。比如某交警执勤时发现某司机未系安全带，便让其停车要罚款扣分。司机知道交警是在执行公务，例行公事，不过他认出这个交警是自己父亲的学生，便向他说明了这一层关系。交警铁面无私，尽管口气客气了许多，但还是要罚款扣分。违章司机便认为，这个交警是在刁难自己，甚至怀疑这个交警当初上学时是否曾受到父亲的批评而打击报复。这样，同样的言语，在听话人的不同心理状态下，便被理解成了不同性质的两种含义。

三、语境在言语交际中的作用

上面说到，在言语交际中，说话人根据语境来选择说话的方式和具体内容，话语是与语境结合在一起来传递信息的；而听话人则借助于语境来全面、准确地理解话语的含义。语境在言语交际中的作用可以从说话人、听话人两个方面来看。为便于说明，我们先从听话人的角度来看。

（一）语境对于话语理解的作用

听话人对话语的理解，是结合语境进行的。听话人首先接收到的是说话人所说出的话语，然后以话语为线索，结合相关语境因素，还原说话人传递的真实和全部的意义。语境的作用主要体现为以下几个方面：

1. 确定词语和句子的具体所指

没有语境的词语（比如词典中的词语）只是抽象的概念，在交际中具体所指代的对象需要根据语境来确定。最典型的情形是代词，如人称代词“我、你、他、我们、你们、他们”等，指示代词“这、那”等，不同的语境中指代完全不同的对象。如甲对乙说：“我让你去做。”而乙回复说：“我让你去做。”表面上句子完全相同，但实际所指正好相反。就是一般的词语也是在语境中才能确定其真实所指。比如“人”，用在不同的人身上其所指的对象其实是不同的人。如说“人来了”，如果脱离语境，我们完全不知道这个“人”是何许人。再比如“把杯子放到桌子上”，放在不同的语境中可能是不同的桌子：在教室里是某张课桌，在办公室里是某张办公桌，如此等等。又比如一个老头跟一个老太太的谈话：“你娶了吗？”“你嫁了吗？”在不明就里的人听来，似乎是两人的老年婚恋问题，而实际上两者是在谈论子女的婚嫁，“娶”和“嫁”的人指的是子女而不是谈话的双方。抽象的、模糊的词语在具体的语境中得到了确切含义；脱离具体语境，我们也就无法得到话语的确定的信息。

2. 消除多义词语和多义结构的歧义

语言中有许多多义词，句法结构中也有许多多义结构，但在实际的言语交际中由此造成的歧义却很少，这就是因为具体语境帮助人们排除掉了不可能出现在此处的意义，由此确定唯一的解释。比如现代汉语中的常用词“打”，据《现代汉语词典》解释有 24 个义项之多（不包括介词的“打”和不同声调的表示 12 个的量词“打”），但我们平时在使用中并没有为这个词的如此多的意义而困惑，因为它在不同的语境中的含义是唯一的。如“打鼓”中的“打”是击打，“碗打了”中的“打”是因撞击而破碎，“打家具”的“打”是打制，“打酱油”中的“打”是买，“打毛衣”的“打”

是编织，如此等等。再比如“热爱人民的军队”既可以理解为“军队热爱人民”，也可以理解为别的人“热爱军队”；但只要加上一定的语境，多义也就不存在了：“我们热爱人民的军队”和“热爱人民的军队是战无不胜的军队”都是没有歧义的。在绝大多数情况下，具体的语境会对多义词语或多义结构的其他意义有限定作用，因而不会出现歧义而影响交际。只有在很少数的情况下，才会出现歧义现象。这时候，随着语境因素的增多，歧义最终仍会得到消除。比如一个人丢了一辆自行车，保安人员询问报失的车主：“怎么回事儿？”失主说：“我的自行车没锁。”这句话就是有歧义的：是“无锁”还是“有锁”① 而“未锁”？当保安人员再问：“什么意思？”失主：“我忘记锁车了。”这时，“没锁”的真实含义就清楚了，歧义也就消除了。

3. 补充语义

出于言语交际简洁性的要求，在交际双方都明确的前提条件下，有许多语义成分并没有出现在话语当中，听话人需要把这些语境因素补充进来以全面了解话语所传递的信息。比如甲问乙：“你去医院了吗？”这句话的信息其实是不完整的，因为一般人不会平白无故地去医院，去医院不是目的，去做什么才是更重要的信息。去检查自己的病，去上班，去看病人，去找朋友，去检查工作，去侦查犯罪嫌疑人，等等。尽管有无数的可能，但对于交际双方来讲，去做什么都是清楚的，所以说话人没有说，听话人却丝毫不会误会，也不会费解。如果乙简单地回答：“去了。”甲也很清楚乙去做什么了。显然，听话人是用语境信息填补了语义信息空缺的部分。

4. 推断言外之意

有些话语的含义既不是字面意义，也不是有所省略，而是言在此而意在彼，即所谓言外之意。比如“反语”就是一种典型的言在此而意在彼：表面上是褒扬（或贬低），而实际上是讽刺、是指斥（或褒扬）。如有些女子在对恋人撒娇时说“你真坏!”实际上却是“你真好”的意思。我们凭什么认为对方说的是反话？就是根据语境因素判断出来的：依据双方的关系（以及对方的表情动作等），对方不可能是真的认为自己“坏”，而我们又知道言语交际中有一种“反语”的表达方式②，那么这里就只能是“反语”

① 在有的汉语方言中，“有锁”也是有歧义的：①有锁具；②“有”是表示动作发生过的副词，“锁”是动词，“有锁”表示锁过了。

② 知道人们的言语表达方式也是判断言外之意的一个前提，我们应该还记得小时候自己或是别的小朋友被大人的反话或玩笑话吓坏的事情。

了。再比如有个学生平素很得老师喜欢以至于别的学生认为老师对他有些偏爱，该学生因为失误而受到了老师的严厉指责，遂感觉老师批评得太过了，而别的同学则认为老师是在借机表示对学生毫无偏爱之意。其他同学的理解，根据的就是老师一向的言行。离开语境，我们就无法判断有无言外之意和言外之意为何。关于言外之意，下面还要讨论，这里就不多说了。

（二）语境对于发话的作用

知道了语境在理解话语中的作用，就容易知道语境在发话中的作用了。人们是在对方的反馈中学会如何说话的，就像一个人只有在镜子中才知道自己的模样一样。语境在发话中的作用，可以看做是语境在理解中作用的反方向结果。下面简单说一下。

1. 对于发话的制约作用

说话人需要根据不同的语境来安排同样的一件事情如何说和说什么。“对什么人说什么话”、“什么场合说什么话”就是对语境作用的通俗解说。

2. 对于话语的辅助作用

（1）利用语境使表达简洁。在语境中不说自明的内容可以在话语中省略。如学校某班的班长通知大家说：“星期五三点半在302教室开会。”哪个星期五、哪个楼的302教室都没有交代，因为同学们都会知道是本星期五、在一般上课的那个楼的302教室，三点半也不会理解成早上三点半。甚至还可以采用更简短的形式：甲同学问班长开不开会，班长只需说“星期五，三点半，302”。

（2）利用语境产生言外之意。说话人不愿或不能直接表示的意思，常常可以通过言外之意来表示，利用的也是语境。

第三节　言语行为

一、言语是一种行为

人们在传统上是把言语①和行动加以区分的，现代语言学也主要是强调语言传递信息的功能。而语用学则认为，言语也是一种行为，即言语行为（speech act）。美国哲学家奥斯汀最早提出“言有所为”的观点。最初，他区分话语为两类：一类是“言有所述”（constative），一类是“言有所为”（performative）。前者是对客观事物和现象的表述，可以验证其真假；后者

① 此处的“言语”是其动词义，相当于我们通常所说的“说话”。

是不能验证的，因为它们是用来实施某种行为的。后来他取消了这种区分，而是把所有的言语活动都看成是一种行为。奥斯汀的这一观点得到了广泛的接受。

什么是行为？心理学上把行为定义为“完整有机体的外显活动”（《中国大百科全书·心理学》），但我们平常所说的“行为”一般是指人的行为，《现代汉语词典》（第五版）解释“行为”为“受思想支配而表现出来的活动”正是排除了人之外的其他“有机体”以及人无意识的一些“活动”。人的行为应该包括三个方面：原因或目的（受思想支配）、行动（表现出来的活动）、效果。言语正是人出于一定目的说出来话语，并且能够产生效果（作用）的一种行为。说话人可以通过话语发出陈述、警告、命令、要求、邀请、疑问、赞叹、鼓励、允诺、道歉、感谢、劝解、威胁、宣告等，而听话人也可以通过话语接受到这些并有所反应。比如对于别人的帮助，在行动上对对方有所回馈和用言语道谢，同样表达了自己的感谢。面对小偷行窃时，用行动制止和用言语制止都可以起到制止的作用。可见言语与其他行为一样，也是一种行为，也具有影响他人的力量，能产生一定的效果。

言语行为与其他行为不同之处在于，它是通过言语而不是具体的行动来进行的。言语本身有其命题的内容，而其言外之力是与其命题内容是密切相关的。所以，话语应该有两层意义：命题意义和施为意义。它本身既有命题内容，同时又具有施为的作用。听话人通过命题内容了解说话人所施为何为。例如，甲想让乙把空调打开，便说：“天太热了。”甲的话本身是个陈述，但实际上是一种启发性的要求。乙会意地把空调打开，甲的话达到了目的。

言语行为理论的提出，使人们开始关注语言能够做什么事情，又是怎样来做这些事情。语言本来就是交际工具，认识语言在交际中如何发生作用，这对于全面认识语言的交际工具特性、认识言语交际的意义，无疑是很重要的。

二、言语行为的构成及其类型

（一）言语行为中的三种行为

奥斯汀认为，一个人在说话的时候，在大多数情况下，同时实施了三种行为：言内行为、言外行为、言后行为。

言内行为指说话这个行为本身，也译为“表述行为”。把话语用一定的语音形式表达出来，这本身就是一个行为。光有这个行为显然不能构成言语交际（比如自己独自在宿舍里说话），但在言语交际中实施言内行为的同时也就实施了一个言外行为，有时还同时实施了言后行为。

言外行为是通过说话（言内行为）所实施的行为，也译为“施为行为”。人们在表述的时候，不仅传递了一定的信息，而且还通过这些信息的传递做一些事情，以达到一定的目的，如告知、命令、警告、威胁、宣布某事、感谢、劝解、释疑、解惑等。言外行为寓于言内行为之中，是言内行为的目的。

言后行为是说话所带来的后果，即话语的言外行为在听话人那里起了作用。也译为“成事行为”。如说话人的表扬使听话人心情愉悦或生感激之情，说话人的警告使听话人不敢继续行动。

这三种行为都有其内部的规律。言内行为的规则主要是语言规则，也有语用规则。言外行为的规则究竟如何，语用研究者已经给出了一些解答，但还很不完善。言后行为与言内行为的关系、与言外行为的关系，也都是值得研究的问题。

（二）言语行为目的的类型

人们的说话总是有一定目的（意图）的，也就是对言语行为效果的预期。具体的目的是多种多样的，依目的对言语行为进行分类大致可以看出言语能够能起到什么样的作用。不过，对此的分类有不同的概括。这里介绍奥斯汀的学生、美国语言学家塞尔对言外行为的分类。

塞尔根据言语行为的目的、言语和客观世界之间的关系（他叫做“适从向”direction of fit）、说话人的心理状态三个方面，把言外行为分为五个大类：阐述类、指令类、承诺类、表达类、宣告类。

阐述类言外行为是说话人对所表达的命题的真实性作出承诺，其适从向是话语适从客观现实，所表达的心理状态是相信。英语中常用的动词如state、assert、claim、swear、guess等。

指令类言外行为是说话人试图让听话人去做某件事，其适从向是客观现实适从话语，所表达的心理状态是希望或愿望。英语中常用的动词如beg、request、advise、invite、suggest、insist、order、demand等。

承诺类言外行为是说话人对某一未来的行为作出许诺，其适从向与指令类相同，也是客观现实适从话语，所表达的心理状态是意欲。英语中常用的动词如promise、undertake、vow等。

表达类言外行为是说话人对命题内容中所表明的某种事态表达说话人的某种心理状态，这一类言外行为没有适从向（因为不存在客观现实和话语适从的问题），所表达的心理状态根据不同的事实而不同，如遗憾、感激、悲伤、庆贺等。英语中常用的动词如apologize、thank、regret、 congratulate 等。

宣告类言外行为是说话人引起命题内容与客观现实的关联，其适从向是使客观现实符合所说的话语，与承诺类不同的是，在宣告的同时，这种变化就发生了。如主持人宣布会议开始，会议也就是正式开始了。英语中常用的动词如 name、appoint、declare 等。

三、直接言语行为和间接言语行为

言语行为还可以区分为直接言语行为和间接言语行为。直接言语行为是直接说出施为的目的。如在商店对售货员说："给我称一斤苹果。"话语的字面意义是一个祈使句，表达的也是一个请求（属于上面所说的指令类），两者是一致的。间接言语行为是说话人并不直接说出施为的目的，而是用某种施为的形式来间接地达到另一种施为的目的。这在言语交际中是非常普遍的现象。比如甲问乙："今天晚上我们去看电影吧？"乙答："我今天晚上有课。"乙的回答似乎是答非所问，因为甲并没有问他"今天晚上有没有课"，但实际上乙已经回答了甲的问题：他是用陈述的形式（按塞尔的分类就是阐述类行为）表达了一种否定的承诺行为。再比如甲问乙："你能借给我钢笔用用吗？"甲是采用了疑问的形式来表达请求。

间接言语行为从表达的角度看起来是不够经济的，因为没有直接表达出话语的目的，需要听话人加以推断才能理解，但实际上这种间接的方式往往表示更丰富的内容。这正是间接言语行为大量使用的原因。比如上举借钢笔的例子用疑问的形式表使令，是一种表示礼貌的方式，避免了直接使令可能会引起的对方的不愉快；乙用晚上有课来表示拒绝，既解释了拒绝的原因，也避免了直接拒绝可能引起的不礼貌，还有可能是以此为借口拒绝以避免真正的拒绝理由会引起对方的不满或其他麻烦。

在间接言语行为中，间接指令更为常见。这与实施指令行为时更多地需要礼貌有关，如果直接地指令，在许多情况下会显得唐突、冒昧，对听话人不尊重。塞尔归纳出了六大类间接的指令形式：

（1）涉及听话人做某事的能力的句子。如："你能帮我一下吗？""你有零钱吗？"

（2）涉及说话人意欲使听话人做某事的句子。如："我想借你的自行车用一下。""我希望你把字写得大一点儿。"

（3）涉及听话人做某事的句子。如："你明天不去车站买票吗？（你明天应该去车站买票）""新生都要去军训（你是新生，你也要去）。"

（4）涉及听话人做某事的意愿的句子。如："你愿意帮我吗？""你肯告诉我是怎么回事吗？”

（5）涉及做某事的理由的句子。如：“你应该对他客气一点儿。”“你最好是快点儿过来。”

（6）把上述形式中的一种嵌入到另一种去的句子。如“我希望你最好把字写得大一点儿”。不过这一类被许多学者认为属于句法的问题。

其实，不管采用什么样的形式，这些间接的指令都是不直接指使对方，而是把行动的主动权、决定权更多地留给对方，从而达到尊重对方的效果。

那么，听话人是怎样由间接的行为方式理解其真实的意图的呢？有许多学者认为是听话人经过一系列的推理步骤才从句子的字面意义推导出来的。大致说来，这些间接指令的话语的字面意义在听话人看来感觉在特定的语境中是不合适的，因而需要经过推理来进行必要的修补，以获得合适的意义。至于其推理规则和步骤，与下面要谈到的会话含意的推导过程是相似的。

第四节　合作原则和会话含意

一、合作原则

（一）什么是合作原则

言语交际形式多种多样，内容无所不包，并且变化性较强，看起来似乎是散乱无章的。语用研究致力于发现言语交际的内在规律，揭示人们在交际中使用语言和理解言语的机制。在这个方面，美国哲学家格赖斯提出了言语交际的合作原则，对相关的研究影响很大；其他一些学者也提出了一些值得重视的理论观点。

格赖斯认为，在正常的情况下，人们的交谈并不是一串不连贯、无条理的话语，而是遵循着一个共同的方向或目标。在参与交谈时，要使话语符合所参与的交谈的公认目的或方向，这就是言语交际的合作原则。

合作原则是言语交际的基本原则。如果双方没有合作的愿望，言语交际就无法开展或继续进行。比如一个人向路人问路，如果对方根本不予理睬，交谈就不能开始。即使对方是否定的回答，比如说不知道，也是一种合作的表现。再比如在办公室里，如果在两人谈话的过程中，一方不想再谈了，也就是不再合作继续进行交谈了，便会发出中止的信号，或者明确说先谈到这里，或者低头去忙自己的事，对方见状也会停止谈话。如果两个人说的话各说各话，互不交集，则交际也无法正常进行。

（二）合作原则的具体内容

格赖斯参照哲学家康德在“范畴表”中列出的“量”、“质”、“关系”、“方式”四个基本范畴，提出了合作原则的“量”、“质”、“关联”、“方式”准则，并有若干次准则，作为合作原则的具体体现。

（1）量的准则。该准则要求话语提供的信息量既不能多也不能少。次准则是：

a. 所说的话应包含为当前交谈目的所需要的信息；

b. 所说的话不应包含多于需要的信息。

（2）质的准则。该准则要求话语应当真实。次准则是：

a. 不要说自知是虚假的话；

b. 不要说缺乏足够证据的话。

（3）关联准则。该准则要求所说的话是与话题相关的。

（4）方式准则。该准则要求清楚明白地说出要说的话。特别是要注意：

a. 避免晦涩的词语；

b. 避免歧义；

c. 简练；

d. 有条理。

（三）合作原则的使用

合作原则的关联准则和质的准则涉及“说什么”，量的准则涉及“说多少”，方式准则涉及“怎么说”。可见，这四项准则涵盖了说话的主要方面。在交际中，这四条准则是人们一般要遵守的规则。比如在量的方面，信息量不足和信息的过量都有违于言语交际的常规。其中，信息量不足显然不能满足交流的需要，但信息过量为什么也为言语交际所排斥呢？其实，多于交际需要的信息都是无用的多余的信息，是对方早已知道或与话题没有直接关系的信息，是不需要或不应该交代的信息。如果这些多余的信息太多，也是会引起对方反感而导致交谈无法继续的。

事实上，在言语交际中也存在着大量的违反合作原则的情形。格赖斯归纳了四种违反合作原则的情况：（1）说话人明确表示不愿意合作。如不接话头，或表示“我不想再说了”、“无可奉告”等。（2）说话人悄悄地、不加声张地违反某一准则。如说谎。（3）说话人为了维护一条准则而不得不违反另一条准则。例如甲问乙：“丙住在哪儿？”乙答：“郊区。”乙的答话显然信息量不足，违反了量的准则。假如乙真的不清楚丙的详细地址，那么他就是为了遵守质的准则而违反量的准则的。（4）说话人公然地不遵守某一准则，并且还使听话人知道他违反了该准则（格赖斯称之为对准则的

“蔑视”）。这时候听话人有两种选择：一种是认为说话人没有遵守合作原则，是在说谎或是说了些不相干的话，所以自己也没有义务遵守合作原则，交际由此中断。另一种是认为说话人仍是遵守合作原则的，他违反了这一条准则是为了传递另外的一些信息，所以应该从中推导出这些含蓄的信息来，也就是会话含意。例如某学生为了申请一份对哲学学历有要一定要求的工作而请以前的哲学老师给他写一封推荐信，这位老师如此写道：“亲爱的先生：该同学的英语很出色，经常参加老师主持的讨论课。”用人单位一看便知此信违反了量的准则：写信人应该是知道用人单位对哲学方面的要求的，但信中对该求职人的哲学水平却只字未提；那么，很容易就可以推断出该教授是为了遵循质的准则而未说明真实情况，其会话含意就是：该求职人的哲学水平并不高。

合作原则的提出为研究言语交际提供了新颖的视角，启发了其他学者对此展开深入的探讨，这里就不详细介绍了。

二、会话含意

（一）什么是会话含意

会话含意就是通常所说的言在此而意在彼的“言外之意”，指话语字面意义之外隐含的意义①。例如前面提到的甲说“天太热了”提醒乙去打开空调，字面意义就是天气热，而“应该开空调”是其会话含意。

会话含意在言语交际中起着重要的作用。从说话人的角度看，出于各种原因，说话人常常不采用直接的方式来表达，而是含蓄地、转弯抹角地表达自己的意思；从听话人的角度看，在接收到话语之后，不仅要明确话语的字面含义，还要判断话语的会话含意，因为会话含意才是说话人真正要传达的主要信息。例如某人给老师家里打电话，却是老师的小女儿接起来的，当他问：“你妈妈在家吗？”小女孩儿回答：“在家。拜拜！”然后就挂断了电话。

① “会话含意”译自英语 conversational implicature，implicature 的词根 implicate 有含意、暗指的意思，《现代语言学词典》（沈家煊译）译为“会话隐涵”，有的译为“会话含义”，有的译为“会话含意”。汉语中“含义”和“含意”意思相近而微异。《现代汉语词典》释“含义”为：“（词句等）所包含的意义。也做涵义。”举例如：“含义深奥”。“含意”为：“（诗文、说话时等）含有的意思。”举例如：“猜不透她这话的含意”。比较起来，“含义”所指略实，而“含意”所指略虚、略泛。如《现代汉语词典》所释，两者所指对象也略异：“含义”用于词句等，而“含意”用于诗文和话语。实际上两者在使用中也常见混用的现象。本书认为“会话含意”的译法更符合汉语的通常用法，也更符合英语原意。

在小女孩儿看来，我已经回答了你的问题了，交际就完成了，却不懂得别人问她妈妈在家的会话含意是“让你妈妈来接电话”，结果是造成了交际的失败。

（二）会话含意的形成

会话含意是言语交际中司空见惯的事情，然而，会话含意是怎样产生的，人又是怎样理解到会话含意的，也就是会话含意的形成和理解机制问题，却一直缺乏研究。语用学兴起以来，会话含意成为语用研究的核心问题之一。

格赖斯首先提出，会话含意是通过违反某条合作准则而产生的。在听话人相信对方是遵循合作的基本原则前提之下，如果发现话语违反了某条合作准则，就会认为对方是为了遵守另一准则或传递另外的一些信息而有意违反这一准则的，结合语境进行一定的语用推理，就可以得出其会话含意。比如下面的对话：

甲：什么时间了？
乙：央视的新闻联播开始了。

表面看来，乙的话没有直接回答甲的问题，是违反了合作原则中的关联准则。但甲本着对方是遵守合作原则的这一前提，会认定对方的回答与问话的时间有关；央视的新闻联播与时间的联系是19：00—19：30，那么现在的时间也就是19：00刚过。再比如，一个儿童做了错事遭到妈妈的严厉批评，奶奶说：“孩子毕竟还是孩子。”这句话从信息量的角度来看似乎是句废话，但听话人会从表面违反量的准则的这句话中理解到其会话含意：孩子做错了事是应该原谅的。格赖斯还提出了对会话含意进行推导的模型。

后来的研究发现，并非所有会话含意都是违反合作原则而形成的。例如：

甲：玛丽的生日是哪一天？
乙：今天就是。

乙的回答并没有违反合作原则的各项准则，但是在特定的语境中，可能会有特定的会话含意，比如“你该准备生日礼物了”、“你不应该忘记玛丽的生日”、“你该把早已准备好的礼品拿出来让我们看看了”等。可见，语境在会话含意的产生中起着至关重要的作用。

也有学者对合作原则是否言语交际的最高原则提出了质疑。斯珀伯和威尔森提出了关联理论，认为会话中每个人都必须和整个话题以及对方前面的话相关联，这些关联有程度上的差异。关联程度高的可以直接理解，关联程度低的话语，会使人对说话人的意图作合理的推导，以理解其会话含意。

其实，即使是一句毫无上下文的话语，听话人也会作出至少两个方面的分析：一是这句话的字面意义是什么，真假如何？二是说这句话的原因和目的是什么？例如前面提到的例子，假如甲到屋里的第一句话就是"太热了"，并没有上下文，但乙还是可以推断其中的会话含意：一是这句话的字面含义比较明确，温度确实也比较高；二是甲喊热是因为他感觉不舒服，希望降温，而屋子里有空调但没开，所以其目的应该是打开空调。由此可见，对会话含意的形成机制还需要进一步的研究。

此外，一些学者也主张，会话含意不仅体现在句子这一交际单位上，也可以体现在词、词组以及句群等单位上。也就是说，有些会话含意是由于句子内的某个词或词组的别有所指而造成的，还有的是通过一组句子（句群）体现出来的。这样就扩大了会话含意的研究范围，比如比拟、夸张、借代等修辞格就是利用词语的字面意义与其实际所指不同而达到一定的修辞效果，理解时也需要透过字面意义去正确理解其真实含义。例如，"白发三千丈"，这里的"三千丈"显然不是其字面意义，而是指非常长。

（三）会话含意的特点

关于会话含意的特点，格赖斯概括为五点。

（1）可取消性。指一定的语言或非语言的语境之中，一个句子原来所具有的会话含意可能会消失。比如甲要跟女朋友分手时说："你是一个优秀的女孩儿。"这句话的寓意是"我很喜欢，我们继续交朋友"；但甲接下来说："但不是我喜欢的类型"。这样就取消了前一句话的会话含意。

（2）不可分离性。指会话含意依附于词语的语义内容而非语言形式，用同义的语言形式来替换，其会话含意仍然不变。比如讽刺某人说话不得体的话："你真会说话！"将这句话替换为"你说话真好听"、"你真有口才"等，会话含意相同。

（3）可推导性。指会话含意可以根据话语的字面意义、合作原则等推导出来。会话含意如果因为某种原因推导不出来，就不会起到交际的作用。

（4）非规约性。指会话含意不属于话语的规约性意义。话语的字面意义是规约性的，不同的人对同一话语的字面意义的理解是相同的，但其会话含意随着语境的变化而不同。

（5）不确定性。同一句话的会话含意在不同的语境中会有所不同，所以是不确定的。

会话含意的非规约性和不确定性，使得对会话含意的理解具有很强的主观性。比如一个故事说，古代有三个赶考的书生找算命先生算算能考中几人，算命人只伸出了一个指头。无论最后什么结果，算命人都能自圆其说：考中一个，是“一个考中”；考中两个，是“一个落榜”；考中三个，是“一起中榜”；都没考中，是“一起落榜”。

我们说会话含意具有主观性，还可以从言语交际的过程来看。从说话人来说，他有意采用不直接表明而是含蓄表达的方式，希望听话人能够领会他的真实意图。从听话人来说，他接收到话语之后，结合语境解读出其中的会话含意。其过程如下所示：

说话人			听话人	
真实意图 →	话语形式	——→	话语形式 →	会话含意
a	b		b'	c

可见，说话人的真实意图能否准确地被听话人接收，中间还有两个环节：一个是说话人自己的编码过程（a→b），一个是听话人的解码过程（b'→c）。说话人没有采用合宜的话语形式来传达自己的真实意图（也可以说是说话人想传达的会话含意），听话人自然不能理解其真实意图；听话人如果不能正确理解，那么就会出现误解，会话含意 c 也不等同于说话人的真实意图 a。有时候还会出现说者无意、听者有心或是说者有意、听者无心的情况，这都说明了对会话含意的理解是有主观性的。

三、礼貌原则

（一）对合作原则的补充

格赖斯提出的合作原则以及他对会话含意的分析，吸引了更多的学者参与到相关问题的探讨当中来。随着研究的深入，人们逐渐发现了格赖斯理论上的一些不足，并对此加以补充或修正，也有的对格氏的理论感到不满而创立新说，如上面提到的斯帕伯和威尔森的关联理论，列文森则提出了所谓“新格赖斯会话含意理论”。其中，合作原则理论没有解答的一个问题就是：为什么人们要频频违反合作原则？格赖斯曾经提到礼貌原则、美学原则、社会原则等，但没有深入阐述。后来，学者们提出了礼貌原则、幽默原则等，以全面揭示言语交际的规律，并作为对合作原则的补充。下面我们只介绍礼貌原则。

（二）礼貌原则的内容

礼貌原则是英国语言学家、哲学家利奇提出来的，英文为 Politeness principle，其词根 polite 意为有礼貌的、有教养的、客气的、优雅的。汉语中的“礼貌”意为“言语动作谦虚恭敬的表现”。总之，所谓的“礼貌”要求遵照社会的礼仪规范谦虚恭敬地对待对方。谦虚是对自己而言，恭敬是对对方而言。在社会交际中，人人都希望得到尊重，所以言语交际中注意礼貌是非常重要的。然而，为了表示礼貌，就容易与合作原则的一些准则发生程度不等的冲突，并且多采用含蓄、委婉的形式，以言外之意来表达真实含义。比如，为了表示对对方的礼貌，我们在向别人请求某件事情的时候往往会采用疑问句的形式（如“我可以……吗？”、“你能……吗？”），这从合作原则的方式准则来看，就不能算简练，并且是用的是言外之意。所以，认识言语交际的礼貌原则，既有助于实际的语言交际，也能够更好地对言语交际的一些问题做出更合理的解释。

利奇提出了礼貌原则的六条准则，每条准则又包括两条次准则。它们是：

（1）得体准则。或译为“策略准则”，用在指令和承诺中。

①尽量少让别人吃亏；

②尽量多让自己吃亏。

（2）慷慨准则。或译为“宽宏准则”，用在指令和承诺中。

①尽量少让自己得益；

②尽量多让别人得益。

（3）赞誉准则。用在表态和表述中。

①尽量少贬损别人；

②尽量多赞誉别人。

（4）谦逊准则。用在表态和表述中。

①尽量少赞誉自己；

②尽量多贬损自己。

（5）一致准则。或译为“赞同准则”，用在表述中。

①尽量减少双方的分歧；

②尽量增加双方的一致。

（6）同情准则。用在表述中。

①尽量减少双方的反感；

②尽量增加双方的同情。

以上六条准则，分别从实际损益、名誉贬损、意见同异、情感远近等方面说明了如何谦己敬人。其中（1）与（2）、（3）与（4）两两结合，从正反两个角度加以说明。

这些准则概括了言语交际中礼貌的具体表现，虽然不能说包揽无遗，但可以帮助人们更好地认识礼貌的特点。

其他一些学者对礼貌的研究也作出了很多贡献。如布朗和列文森提出“面子保全理论”，认为礼貌就是人们为了满足面子需求而采取的各种理性的策略行为，他们并具体研究了各种礼貌策略行为。

（三）礼貌原则的特征

1. 层级性

不同的言语形式表示礼貌的程度是有差异的。一般来说，表达方式越是直接、简单，礼貌的程度越低；相反，表达方式越是间接、复杂，礼貌的程度越高。例如：给我一支笔！／请给我一支笔！／给我一支笔好吗？／请给我一支笔好吗？／我可以借你的笔用吗？……

2. 冲突性

礼貌原则的各项准则在使用中有时会有冲突。比如当别人赞扬自己的时候，如果根据一致准则，就应该赞同对方的观点，但这样就违背了谦逊准则；如果根据谦逊准则否定对方的说法，那就有违于一致准则。有时候双方如果都坚持同等程度的礼貌原则，那么就会出现交际无法进行的情况。比如在两个人进门的时候，如果双方都坚持“您先请”，那么谁也无法先进门，这时必须有一方放弃礼貌原则或降低礼貌等级才行。格赖斯称之为“礼貌的语用悖论”。

3. 民族性

在不同的民族文化中，表达礼貌的言语形式和对各礼貌准则的优先选择是有差异的。比如对方赞誉自己的时候，汉族和西方一些民族的礼貌做法会有不同：

甲：你的衣服真漂亮！
乙（汉）：哪里哪里，不怎么样。
乙（西）：谢谢！

汉族人优先使用谦逊准则，而宁肯牺牲一致准则。事实上对方也知道这是客气话，并非真的不同意自己的赞誉，所以在这里对一致准则的牺牲只是一种表面的现象。而西方人优先使用一致准则，而宁肯牺牲谦逊原则。同样，赞誉者也不会认为对方不谦虚。再比如汉族人在家庭成员内部一般不使用道谢的形式，别的亲属帮你做了什么事的时候不直接说感谢的话并非不礼貌，而西方人即使家庭员之间也常说“谢谢”，如果不说，就有欠礼貌，这也反映了不同民族在礼貌上的不同特点。

4. 适切性

交际中并非都需要使用礼貌原则，是否启用礼貌原则（采用礼貌的表达形式）和使用什么等级的礼貌形式，需要根据不同的语境来作出恰当的选择。符合当前语境的礼貌语言形式才是最得体的、最有利于交际的形式，也可以说才是最礼貌的。所以，对利奇所表述的礼貌原则不能作机械的理解，并不是在所有情况下“最……”、“尽量……”才是更礼貌的。比如不同的言语交际对象，与我们自己的关系不同，那么礼貌的等级就应该不同；不同的场合，礼貌的程度也应该有所不同。

思　考　题

1. 谈谈你对语用及其在语言中的地位的认识。
2. 什么是语境？特点如何？作用如何？
3. 语境既然带有主观性，那么听话人怎样把握语境？
4. 谈谈你对言语行为的认识。
5. 以身边的例子或文学作品中的例子来说明言语交际的合作原则。
6. 会话含意是怎样形成的？
7. 以身边的例子或文学作品中的例子来说明礼貌准则。

第十章　记录语言的书写符号：文字

第一节　文字的性质和作用

一、文字的性质

文字是记录语言的书写符号系统，是最重要的辅助性交际工具。这个定义从五个方面说明了文字的性质。

（一）文字是一种符号

文字用一定的形体表示语言中的一定语音单位或语义单位，是一种符号。它具有符号的一般特点，具有物质形式（能指）和意义内容（所指），并且两者之间的关系是约定的关系。比如英文中字母 a 表示［a］、［ei］、［æ］等音，就是约定的结果，“a”（或 A）与这几个音并没有内在的必然联系。汉字“人”在甲骨文中写作“”，属于象形字，像人侧立之形，那它与汉语“人”的意义联系是不是就没有约定性了呢？依然不是。比如，为什么只有侧立的人形才是“人”、而正面而立的人形“”就表示“大”呢？这只能是约定俗成的结果，只能说明即使是象形字也是带有约定性的，其中的理据性要服从于约定性。

正因为文字是一种约定俗成的符号，与语音或语义没有必然的联系，所以文字可以发生变化。同一种语言，可以用这种文字来记录，也可以用另外一种文字来记录。如古代的日耳曼各民族使用一种主要由直线组成的叫鲁恩的文字，后来改用了拉丁字母。再如朝鲜语，历史上采用汉字来记录语言，后来改用谚文（朝鲜文）来记录。文字体系的改变，并没有改变语言。汉语一直使用汉字，不过尽管从古至今汉字的基本体系没有改变，但汉字的形体由甲骨文、金文、篆书到隶书、楷书，发生了较大的变化；造字方法中的象形、指事、会意、形声，原本都是有理据可言的，但随着形体的变化而理据性逐渐消退，向着纯符号的方向发展。比如“人”由象形性很强的侧立之形演变为一撇一捺，已经不再象形；再如“移”原为形声字，“多”为声符，造字之时“移”与“多”的声音应该是非常接近的，但后代两字读音逐渐相去甚远，“多”旁不再表音，就成为单纯的构字符号了。

（二）文字是一种书写符号

文字是一种视觉符号，具体说是一种图形符号。由于现代文字与一般的图形不同，所以我们很容易把它与一般的图形相区别，但是这并不妨碍它的图形性质。书写者用一定的工具作用于一定质料的平面上，形成在空间上占据一定面积、有特定形状的图形；阅读者通过视觉器官接收并理解这些图形符号的含义。不同文字的形体（也就是构成的图形）不同，如现代汉字是用点和线（直线和曲线）组成的，而阿拉伯文主要由曲线和点组成；甲骨文的许多字更像简笔画，难以区分出笔画，中美洲的玛雅文字的图形性更强，一个字符就像一幅小图画。

由于文字是图形符号，所以一定要有能够显现文字的材料。在纸发明之后，最常用的是纸。但此外还有许多种材料供文字书写之用。如中国在汉代之前，汉字多写在竹简或是纺织物（如丝绸）上，甲骨文是刻在龟甲或兽骨上，金文是铸在青铜器皿上。其他民族也有多种多样的“纸”，如有的写在树皮或树叶上，5500年前西亚的苏美尔人用硬笔刻压在软泥板上。文字也可以雕刻在石头、木头或其他材质的平面上，电影、电视、计算机等则通过一定技术把文字显示在屏幕上。

显示文字的“纸”材质不同，书写工具和书写方式也不同。在纸上写字的普通工具是笔，人手执笔在纸上画出字形（所以汉字有“笔画”这一单位）；甲骨文的字是用刀刻的，而金文是先刻在范（模具）上然后经浇铸而在青铜器上显现出字形。现代计算机处理文字时文字是“敲”出来的：人敲击键盘，计算机通过转换处理在显示屏上显示字形。所以，所谓“书写”只是一种习惯的说法，这里的“书写”应该准确地理解为一切使字成形的方式。

（三）文字是记录语言的符号

文字是为了记录语言而创造出来的。文字用一个个的符号记录语言，文字符号与语言单位之间有对应的关系，或者是对应语音单位（如音位、音节），或者是对应语义单位（如语素、词等）。例如英文“I”用一个字母来记录英语中的一个词的读音，意为“我（主格）”，“man”用三个字母来记录英语中一个词的读音的三个音位，其意义为“人、男人”；汉字“人”用一个形体来记录汉语中的一个词的意义，现代汉语普通话中这个词读为“rén”。用一连串的文字符号，可以记录语言中的连续的话语。

文字虽是为记录语言而生，但由于它可以世代使用，所以比较稳定，不会随着语言的变化而马上发生变化，因此，文字形体经过一定的历史时期之后就会滞后于语言，从而与语言拉开一定的距离，显示出守旧的特点。比如英文 night（夜晚）中的 gh 现代已经不发音了，但在文字形式上还必须写出来。再如汉字“江”中的“工”是声符，表示“江”字读音与“工”相同（或相近），但现代汉语中“江”与“工”读音差别很大，“工”也就失去了声符的作用。但这些现象并不能说明文字就不是记录语言的，且不说文字形式创制之初是比较忠实地记录语言的，就是现代，它们也仍然是记录语言的，只不过记录的方式发生了一定的变化。比如汉字“江”，当“工”与“江”同音（或音近）的时代，“江”的形体是既表意义（从水）又表读音的（工声），在现代来说，“江”是只表意义而不表声音了，但它仍然代表 jiāng（江）这个词，仍然是记录这个词的，只不过是不能再由形体看出读音了而已。英文 night 中的 gh 尽管不发音了，我们可以把 night 看作是以整体形式来记录“夜晚”这个词，而不再是每个字母都对应一个音位的了；并且，如果去掉不发音的 gh，就会跟另一个词 nit（卵，幼虫）相混，这样，不发音的 gh 在文字形式上就有区别同形词的作用①。

语言是一种音义结合的符号，那么，记录语言的文字可以说是符号的符号，也就是从听觉符号到视觉符号的一种物质形式的转换。文字的生命就在于它具有这种把听觉符号转换为视觉符号的能力。

（四）文字是一套符号系统

文字都是成系统的一套符号。这套系统包括单个的字符及其组合部件和书写规则以及标点符号。比如汉字系统包括全部的汉字，还有组成汉字的部件（如“件”字由“亻”和“牛”组成）、笔顺规则、标点符号。

需要注意的是，“字”是汉字这样以表意为主的文字系统所具有的概念，一个字就是一个音义结合体，对应于语言中的一个词或语素。由于语言中词或语素的数量众多，所以一种文字系统中的字也必然很多。而表音文字中，字符是用来表示读音（音位或音节）的，读音的数量毕竟是很有限的，

① 实际上，写不写 gh 在语音上仍有区别作用：nit 中 i 读［i］而 night 中 i 读［ai］。

所以字符数很少，称为字母。如英文中使用的字母（拉丁字母）只有26个，其文字系统是由字母（形体有大小写之别）、拼合规则、书写规则和标点符号组成的。汉语的一个字一般相当于拼音文字中的几个字母拼写的一个词或一个语素。

（五）文字是最重要的辅助性交际工具

从功能来说，文字是人类最重要的辅助性交际工具。文字记录语言，用于交际，是交际工具。所谓“辅助性”，是相对于语言而言的。语言是最重要的交际工具，文字对于语言来说具有辅助性、从属性，然而其交际功能也是非常强大的。所谓“最重要的辅助性交际工具”，实际上就是指文字是除语言之外的最重要的交际工具。语言之外的其他交际工具都比较简单，使用范围有限。比如红绿灯只能用于交通，只有三种颜色代表三种意义。而文字系统复杂，可以使用于社会生活的方方面面，它所记录的书面语在很多情况下可以完全代替语言来发挥传递信息的功能。比如分处两地的双方如果要进行联系，现代可以用打电话（或网络音频通话）的方式直接语音对话，也可以发送信件（包括电子邮件、手机短信等）进行文字的沟通；而在电话发明之前的古代，就只能通过信件、用文字沟通。文字的重要，还体现在它对于社会进步所起的巨大作用，请参看下文的论述。

二、文字与语言的关系

文字与语言有着不解之缘，但两者毕竟属于不同的符号系统。

（一）文字从属于一定的语言

如上所说，文字是记录语言的，一种文字的产生必定以某种语言为基础。所以，文字总是从属于一定语言的，它要服从于记录这种语言的需要。比如，汉字从属于汉语，英文从属于英语，俄文从属于俄语。需要注意的是，有些不同的语言使用同一种字母，但从文字系统来说，不同的语言有不同的文字系统。例如英文和法文都使用拉丁字母（罗马字母），但英文和法文属于不同的文字，这种不同表现在多个方面。比如法文中有抑音符号（如è）、重读符号（如é）和长音符号（如ô）等，英文中则没有。再如两种文字因为语音系统不同，所以字母组合的规则不同，如法文中有qui（谁），英文中不会出现这样的字母组合，所以我们一看就可以知道哪是英文，哪是法文。日文也使用汉字，但是为了适应日语语法的特点，日文中汉字是与假名一起来使用的，所以日语使用的文字应该叫做日文，尽管其中有许多汉字。汉语的拼音使用的是拉丁字母，一旦这些拉丁字母用于拼音，那就应该叫做拼音字母。有些人只熟悉英文，所以把拼音字母也叫做英文字母，这是很荒唐的。

（二）文字对于语言有其独立性

文字尽管是记录语言、服从于记录语言需要的，但它毕竟是自成系统的一套符号，特点与口头交际用的有声语言不同，所以一旦形成之后，就成了具有相对独立性的一种符号系统。这种独立性表现在以下几个方面。

（1）文字符号的样式与语言的联系不是一对一的、固定不变的。同一种文字样式，可以为不同的语言所使用。比如汉字为历史上的朝鲜、越南以及日本等东亚国家采用，形成了所谓的“汉字文化圈”；再比如随着东正教的传播，东欧多数国家使用了西里尔字母（如俄语、保加利亚语等），而随着伊斯兰教的传播，信仰伊斯兰教的许多国家采用了阿拉伯字母。同一个语言，可以改变自己的文字样式。除了上面提到的朝鲜语、日耳曼语（英语、德语等）外，再如蒙古国的蒙古语原来采用蒙文字母（根据回鹘字母改制而成），20 世纪 40 年代之后，改用了与当时苏联一致的西里尔字母。

（2）文字符号具有相对的稳定性，比语言变化要小得多。语言的变化是比较缓慢的，因此，人们往往觉察不出来它的变化，但它毕竟是在不断地演变着，一段较长的时期过去之后，这种变化会很明显。与语言相比，文字面貌的寿命更长久，几百年乃至几千年前的文字资料仍然被后人阅读，如果文字发生较大变化，那么阅读起来就会有很大障碍。比如汉代以来的汉语发生了巨大变化，但汉代以来的汉字，则与现代汉字保持了较强的一致性，这就给我们阅读古籍提供了方便。即使是表音的文字，也不是随着语言中语音的改变而轻易改变的。比如现代英文词的拼写方式大约是在 15 世纪时基本定型的，从那以来，英语语音发生了较大的变化，但词的拼写却很少更动，以至于现代英文词的拼写与口语脱节，规则非常复杂，一符多音、不发音的现象很多。尽管 20 世纪时有一些英国人建议修改英文的拼写形式，使之更符合实际发音，但响应者寥寥，最终不了了之。汉字中的形声字的声符很多已经不能准确表音了，但仍然不能随意更换，也是同样的道理。

（3）文字和语言各有其内部发展机制。语言的发展动力主要来自社会的发展变化以及内部各要素的相互影响，而文字作为书写符号，还受到书写材料等因素的影响。

（三）文字和语言相互影响

文字和语言不是简单的记录和被记录的关系。如同大树和攀附在它身上的常青藤，在相伴生存的过程中，它们总会相互影响，在对方身上留下自己的痕迹。

语言对文字的影响主要表现在文字需要适应语言的特点。比如在中国的隋唐时期，在汉文化的影响下，本无文字的日本人借用汉字来记录日语，但日语特有的词尾、助词没有相应的汉字来表示，在经过一段时间借用同音汉字来记音之后，日本人最终选择了用在汉字基础上形成的假名来表示这些用汉字难以标记的语言成分，形成了汉字与假名配合使用的日文体系。表音文字字符的读音则更明显地受语言影响，比如上面提到的英文词中许多字母不发音，或是一个字母有好几种读音，都是语言中语音变化导致的结果。表音文字的出现，也与语言的特点有关，请参看本章第三节关于文字起源和发展的有关论述。

文字也会对它所记录的语言产生一定的影响。比如汉语中有少量词语根据字符的形状来描写某种形状，如根据汉字字形构成的词语“十字街头”、“丁字形”、“田字形”、“品字形”、“之字形”等，也有根据字母形状形成的词语如“O形”、“U形”（马鞍形）、“S形”等。如果没有这些字符，当然也就没有这类的词语。字符也会对语言中词语的读音产生影响，比如汉字“曝”原本读pù，“曝光”读作pù；但受声符的影响，很多人把“曝”读成了“暴”，后来语音规范就定“曝光”的读音为bào guāng了。如果说“曝光”还带有书面语色彩的话，那么有些例子则是口语受书面语读音的影响，如“模样”的“模”在北方话口语中是读mú的，但很多人受“模范”等词的影响，也读“模样”为mó yàng。再如汉语用音译方式吸收外来词时，都写成音近的汉字，写成哪个汉字，就赋予外来词哪个汉字的读音，比如同是chocolate，译写为“巧克力”这个词就读qiǎo kè lì，译写为“朱古力”这个词就读zhū gǔ lì。汉字对词语的构成也有一定影响，可以说，许多同音词是依赖于汉字而存在的。比如如果不是书面有别，“致癌”和“治癌”这样的同音而意义完全相反的结构是不会产生或不会存在的，人们肯定会选择其他的方式来表达。换句话说，如果不是因为有书面的区别，汉语中好多同音词可能就不会大量存在。

此外，在本书第二章中谈到口语和书面语的关系，也与文字和语言的关系有关。有了文字，才有了书面语，才有了口语和书面语的种种关系。不过，总的说来，书面语还是属于语言的范畴，一种语言既包括它的口语，也包括它的书面语，这两者都是一种语言的存在形式。

汉语中有时候会将“文”和“语”混用。“×文”之类的说法常常有两种所指：一是指文字形式，如“日文”指日语的书写符号系统；更常用的是指某种语言用文字记录下来的书面语，甚至指某种语言，如“读日文”指读日文的书面语材料，“学日文”则指学日语，“英文”常指英语，“中文”其实是指汉语或者兼指汉字。在语言学的著述中，一般会严格区分语言和文字，因为两者属于不同的符号系统。

三、文字与非文字符号的区别

除了文字之外，人们还使用一些“书写符号”或者说“图形符号”来表示一定的意义。哪些书写符号属于文字，哪些不属于文字，区分的标准是什么？最主要的是根据它们与语言的关系：是否记录语言。具体地说就是：它们的一个单位，是否对应着语言中的一个单位。下面举几个例子来说明这一点。

图画显然不属于文字，因为一幅画中的形象不会与语言的某个单位相对应。比如达·芬奇的名画《蒙娜丽莎》画了微笑的蒙娜丽莎和身后的背景，这幅画代表的是语言中的哪个词或词组呢？都不是。它只是给我们提供了一个艺术欣赏的对象，并非告诉我们具体的语言信息。你可以用语言来描述这幅画，但每个人的描述都会不一致，任何语言的描述也都代替不了对这幅画的欣赏本身。

标点符号属于文字。标点符号分为标号和点号两类，点号如逗号、句号、分号、问号、感叹号等是表示语音停顿或语调的，所以也可以说是记录语音的；标号如引号、括号、书名号、省略号等，虽然不直接标示语言中的成分，但可以辅助文字使其表义更清晰、更准确。总的来说，标点符号起到了辅助文字记录语言的作用，所以应该属于文字体系中的一个组成部分。当然，标点符号应该是文字系统中的辅助性的成分。早期的各种文字都没有标点符号，偶尔有用空格表示句与句的分隔的。没有标点符号，给阅读造成了许多不便。中国虽然从汉代开始用点号或圈号断句，但这只是人们阅读时的辅助性符号，正式的文本中很少采用。西式的标点符号是15世纪意大利人马努提乌斯奠基的，后来不断丰富完善。清末，中国引进西式标点符号并加以补充，形成现在使用的标点符号系统。

交通上的一些警示符号不是文字。例如“”，它的含义是“连续拐弯路段”，但这种含义只是通过其中的形象来体现的，并非与语言当中的词语相对应。我们看到这个警示牌时，心里想到的并非固定的语句，可能是“前面要连续拐弯了，需要小心驾驶”，也可能是“连续拐弯路段非常危险”，等等。再如一些场所贴有禁止吸烟的标志“”，这也不是文字符号，同样也是因为它不与语言当中的词语有固定的对应，我们看到这个标志，可能想到的是“不许吸烟”，也可能是“禁止吸烟”、“不让吸烟”、“不允许吸烟”，等等。

数学符号和逻辑运算符号属于文字符号。数学符号如“+−×÷% ><≥≤

≈≠∵∴”等，逻辑运算符号如“∧∨∈”等。它们的共同特点是：①国际通用。②有专门的称名。如“>”是大于号，“≈”是约等号，“∧”是合取号，“∈”是元素记号。③语言中有相应的读法。如汉语中“>”读作“大于”（英语读作 is more than），“≈”读作“约等于”（英语读作 is approximately equal to），“∈”读作“是……的元素”（用于数学时表示“属于”）。由特点③我们可以肯定其为文字符号，但由特点①，可知它们不属于任一文字系统的种类，比如既不属于汉字，也不属于英文，而是在书面语的一定领域中使用的国际通用的辅助性文字符号。阿拉伯数字的情况与一般的数学符号近似，都是国际通用的表示数字的书写符号，但不属于哪一文字系统。比如汉语书面上经常使用阿拉伯数字，但阿拉伯数字并不属于汉字系统。

四、文字的作用

文字的产生，是人类发展史上的一件大事。人们把文字的出现当作人类进入文明社会的标志，这就充分说明了文字对于社会发展的重要意义。同时，文字对于语言的发展也具有重大影响。

（一）文字克服了语言的时空局限，极大地扩大了语言的交际功能

语言虽然使用广泛也非常方便，但受其物质载体的制约，有极大的局限性，这就是其传播受到空间和时间的限制。就空间来说，语音传播距离有限，距离远的人之间不能交流。就时间来说，语音一发即逝，不能保存，正如成语所说的，“一言既出，驷马难追”。因此，语言的交流只有在同一时空之内才能进行。时间和空间的局促，限制了语言功能的发挥。而文字，则可以把瞬间消失的语言记录在一定的实物上，既可以传到远方，又可以留至后代，这样就解决了语言的时空局限问题，极大地提高了语言传递信息的能力。比如，我们的问候，通过信件的文字准确、完整地传达给亲友；先哲的思想，通过简帛和纸张上的文字，直接影响着千秋万代。

在古代，文字几乎是语言突破时空局限的唯一可靠方式。口口相传，尽管也可以起到将语言传远留久的作用，但这种方式的传播失真率太高。现代化的通讯手段，打破了文字在帮助语言打破时空局限方面的“垄断”地位：有线和无线的通话，可以使语言跨越千山万水；录音技术，则可以将语言原汁原味儿地保存下来。这些无疑在许多方面一定程度上冲击着文字的使用空间，比如，打电话就代替了过去只能写信的联系方式。再比如，观看电影、电视剧等综合性艺术形式的作品，也挤占了人们阅读文学作品的时间。但是，在现代化通讯手段产生、提高和普及同时，文化教育、科学技术水平也

在大大提高，使用文字的人数和场合也比以前大大增加，文字书写的书面语作品也越来越多，可以说文字的使用呈现出了前所未有的频繁程度；而在当今的信息化时代，绝大多数的信息是靠文字来传播的。在保存和重现语言方面，录音无论如何也不如文字作品传递信息那么方便。所以，文字凭借自己的多方面优势，仍然是增强语言功能的最重要的工具。

（二）文字对社会的进步和发展具有重大推动作用

对于社会的进步来说，文字对语言功能的扩大具有十分重要的意义。从跨越空间来说，一地的创新可以准确而迅速地传到其他地区；从跨越时间来说，前人的智慧和经验可以完整地传递给后人。这样，人们就可以很好地继承前人文明成果、在高起点上前行，同时又能吸取其他地区人们的新的创造，从而加快社会发展的速度。所以我们说，文字对于文明的传播和继承、对于社会的发展进步发挥了巨大的促进作用。如果说语言和抽象思维的形成促使人类真正与动物区分开来，是人类发展史上的第一次飞跃，那么文字的出现则使人类社会发生由“野蛮”到文明的转折，是人类发展史上的第二次大飞跃。有人称文字为人类文明史上最伟大的发明。从现代社会来看，文字在社会政治经济、文化教育、科学技术、军事外交等各方面的重要性就更是毋庸赘言的。没有文字，也就没有现代社会。

（三）文字所记录的书面语对语言具有促进作用

文字不仅可以记录语言扩大语言交际功能，而且以文字为载体的书面语，对口头语言有很大的影响。一方面，由于书面语比口语更加精练、规范，所以对口语具有规范、引导作用；另一方面，由于书面作品可以长久保存，所以反映古代语言面貌的一些词语和语法特点也会随着文献而长久被阅读、被使用在后代的书面语中，这对于一种语言的词汇的丰富、表达方式的丰富都有积极意义。本书第二章对口语和书面语的关系已经有比较全面的讨论，这里就不再多谈了。

第二节　文字的类型及其特点

一、文字的类型

（一）表音体系文字和表意体系文字

文字是图形符号，所以一定有形体；文字是记录语言的，所以其形体一定会对应于语言中的单位。语言中的单位有两大类：一类是语音单位，一类是语义单位。字符的形体要么对应语音单位，要么对应语义单位。根据文字与语言的音和义的关系，可以把文字分成两大类：表音文字和表意文字。比如英文、法文、俄文等都是以字母来表示词的读音，属于表音文字；而汉字是以一个形体来表示一个语素的意义，属于表意文字。

根据文字的符号性质，形体无论与音的结合还是与义的结合都是约定的结果，所以，字符所起的都是标记的作用。这里所说的“表”，并不是说形体本身就能表示出来读音或意义，而是用一定的形体来作为音或义的标记。比如“c”这个字母，到底读什么音呢？这从字形中是完全不能得到回答的。表意文字中有些图画性较强的字形确实与其所指意义有形似的关系，但即使是所谓的象形字仍然以约定性为前提，如前面所举的甲骨文“人”字的例子。只不过在约定性的前提下，表音文字是纯粹的表音符号，而表意文字带有程度不等的理据性，其形象或构成整体的部件带有联系的因素。比如，甲骨文的“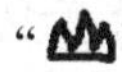”（山）字像山峰耸立之形，与“山”的意义有直接的联系；再如汉字的“林”由两个“木”（树）组成，表示众多的树(《说文解字》：“平土有丛木曰林。”)，字形的构造也与意义有直接的联系。需要强调的是，表意文字的表意性是建立在约定性（或者说是符号性）基础上的，比如“林”与“森”造字理据相似，表义相关(《说文解字》：“木多貌。”)，但代表两个不同的词，这说明两者的区分仍然是约定性的，并非完全由理据性（字形与意义的联系）来决定。

以上所谈都是就成熟的文字而言的，在一种文字成熟之前，会有一个形成的过程。这种比较原始的文字特点如何，本章将在第三节中讨论。

（二）字符形体和语言的关系

语言是语音和语义的结合体，知道语音，我们就能够知道它所指示的语义。比如看到汉语拼音标作“hóngqí”，我们就可以知道这是“红旗”，这跟我们听到“hóngqí”这个音就知道是“红旗”的意思是一样的。所以，表音文字是通过语音来间接地联系语义的。而表意文字则不然，它不能直接表音，而是与语义直接对应，至于表示这个意义的单位（语素或词）读什么音，是通过意义去联系的：语言中这个语素（或词）读什么音，那么这个字就有什么音。比如汉字“山”，它联系的只是“地面形成的高耸的部分”的意义，它读什么，字形是没有规定的，所以在不同的方言甚至语言中有不同的读法，在普通话中读 shān，方言中可能读 san、sɛ，日语中读 san（音读）或是 yama（训读）。也就是说，表意文字与意义直接对应，而与语音间接相连。

文字形体和语言的关系可以图示如下：

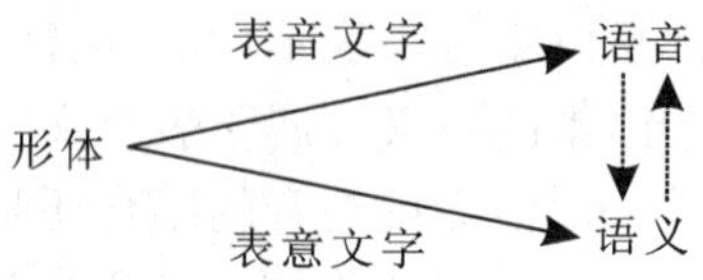

（三）两大体系内部的参差

将文字分为表音文字和表意文字两大类，是从文字的体系来看的。实际上，由于语言的复杂性，并且新词新义层出不穷，单纯的表意是无法完成记录语言这一任务的。所以，即使是属于表意文字的系统中，也有不少非表意或非纯粹表意的成分。比如，即使在3000多年前的甲骨文时代，汉字中除了象形、指事、会意这样的纯粹表意文字外，也产生了形声字和假借字。形声字是由两部分（偏旁）组成的一个字，一个偏旁表示意义的大类，一个偏旁表示该字的读音。比如“通”字，“辵”（辶）旁表示与行走有关，“甬”是声符，表示“通”字读音与“甬”相同或相近。这样，一个字中就既含有表意的成分，又含有表音的成分，已经不是纯粹的表意文字了。至于假借字，则是借一个同音字来记本无其字的词，实际上是一个记音字，当然这也不是表意的。5500多年前的埃及圣书字中也有与意符和定符（相当于汉字的部首或记号）结合使用的音符。所以，“表意”只是就其体系基础的特点来说的，并不是说其中毫无表音成分。不过，表意文字体系中的表音成分，与表音文字还是存在很大差别：表音文字中的字符是纯粹的表音符号，而表意文字中的表音成分，一般要与表意的成分结合使用，所以，即使有表音的成分，也不能说这些文字就成了表音文字。有人把表意文字叫做意音文字，就是因为表意文字中也有一定的表音成分。至于表音文字，由于种种原因，特别是由于语音的演变，拼写形式常常不能随语音而变，这样也会造成拼写形式与实际读音不一致的情况。比如英文中一字符多音、一音多符、不发音等现象很多，乃至于有人说英文已经不能算是表音文字了。但是，从体系来看，即使表音不准确的文字也还应该算是表音文字。所以，尽管“表音”和“表意”的说法都不能完全反映两类文字的全部特性，但是由于这种说法反映了文字形体与语言要素的基本关系，我们还是继续使用这种说法。为准确起见，我们分别称之为“表音体系文字”和“表意文字体系”。

二、表意体系的文字

（一）世界上的表意体系文字

现在仍在使用的表意体系文字，主要是汉字。从现今发现最早的商代后期的甲骨文算起，已经有3300多年的历史。从甲骨文到现代汉字，汉字的形体发生了巨大的变化，但是这些变化都是从甲骨文时期的汉字形体一脉相承地演变而来，汉字的基本体系没有中断。历史上朝鲜、日本、越南都曾借用汉字，日本直到现在仍在使用汉字。

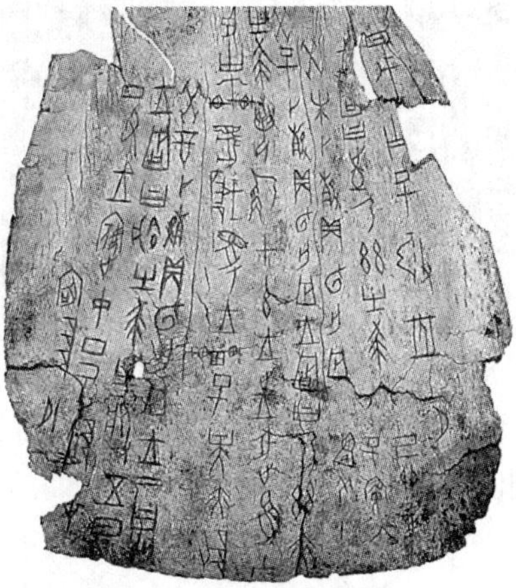

图1　甲骨文

西亚美索不达米亚地区①苏美尔人在5500年前创造了楔形文字，又叫钉头字（或写作“丁头字”），是一种表意体系的文字，直到19世纪时才被成功释读。这种文字体系经过阿卡德人、巴比伦人、亚述人一直到波斯人，使用了约3500年（最晚的有字泥版时间为公元1世纪），成为西亚地区的通行文字。根据考古发现，苏美尔人起初的文字也是图画形式的，但后来他们用苇秆压在泥版上写字，这样笔画就变成了钉头的形状。后来不用苇秆了，改用骨头、木料或金属，但呈簪子形，压出来的仍是钉头形。

古埃及人在5200多年以前创造的圣书字也是表意体系的文字。圣书字有三种字体，一种是正式的字体，用于雕刻在石碑和绘写在祭礼器物上，图形性很强；一种是僧侣体，主要用于书写宗教经典，是碑铭体的草书，差不多与碑铭体同时使用；还有一种是人民体（又称“书信体”或“土俗体”），是僧侣体的进一步简化，最早出现于公元前7世纪，后来成为一般使用的字体，王室和僧侣的文告往往三种字体并用。公元5世纪后，古埃及

① 美索不达米亚地区位于底格里斯河和幼发拉底河之间，所以也称为“两河流域”，在今伊拉克东南部。

图 2　楔形文字

的文字完全衰亡，19 世纪才被成功释读。

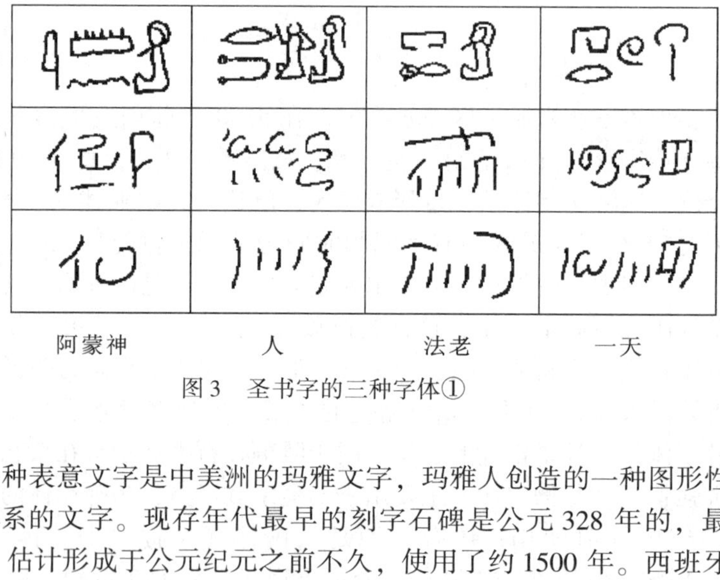

图 3　圣书字的三种字体①

另外一种表意文字是中美洲的玛雅文字，玛雅人创造的一种图形性非常强的表意体系的文字。现存年代最早的刻字石碑是公元 328 年的，最晚是 16 世纪的，估计形成于公元纪元之前不久，使用了约 1500 年。西班牙人入侵后玛雅文化遭到灭绝，玛雅文字也遭弃用，直到 20 世纪 50 年代被成功释读。

① 周有光：《比较文字学初探》，语文出版社 1998 年版，第 100 页。

图4　玛雅文字

中国的彝族也有一种古代流传下来的文字，史称“爨文”、“韪书”，主要为经师（毕摩）使用，最早见于明代。彝族主要分布在云南和四川等地，方言分歧严重，各地彝文也差异很大。因为彝文字数较少，所以大量采用借音表意的方法。关于彝文的文字类型，有的认为属于表意文字，有的认为属于表音的音节文字，也有的认为处在由表意文字向音节文字的过渡阶段。其中，云南的老彝文以表意字为主，有不少象形字。

此外，中国历史上西夏人、契丹人、女真人等都曾经仿照汉字创制过自己的民族文字，大多属于表意体系文字。

（二）表意体系文字的构造特点

表意体系的文字尽管形体不一，但是在文字性质和特点上有许多共通之处。

1. 以象形字为基础

各种表意体系文字的形体差别是比较明显的，内部的类别也不完全一致，但都是以象形字为基础，其他成分或是象形字的组合，或是象形字的变化，或是在象形字上添加符号。

汉字的造字方法有“六书”之说：象形、指事、会意、形声、假借、转注。关于转注，从古至今众说纷纭；至于假借，一般认为是用字之法。用得最多的造字之法就是前四者。象形也就是描画事物形状的方法，字形与事物形状相似。象形字尽管在汉字总数中占的比例不大（据统计，《说文解字》9000多个汉字中象形字不到10%），但却是其他汉字造字的基础。指事字除了“一二三四上下”等纯符号外，多是在象形字的基础上加指事符号，如“本”是在象形字“木”下部加“—”，“末”是在“木”上部加“—”，“刃”是在象形字“刀”上加“丶”，“亦”（腋）是在象形字“大”（象人正立之形）两侧加“丶”。会意和形声都是所谓“合体字”，由两个（或更多）独体字充当构字成分组成的。如会意字“班”由两个“玉”（珏）和一个“刀”组成，表示“分瑞玉”（《说文解字》）；形声字“棋”由意符“木”和声符“其”组成，“湖”由意符“水”（氵）和声符“胡”组成，而“胡”本身也是形声字，由意符“肉”（月）和声符“古”组成。

圣书字和楔形文字中也都是以象形字为基础，象形字如图5所示：

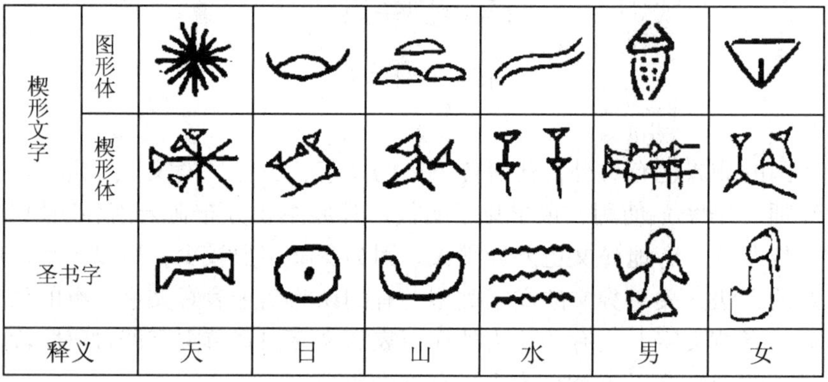

图5　圣书字和楔形文字中的象形字

在象形字的基础上，可以加上某些定符表示新的意义（如圣书字臂形下加双斜线，表示双臂。楔形文字中房子形内加上线条，表示住宅（有人住）；也可以两个象形字会合表示新的意义（如圣书字天和星会合表示夜晚，男和女会合表示人民；楔形文字口和饭会合表示吃，水和口会合表示喝）；还可以以象形字为“部首”，加上由象形字转变来的声符构成形声字（如圣书字部首“人”（男人）可以与不同的声符组合，表示“我”、“儿子”、“职工”、“侍臣”等词。

其他表意体系文字的情况大致如上，不再举例。

2. 兼有表音成分

各种表意体系的文字中，都含有两种表音的成分：一种是形声字，一种是假借字。

形声字是由表义类的字（意符）和表声音的字（声符）构成的一个新字。这种方法比之单纯的表意造字具有很大的优越性：凡有新词义，必有语音，而新义也必定与旧义有种种的联系，这样选用同音或音近的字作声符、再加上一个表义类的字作意符，就很容易造出来新字。所以，各种表意体系文字中都有形声字。如圣书字中，表示“女”的部首加上表 sat 音的声符表示“女儿”，加上表 hmt 音的声符表示“女婢”。楔形文字中部首“上帝”加上表 a 音的声符再加上表 sur 音的声符表示“亚述”（神名，Asur）。玛雅文字中部首“鸟”加上声符 yax 表示“啄木鸟”（yaxum），部首“蛇”加上声符 cuc 表示“响尾蛇”（cuc-chan）。汉代《说文解字》所收的汉字中形声字就占到了 80% 以上，后代汉字中形声字的比例更高。

假借字就是用来记音的同音字，它脱离了原有字义，只有表音功能。比如汉语中代词“其”本无其字，借用了同音的原指簸箕的“其”（字形“”象簸箕之形，即“箕”）字来代表，“其”的这种用法就是假借。现代汉字使用中，用汉字来记外来词的音，也是一种假借的用法。比如“吉普”中的“吉”和“普”都只是标记读音，而与两字的字义毫无关系。假借字如果与原字的用法并存，就会造成阅读理解上的困难，所以汉字中常常会通过添加意符的方式来区分，这样就造成了新的形声字。如“其”字久借不归，专指代词，簸箕义另造新形声字“箕”。其他表意体系文字中也有大量的假借字。玛雅文字 270 多个基本符号中，大约二成是意符，七成是音符，一成是定符，其音符一般是意符转变而来。如表示“叶子”的字常用来只表示 a 音，“耳朵”常用来表示 oc 音，“罗网”常用来表示 vay 音。楔形文字和圣书字中有大量只表读音的音符，由意符转变而来。音符一般需与“部首”或“定符”结合使用，但也有只用音符的。彝文字数不是很多，大量使用借音表字即假借的方法，有人认为彝文属于音节文字就是因为这一点。

3. 造字方法有一致性

楔形文字、圣书字、汉字和玛雅文字都是独立起源的（彝文产生较晚，受到了汉字的一些影响），但它们在造字方法上有很强的一致性，反映了表意文字体系的共性。

如上所述，汉字的构造传统上分为“六书”；而西方学者分析表意体系的文字时是将各种符号分为三类：意符、音符、定符，即“三书”。“三书说”着眼于各种符号的作用，“六书说”着眼于字的结构原理①。大致说

① 对“转注”的解说莫衷一是，却不影响汉字的分析，所以一般置而不论。

来，按照“三书说”，汉字的象形字、独立的指事字、会意字都属于意符，形声字的声符和假借字属于音符，而形声字的形旁（意符）和指事字的指事符号属于定符。不过，汉字形声字的形旁实际上有两种作用：一是表示该字的义类（如“江、河、湖、海、湍、流”中的“水”），一是具有区别同音字的作用（如“梅、霉、莓”中的不同形旁），也就是说，兼有意符和定符的作用。而从“六书说”来看，所谓的意符有的是独体的，来自象形，有的是合体的，即会意，而与音符结合使用的是形旁；所谓的音符有的是与定符结合使用的，相当于形声字的声符，有的是单独使用的，相当于假借；所谓的定符有的相当于汉字的部首即形旁，有的是单纯的起区别作用的符号，与汉字不同的是，楔形文字、圣书字、玛雅文字中单纯起区别作用的定符比较多，而汉字中这种定符比较少。总的来看，表意体系文字中，字符可以分为三类：表意的意符、意符转用为记音的音符以及起指别作用的区别性符号（定符）。这些字符中，象形字是基础；单体的象形不敷使用，通过会合使用产生会意，同时也可在象形字基础上添加区别性符号（纯粹的定符）形成指事；单纯表意仍然不足，于是借助于字音，产生直接使用的假借和组合意符与音符的形声，形声中意符大多兼有表意和指别两种作用，有的只有指别作用（纯粹的定符）。这些现象说明，表意文字记录语言的方法都是以表意为基础，所以意符和定符构成了最早的文字；表意无法满足记录语言需要，于是借用表意字来记音形成音符。音符尽管不再表意，但它是由意符转变功能而来，所以我们说表意体系的文字还是以表意为基础的。

（三）表意体系文字的优缺点

表意体系文字是人类文明初期的唯一文字样式，并且显示出强大的生命力，楔形文字和圣书字都使用了3500年以上，汉字迄今已经使用了3300多年，玛雅文字也使用了1000多年。在其他表意体系文字早就进入博物馆的时候，汉字却依然焕发着勃勃生机，在进入现代信息社会之后仍然能够很好地为社会服务（包括仍使用汉字的中国和日本等国）。那么，表意体系文字有怎样的特点，使它在一些地区被表音体系文字取代而在另外一些地区却屹立不倒？

1. 字形负载的信息量较大

表意体系文字中表意字或部分表意的字占了大多数，字形所表现的造字理据与字义有明显的联系，这就给人们提供了相当多的语义信息，有助于人们对字义的理解和记忆。这一点在表意文字的初期表现得最为明显，比如象形字像事物之形，由字形便容易理解字义，也可以帮助记忆字义。如甲骨文的“”（人）像侧立之形，“”（木）像树冠、树身、树根之形，“人”

在“木”边意为“休”，“”（既）为在“皀”（盛饭的器物）旁的人头转向后方，表示已经吃完。形声字的形旁对于提示字义也很有帮助，如“手”（扌）旁的字与人的动作有关（如“按、排、拍、执、扶、拂、抚、打、攀、拿”等），从“衣”（衤）旁的字与衣服有关（如“被、衫、衽、袍、袖、装”等）。上面也提到，形旁也具有区别同音词的作用，这里不再举例。另外，形声字的声符则提示字的声音信息，如果认识声符，则也可读出这个字的大致读音。从历史的角度来看，这些字形往往还保留一些历史文化信息。比如与交易、财富有关的汉字常常有意符“贝”，如“贵、贱、買、賣（在此用繁体字表示）、贾、贸、赌、赊、赁、赎、财、购、赔、赢、资、贿、赂、赏、赐”，这是上古时期以贝壳作为货币在文字中的反映。再如玛雅文字中“金字塔”写作“”，字形为中间有梯道的金字塔，这正是玛雅地区金字塔的写照。

不过，文字毕竟是作为符号来使用的，它的构字理据要服从于交际的需要，所以，各种表意体系的文字都会向符号化发展。也就是说，表意体系文字所含的信息会逐渐减少，字形的理据性消失。如汉字的“日”变为方形，不再像太阳之形；“亡”（芒，刀锋）也失去刀形，看不出指事符号，难称指事；“射”字的弓形变为“身”，手形变为“寸”，不再会意①；“题”现在的常用义是题目，其形旁“页”不表此义，其声旁“是”与“题”音也相去甚远。这样，这些字的字形仅仅是起区别作用的符号，其原有的信息一般的使用者是无从知晓的，当然也就不起任何作用了。再比如楔形文字由图形变为楔形后，其象形表意的特点就完全消失了。比如“喝”字在图形体时写作“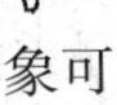”，是头与水的会合，象形特点比较突出；但后来写作“”，就毫无形象可言了。

当然，表意体系文字中即使在后代仍然还有不少字保留着或多或少的对识读和记忆有用的信息，比如现代汉字中的“江”和“湖”都是形声字，但前者声符已经不起表音作用了，而后者的表音作用仍很明显。此外，由于字形众多，所以表意体系文字为区分同音词提供了便利条件。比如汉语中“议员、艺员、译员、亿元、一元②、一员”同音，“致癌”和“治癌”同音，但在书面上毫不混淆。不同形体的字形，对于认识词语的意义也很有帮助，比如只记“gōng”音，会有“公、工、宫、功、恭、供、攻、弓、躬、

① 有人开玩笑说，“射”表“矮”义、“矮”表“射”义才符合字形构造。“矮”字本为形声字，从矢，委声。

② “一”在非去声前变调读去声。

蚣”等多种意义，单记“jī”音，会有“机、几、积、击、基、鸡、肌、饥、激、畸、稽、箕、讥、姬、棘”等多种意义，“gōngjī”的意义就很难确定；而如果写作“攻击、公鸡、功绩、公积”，词语的意义就一目了然了。当然，词语的意义不能简单地等于各语素之和，比如“社会”一词并不能由“社”和“会”的意义简单地推导出来，再如看到日语的“手纸”（信），一个中国人会理解为如厕用纸。但是，字形不同对于区分同音语素、确定词义有很大帮助是无可置疑的。

2. 字形与字音无规定性联系，可以跨方言、跨语言以及跨时代使用

表意体系文字中的意符和定符都是不表读音的，只与意义相联系，其读音由语言中的相应的词（或语素）的读音来决定。音符无论是假借字还是形声字的声符，都与意义无关而只与读音相联系，但是，音符与字音的联系与表音文字不同：一是音符数量多，音符与字音的联系不固定，一音多符、一符多音的现象比较多，而表音文字的音符数量比较少，且读音比较固定；二是音符只是表示读音的类别而不表示确定的音值；三是由于音符通常与意符结合使用，而语音的变化使得同一音符往往表示不同的读音，所以两者的结合体（形声字）所起的作用主要是代表意义，其中的音符所起的表音作用大大降低（如上举的形声字“题”的例子）。所以，表意体系文字中的一个字形（包括合体字），在记录语言的过程中主要是对应词义（或语素义），主要是作为一个词的意义的区别性书写符号而存在，其中的表音成分能否起表音作用、能否准确表音并非首要问题。因此，同一个字形，可以读成不同的音而无碍其表示同一个意义，如前面举例说到汉字“山”读成 shan、san、yama 都是可以的。这样，不同的方言，甚至不同的语言都使用同一套表意体系文字就有了可能。汉字被日本、朝鲜、越南借用来记录差异很大的语言就是因为这个缘故。比如“三菱”不管汉语读作 sānlíng，还是日语中读作 mitsu bishi，表示的都是“三个菱形”，不懂日语的中国人也可以明白这两个字的组合的意思。

因为同样的原因，表意体系文字还可以跨时代使用。语音是在不断变化的，如果是纯粹的表音文字，就需要跟随语音变化而改变写法；而就表意体系文字来说，语音的变化并不影响字的意义，所以无需改变字形。比如汉字的读音从唐代以来发生了巨大变化，而字形却基本未变。如“父”字据研究唐代读为［ba］一类的音，现代则读为 fu，但字形和字义未变，我们仍然使用这个字。我们现在读古书完全可以照现代读音而不用考虑古代读什么，这就说明，汉字的字形是与字义紧密联系的，而与字音没有直接的关联，包括形声字在内。这种特点可以使得字形比较稳定地长久使用而无妨于

记录语言，有利于古代典籍的传承。当然，字义也会有演变，不是完全不变的，阅读古籍也会遇到字义古今有别的问题，只是这种差别相对来说较小而已。

表意体系文字这种跨语言和跨时代的特点，对于不同方言乃至不同语言的人们的沟通是有利的，对于古今文化的传承也是有利的。

3. 字数多、字形复杂，识读和书写难度大

由于语义复杂，表意体系文字如果要标记意义（一般是词义或语素义），必然需要大量的符号。比如语言中有 5000 个根词，就需要有 5000 个字来记录。所以，表意体系文字的一个特点就是数量众多。而为了区分众多的字形，其形体必然会比较复杂。像汉字的甲骨文有不同的形体 4000 多个，目前能够识别的 2000 个；东汉许慎编的《说文解字》收字 9353 个（另有异体 1163 个）；明代《字汇》收字 33179 个；清代《康熙字典》收字 47035 个；现代编的《汉语大字典》收字 56000 多个，计算机用方正超大字符集收字 82787 个，《中华字海》收字 85568 个。楔形文字的符号种类约 500 个，数量算是较少，但同一符号表示多重含义，造成理解上的不便。圣书字早期有 700 多个，公元前 500 年左右达到 2000 多个。玛雅文字基本符号有 270 多个，但组合起来的形体就非常多了。云南的彝文有 14000 多字，四川的彝文有 8000 多字，贵州的彝文有 7000 多字。

以上所说的汉字数量是就总数说的，其实实际使用的没有这么多，有些字是不用或基本不用的。一是异体字，像鲁迅小说《孔乙己》中提到的“回”字有 4 种写法，字典要算作 4 个字形，但实际上只是一个字。二是古代用后代不用的字，如“龘”。这些字尽管不用了，但还保留在字书中，所谓“死而不僵”，难免会偶有人用①。三是其他僻用字，如有些只在极个别领城内使用的字，罕见的地名、姓氏、方言字等。《现代汉语常用字表》收常用字约 2500 个，次常用字约 1000 个。这些常用字可以覆盖现代文文字的 99.70% 以上。

字数的繁多和字形的复杂，给认识和书写这种文字无疑带来了相当大的困难。像玛雅文字那种图画式的形体，书写难度大，书写速度慢，只能是掌握在少数人手里。汉字形体书写要比玛雅文字简单得多，但字数太多，认读和书写同样存在着相当的难度，必须要花费相当长的时间才能基本掌握。表

① 如有人喜欢用古僻字起名。再如近年有人找出古字“囧”（意为“光明”），因其形体如人面部无奈、悲伤、窘迫、尴尬的表情，而用来表示此类意思，一时颇为流行，被称为“最牛的古字”。

意体系文字的这一特点是不利于文字的普及和使用的。从书写速度来看，从汉字产生之后不断产生的各种草书（包括篆书时代的各种潦草的写法），就说明了人们的交际需要对书写速度的要求。在现代社会中，随着教育的普及，汉字教学也已普及，小学语文要求达到掌握3000字左右的水平，已经能够基本满足阅读和书写的需要，只不过语文课花在识字教学上的时间量比使用表音文字的国家所花费的时间量要大得多。在计算机汉字处理技术不断提高之后，手头书写的一部分任务转移到了计算机输入，在一定程度上提高了汉字书写的速度。

三、表音体系的文字

现在世界上使用的文字，绝大多数是表音体系的文字。表音体系文字具有一些与表意体系文字很不相同的特点。

（一）表音体系文字的类型

表音体系文字都是记录语音的，但字符对应的语音单位不同。因此可以分为以下三种类型。

1. 音节文字

音节文字的一个字符对应语音中的一个音节。如日文的假名有50个基本字符，每个假名代表一个音节（拨音ん除外）。如：

か ka　き ki　く ku　け ke　こ ko

さ sa　し shi　す su　せ se　そ so

日语中音节总数比较少，所以用假名再加上少量附加符号就可以完整地表示日语读音。

2. 辅音文字

辅音文字的字符只表示语音中的辅音，不表示元音。一个音节中元音如何，需要根据上下文自己添加。如阿拉伯字母，不表元音，需要标记元音时要在字母上加一些小符号，但在庄重的出版物中不加元音符号。

有些文字是从辅音文字演变而来的，元音符号固定地添加在辅音字母上，因此通过文字可以读出元音。但是，一是因为它们的元音符号通常不作为基本的字母，二是因为它们是从典型的辅音字母演变而来的，所以一般还是把这些文字看作辅音文字体系的。如印度字母，以及由印度字母衍生的一些文字，如印度的印地文、柬埔寨字母、缅甸字母、泰文字母，中国的藏文字母、傣文字母。中国的维吾尔文是在阿拉伯字母的基础上经改进形成的，已经能够完备地表示元音。蒙古文是在回鹘文（与阿拉伯字母一样，源出阿拉马字母）的基础上经改进形成的，有单独的元音字母。满文是清初参照蒙古文创制的，今已不用。新疆的锡伯族（18 世纪从东北迁至新疆）现在仍使用一种以满文为基础改订的锡伯文。

3. 音素文字（音位文字）

音素文字的字符表示语音中的一个音素，包括辅音音素和元音音素。如希腊文、俄文、拉丁文等。在近代，音位学理论诞生之后，人们认为音素文字的字母所表示的其实是音位，所以也叫做音位文字。由于各个字符所代表的音素（音位）是组合起来表示音节的，所以也把音素文字叫做拼音文字。

音素文字能够完整地表示语音中的各个音素，是一种更完善地记录语言的符号系统。上面提到的辅音文字，经过发展，多数也产生了标记元音的方法，从现代来说它们已经变成了音素文字。近代以来世界上许多原本没有文字的国家或民族创立的文字，一般都是音素文字。

汉语拼音就是一种表音素（音位）的辅助性文字符号。它以拉丁字母（罗马字母）为基本字符，一个字母或一个字母的组合表示语音中的一个辅音或元音（除 zh、ch、sh 和 ng 外都是用一个字母来表示一个音位），用在主要元音上添加符号的方式表示汉语的声调，另外在 u 上添加“¨”表示元音 ü。中华人民共和国成立后政府为一些少数民族创制或改造的新文字，也都是以拉丁字母为基础的音素文字。

（二）表音体系文字的优势和弱点

人类的文字发展出表音体系，以及表音文字得到普遍应用，说明了表音体系文字具有表意文字所没有的一些优点；自然，它也有自己的一些弱点。

1. 通过语音来记录语言，可以以简驭繁，满足记录语言的需要

语言有音和义两个方面，义无穷而音有限。所以记录语言的文字，如果是完全表意，就需要非常多的符号；而如果从语音入手，符号数量就很有限，并且非常方便：只要有音，就可以写出来，即使是新词新语，也很容易记录。

2. 字符数量少，简便易学

一种语言的语音系统中，语音的单位数量是有限的。如果以音位计，一种语音系统中的元辅音音位一般不过数十；以音节计，就多一些，有上百至上千乃至数千，但总归是有定的。所以，标音体系文字的字符数都是比较少的。如果是音素文字，只需几十个字母便可满足需要；如果是音节文字，则要看语音系统中音节总数的多少。像日语这样音节数比较少的语言，用音节文字是一种比较经济的方式；如果是音节数比较多的语言，音节文字就会显得比较繁难了。这也是世界上较为广泛地使用音素文字的原因。因为表音文字字符少，所以学习和掌握起来就比较容易：只要掌握了数量较少的基本字

符，再掌握了正词法的规则，就可以读出或写出所有的词语。对于能说这种语言的人来说，只要看到文字记录的语音形式就可以知道它的意义，确是一种很经济、很方便的方式。

3. 表音体系文字的一些弱点

表音文字通过记录语音来记录语言，对于共时而同地的人们来说，是没有什么大问题的。但是，语音往往是有方言差异的，古今也有变化。根据记录语音的要求，如果语音不同，则词形也就不同，那么，不同方言的记音就会不同，不同时代的记音也会不同。比如汉语中的“心”，依普通话读是 xīn，依粤方言读是 sɑm，拼音肯定不同，书面上的两种形式没有人会认为是同一个意义，这样就不利于方言间的沟通。再如古英语中的“父亲”写作 pader，而现代英语是 father，如果不懂古英语，则无法理解 pader 为何物。相比之下，汉字从古至今写作“父”，今人一看便知其义，即便是日本人也不存在理解上的障碍。也就是说，相对于表意体系文字跨方言、跨语言、跨时代的特点，表音文字有方言（地域）、语言和时代的局限。表音体系文字的字母形式是可以跨语言使用的（比如拉丁字母在当今世界最为通行），但它所表示的音值、拼写规则和拼写形式等却只能是各成系统的。

人们对文字总是有稳定性的要求的，文字拼写形式的频繁变动不利于交际。在拼写形式和实际读音发生龃龉的时候，常常是实际读音服从于拼写形式：不改变拼写形式而改变字母的发音。这也是文字的符号性的一个体现，文字本来就是一种记录语言的符号，用什么样的方式记录语音，并不是一成不变的；从阅读的角度来说，一个字母表示什么样的读音或发不发音完全可以是约定的结果。因此，我们可以看到，即使是表音文字，也常常有很多跟实际读音不一致的地方。前面曾举过英文的例子，这里再举藏文的例子。藏文是一种表音体系的文字，但现行藏文的拼写形式大约是在 9 世纪的时候确定下来的，与现代藏语的实际发音差距很大。现代藏语有三大方言：卫藏方言、康方言、安多方言，方言间差异巨大，但它们都使用统一的藏文。这是因为，尽管各地方言与藏文的拼写都不一致，但由于它们都是从古藏语发展来的，所以与古藏语的发音都有各自的对应规律，按照这种对应规律，就可以把藏文的拼写形式折合为自己方言的读音。比如同样写作“ལྐུགས་པ་”（lkugs pa）的“哑巴”，在卫藏方言拉萨话中读作［kuk^{54} pa^{54}］，在康方言甘孜话中读作［$tə^{55}$ pa^{54}］，在安多方言玛曲话中读作［ɤkək wa］。也就是说，藏文并不能直接地表示现代的读音，它的表音功能已经大打折扣，其拼写形式在一定程度上变成了区分不同词形的书写符号。

由此可见，不管是表意体系的文字还是表音体系的文字，都有向纯符号发展的趋势。表意文字表意度降低固然受人关注，但表音文字（除了新创建的之外）表音性逐渐下降也是不争的事实。文字的表意或表音都表现了其理据性，形式的稳定性保留了造字或构成词形之初的理据性，体现的是历史的理据；但语言的发展却使得文字形式与语言现状发生冲突，这种守旧形式的历史理据在现实中无法体现，结果就呈现为现实理据性的下降或消失。比如英文中 right（右，正确的）、write（写）、wright（建造者）、rite（仪式）分别来自中古英语的 right、writen、wryhta、ritus，但在现代英语中四词同音不同形，表现的是拼写形式的纷乱，而不同的拼写形式客观上起到了区分同音词的作用。

四、文字类型与语言的关系

一种语言为什么会选用某种类型的文字？这与语言自身有关，更与社会文化因素有关。

（一）自源型文字是表意体系文字

自源型文字是指本民族不受外来影响内部创制的文字。学术界公认的自源型文字是楔形文字、圣书字、汉字和玛雅文字。这些文字都属于表意体系的文字。

表意体系文字的基础语言特点并不相同。创造楔形文字的苏美尔人的语言是一种黏着语，通过在词根上添加词缀来表示语法意义，创造圣书字的古埃及人的语言属于闪—含语系，玛雅文字的创造者玛雅人说印第安语，而汉语属于汉藏语系。

在下一节中我们会谈到，人类的文字是从图画脱胎而来，以形表意正是继承了图画的特点。所以，不管其基础语言特点如何，人们不约而同地自发创制出表意体系文字，是很自然的结果。同时，人类很晚才形成对语音的分析能力，不可能越过发展阶段首先创制表音文字。

（二）他源型文字受文化影响

他源型文字是指受外来文字影响或借用或仿制而形成的文字。大约在 3500 年前，单纯表音的字母出现，并逐渐繁衍出多种字母，由此文字领域出现了表意和表音两大体系。世界上的多数文字属于他源型文字。古代人类之间交通不便，所以一个没有文字的民族要记录语言，就要向邻近的有文字的民族借用或仿制。比如中国的邻国朝鲜、日本等国借用汉字，后来日本在汉字的基础上创制假名；朝鲜在 15 世纪时借鉴音素文字的原理创制谚文，但仿照汉字的形式将一个音节的几个音素符号写成方块形；历史上的西夏（党项羌人）、契丹和女真人仿照汉字创制了西夏文、契丹文和女真文。

一种语言采用什么文字，受到了宗教和政治的巨大影响。宗教对文字的影响如信仰伊斯兰教的国家，通行阿拉伯字母及其变化的形式。印度的官方语言之一印地语和巴基斯坦的官方语言乌尔都语同源，但因为宗教的原因，印地语用印度字母书写，而乌尔都语用阿拉伯字母书写。在东欧的国家中，信奉东正教的国家（如俄罗斯、乌克兰、塞尔维亚）采用西里尔字母，而信奉天主教的国家（如波兰、匈牙利、捷克、斯洛伐克）采用拉丁字母。政治对文字的影响如蒙古国原使用以回鹘文为基础的蒙文字母，20 世纪 20 年代独立后受当时的苏联控制，到 40 年代改用与苏联相同的西里尔字母系统（添加了两个符号以表示俄语中没有的元音）。再如越南原使用汉字，19 世纪后期被法国占领后，推行 17 世纪时法国神甫设计的拉丁化的拼音文字，1945 年越南独立后正式确定为官方文字，废除汉字。

（三）文字系统要适应语言特点

一个民族使用什么文字固然会受到文化、政治等社会因素的影响，但任何文字都应该服从于记录语言的需要。一种完善的文字，是能够适应语言特点、完备记录语言的文字。如果文字不能满足记录语言的需要，那么就被调整、修正甚至被另外一种文字替换。在文字系统与语言的相互关系上，是文字服从于语言，而不是相反。

在汉字向日本、朝鲜、越南的传播过程中，最初都是依托着书面的文言文东渡、南下的，这些国家开始是以文言文作为书面语，严格地说汉字仍然记录的是汉语。这种书面语当然与这几个国家的语言是不同的语言，特别是语法特点差异很大，汉字无法完备地记录这些语言。随着汉字的不断使用，人们开始用汉字记录本国语言。朝鲜大约在 5 世纪开始有了“吏读”，用汉字只表意或只表音来记录朝鲜语，后来还自造新汉字；15 世纪创制出表音的谚文后，正式的官方文件和史书等还是文言文。朝鲜北部建国后废止汉字，只用谚文；南部实行谚文夹用汉字的体式，但以谚文为主。日本约在 8 世纪开始用汉字作为记音符号来记录日语中的一些词和语法成分，被称为“万叶假名”①，后来截取记音字的片段形成专门表音的假名，成熟后形成汉字和假名夹用的文字体式。越南历史上一直采用文言文为官方书面语，大约 8 世纪的时候出现了仿照汉字自造的“字喃”（即“喃字”），夹杂在汉字中使用，但除了很短的时间外，一直没有取得正式的地位。1945 年独立后采用了拉丁字母的拼音文字。

在使用字母文字的语言中，虽然可以采用与其他语言相同的基本字母形

---

① 因全部用汉字来书写的日本第一部诗歌总集《万叶集》而得名。

式，但为了表达本语言的语音和语法形式，都会对字母的样式或是拼写规则等做一些调整。比如同样是使用拉丁字母，威尔士文的字母表中没有 j、k、q、x、z 这几个字母，法文使用抑音符号（如 è）、重读符号（如 é）和长音符号（如 ô）等，葡萄牙文中有鼻元音 ã、õ 和 ç 以及音调符号，德语中有变音符号“¨”，越南文中的附加符号更多。

只表示辅音而不表示元音的辅音文字，其特点与它所记录的语言的特点有密切的关系。采用辅音文字的阿拉伯语、古闪米特语和希伯来语，其词干主要是由辅音来体现的，元音用在词干的辅音之间，随语法功能而变化。比如阿拉伯语中表示“书写”这一概念的词根，其基本音素是 k—t—b 三个辅音，加入不同的元音或附加词缀，可以构成多种形式表示不同意义。如 kataba（他写，过去时）、je-ktubu（他在写，现在进行时）、ka：tib（书写者、作家、文书）、kita：b（书、写成的作品）、ma-ktab（书房、办公室、书桌，单数）、ma-ka：tib（书房、图书馆、办公室、书桌，复数）等。只表示辅音的辅音文字正是建立在这种类型的语言的基础之上的。

汉语的词汇以单音节语素为主，语法上没有形态变化，音节分明，所以一个汉字对应一个音节；同时，汉语中同音词或同音语素比较多，所以写成不同的文字形式就可以很好地区分同音词，使表达和阅读理解更准确。因此，汉字能够适应记录汉语的需要，这也是汉字体系数千年来一直未变的语言方面的原因。同样使用汉字的日语，其词汇尽管与汉语不同，不以单音节语素为主，但由于语言中音节数量比较少，同音词或同音语素比较多，所以也一直未放弃使用汉字。

第三节　文字的起源和发展

一、文字的起源

（一）人类的原始记事手段

不管语言的历史到底是十几万还是数十万、数百万年，文字都是在语言形成很久之后才产生的，考古可见的古代文字最早也只有 5000 多年的历史。在远古时代，在语言产生和文字产生之间的漫长岁月里，由于人们的社会交往主要局限在群体内部，语言在空间上的远距离传播并不是十分重要，而语言在时间上不能久存的问题则很突出。为了帮助记忆，人类使用了多种方法。

1. 结绳与契刻

结绳记事即用不同的绳结来代表不同的事情以帮助记忆的方法。《周易·系辞》说“上古结绳而治”，在出现文字之前，人们使用结绳的方法来记录事情。在印第安人、琉球、夏威夷岛的一些原始部落，我国西南地区的佤族、德昂族、独龙族、怒族中都曾流行结绳记事的方法。

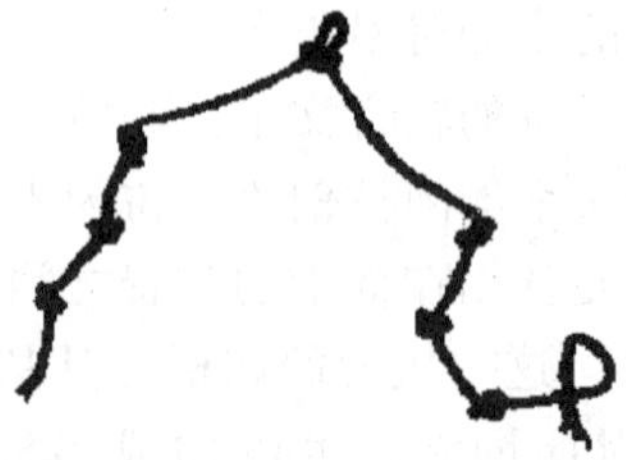

图6　西盟县佤族的结绳“账目”

左边的三个大结表示：借出三元滇币；中间的一个大结和一个小结表示：半年利息为一元半滇币；右边的三个大结：已借出三个半年（滇币是民国初至抗战前云南发行的地区性货币）。

秘鲁印卡人的结绳比较复杂，绳结的不同排列和颜色表示不同的意义。不带色的绳结主要用来计数或记住有重大意义的日期。带色的绳结表示更复杂的信息，例如，黑色表示死亡、灾祸，红色表示战争，白色表示和平，黄色表示金子，绿色表示玉米。

也有些原始民族使用过珠串或贝壳串作为记事工具，不同的颜色或数量代表不同的意思。

契刻是常见的另外一种原始记事方法，即用硬物在竹木之类材料上刻上线条等简单的符号。世界上很多民族都曾用过契刻的方法。常见的契刻是用来计数的。汉末刘熙《释名》说：“契，刻也，刻识其数也。”如双方在进行交易活动时，在木板或竹片上刻上若干线条代表数字，剖开后各执一半为凭证。汉字的数字“一二三四（亖）五（㐅）十”以及八卦等有人认为就是契刻的遗留。

许多国家都出土过一些人类早期在陶器等器物上的刻画符号。这些符号应当是有意刻上去并有一定含义的，有人认为是原始文字的萌芽或是原始文字的孑遗，但是因为数量较少而无法确定其含义。

2. 图画记事

人类很早就有绘画的能力，欧洲、亚洲、非洲、美洲等地发现的距今一万到两万多年以前的人类岩画，表现出了非常高超的绘画水平。中国境内也

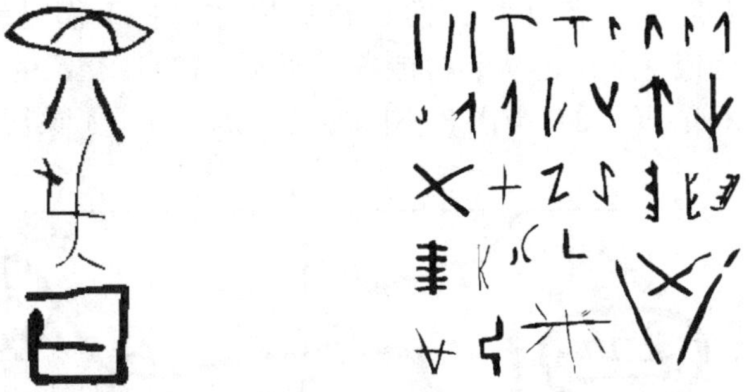

图 7　裴李岗文化（距今 6900—7500 年）贾湖遗址（左）和仰韶文化（距今 5000—7000 年）陶器上的符号

有多处古代岩画的遗址，年代不详。这些岩画有的是纯粹的图画，反映生产和生活的内容，属于绘画艺术范畴；但岩画中也有些是抽象的符号、图腾等，其确切含义和用途还不能十分确定。明确用来记录或传递信息的图画，一般是一幅由若干图形组合起来的画幅，表示组合的意义。有些原始民族中保留了一些用图画来记录信息的实例。图 8 是一块印第安人墓碑，上面的图画意思是：他的名字叫奥连（鹿），经历过七次出征、九次战斗，在一次连续两个月的出征中，被敌人用斧头劈死。

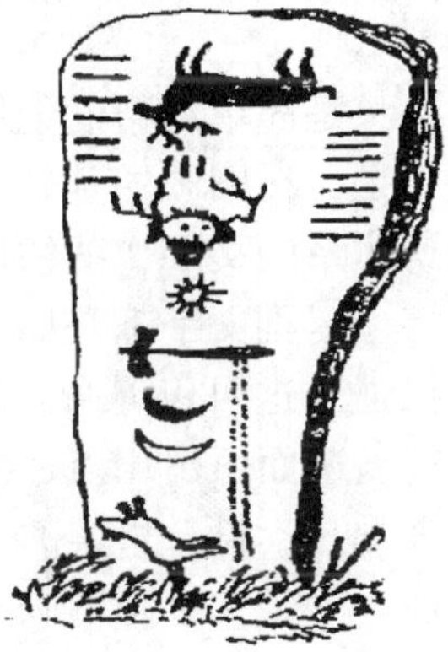

图 8　印第安人的墓碑

图 9 是非洲尼日利亚恩西比迪族对一场官司审理的记录：审理的场所在一棵大树（1）旁，参加诉讼的（圈内的人）是诉讼双方的代表（2）和头领（3）及随从（4）；旁边有人围观，有一人对旁边的人耳语（5）；圈下

是赢得官司的人的支持者（6），两人在拥抱（7）；下面是输了官司的人（8、9）；案件比较复杂，还从邻村请来了证人（10）；交叉的线条（11）表示案件涉及破坏婚约。图9与图8不同的是，其中只用了象征性的符号。

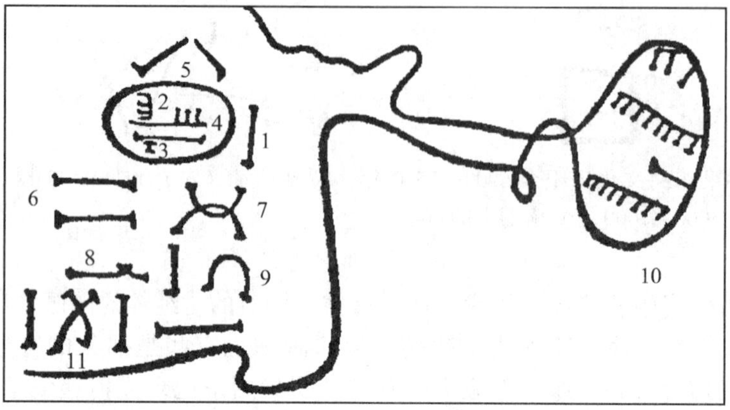

图9 尼日利亚恩西比迪人的官司审理记录

图画比结绳等方式在记事方面更有优势。绳结的意义只有当事人约定和知晓，珠串、贝壳串、契刻等主要用于计数，而图画的形象性强，意义便于识认，可以表达比较复杂的信息，便于向大众传播信息。

（二）文字起源于图画

文字之前的各种记事方法只是简单地帮助记忆的方法，远远不能满足日益复杂的社会生活的需要。于是，在图画的基础上慢慢产生了文字。

最早的自源文字都是表意体系的文字，图像性很强。像前面提到的圣书字、早期楔形文字、早期汉字、玛雅文字都是如此。特别是玛雅文字，字符像是一个个的图画，装饰性很强。这可以充分说明文字和图画的渊源关系。中国古代传说黄帝史官仓颉观鸟迹而悟出用点、线可以区分意义的道理而发明文字，这从文字的发展史来看是不符合事实的。

文字和图画有明显的共性。一是文字是图画都是图形，是视觉形象，其书写材料大多相通。只不过图画是具体的形象的描绘，而文字形体是抽象的图形。二是文字和图画都表示一定的含义。图画或再现生活，或抒发情感，或表现艺术美，而文字是通过再现语言来表达意义。结绳、珠串、贝壳串等都是实物，与文字形体没有一致性。契刻虽然也是形成线条符号，但因为太简单，不具有大批造字的可能性，所以只能有少数（如数字等）被吸收进文字中。

文字和图画的根本区别在于，文字是明确记录语言的，而图画的含义与语言没有直接的对应关系。简单地说就是，文字是能够读出来的，而图画是无法或不能准确地读出来的。文字的一个符号对应语言中的一个单位（最早的表意体系文字中一般是对应一个词），并且按照一定的线性次序排列（从左至右、从右至左、"牛耕式"①、从上至下、旋转式等），阅读者可以按相应顺序读出每个符号的音、理解其意义。一幅图画可以由若干个图形组合而成，各个图形的排列也不是线性的次序而是按照实际场景或逻辑关系来安排；其中每个图形及其图形之间的关系与语言没有确定的对应关系，不同的人会有不同的解读。即使是像图 9 那样的以抽象的线条来代表人、树等，仍然不能算是文字。

如果某个图形与语言中的某个词的联系被固定下来之后，这个图形就有了固定的语言对应成分，它就可以起到记录语言成分的作用，这时，它的功能就不再是图画的一部分，而是记录语言某个单位的一个符号，也就是说，它已经变成文字了。成熟的文字系统应该是每个字符都有其固定的词义或读音，能够比较完善地记录语言。我们所看到的楔形文字、圣书字、汉字和玛雅文字都已经是成熟的文字了。

（三）幼年期的文字——图画文字

一种文字的产生和成熟，并不像古代一些传说那样由神或圣人一蹴而就，而是必须经过一个比较长的发展过程，就像一个人经过幼年才能成熟一样。从图画到文字，中间经过了哪些具体的阶段，目前还缺乏足够的资料，但是有几种目前尚存的还不成熟的文字为我们展示了人类文字的幼年期的状况。这些文字图形性强，记录语言的功能程度不一，还不是严格意义上的文字，但因为它们也能起到一定的记录语言的作用，所以习惯上还是把它们当做文字来看待，我们这里称之为图画文字。

1. 东巴文

中国的纳西族有三种文字：东巴文、哥巴文和玛丽玛萨文，其中使用较多、最引人关注的是东巴文。东巴是纳西语巫师的意思，东巴文主要是东巴们用来书写经书的，所以称为东巴文。东巴文的主要特点是：①字符不是完全记录语言的，主要是起辅助记忆的作用。一个字符有一个意义和一个读音，但几个字符可以组合，组合后可以是一个字（会意字）读一个读音，也可以读若干个读音，代表一个词组或一个句子。同样的文字，不同的经师

① 一种文字排列方式：一行自右而左，一行自左而右，来去往复，有如牛耕地，故称"牛耕式"。古希腊文、古拉丁文等都曾采用这种方式。

可能读出来不同的句子。②字形图画性很强，但也有一些假借字和抽象的符号。③字符的排列方式为不完全的线性排列，在隔开的一个个的长方形内，先组合后再先后排列，如图 10 所示。

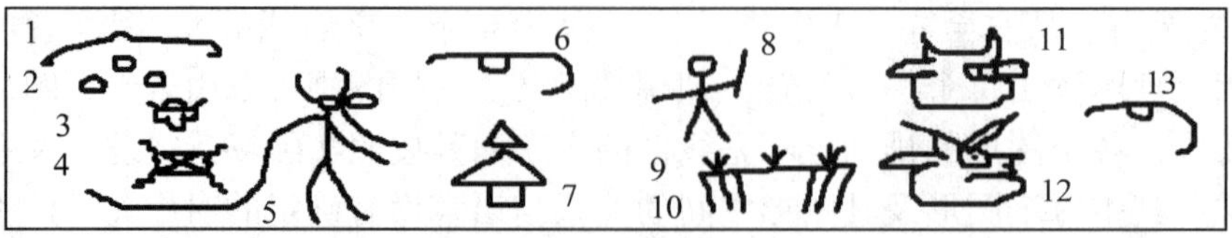

图 10　东巴经经文①

13 个符号分别指：1. 高天；2. 星密布；3. 银子；4. 金子；5. 背子（背篓）；6. 不；7. 塔，借用来表示"能"；8. 驱赶；9. 草；10. 地（9、10 结合表示"大地布满草"）；11. 牛；12. 羊；13. 不。经文意译为：天高星密布，不能背着金银来；地大路遥远，不能赶着牛羊来。

2. 沙巴文

中国四川的尔苏人②有一种巫师"沙巴"使用的文字，称为沙巴文。沙巴文都是图像符号，据分析基本图像符号有 200 多种。书写时类似于连环画的形式，每部经书由许多个图幅组成，一个图幅是一个阅读单位。每个图幅包括若干个图形，组合起来表示各种意思。阅读时需要像小学生看图说话似地将其中的意思串联起来组织一串话语。譬如图 11 的意译是：二月十三日，属猴，这一天为土日。天快亮的时候，出现食盘和陶罐，这是有酒有肉的喜庆日子。天快黑的时候，可能要变天，因为地下有雾气，树被风刮倒，预示要有大风。但是两个明星在天上闪耀。总的说来，还是好天气。

可见，沙巴文是比东巴文更原始的一种图画文字。与其说它是一种文字，不如说它更像是简单的示意图画，与前面提到的印第安人和尼日利亚恩西比迪人的图画记事比较接近。而东巴文在图形示意的基础上增加了符号数量，并发展出大量只表音不表意的假借字，所以与语言的关系更为密切，更接近于文字。

① 参见周有光：《比较文字学初探》，语文出版社 1998 年版，第 53 页。图 10 出自该书第 47 页。

② 尔苏人约有两万人，其族属有不同看法，一种认为属藏族的一支，一种认为系独立的民族。20 世纪 80 年代被政府有关部门识别为藏族。

图11　沙巴文

通过这些原始的文字，我们可以看到它们与人类早期文字的一些共同特点，比如都是图形性比较强，都是表意为主。这也说明文字确实是脱胎于图画。

二、文字的发展

文字的发展有三个方面的含义：一是文字体系本身的发展变化；二是文字的传播与扩散，包括无文字民族借用或借鉴来创制文字；三是有文字的民族其文字的发展变化。

（一）表意体系文字的发展

作为最早出现的文字，表意体系文字使用的时间也最长。楔形文字、圣书字都曾经使用了3000多年，玛雅文字也使用了1500年以上；汉字已经有了3200年以上的历史，在可以预见的未来还会继续使用（包括在中国和日本）。表意体系文字的发展变化主要表现在以下几个方面：

1. 楔形文字、圣书字、玛雅文字先后消失，而汉字至今仍大放异彩

曾经使用了3000多年、记录了大量古代文献的楔形文字和圣书字在公元纪元前后先后被废弃；玛雅文字则是在16世纪西班牙人入侵后随着玛雅文化被摧毁而湮灭；四大古文字系统就只剩下汉字一家了。

这些古文字消失的原因很多，其中有两个最重要的因素：一是民族文化的消失。玛雅文字如上已述。古埃及一直使用圣书字，其人民体一直延续到公元后5世纪。但随着外族的统治和基督教的传播，神庙祭司急剧减少，能读懂古文字的人越来越少。7世纪，埃及被阿拉伯人占领，埃及人逐渐改说阿拉伯语，古埃及文明被阿拉伯文明取代。相比之下，汉字所依托的华夏文化在中原地区和后来的中国地区一直是强势文化，即使历史上曾经有过数次异族统治，但结果都是被华夏文化同化，华夏文化历数千年而一脉相承，这是汉字传承至今的重要条件。二是书写材料的变化。楔形文字最早是苏美尔

人创造的，被说闪米特语的阿卡德人继承，后经巴比伦时代和亚述时代继续使用，公元前6世纪波斯人征服两河流域，说波斯语（属印欧语系）的波斯人也接受楔形文字为正式文字。但楔形文字的书写材料泥版逐渐被轻便而便于携带、保存的纸草、羊皮等其他材料替代，而在这些材料上压写楔形文字是不方便的，于是波斯人改用了属于阿拉马字母系统的一种字母而不再用楔形文字。此外，这些文字本身的繁难也是发生变化的内因。这个方面我们下面专门做一个问题来讨论。

2. 表意体系文字系统内也发生了一些变化

在楔形文字、圣书字和玛雅文字消失之前，以及一直使用至今的汉字当中，都曾经发生了一些变化。

（1）表音成分的增加。单纯地表意实际上是很难做到的，有许多抽象的概念或是虚词性的成分难以从意义的角度去表现。所以，文字创制后不久，就有了假借的用法，用现成的某个字的字形只借其音而表示同音的另外的一个词。不用说成熟的文字，就是像东巴文这样尚未成熟的文字中都有不少假借字。这种假借后来一直绵延不绝，成为表意体系文字记录语言的一种常式的手法。为了区别本字和借字，楔形文字和圣书字中一般加上区别性的符号——定符。汉字中有些假借字久借不归后加上形旁以示区别（如上面谈到的“其”→“箕”）。借用外族文字来书写本民族语言时，假借似乎更不可缺少。如朝鲜历史上曾有所谓“乡札”，借用汉字的字音来表示本民族语言的语法成分。日本曾有“万叶假名”，同样也是借用汉字读音来标记日语成分，后来的片假名和平假名都是将假借字的部分形体或草书专用作表音的符号，如a音的片假名“ア”来自汉字“阿”，平假名“あ”来自汉字“安”的草书；ka音的片假名“カ”为汉字“加”的左半，平假名“か”则来自汉字“加”的草书。不过假名经过变形成为专用的表音符号后，它就不再是假借字，而成了表音的音节字母了。

形声字也是由单纯表意向兼表语音转变的一种方式。楔形文字、圣书字和玛雅文字中都有大量音符加定符组成的字，现代汉字中形声字接近90%。

总的来看，尽管假借和形声字都没有迈进表音文字的门槛，但它们都是表意体系之内向表音方面的努力。这说明人们认识到了纯粹表意的局限性，而通过一定的表音成分的引入来克服这些局限以满足记录语言的需要。所以有人把这些文字称为“意音文字”，即既有表意成分又有表音成分的文字。

（2）字形的简化。表意体系的文字一是为了表意，二是为了相互区别，字形都比较复杂，书写速度较慢。像玛雅文字，书写时俨然绘画一般，很不便于日常应用。再如汉字的甲骨文、金文和篆书，也都是书写速度很慢的。这在文字只用于原始宗教或巫术、历史或礼仪等的少数场合时，是可以不求速度而求美观、表意准确的，但随着掌握文字的人越来越多，当文字的使用越来越频繁的时候，这种状况显然就不能满足人们的需要了。像秦始皇统一中国后，政务繁忙，每天起码要看的公文有一石（约120斤）之多。书写速度太慢必然会影响文字的应用，因此就出现了各种简化的字形或字体以提高速度。圣书字的碑铭体庄严谨饬，图形性强，但书写速度慢，因而出现了简化的僧侣体，类似于汉字的草体。大约在公元前7世纪，又出现了进一步简化的人民体。汉字在战国时期的正式字体是大篆，但出土的简帛书上已经出现了一些草写的形式，在秦汉之间形成了比篆书书写便捷得多的隶书，魏晋之后更进一步发展成减少了波磔的楷书。在隶书和楷书先后作为正体的同时，民间手头应用都写得比较潦草，形成草书（章草和今草）和行书。此后一直是正体用楷、日常用行书草书的格局。楔形文字走的是减少字数的路子，苏美尔人使用的楔形文字大约有2000个字符，到了巴比伦时代减少到640个，亚述时代约570个，波斯人使用的楔形文字数量就更少了。

（3）书写工具的变化导致字形和文字性质的变化。表意体系文字字形复杂，所以书写时用的“笔”和“纸”对于书写具有较大的影响。楔形文字在这方面表现最为突出。考古发现证明，楔形文字最初的形体也是图形体。公元前3500年左右，苏美尔人开始刻图像于石或镌印于黏土。后来苏美尔人普遍采用了泥版来记录文字，他们用削成三角形尖头的芦苇秆或骨棒、木棒当笔，在潮湿的黏土制作的泥版上写字，这样，笔画就成了楔形，原有的图形变成了一个个楔形组成的纯粹的符号。泥版虽然晒干后便于保存，但毕竟不便携带，在使用了3000多年之后，终于被新的书写材料取代，而楔形文字显然不适合在纸类的材料上用更方便的笔书写，所以它的消失也就成了必然。古埃及的圣书字一直保留着碑铭体以及后来形成僧侣体和人民体，则与古埃及一直使用莎草纸来书写密切相关。汉字的甲骨文是刻在甲骨上的，所以笔画细瘦；金文是铸写的，所以笔画就有了一些肥笔。而一般用的简册上的文字，最早是用硬笔书写的，所以笔画也是细瘦的。大约在战国时期出现了毛笔，在秦汉之际便出现了波磔明显的隶书。隶书不仅是普通的一种形体，更重要的是它对汉字的字体进行了相当大的调整，汉字的象形性至此消失殆尽而成为比较纯粹的文字符号，所以隶书取代篆书在汉字的发展中是一次大的变革，被称为“隶变”。

（二）字母的产生

字母是指表音体系文字中的字符。

世界上最早的字母出现在地中海东岸腓尼基（今黎巴嫩一带）。腓尼基人主要从事海上贸易，繁忙的商务活动中，他们对文字的主要需求是用来记账和记录商品，无暇使用繁难的楔形文字和圣书字，加之他们的语言也与古埃及和两河流域的语言有一定差异，于是他们就借用原有文字的一些部件，加以简化和改造，逐渐形成了有系统的字母。现在已经释读的最早的字母是腓尼基字母，见于在比拨罗（或译比布鲁斯）发现的阿希拉姆碑文，时代在公元前11世纪，所以称为“比拨罗字母”。与腓尼基文字同样古老或更早的还有几种同属于西部闪米特的文字体系，有原始迦南文字体系、原始西奈文字体系、音素化的乌加里特楔形文字，以及阿拉伯半岛的南部闪米特的一些文字。其中，在西奈半岛上发现的原始西奈文字（约公元前15世纪）形体上既接近埃及的圣书字，又接近于腓尼基文字，所以多数人认为腓尼基文字起源于原始西奈文字，而西奈文字又是从埃及圣书字中吸收了一些表音的符号而形成的。由于比腓尼基文字更早的一些原始文字（最早的有公元前1700年左右的碑铭）还未释读清楚，所以，腓尼基字母是现在能够确认的最早的字母。同时，腓尼基人的广泛的贸易活动，也把这种字母带到了各地，开始了向四周的传播。

在楔形文字和圣书字的后期，表音成分增加，字符数量减少，表现出表音的趋势。但是，在其原有的地盘内，始终未能完全摆脱表意体系的束缚。但这种表音的趋势与可能性，启发了追求更便利记录语言的腓尼基人用少量符号单纯记录语音，由此形成了字母。字母的诞生，在文字发展史上是一个新的里程碑，它开启了通过语音来记录语言的康庄大道。此后，表音文字成为新创制文字的主流。

（三）字母的传播

字母诞生之后，以其简便易学易用的特点迅速向四周传播，经过系列的演化，形成了世界上的字母家族。其中使用最广泛的是两大字母系统。

1. 希腊字母和拉丁字母、斯拉夫字母系统

位于地中海北岸的希腊，大约在公元前11世纪时从腓尼基引入了字母并进行了改造。腓尼基的22个字母都是只表辅音、不表元音的，是一种音节性的辅音字母。希腊人将其中5个在希腊语中无用的辅音字母用来表示元音，这样就可以表示希腊语的全部元音。经过这一改造，字母才进入到了音素文字的阶段，才能够完善地表达所有语音。所以，希腊字母产生了重大影响，成为欧洲字母的源头。

公元前7—前6世纪，埃特鲁斯坎人统治着意大利半岛，在希腊字母的

基础上形成了埃特鲁斯坎字母。拉丁字母（罗马字母①）就是由埃特鲁斯坎字母衍生出来的。拉丁字母形成于公元前7世纪，后来在罗马帝国强盛的时期通行于欧洲。最初它只有21个字母，公元前3世纪征服希腊后借入了大量希腊语词，希腊的Y和Z两个字母也借用来书写外来词（所以排在字母表的最后）。中世纪的时候从I分化出J，从V分化出U，又从V分化出W，由此形成了通行至今的26个字母系统。拉丁字母先是随着罗马帝国的军队、官吏等传播到罗马所统治的地区，后来罗马天主教的传教士们又把拉丁字母传播到世界上更辽远的地区。在工业革命之后，随着西欧各资本主义国家的殖民扩张，拉丁字母成为美洲、非洲、澳洲和亚洲许多国家的字母样式。现在，拉丁字母已经成为国际上最为通行的字母。

公元9世纪，拜占庭教会派到南部斯拉夫民族传教（东正教）的希腊人西里尔采用希腊字母并加以增补，创制了两种斯拉夫字母，以希腊草书为范本的一种叫格拉哥里字母，以希腊楷书为范本的一种叫西里尔字母。后来西里尔字母成为斯拉夫地区唯一通行的字母，所以也称斯拉夫字母。信仰东正教的斯拉夫国家都采用西里尔字母。西里尔字母共有43个，但各国根据各自语音的不同而使用的西里尔字母数量不同。旧式俄文所用的西里尔字母有35个，1918年后减为31个。原苏联境内不使用西里尔字母的少数民族在20世纪30年代将字母改为西里尔字母，蒙古国也于1943年放弃原有的蒙古文字改用了西里尔字母。

2. 阿拉马字母和阿拉伯字母、印度字母系统

居住在叙利亚和两河流域的阿拉马人（公元前11世纪曾建立了许多小城邦）使用的阿拉马字母源出北方闪米特字母，其后成为波斯帝国的通用文字。波斯帝国瓦解（公元前331年），阿拉马字母开始分化。其中有希伯来字母、叙利亚字母等，而最重要的是阿拉伯字母。阿拉伯字母是由继承阿拉马字母的那巴泰字母经过新西奈字母在公元5世纪时形成的，此后随着阿拉伯帝国的扩张和伊斯兰教的传播而成为阿拉伯地区以及信仰伊斯兰教的西亚及北非的20多个国家的通用字母。中国的维吾尔文、哈萨克文也使用阿拉伯字母。中国的蒙古族使用的蒙古字母源出回鹘（回纥）字母，回鹘字母源出粟特文，粟特字母的形成主要受阿拉马字母影响。中国的满族文字是1599年以蒙古文字为基础创制的，后来曾加以改进。

印度有发掘出来的公元前2000多年的图形性的文字，但无法解读。最

① 拉丁语原是意大利东南方拉提姆地方的方言，发源于此地的罗马帝国将拉丁语和拉丁文广泛传播于帝国辖境，所以拉丁字母也叫罗马字母。

早的印度文字是婆罗米字母，大约产生于公元前7—前6世纪，一般认为来源于阿拉马字母。婆罗米字母在公元7世纪时经悉达字母演变为天成体字母，书写梵文。印度字母的传播，形成孟加拉字母、泰米尔字母、僧伽罗字母、缅甸文字母、藏文字母、泰文字母、傣文字母、寮（老挝）文字母、高棉（柬埔寨）文字母等。菲律宾、印度尼西亚的一些地方也曾流行过印度字母系统的字母。

除了上面两大字母系列之外，在阿拉伯半岛的南部，公元前6世纪之前，受地中海东岸字母的影响，产生了撒巴字母。公元前4—前3世纪，南部阿拉伯人占领了埃塞俄比亚，并传入了撒巴文字。后来经过演化，形成了埃塞俄比亚字母，至今仍然使用。埃塞俄比亚字母是一种音节字母，每个字母的基本形式都带有短a元音，其他元音通过基本字母添加符号表示，26个字母各有7种格式。

此外，前面已经提到，日本的假名是一种音节字母。朝鲜的谚文也是音素制的字母，只不过谚文在拼写时将一个音节的元辅音仿照汉字写成方块的形式。

（四）文字的改革

一个民族使用的文字并不是一成不变的。文字的改变表现为两种情形：一种是原有文字的改进，一种是换用新的文字。前一种是文字内部的改良，后一种是文字的革命性变化。

一种文字在创制之初不会尽善尽美，使用中会不断修正以更完善地记录语言；文字所记录的语言在逐渐变化，文字也需要加以调整以满足记录语言需要。所以，文字内部的改良是普遍发生的事实。比如汉字除了前面说到的形声字成为主要造字方式以及形体的变化之外，内部的简化也一直在进行。草书和行书作为手写体就是通过改变字形来提高书写速度的产物。此外还有一些民间的俗体字，如“膽”写作“胆”见于元代，“辭”写作“辞”见于宋代（魏晋碑刻中也有相近的写法），“寶”写作“宝”见于汉代（“玉”字不带点，带点的“宝”见于唐代）。只不过这些草写和俗体只见于民间而大多未取得正体地位。在拼音文字中，增减字母或增减附加符号，改变拼写规则等，也都是在一种文字系统内的改良。

由于种种原因，许多民族放弃了原有的文字而换用新的文字。有些是由于宗教的原因，如现在的阿拉伯地区和信仰伊斯兰教的地区使用阿拉伯字母，其中，有些地区原来是有自己的文字的，但后来都改用了阿拉伯字母。如叙利亚原来使用叙利亚字母，7世纪后阿拉伯语取代了叙利亚语，阿拉伯字母也取代了叙利亚字母。再如英国在5—6世纪、挪威和瑞典在8—12世纪都使用鲁纳字母，后来在基督教的影响之下，都先后改用了拉丁字母。有些是由于政治的原因，如原苏联的一些加盟共和国原来使用非斯拉夫字母（像哈萨克斯坦原来使用阿拉伯字母），在20世纪30年代末，苏联实行文字改革，将这些非斯拉夫字母的文字都改成了斯拉夫字母。有些则是由于原有的文字不能很好地记录语言而改用新的文字，如上文提到的朝鲜改用谚文。又如土耳其语原来采用阿拉伯字母，因为不能很好地适应土耳其语的情况，1928年改用经过稍加修改的拉丁字母。

三、文字发展的一些规律

文字的发展变化，不管是改良还是改革，都是在文字范畴之内进行的。这些发展变化反映了文字的一些规律性的特点。

（一）更好地发挥文字的交际作用是文字发展变化的根本目标

文字通过记录语言来充当交际工具，这是它的根本属性，也是它的生命力之所在。所以，文字的发展变化都是为了更好地发挥其功能而展开的。这主要体现为两个方面：一个方面是通过文字的改良或改革来适应更好地记录语言的需要。文字系统内部的改良就是为更好记录语言而进行的一种优化。改用新文字的情况中，有些也是因为原有文字不能完备记录本民族语言而创造或换用一种新文字（如朝鲜文），有些则是因为宗教或政治的原因。为什么宗教或政治会影响到文字呢？这也是因为文字作为传递书面信息的工具，如果文字相同或相近，则不同的民族之间易于相通，易于学习权威的语言和经典。所以，这也是为了在更大范围内更好地发挥文字的功能。

（二）符号化是文字发展的趋势

文字是一种符号，其符号性本身就是与生俱来的。但是，在文字创制之初，其字符都具有一定的理据性。以表意体系文字来说，象形字是其基础，而字符的形状与所指的事物形状比较接近；会意字的字义则是其组成部分的意义的会合；在形声字中，意符与其字义相关，而声符则与词（语素）的读音相同或相近。以表音体系文字来说，字符表示比较固定的读音，换句话说，表音性比较纯粹，这是其表音的理据性。但是，随着字形的演变或是语言的变化，字符的理据性会逐渐衰退。一种是其理据完全消失，变为纯粹的符号。比如楔形文字其实已经完全脱离了象形的特点，而变为一些楔形的符号，只有将其与初始阶段的图形性文字相比，才能看出其形体的渊源。再如汉字中的一些象形字完全失去其象形性，如“馬”甲骨文中写作“”，像马之形，篆书写作“”，还依稀可见马形，但隶书写作“馬”，就很难再说其为象形了，只是一个符号而已。又比如形声字中许多声符的现代读音与字音相去甚远（如“皮”与“波”，“非”与“排”，“贵”与“遗”），许多意符也与现代的字义没有关系（如“置”的意符“网”，“理”的意符“玉”）。在拼音文字中，有些字符不表音了（如英文中 knight、knee、knell、know、knock 中的 k 现代都不发音），其表音功能就无从谈起了。另一种是其理据性减弱而理据模糊不清，失去了严格的理据作用。比如汉字形声字中的一些意符和声符都有理据性减弱的现象，如“治”用于“治水”则“水”（氵）旁起作用，而用于“政治”、“统治”等，“水”旁也就不起作用了，而其声符“台”只有联想到“怡、贻”等字才起作用。再如英文中由于语音的变化，一个 a 字母代表［ei］、［ɑ］、［æ］、［ɔ］、［ə］等不同的读音，这样，这个字母究竟读什么音需要视不同语音环境而定，其理据性就大大减弱了。

（三）文字的稳定性与社会政治文化的影响有关

纵观世界文字的发展，可以发现一个突出的特点，就是文字的稳定性非常强。从一个民族的情况看，尽管不乏历史上曾经改换文字体系的例子，但同样普遍的是各民族对自己传统文字的坚持。像表意体系的楔形文字、圣书字、汉字都历经三千多年而基本体系不变，而表音体系的文字也表现出非常强的稳定性，如希腊字母历两千多年而字母形式变化很小，拉丁字母、斯拉夫字母等莫不如此。即使是已经发生了文字改变的民族，在改变前一般也会有相当大的阻力。也就是说，人们一般并不希望改变既有的文字。新的文字能否取代原有文字，主要取决于新文字是否对原有文字占有绝对的优势。这种优势主要体现在两个方面：一是新文字比原有文字在记录语言方面是否更为合理有效，二是新文字比原有文字是否更有利于社会的运行及文化的传播。在这两个方面，原有文字具有优越的地位：既然它被使用了很久，就应该能够基本适应记录语言的需要（除非它表现太差），而新的文字是否比原有文字优越，还是需要实践证明的问题；同样，它也是传统文化的记录者，如果被废止，则古代文献的阅读就成了比较大的问题。此外，对于已经掌握原有文字的民众来说，他们也不会愿意放弃已经获得的文字阅读和使用能力，对新文字自然有本能的抵触。从发生文字系统改变的情况来看，有些是因为原有文字记录本民族语言有很多不便。比如朝鲜改用谚文，就是因为朝鲜语的语法特点和汉语差别太大，用汉字记录很难准确地记录朝鲜语。日文采用汉字和假名混合体的方式，也是因为汉字无法准确表示日语的助词和词尾等语法成分。而更多的改变文字的情况是由于政治或文化的原因。从政治上来说，有些是宗主国在其殖民地推广自己的文字（如英国、法国、西班牙、葡萄牙等国在其殖民地推行拉丁字母体系的文字），有些是国家的主体民族在少数民族地区推行主体民族的文字体系（如前苏联在其一些加盟共和国推行斯拉夫字母体系的文字）。从文化上来看，某种文化特别是优势文化会将其使用的文字系统传播到被其覆盖的地区，在这方面，宗教的作用尤其明显，比如基督教在欧洲的传播使得西欧变成了拉丁字母的一统天下（希腊除外），东正教则使西里尔字母（斯拉夫字母）在流行东正教的东欧国家通行，再后来西方的传教士们又把拉丁字母传播到世界各地（如越南文就是由法国传教士设计的）。又如伊斯兰教使阿拉伯字母覆盖了原来使用其他文字的西亚和北非地区。政治上和文化上的优势往往是结合在一起的，如拉丁字母的传播与基督教传播以及古罗马帝国的扩张、阿拉伯字母的传播与伊斯兰教传播以及古阿拉伯帝国的扩张均有密切的关系。由此可见，文字的改变常常与政治与文化上的弱势有关；反之，如果没有外来势力的巨大影响，一种文字的稳定性则一般会占据优势地位，文字的改变要困难得多。如前面提到的，英文即使要改变拼写法，使之更好地表音，也是很难做到。

（四）关于表意与表音的发展趋势问题

从人类文字的发展历史来看，在图画的基础上先发展出了属于表意体系的文字，后来产生了表音体系的文字。一般认为，最早专门表音的字母是在表意符号的基础上失却意义只表语音而形成的。因此，一种影响比较大的观点认为，由表意向表音发展是文字演变的规律。但对此还有一些不同的看法。

应该看到，因为语音有限而意义无限，在记录语言方面，表音的方法确实比表意更为方便有效。表意体系的文字为了克服表意方法的先天困难，后来都增加了一些表音成分（如声符、假借字等），借以克服单纯表意的局限。这些表音成分，被视为由表意向表音发展的结果。并且，表音文字也确实是脱胎于表意体系文字而后起的，后世产生的文字一般也属于表音体系的文字，而表意体系的文字只有寥寥几家。从时代先后上来说，也体现了由表意向表音的发展。已经发生过的文字改换中，都是由表意体系文字改换成了表音体系文字（或是由一种表音文字改换为另一种表音文字），而没有相反的事实。因此，世界文字发展的总体趋势是由表意到表音，这是应该承认的事实。但值得注意的是，在一种自源的表意体系文字的内部，并没有在长期的演变中自然转变为表音体系的文字。像楔形文字、汉字这样的表意体系文字的文字，使用都超过了3000年，但内部发生的变化只有表音成分的增加，而没有转变为表音文字。楔形文字的后期，文字符号已经大大减少，但仍然保留定符等表意性成分。汉字自从以形声为主要造字方法后，也没有进一步发展表音的假借方法，因而数千年来一直保持其基本体系不变。而腓尼基字母等早期字母尽管是从表意体系文字中脱胎而来的，但并非内部的变化，而是借用外民族文字的结果：腓尼基人在借用圣书字（或其变体）记事的时候，为求简便而只用字符来记音，由此形成字母。自源的表意体系文字很难演进为表音体系文字，但又能长期使用而维持体系不变，这说明这种表意体系的文字尽管不如表音文字简便，但肯定能够基本满足记录本民族语言的需要。这就启示我们，尽管从总体上看，表音体系文字具有很大的优越性，但一种能够满足记录本民族语言的表意体系文字似乎并不能自动进化为表音体系文字。

对世界上仍在使用的主要的表意体系文字汉字来说，其主要缺点是所谓“三难”：难写、难记、难读。在计算机技术飞速发展和普及的当下，难写的问题得到了很大的缓解。如果能够适当限制常用汉字的数量，也可以减轻人们记忆和认读的困难。尽管也有将汉字改革为拼音文字的呼声，但由于文字改革的成本太高，而汉字又能基本满足记录汉语的需要，目前看来，汉字还将会长期使用下去。

思　考　题

1. 文字与语言的关系如何？
2. 为什么说文字对推动社会进步具有重大意义？
3. 为什么将文字分为表意体系文字和表音体系文字两类？
4. 表意体系文字和表音体系文字各有什么特点？
5. 文字类型是否由它所记录的语言来决定？
6. 为什么说文字起源于图画？图画和文字有什么异同？
7. 20 世纪 50 年代我国制定汉语拼音时，有一种意见认为应该采用与苏联一致的斯拉夫字母，但我国最终还是采用了拉丁字母。从文字学的角度如何看待这段史实？
8. 你认为文字发展的规律是什么？

第十一章　语言内部的共时变异

语言有历时的发展变化，不同时期的语言状态不同；即使从共时来看，语言内部也并不纯粹、并不静止，而是充满了各种各样的变异。

如果我们说语言是一种抽象的系统，它具体地存在于每个人所说的话语之中，那么，同一语言中，每个人所掌握和使用的“语言”并不会完全相同。最明显的事实是各地方言的不同。比如汉语，北京话、上海话、广州话都是汉语，但它们之间差距却如此之大；北京和天津地理距离很近，但两地方言也有不小差异。即使是在同一方言哪怕是一个范围较小的地方话中，不同的人仍有一些差异。比如，同一地方的不同人的口音也会有细微差异(所以在做方言调查的时候要特别注明被调查人的情况)，每个人掌握的词汇有异，说话的方式有异，在不同的使用场合也有一些变化，等等。没有人不承认语言内部存在着种种差异，只不过在研究语言的时候或者选取一种变体为代表性变体，或者是取其大同而舍其小异，把语言假定为一种比较纯粹的对象。

语言的内部差异不仅是客观的存在，并且，它也是语言发展的动力之一。新的读音、新的词语、新的结构格式、新的表达方式，总是先由少数人开始、以变异的形式开始的；方言的一些词语或句式有可能进入共同语，共同语当然也渗透进方言。当少数人或少数地区的一些语言特点得到社会认可并被普遍应用时，它们也就成了某种语言（或方言）的代表性的、普遍性的特征。

根据语言中存在着大量内部差异的现象，有些学者借鉴心理学的研究成果，提出了语言“异质同构”而非“同质异构”的观点。“异质同构”

（Heterogeneous Isomorphism①）说是格式塔心理学派的理论核心，这种观点认为在外部事物的存在形式、人的视知觉组织活动和人的情感以及视觉艺术形式之间，有一种对应关系，一旦这几种不同领域的“力”的作用模式达到结构上的一致时，就会激起审美经验，也就是说，人的审美经验实际上是“异质同构”而达成的。这种理论观点从新的角度阐释了看起来是一个整体的一些对象在构成上的复合性，所以影响很大。尽管语言现象与审美经验这样的心理对象在性质上有许多不同，不能简单比附，但“异质同构”的观点还是对我们观察语言问题有一定的启发。

语言的内部差异表现于许多方面，一般把语言内部差异所表现出来的各种变体分为三大类：地域变体、社会变体、功能变体。

第一节　语言的地域变体

一、方言的差异

语言的地域变体也就是方言。在社会统一的力量推动下，还会形成通行于全社会的民族共同语，如汉语的普通话。在有方言的情况下，民族共同语是在某种方言基础上形成的一种跨地域的变体，也可以说是标准变体。不过，对于非基础方言区的人们来说，共同语仍然带有一定的地域色彩。比如对于南方人来说，普通话属于北方话，甚至不少人认为普通话就是北京话。

方言和民族共同语都是语言发展的结果，这在上面已经讨论过了。

从共时的角度看，方言间的差异存在于语音、词汇、语法各个方面。比如同样是“心”，北京读［ɕin］，苏州读［sin］，厦门读［sim］，广州读［ʃɐm］；同样是“甘薯”，不同的地方有“地瓜”、“白薯“、“红薯”、“红苕”、“山芋”、“芋头”、“番薯”等各种说法；同样是“女孩”，不同的地方有“姑娘”、“闺女”、“妮儿／妮子”、“嫚儿”、“妞儿”、“囡”、“女娃”、“妹仔”等叫法。北京话说“我给你一本书”，上海话说“我拨给一本书侬你”。Car，英国英语读［ka］，美国英语读［kar］；“电梯”，英国英语说 lift，美国英语说 elevator；年月日的排列次序，英国英语是“日、月、年”，美国英语是“月、日、年”，如 2010 年 8 月 3 日，英国英语是 3rd August 2010，美国英语是 August 3，2010。

① 英语 heterogeneous 意为不同的成分或部分组成的，非单一成分的；isomorphism 意为同态，同形，数学上指同构。

不同的语言中方言的差异程度不一。比如英国英语和美国英语尽管在语音、词汇和语法各方面都有一定差异，但对交际的影响很小，有人打比方说，两者就像北京话和东北话一样；而汉语各方言之间差异甚大，甚至无法通话。

在有方言的语言中，方言就是这种语言的存在形式。不同地方的人们习得不同的方言为母语（母方言），并用方言来进行交际。对于说这种方言的人来说，方言也就是他的语言。比如一个说广州话的人和一个说天津话的人，两个人说的都是汉语，但前者的汉语是粤方言，后者的汉语是北方方言。

有些语言中有方言也有共同语，如汉语；有些语言中有方言但没有共同语，如壮语有南北两大方言，差距也比较大，但没有共同语；有些语言有方言没有口头的共同语，但有共同的书面语，如藏语有卫藏方言、康方言和安多方言三大方言，相互之间差别较大，但有共同的藏文。

二、跨方言交流

在进行跨地域跨方言交流的时候，如果两个方言差别不大，那么各自用各自的方言进行即可，双方都能理解或基本理解对方的话语（比如北京话和天津话）；如果两个方言差别较大、影响交际，那么就有两种解决的途径：一是双方通过共同语来交际，二是需要至少一方能够听懂或使用对方的方言。通过共同语来进行跨方言交际，前提是该语言中存在着共同语。使用对方的方言来进行交际，则需要兼通两种方言。一个人使用两种或两种以上方言的现象称为双言。如上所说，共同语和方言都是语言的变体，所以，一个人既使用方言也使用共同语也属于双言。

使用双言的时候，具体使用哪一种方言（或共同语）需要根据不同的语言环境来选择。比如，对同乡多用方言，对操不同方言的人使用不同的方言或使用共同语；教育、公务场合多用共同语，家庭内部多用方言。有时候在同一场景根据不同情况也会分别使用不同的方言，如岳母说上海话，母亲说陕西话，而说话人既会说上海话、也会说陕西话，还会说普通话，那么说话人可能是对岳母用上海话，对母亲用陕西话，同时对母亲和岳母时用普通话。再比如说话人一开始与对方用普通话交谈，后来发现对方是老乡后改用家乡方言，当知道对方是来找自己走后门办私事时又改用普通话。语言的不同变体之间的转换称为语码转换，不同地域变体的转换是语码转换的一种，语言的其他变体之间的转换以及不同语言之间的转换都属于语码转换。

尽管双言人可以自如地转换语码，但不同语码之间肯定会有一定的干扰，这样每一种语码都不会是纯粹的。一个离乡多年的人回到家乡后，即使他尽量说家乡话，但也难免夹杂一些外地词语或口音。人口来源复杂的城市中，口音往往比较杂，除了有外地口音外，也有外地人说的本地话中夹杂着的外地方言成分，这样也会造成一个方言的变化。比如老北京话中“歌”和“根”儿化后同音，都读［kər］，但20世纪50年代以来，相当多的北京人已经将两者区分开来，“歌儿”读［kɤr］，而“根儿”读［kər］，这是因为从中华人民共和国成立后外地人大量涌入北京，这些新北京人的原籍方言中“歌儿”、“根儿”有别，因此他们说的北京话中保持了两者的对立，这种区分对于意义的分辨也是有好处的，所以便推广开来。

地域变体的系统性强（特别是语音的系统性），特征明显，所以是语言中最为突出的变体。各种地域变体之间存在着竞争的关系，也存在着相互影响的关系。如汉语闽粤方言中“有+动词”与北方话中的“动词+过（或了）”、吴方言等南方方言中“动词+掉”与北方话中的“动词+了”，表示的语法意义基本相当，但这些方言的说法正逐渐渗入到普通话中来。港台地区“国语”的一些语音特点也影响到一些人所说的普通话（如许多人根据港台地区的读法读“说服”为“shuì 服”），方言词进入普通话就更多了。当然，相比之下，普通话对方言的影响更大。

第二节 语言的社会变体

一、语言的社会变体概说

不仅不同的地区有差异，同一地区的不同的人说话也有差异。在社会上具有共同特点的人说话时也有其共同点，这些共同点无疑是与社会因素有关的。由于社会因素造成的语言变体就是语言的社会变体。

社会变体与地域变体一样，也是一种变体。比如同一个事物，不同的地区有不同的说法，这是地域变体；不同社会类型的人对此有不同的称说，这是社会变体。像“铁锈”有的方言称“鉎鏉”①，有些专业人士称“氧化铁”，前者是地域变体，后者是社会变体。对于一般人来说，地域变体和社会变体的区分是明显的，但对于一个外国人来说或是对一个儿童来说，他就可能将两者混淆。笔者的孩子三岁多的时候，通常说普通话的他说了一个带

① 鉎，《广韵》：“铁鉎。”鏉，《集韵》：“一曰铁锈，铁上衣。”

有方言特点的词“yuè chi”（钥匙），这很可能是受了父母在家说方言的影响。笔者告诉他，应该说“yào shi”不能说“yuè chi”。他恍然大悟地说：“哦，大人说 yuè chi，小孩应该说 yào shi。”显然，他是把地域变体的不同当成了社会变体的不同。

社会变体与地域变体有着明显的差异。其一，从全社会来看，地域变体以地域性为主要特征，而社会变体不具有地域性或不以地域性为主要特征。在一个社会中，不同地域但属于同一社会类别的人的语言变体往往是相同的。其二，地域变体只是就全社会范围的语言来说的，在一个方言地区内部，它其实是全社会共同使用的，一般没有地域变体的问题（除非有人用了外地方言）；而即使在一个方言区内，仍然有社会变体（尽管这些社会变体有些是与其他方言亦即全社会相同）。其三，地域变体在其方言区内是一个完整的系统，包括方言语音系统、词汇系统、语法系统等，而社会变体无论从方言看还是从共同语看都只是使用于一定的社群或一定的场合的一部分内容，并不是一个独立的系统。如涉及政治立场对立的词语只是很少的一部分词语，大部分词语还是社会通用的。其四，地域变体只通行于当地，其他地区的人们往往很难理解其含义，如苏州把“三”读成［sɛ］，对北方人来说就听不懂，再如济南把“好”说成“赛”，外地人也不知何意；而社会变体分两类情况：一类是一般人不懂的（极端的如秘密语，专业用语、某些社群的特殊用语一般人也不熟悉，但并不拒绝别人理解），另一类是社会成员所理解的，只不过在使用频度和评价的色彩上不同。其五，地域变体对于当地的人来说是具有强制性的，所有人都采用同样的变体（当地的社会变体除外），而社会变体并非具有强制性，按照社会因素划分出来的同一类人，不一定完全一致地使用同样的变体。

某些地域变体与当地的社会文化因素结合，也会具有社会变体的性质。在改革开放的初期，因为港台地区的经济发达、文化产品丰富，港台商人在内地经商、投资者很多，影视歌曲流行全国，所以带有港台味的普通话（国语）就成了被模仿的对象，一些歌手、电台电视节目主持人故意模仿港台腔。这里，本是地域变体的语言特点具有了先进、时尚的意味，成了追求时尚的人们的一种标志，也就成了社会变体的特点。“给力”本是闽南话的方言词，但近年来在各地青少年网民中广泛流行，那么，这个词也就由地域变体变成了无地域局限、但具有鲜明青少年网民特点的所谓“网络用语”，成为社会变体。

社会变体表现在语音、词汇、语法、说话方式以及文字书写等各个方面。词汇的社会变体最为明显，下面还要加以讨论。这里举一个语音方面的例子。早在20世纪30年代的时候，就有学者发现北京话中有所谓的“女国音”，即一部分北京的女性把 ji［tɕi］、qi［tɕʻi］、x［ɕi］发成［tsi］、［tsʻi］、［si］，如“鸡”读［tsi］、“尖”读［tsian］、“期”读［tsʻi］、“千”读［tsʻian］、“稀”读［si］，“掀”读［sian］。到80年代的时候，有学者对此作过调查，结论是这种现象一般出现在从10多岁到50多岁的女性中，该年龄段中大约有一半人发这种音。这种体现少女到中年妇女的发音特点属于性别变体，是社会变体的一种。

社会因素复杂多样，语言的社会变体也是多种多样。社会语言学已经对此有了比较深入的研究，下面只介绍一些常见的社会变体。

二、阶级、阶层变体

社会中的人按照不同标准可以划分为不同的类别。在生产资料私有制社会中，一定生产关系体系中地位不同的集团即所谓阶级。根据财产状况、社会地位、文化程度、谋生方式等不同划分出的集团为社会阶层。这种区分对于具体的人来说，只是一种外在的标签，属于同一阶级、同一阶层的不同的人，言语行为可能不尽相同；但是，不同的阶级、阶层由于经济条件、社会地位及其他方面的差异，在语言的使用中会表现出各自不同的一些特点，产生一些语言变体。反过来，通过说话人使用何种变体，便可以知道其属于哪个阶级、阶层。这些变体在以下两个方面表现得比较突出：

1. 政治标准不同而产生的变体

由于政治立场、价值标准不同，对社会中同一事物或现象，不同的阶级或阶层会有不同的评价，反映在语言上通常就是用不同的词语来体现不同的褒贬。再如20世纪20年代南方的农民运动，贬之者称为“痞子运动”，褒之者称为“革命运动”。“文化大革命”时期，租赁或购买外国货轮的正常行为被“四人帮”一伙污蔑为“卖国”。同义而褒贬色彩不同的词语的选用即鲜明地表现了说话人的立场。如敌人的抵抗称为“顽抗”，我方的抵抗为“反抗、抵抗、抗击”等。即使用同一词语，不同的立场、标准不同也会有不同的褒贬色彩。如“文革”期间，同样是“造反派”这个词，在积极造反的人看来代表着革命、进步、积极，是绝对的褒义词；而在被冲击的所谓“走资派”和其他人看来，则代表着破坏、捣乱、无法无天等，是含有贬义的。

2. 言语标准不同而产生的变体

不同的阶层对于言语有着不同的标准和追求，例如，知识阶层往往比较注意文雅、礼貌，口中书面语词、委婉说法较多；而劳工阶层则更崇尚直截、粗犷，主要使用口语词、俚俗说法，甚至使用粗口。前者视粗犷为粗鲁，而后者视文雅为矫情。《水浒传》中宋江因为读过书，又做官吏，所以说话就文绉绉的；而李逵则没有文化，说话粗鲁直率。书中描写李逵第一次见宋江时的情形：

> 李逵毛着宋江问戴宗道："哥哥，这黑汉子是谁？"戴宗对宋江笑道："押司，你看这厮恁么粗卤！全不识些体面！"李逵道："我问大哥，怎地是粗卤？"戴宗道："兄弟，你便请问'这位官人是谁'便好。你倒却说'这黑汉子是谁，'这不是粗卤却是甚么？我且与你说知：这位仁兄便是闲常你要去投奔他的义士哥哥。"李逵道："莫不是山东及时雨黑宋江？"戴宗喝道："咄！你这厮敢如此犯上！直言叫唤，全不识些高低！兀自不快下拜，等几时！"李逵道："若真个是宋公明，我便下拜；若是闲人，我却拜甚鸟！节级哥哥，不要赚我拜了，你却笑我！"宋江便道："我正是山东黑宋江。"李逵拍手叫道："我那爷！你何不早说些个，也教铁牛欢喜！"扑翻身躯便拜。宋江连忙答礼……

17 世纪的法国贵族、文人、艺术家等常常在贵族的客厅（沙龙）聚会，谈论文艺，他们自命高雅，喜欢使用冷僻的典故、华丽的词藻、婉转的表达，严厉避忌俗语粗话，矫揉造作到十分可笑的程度。例如，把"日历"称为"将来的记录"，把"镜子"称为"风韵的顾问"，把"森林"称为"乡村的装饰"，把"哑巴"称为"丢失了语言的人"，把"喝水"说成是"一次内部的洗澡"，招呼人入座时不说"请坐"而说"请满足这把椅子想要拥抱你的愿望吧"，等等。这种风格的语言被称为"客厅语言"（沙龙语言）。这在劳动大众看来，完全是"吃饱了撑的"。另外一个比较普遍的现象是，上层的人士更多地使用语言的标准变体（共同语），而下层的人士更多地使用非标准变体。美国学者拉波夫曾调查过纽约市下东区各阶层的语音分化情况。他把调查对象按照职业、文化程度和家庭收入三项变量同等加权的方法，划分为 10 级 4 个阶层（下层、劳工阶层、下中阶层、中上阶层），这四个阶层在随便说话、留意说话、读短文和念词表四种不同的情景里发 thing、three、this、them 等词的齿间擦音 th 的总态势是，阶层越低，把标准变体［θ］或［ð］发成［t］或［d］的频率越高；阶层越高，发非标准音的频率越低。在中国，说普通话的比率与文化程度、职业、社会地位等也有密切的关系。

三、行业变体

行业是社会劳动分工的结果。不同的行业有不同的专业用语，即行业词语。我们这里所说的行业变体包括一般行业词语和科学术语，两者特点相似，只不过科学术语被纳入一定学科的科学体系当中，而行业词语过去更多地指手工业或工业的工艺等方面的专业用语。随着科学技术的广泛应用和工业、手工业的现代化发展，两者的界限也逐渐模糊起来，所以把它们统称为行业变体。

行业变体一般只使用于本行业内部。从事某一行业的人熟悉并经常使用这些变体，汉语熟语“三句话不离本行”说的就是这种特点。从一个人的言谈往往可以判断出他的职业。但对于非专业人员来说，既不使用这些行业词语，也不十分理解它们的含义。从这个方面来说，行业词语与其他的变体不同，其他的变体（包括地域变体和社会变体）是同一意义有不同的表现形式，不同形式之间互为变体；而行业词语是在社会的某一领域使用的用语，往往没有与其相对应的变体。当然，有些行业词语也有相应的通常说法，比如上面提到的“铁锈”与“氧化铁”。如果我们听到一个人在说声调是“阴平、阳平、上声、去声”，那么就可以基本判断出他是中文专业的，因为一般人常常说成“一声、二声、三声、四声”。

行业词语的另一个特点是分类比较细。普通用一个词语来表示的事物或动作，被分解、分析为若干个单位。如汉语中一个自然的语音单位（音节）被分析成为声母、韵母、声调三部分，其中韵母又被分析成韵头、韵腹、韵尾三个成分，声母、韵母又被划分为若干种类型，声调则分析为不同的调类、调值、调型等。

行业词语和非行业词语并没有截然的界限。由于社会的变化，少数行业词语会被跨域使用从而兼有行业词语和普通词语两种性质。比如在计算机发明和使用的初期，计算机及其相关术语属于行业词语；但随着应用范围的扩大，计算机进入千家万户，由此成为像家用电器一样的普通物品，跟计算机应用有关的一些术语就广为人知，进入普通词语的范围。像内存、硬盘、软盘、光盘、鼠标、操作系统等，其术语性的色彩就减弱了，有些词语甚至在生活中有了一些比喻的用法，如用本是标志计算机中央处理器（CPU）型号的术语“286”、“386”比喻思想落伍或脑筋不够快。再如军事用语“冲锋”、“撤退”、“演习”、“攻克”、“堡垒”等，体育用语“马后炮”、“将军”、“短平快”、“临门一脚”、“越位”、“暂停”、“裁判”等，医疗术语

"动手术"、"透视"、"打预防针"、"输血"等，都进入了一般使用领域。当这些专业词语跨域使用的时候，其专业性削弱，而增加了一些新的意义，从而与非行业词语中的词语构成变体的关系。如"透视"原意为"利用爱克斯射线透过人体在荧光屏上所形成的影像观察人体内部"，用于普通词语后意为"比喻清楚地看到事物的本质"。

四、宗教变体

宗教是一种特殊的社会现象，由共同的信仰、道德观念、仪礼和教团组织等要素构成。社会中不同阶级阶层、不同行业、不同种族、不同性别的人们共同信奉某种神祇而联系在一起。各种宗教都有自己的教义、教规和组织，形成了一整套概念体系及其相关的活动内容。反映在语言上，就是产生了一大批与宗教有关的专门词语。如，基督教的"弥撒"、"礼拜"、"圣诞"、"复活节"、"天主"、"修女"、"牧师"、"教父"，佛教的"佛陀"、"菩萨"、"和尚"、"尼姑"、"寺庙"、"涅槃"、"业"、"轮回"，伊斯兰教的"真主"、"阿訇"、"清真寺"、"斋月"、"开斋节"、"会礼"，道教的"道士"、"道姑"、"全真"、"符箓"、"抱朴"，等等。

宗教词语反映的是各个宗教对客观世界和主观世界的独特认识及相关活动，主要是宗教信仰者使用。但是随着宗教影响的扩大，这些词语也会传播到整个社会当中，成为社会普遍使用的词语而与是否信仰该宗教无关。例如一般将星期日称为"礼拜天"，实行每周五天的工作制后周末休息两天称为"休大礼拜"①，这只是一种习惯的说法，信教与不信教的人都如此说。

五、社群变体

这里说的"社群"，指的是社会上除了阶级阶层、宗教之外的一些亚文化群体。这些群体并没有固定的组织，而是根据性别、年龄、兴趣爱好、生活方式等被划分出来的一些人群类别。这些不同的社群在语言使用中各有其特点，我们平常说的"娃娃腔"、"学生腔"等就是对此类现象的一种概括。

男性和女性在说话时有一定差异。上面举到了北京的"女国音"现象的例子，女性还有一些特征不同于男性。如，女性说话方式通常比较委婉，

---

① 以前的一些单位，每两个星期休息一天，不休息的那个星期天叫小礼拜，休息的那个星期天叫大礼拜。今多指周六、周日连休两天。

较少说粗话，有一些习惯用语（如汉族女性在表示不高兴时常说“讨厌!”），各地城市中女性说普通话的比例要高于男性，而农村中的女性则往往保留更纯粹的方言，等等。男性的话语特征则与此相反。体现在语言特点上的这种性别差异，并非由于生理因素，而是历史上形成的社会角色定位不同而造成的。女性在父系社会之后一直处于低层地位，这使得她们在言语表达方面更具防守性，同时也更期望通过言语来争得更好的地位。

年龄差异对语言的影响，表现在多个方面。幼儿时期处于学语阶段，儿童语言不仅还不成熟，而且还有与成人很不相同的一些表达方式。如汉族儿童在学语时期，常常将名词重叠，说“果果”、“凳凳”、“碗碗”、“狗狗”等，尽管幼儿这样说话的机理还不是很清楚，但这种方式的确是幼儿语言的特点。年轻人喜欢时尚的东西，所以新词语、时髦词语和表达方式在青年人中间很容易流行。同样是称赞“很好”，20世纪六七十年代北京话中流行说“盖帽儿”，八九十年代流行说“倍儿棒”，最近流行说“给力”。老年人则与青年人相反，尽管他们口中的“老”词语也可能是几十年前的流行词语。

股民、棋迷、体育迷、“愤青”、明星迷、“哈韩族”、“哈日族”、“宅男”等都各有各的“术语”。像前几年一个名叫“超级女声”的电视节目很受青年人喜欢，“超女”成为万人迷的偶像，于是“玉米”（迷李宇春的人）、“凉粉”（张靓颖的“粉丝”）、“盒饭”（何洁的“粉丝”）纷纷涌现；中央电视台《星光大道》捧出了反串的李玉刚，于是大批的“钢丝”（李玉刚的“粉丝”）登场。此类词语，若非关心流行娱乐的人，看起来是莫名其妙的，然而却广受各类“粉丝”青睐。流韵所及，2010年底，网上曝光我国第四代（或称第五代）战机问世，军事迷们亲切地为其起了绰号为“黑丝带”（谐音黑色的四代机），幽默地表现出了国人的爱国、兴奋、喜悦之情。

20世纪90年代以来引起汉语语言学界特别关注的是所谓“网络语言”，即在因特网上聊天、通信、发“帖子”、玩游戏等使用的语言形式。为了输入快捷而有意利用的形式（如数字“886”谐音英汉混杂的“拜拜了”，拼音MM谐音“妹妹”，英文缩写GF表示girl friend）、无意出错但将错就错的形式（如“稀饭”为按“喜欢”的方言读音拼音输入得出的同音词），再加上新创造的词语（如“恐龙”、“青蛙”、“菜鸟”① 等），受到追求新

① “恐龙”指貌丑的女性，“青蛙”指貌丑的男性，“菜鸟”指新手。

奇的网民主力军青年人（大中学生又占多数）的喜爱，于是变成了独成一体的语言样式。许多词语是非网民所不能理解的，有些表达方式也是让人觉得混乱（可能还有有趣）的（如“偶”、“生气 ing”）。对于这种语言现象已经有了许多的讨论。

六、秘密社群变体

秘密语又叫隐语，是某些行帮、组织或集团制定的对外保密的内部交际用语。因一般用于秘密组织，所以又叫做黑话。秘密语采用共同语的语音形式，但对通用词语加以改造赋予新的含义或新造一些外人难以揣摩其意思的词语，因此在外人听起来是熟悉的语音但完全不能理解其含义。常见的有江湖秘密语、帮会秘密语、盗匪秘密语、流氓集团秘密语等。如小说《林海雪原》中侦察英雄杨子荣假扮土匪进入土匪座山雕的巢穴威虎山时，就遭到了土匪用黑话来盘问：

> 座山雕：“天王盖地虎。”（意为：你好大的胆！敢来气你祖宗）
>
> 杨子荣：“宝塔镇河妖。”（意为：要是那样，叫我从山上摔死，掉河里淹死）
>
> 座山雕：“好叭哒！”（意为：内行，是把老手）
>
> 杨子荣：“天下大大啦。”（意为：不吹牛，闯过大队头）

再如旧时进行牲畜交易时，经纪人往往用隐语来讨价还价，如鲁西南地区，数字的隐语分别是：留（一）、撇（二）、品（三）、格（四）、半（五）、搔（六）、捏（七）、叉（八）、勾（九）、整（十）。小偷常用一些黑话来交流，如重庆地区的小偷黑话：上衣上口袋是“天窗”，上衣下口袋是“平台”，裤子两侧口袋是“地道”，臀部的口袋叫“白给”（因为臀部的口袋偷窃时容易得手），在车上睡着的乘客叫“死猪”，偷睡着的乘客的钱叫“扛死猪”。有篇报告文学描写小偷们在某地召开“全国代表大会”时，会议名称为“全国物资回收经验交流会”。

有些秘密语也进入了普通使用领域被广泛使用。如“大腕”、“扬名立万”中的“腕”、“万”就是来自江湖黑话，字原为“蔓”（旧时口语音“万”），用来指姓氏，后来指江湖门派的名号、名声，“报万（蔓）”或“道蔓”指报上自己属于哪一门派，“大腕（万）”指很有名、很有影响的人物。

第三节 语言的功能变体

一、语言的功能变体概说

语言的基本功能是用来传递信息进行社会交际，但是社会交际是多方面的，为了满足交际的不同需要，语言中也产生了一些具有不同表达功能的变体。比如“父亲”和“爸爸”都指称同一亲属，但前者多用于书面，并且带有庄重的色彩，后者多用于口语，没有前者的庄重色彩。像这样表示相同意义内容但社会交际功能不同的变体就是语言的功能变体，说话时需要根据不同的交际需要来选择使用不同的功能变体。

语言的功能变体虽然也与社会有关，但与语言的社会变体不同。语言的社会变体与其所联系的使用者有比较固定的联系，什么人使用什么样的社会变体，比如女性变体一般只有女性使用，如果男性使用就会被视为“娘娘腔”。语言的功能变体通常是所有社会成员都会使用的，与使用者的社会身份、地位、角色等没有固定的联系。

对于使用双言的人来说，不同的地域变体（或共同语）也具有不同的交际功能。比如一个既说方言也说共同语的人，在公共交际、教学等场合使用共同语，因为在这些场合共同语比方言有更强、更规范的交际功能，使用共同语能取得更好的交际效果；而在同乡之间、家庭内部（如果全家人都说同一方言的话）用方言更显亲近，交际效果通常更好。

语言的功能变体出现在语言的方方面面，下面只介绍几个方面的内容。

二、语体

语体是适应不同的社会交际需要而形成的具有一定功能风格特点的语言表达体式。在不同的社会交际领域，与不同的表现内容与形式特点相适应，语言表达也呈现出一些不同的特点，对这些特点的概括就形成了语体的概念。

通常首先把语体分为口语语体和书面语语体两类。口语语体即口头使用的一般语言形式，书面语语体即书面语言使用的一般语言形式。这种分类说明，语言的口头使用和书面语形式有着较大的差异。这种差异最突出地表现在词汇方面，即口语词和书面语词的差别。口语词可以通用于口语，用于书面语时带有口语色彩；书面语词一般只用于书面语，偶尔用于口语时带有书面语色彩，往往有比较庄重、严肃的意味。例如：脚—足（前者为口语词后者为书面语词），头儿—首领，丈母娘—岳母，筷子—箸，红—赤，站—立，磕头—叩首，快—迅速、迅疾，慢—缓慢，马上、立马—迅即、立即、和（连词）—与。口语和书面语在语法方面也有一定差异，如“同桌的你”、“继承并发展了……”、“唯……是瞻”等都是带有书面语色彩的句法结构。读音方面口语和书面语也有可能存在差异，如北京话中的“血”口语读 xiě，书面语读 xuè；“贼”口语读 zéi，过去书面语读 zé（此音现已消失，只有在京剧中还保留）。再如日语中用于汉字词一般用音读（从古代汉语中吸收进日语的读音），口语词一般用训读（日语固有词的读音），例如“食”在“食品”、“食物”、“食器”、“食堂”等词中读音读 shioku（来自中古汉语*dʑjək），在表示“吃”的意思时读 taberu（写作“食べる”）。

当然，语言中还有大量词通用于口语和书面语，没有明显的语体色彩，如“人”、“手”、“笔”、“小说”、“电灯”、一般的数词等，语法和语音方面口语和书面语相同之处更多。所以，所谓的语体变体，主要是就口语语体和书面语有对立的成分而言，两者没有对立的语言成分，当然也就无所谓变体了。

书面语语体之下，还可分为文艺语体、政论语体、科技语体、公文事务语体等次类，每个次类之下还可细分类别。每类及次类的语言特点都各有其特点（如小说和散文的语言特点就有不同），这里就不详细讨论了。

三、禁忌语和委婉语

（一）禁忌语

禁忌语是语言中不能、不敢或不愿意直接说出的词语。不能说是指社会上的文化规范不允许说，不敢说是指如果说出会导致不利的后果，不愿意说是指自己主观上不想说。比如在中国的封建社会时代，皇帝的名字是不能直接说的，如果说了就是“大不敬”，就可能被治罪。过去渔民以在船上捕捞为生，忌讳说“沉”、“翻”等词（以及同音的词），说出这些词会被认为是不吉利的。再如人的生理排泄物通常被认为是污秽的，如果直接提及，也会令人有不愉快的感觉，也是不雅的，所以在公众社交场合也要避免说出。

禁忌语主要有以下几种类型：一是按照社会文化观念需要避忌的尊敬的人或物的名称，如果直接说出会被认为不敬。如皇帝的名字、尊长的名字，祖先的名字，某些图腾的名称等。二是畏惧的或不吉利的事物，如果直接说出会被认为不祥。如死亡是人类无法摆脱但又十分不愿意面对的宿命，所以对于“死”，人们往往不愿意直接说出，而改用一些委婉的说法，如把“死”说成“老了”、“没了”、“去世”、“逝世”、“辞世”、“和我们永别”、

“永诀”；信奉马克思主义的人则说是“去见马克思”，等等。在商品社会中，商人最希望获利而最怕赔钱，所以广州话中把猪舌（与折本的“折”同音）叫做“猪脷”（谐音“利”），北方话许多地方则叫做“口条”。北方许多地方过年吃水饺时忌讳说饺子“破”了，因为“破”还有“破产”、“破败”、“破家”的含义，在一年开始的喜庆节日里说“破”不吉利。三是一些被认为不雅、不洁、不光彩的事物或行为。其中最突出的是社会的性禁忌带来的与性有关的词语，包括男女性生殖器的名称、交媾，甚至怀孕、避孕、分娩等。如山东一些地方称怀孕为“有喜”、“双身”，称小产为“小失”，称生孩子为“拾孩子”。另外，如人的排泄器官及其排泄物、排泄行为。如拉屎、撒尿本是凡人天天必做之事，但因事涉“污秽”，就以各种方式避免直说，如说“方便”（大便、小便），“解手”（解小手、解大手），“上厕所”，“洗个手”，“打个电话”，有时候干脆说“有点儿事”、“出去一下”等。

禁忌的产生主要来自古人对于语言的迷信。古人分不清名称与实体、语言描绘的世界和客观的现实之间的关系，而认为一个人的名字、一个事物的名称与人或事物的实体是密不可分的，具有同样的价值。例如尼泊尔人要给孩子起一个本名，但这个名字只是写在类似于八字簿之类的文书上，只有父母知道而从来不叫，如果叫了真名让鬼祟知道，就会收走孩子的灵魂，所以，还要给孩子起另外一个名字被人呼叫。基于这样的认识，对于崇敬尊崇的人、物或行为，如果直接说出其词语，就是不敬；对于畏惧的人、物或行为，如果直接说出其词语，就会导致不希望的事情的发生。所以，在社会上迷信盛行、禁忌很多的时代，禁忌语自然众多；现代社会中各种迷信和禁忌大大减少，禁忌语自然也就越来越少了。禁忌语的产生还有一个原因是人们求雅的需要。随着社会的进步，文明程度的提高，有些被认为粗俗、不雅的词语会被人尽量避免直接提及，这样也形成了一部分禁忌语。在现代社会中，尽管带有迷信色彩、封建色彩的禁忌语大部分消失了，但是由于人们的求雅心理和趋祥避凶的心理总是会存在的，所以禁忌语尽管会减少，但也会长期地存在下去。

禁忌语本来都是语言当中的普通词语，但由于社会的原因而变成了禁忌的对象。如果违反禁忌直接说出，就会被认为不敬或不雅、不祥。不过，禁忌的程度是因使用的人群、使用的场合和使用的时代而异的。说话人社会等级越高、场合越正式庄重，禁忌的程度越高。比如一般的劳动阶层通常说话的禁忌就比较地少一些（当然也会被认为是说话粗鲁）；在私下的、随意的场合禁忌也会比较少一些。时代变了，有一些原来被禁忌的词语也会变成非禁忌语。电视连续剧《末代皇帝》中，伪满洲国的大臣们见了伪满洲国皇帝溥仪只能尊称为“皇上”、“陛下”；后来他们与溥仪一起被关进了苏联远东地区的战俘营，但溥仪还是受到了特殊的待遇：他住楼上，而他的“大臣”们住楼下，思想还未改变的“大臣”们虽然不敢称呼他为“皇上”、“陛下”了（因为他们都是战俘，满洲国已经覆灭），但还是尊称溥仪为“楼上的”；等到了沈阳的战犯管理所，溥仪的特殊待遇也被取消了，改与其他战犯同住，而其他战犯也不再畏惧和尊敬溥仪，改而直呼其名；溥仪被特赦之后，其他人多称呼他为“老溥”。皇上——楼上的——溥仪——老溥，这些名称的变化，正反映了末代皇帝溥仪从皇帝到公民的变化历程。

（二）委婉语

委婉语是婉转表达意义的词或比较固定的短语，也叫做婉辞，包括替代禁忌语的委婉语和替代一些字面有消极含义的词语的委婉语。

禁忌语不能在很多场合使用，因此，当确实需要表达禁忌词语所表示的意思时，就要用一些替代的说法。如上面在讨论禁忌语时提到的一些例子，替代的方法常见的一种是以与之有关的事物来替代。如现代的厕所内多有供便后洗手的设施或空间，后来便以“洗手间”婉称厕所。皇帝、王公贵族的名字不能直接称呼，就以“陛下”（陛指宫殿的台阶）、“殿下”（殿指宫殿）、“阁下”（阁指楼阁）等代称。妇女的“月经”被认为污秽，便以经期的休假“例假”代指。另外一种方式是反其道而行之，对不吉利的事物干脆以吉利的说法来替代。如过春节吃饺子说“破”不吉利，改说“挣”（字面意义是挣开，谐意挣钱）。行船之人希望航行顺利、害怕因故停滞，便把“箸”（谐音“住”）改称“筷”（谐音“快”）。

有些词语本无禁忌，但字面上有消极的含义，使用时也常常以有积极意义的说法婉称。如生理上有残疾的人过去叫做残废，因为“废”含有“无用、失去原来的作用”的意思，改称“残疾人”就把这种“废”的含义去掉，只是当做一种“疾病”来对待了。“发展中国家”其实就是经济比较落后的国家，但直指“落后”有贬义，改称“发展中国家”则有积极的评价意味。落后地区称“欠发达地区”，与此异曲同工。

委婉语与表达上的修辞手法婉曲（婉约）、借代等不同。修辞上的婉曲包括以句子为单位的表达（如以“你的自行车今天下午用吗?”代替直接向对方借用自行车）和以词语为单位的表达（如“你的那位”代指对方的妻子或丈夫），但都是临时性的用法；委婉语最初应该是来自委婉的用法，但是后来已经固定为词或比较固定的结构（如用“上厕所”代替大便或小便）。并且，修辞上的婉曲还有其他的作用，如出于保密的需要。借代是用与本体有关的事物来代替本体（如以“白背心”代替穿白背心的人），也是一种临时性的用法，与委婉语也不相同。

三、礼貌语

礼貌行为在人际交往中具有重要的作用，语言中也有相应的一些形式来表达礼貌，这就是礼貌语。礼貌的基本特点是对别人恭敬、对自己谦虚（其实对自己谦虚也是为了表示对别人的恭敬），所以礼貌语中最常见的是敬称和谦称。

敬称是对对方或与对方有关的人或事物的尊敬的说法。如普通话中第二人称代词“你”是普通的说法，而“您”则表敬称。再如称对方为“阁下”、“先生”，称对方的儿子为“令郎”、对方的女儿为“令爱”，称对方的文章或著作为“大作”、“大著”等。又如在祈使句中加敬辞“请”（“请坐”、“请听我说”、“请把手伸出来”）表示尊敬、礼貌。谦称是对自己或与自己有关的人或事物的谦逊的说法。如自称“后学”、“不才”、“愚弟”、“愚兄”等，称自己的儿子为“犬子”、自己的女儿为“小女”，称自己的文章或著作为“拙文”、“拙著”等。

有些语言中语法形式有敬体与非敬体的区别。敬体表示尊敬，用于对尊长说话时；非敬体不表尊敬，用于对具有平等关系的人或下辈、下级。如日语中有敬体与简体，两者主要是语法形式不同。例如日语的判断句式：

敬体：AはBです（A 是 B） / AはBではありません（A 不是 B）
简体：AはB だ / AはBではない

语言中表示礼貌的手段还有很多。例如道谢或致歉的话语，问候的话语，都是表示礼貌的。再如对并非同一方言的人讲话时，使用共同语比使用自己的方言更有礼貌；对自己的讲方言的父母讲话时，使用方言更有礼貌。使用文雅的词语对对方更礼貌，而使用粗话、詈语则对对方不礼貌。再如英语中如果在句子中对方和自己并列时，要先说对方（如 you and me），这样才表示礼貌。

礼貌语实际上是社会等级观念在语言中的反映。在中国的封建社会中，等级森严，所以敬称、谦称特别多，甚至在文字书写上都有一些表示敬谦的做法。如尊者的名字，或者另起一行顶格写，或者在本行中空一格书写以示尊敬，自己的名字则写得较小以示谦卑。进入现代社会以来，等级观念逐渐减弱，所以古代的一些敬称、谦称也就很少有人用了。但是，现代社会又是更讲究互相尊重的社会，所以礼貌用语同样是必不可少的，只不过具体形式和古代有所不同罢了。

关于礼貌语，还可以参看本书第九章关于礼貌原则的一些内容。

思　考　题

1. 从社会文化和语言两个方面，谈谈为什么有些语言存在分歧严重的地域变体但仍视为同一种语言。
2. 观察一下自己的语言生活，看如何进行语码转换的。
3. 社会变体和地域变体有什么同异？
4. 社会变体的表现如何？
5. 观察一下身边的人或社会上的人，是否存在语言的社会变体。
6. 功能变体与社会变体有什么关系？
7. 除了书中讲的功能变体，你觉得还有哪些语言现象也属于功能变体？

阅读书目

1. ［美］布龙菲尔德：《语言论》，袁家骅等译，商务印书馆 1980 年版。

2. 岑麒祥：《语言学史概要》，北京大学出版社 1988 年版。

3. 陈原：《语言与社会生活》，生活·读书·新知三联书店 1980 年版。

4. 高名凯、石安石：《语言学概论》，中华书局 1987 年版。

5. 葛本仪：《现代汉语词汇学》，山东人民出版社 2001 年版。

6. 葛本仪：《语言学概论》（修订本），山东大学出版社 1999 年版。

7. 桂诗春、宁春岩：《语言学方法论》，外语教学与研究出版社 1997 年版。

8. 何兆熊：《新编语用学概要》，上海外语教育出版社 2000 年版。

9. ［美］霍凯特：《现代语言学教程》，索振羽、叶蜚声译，北京大学出版社 1986 年版。

10. 贾彦德：《汉语语义学》，北京大学出版社 1999 年版。

11. ［美］卡兹纳：《世界的语言》，黄长著、林书武译，北京出版社 1980 年版。

12. ［英］罗宾斯：《普通语言学导论》（第 4 版），申小龙等译，复旦大学出版社 2008 年版。

13. ［英］罗宾斯：《语言学简史》，许德宝等译，中国社会科学出版社 1997 年版。

14. 林焘、王理嘉：《语音学教程》，北京大学出版社 1992 年版。

15. 刘润清：《西方语言学流派》，外语教学与研究出版社 1995 年版。

16. 陆俭明、沈阳：《汉语和汉语研究十五讲》，北京大学出版社 2003

年版。

17. ［美］萨丕尔：《语言论》，陆卓元译，商务印书馆 1982 年版。

18. 沈阳：《语言学常识十五讲》，北京大学出版社 2005 年版。

19. ［瑞士］索绪尔：《普通语言学教程》，高名凯译，商务印书馆 1980 年版。

20. 王理嘉：《音系学基础》，语文出版社 1991 年版。

21. 徐烈炯：《生成语法理论》，上海外语教育出版社 1988 年版。

22. 叶蜚声、徐通锵：《语言学纲要》，北京大学出版社 1997 年版。

23. ［苏联］伊斯特林：《文字的产生和发展》，左少兴译，北京大学出版社 1987 年版。

24. 张志毅、张庆云：《词汇语义学》，商务印书馆 2001 年版。

25. 赵元任：《语言问题》，商务印书馆 1980 年版。

26. 周有光：《比较文字学初探》，语文出版社 1998 年版。